徐智瑛（ソ・ジヨン）

京城のモダンガール

消費・労働・女性から見た植民地近代

姜 信子・高橋 梓訳

みすず書房

경성의 모던걸 : 소비 · 노동 · 젠더로 본 식민지 근대

서지영

京城のモダンガール——消費・労働・女性から見た植民地近代

目次

はじめに

女性をとおした、都市をめぐる問い

女性が家の外に出て、街路を闊歩するようになったのは、わずか百年あまり前のことだった。『礼記』の「内則」に「女は十歳になったら閨門（居室）から出てはならない。外に出ることがあれば、必ず顔を覆わなければならない」という言葉がある。五百年の長い儒教的な習俗は、女性を「閨房」という家の中の内密な空間で過ごすように規制した。主に両班《ヤンバン》層の女性を対象に厳しく適用された規範だったが、身体の自由の抑圧、空間の移動をめぐる制限は、階層を超えて女性全般に拡散したジェンダー規律だった。

二十世紀初め、近代の口火が切られ、公の場に女性たちが登場しはじめた。西欧に起源をもつ文明開化の言説と、近代国民国家の理念が朝鮮に移入され、近代教育の恩恵を受けた者として女学生が現れ、近代的な形態の職業婦人と女性労働者層が誕生した。彼女たちは、閨房と家族の枠を抜け出した女性の新しい生の様式を夢見はじめた。都市を背景に量産された知識階級の女性だけではなく、農村地域の基層民（百姓など国の基層を占める人びと）の女性たちも、故郷を離れ都市に移動し近代の市民になろうとした。伝統との全面衝突が不可避であった西欧的近代の移植、帝国日本による侵奪と表裏一体の他律的な近代化の過程において、物質的・文化的・認識論的な時差を経験した朝鮮は、生の各層位に近代の多面的な顔を作り出した。その植民地近代の急激な渦の中には、以前の時代とは異なる劇的な生の変化を体験した女性たちがいた。

近代は都市の形成とあわせて、生の形式を画期的に変えていった。植民地朝鮮に登場した都市は、たとえ近代的な外観を持っていたとしても、欠乏と不均衡によって形作られた植民地都市の典型だった。絢爛たるスペクタクルとともに、改造と文明の名で押し寄せた近代は、植民地都市の沈鬱な景観を貫通し、女性たちの空間、閨房にまで至った。伝統的な女性の婦徳とは異なるパラダイムの西欧的な近代教育を受けた新女性の集団、仕事を求めて都市空間に出てきた基層階級の女性など、近代の洗礼を直接受けた女性たちは、全女性人口の一部にすぎなかった。しかし、少数の女性たちをとおして経験された近代の影響は衝撃的なものであり、これはその後に繰り広げられる女性の生の変化の根幹をなすようになる。近代の革新的な理想がもたらした女性の解放と自由のナラティブは、強固な因習という現実とぶつかり合いながら、さまざまな矛盾と挫折の屈曲を経るようになる。とはいえ、長い家父長制の伝統のなかで、相対的に自由と権力を謳歌してきた男性と比べるならば、女性にとって、近代とは、生のシナリオを全面的に新しく書く機会をもたらした歴史的な場であった。

ヴァルター・ベンヤミンは、十九世紀ヨーロッパの都市パリにおいて、街路、アーケード、百貨店、万国博覧会、照明、ファッション、売春婦、遊歩者、浮浪者、倦怠など、近代の徴候を見出した。自然や田園風景に代わる都市の街路のパノラマのなかで最も脚光を浴びたのは商品であり、都市は瞬く間に巨大な商品の市場へと転移する。近代都市が生み出す商品、幻影とイメージ、魅惑と虚ろな迷妄のまっただなかに女性はいた。そこでは女性は幻影と迷妄そのものであり、商品そのものでもあった。同時に女性は、イメージと商品を消費する主体でもあった。

本書は、散乱する都市イメージの破片をとおして資本主義が根をおろしはじめた時代の深層を捉えようとしたベンヤミンの視線を朝鮮の歴史の中に召喚し、二十世紀初めの植民地都市京城の近代の風景を探索するものである。とくにベンヤミンがさほど注目することのなかった女性たち、今にいたるまで、都市においてはっきりと社会的存在として可視化されることなく、ほとんど語られることもなかった女性たちの生の現場の復元を試みるものである。

本書は「都市空間」と「女性」という二つのキーワードを結び合わせて、以下のような二つの問いを提起する。

第一に、都市をとおして、女性の生はどのような異なる物語を量産したのか、という問いである。これは、都市空間に内在するモダニティが最終的に女性のアイデンティティにどのような影響を及ぼしたのか、という問いと重なる。

第二に、女性をとおして、都市へとどのように異なる形で接近しうるか、という問いである。これは、ジェンダーをとおして朝鮮の植民地近代はどのように異なる形で記述されうるだろうか、という問いへとつながる。

ロラン・バルトは『S／Z』のなかで「再読を軽んずる人は、到る所で、同じ物語を読まざるを得ない」(1)と述べている。時代を捉えなおすということは、その時代を生きてきた複数の主体をめぐる新しい読みによって可能となるのであり、沈黙したり排除されたりしていた複数の視線を歴史の中に引き戻す作業をとおして、全き意味を獲得するのである。

植民地都市京城における「女性」は、階級とジェンダー、人種（エスニシティ）と植民地主義が多層的に絡まりあった社会政治的な記号でもある。これらをめぐる探索は、ホミ・バーバが『文化の場所』で植民地的主体の特徴として言及したように、「重ね書き〔palimpsest パランプセスト、羊皮紙の写本〕の中に書き込まれた〈自己〉の他者性(2)」の痕跡を追い求めていく一つの過程にほかならない。二十世紀初め、近代的自己認識のダイナミックな主体であると同時に「第三世界」のサバルタンであり、儒教の習俗を基盤とした家父長制のうちの性的な他者であり、さらには植民地「原住民」女性（colonized woman）であった彼女たちの存在の様式を探る作業は、最終的にはジェンダーをとおして植民地朝鮮の近代を新たに見渡す歴史記述の一つの試みになるだろう。

困難な出版環境にあって、至らぬところのある原稿の出版を快く引き受けてくれた図書出版ヨイヨンと、熱のこもった助言と労苦を惜しまなかったサ・ミスク編集長に深く感謝申し上げる。同時代の韓国社会において「女性」というアジェンダをめぐり、長い時間共に悩み、思いを分かち合ってきた「女性文化理論研究所」の会員のみなさん、韓国のモダニティ研究ひいては韓国の歴史における女性の位置について考え、歴史の主体としての女性について問うてきたジェンダー研究者たち、そして学問の領域を超えて、生のなかで女性の存在の様式について省察し、愉快な革新を夢見るすべての方々と共に、ささやかな成果ではあるが本書を分かち合いたい。また、日本の資料調査の機会を提供してくれたカナダ・ブリティッシュコロンビア大学（The University of British Columbia）アジア研究学科と、日本・神奈川大学非文字資料研究センターに感謝申し上げる。

最後に、本書の出版を喜び、応援しつづけてくれた、愛する家族に本書を捧げる。

二〇一三年七月　カナダ・バンクーバーにて

ソ・ジヨン

（1）ロラン・バルト著、沢崎浩平訳『S／Z――バルザック『サラジーヌ』の構造分析』みすず書房、一九七三年、一九頁

（2）ホミ・K・バーバ著、本橋哲也・正木恒夫・外岡尚美・阪元留美訳『文化の場所――ポストコロニアリズムの位相』法政大学出版局、二〇〇五年、七五頁

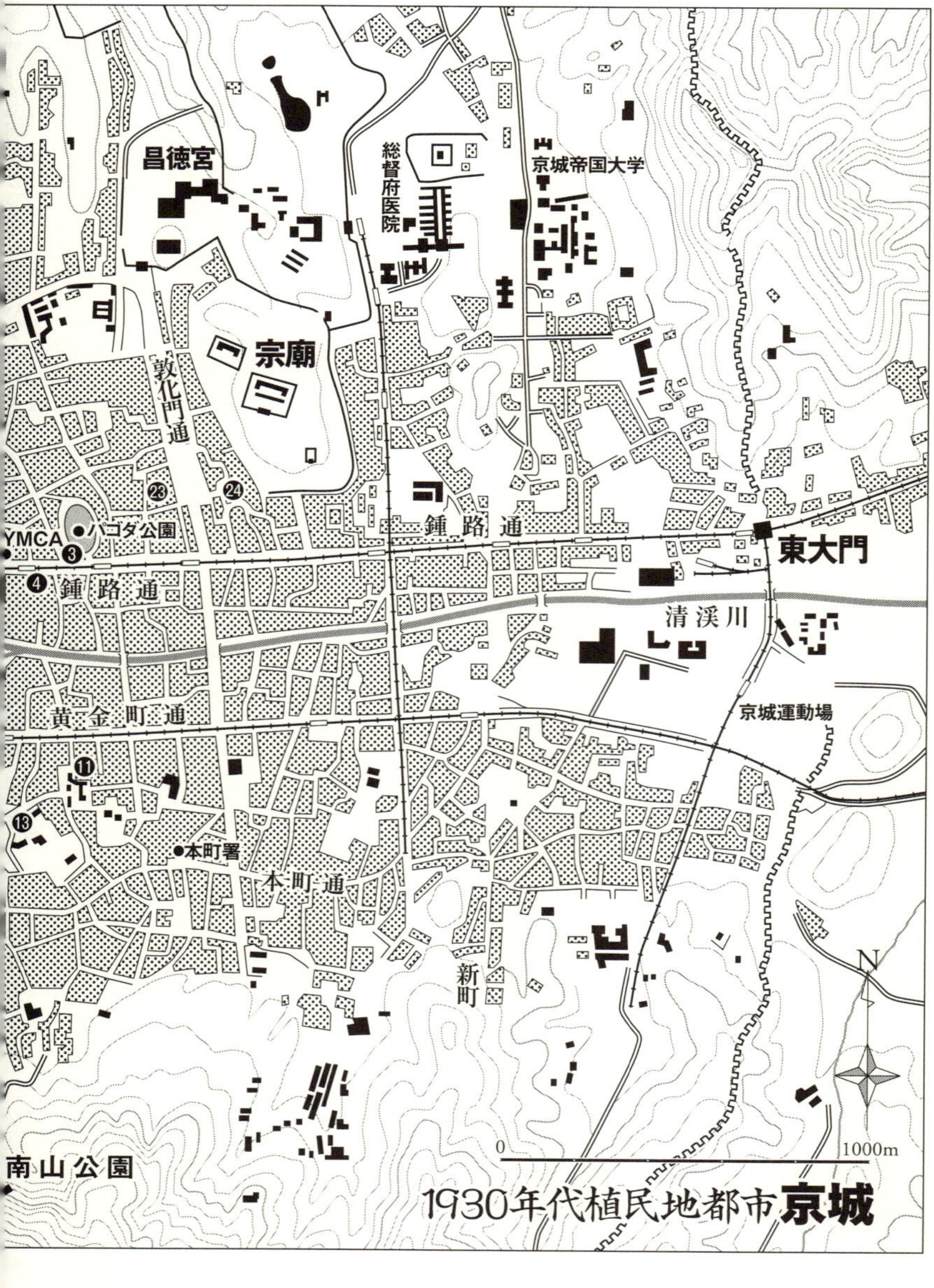
昌徳宮
総督府医院
京城帝国大学
宗廟
敦化門通
23
24
YMCA
パコダ公園
3
4
鍾路通
鍾路通
東大門
清渓川
黄金町通
京城運動場
11
13
本町署
本町通
新町
N
0
1000m
南山公園
1930年代植民地都市京城

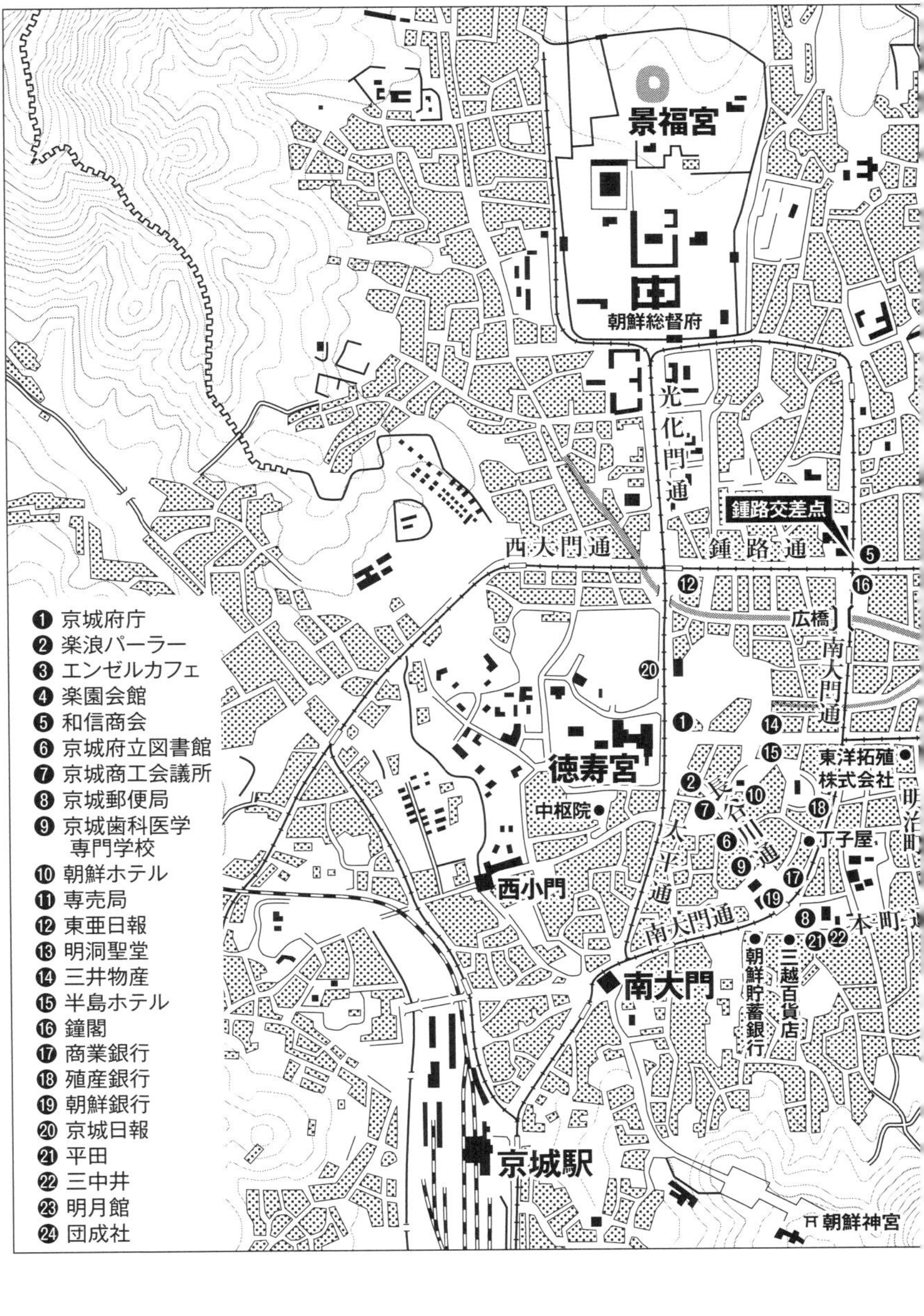

景福宮
朝鮮総督府
光化門通
鍾路交差点
西大門通
鍾路通
広橋
南大門通
徳寿宮
中枢院
長谷川通
太平通
西小門
南大門通
南大門
東洋拓殖株式会社
丁子屋
本町通
明治町
朝鮮貯蓄銀行
三越百貨店
京城駅
朝鮮神宮
❶ 京城府庁
❷ 楽浪パーラー
❸ エンゼルカフェ
❹ 楽園会館
❺ 和信商会
❻ 京城府立図書館
❼ 京城商工会議所
❽ 京城郵便局
❾ 京城歯科医学専門学校
❿ 朝鮮ホテル
⓫ 専売局
⓬ 東亜日報
⓭ 明洞聖堂
⓮ 三井物産
⓯ 半島ホテル
⓰ 鐘閣
⓱ 商業銀行
⓲ 殖産銀行
⓳ 朝鮮銀行
⓴ 京城日報
㉑ 平田
㉒ 三中井
㉓ 明月館
㉔ 団成社

凡例

＊本書の出版にあたり、カナダ・ブリティッシュコロンビア大学（The University of British Columbia）の韓国学世界化ラボ（Lab）プロジェクト（AKS-2013-LAB-2250001）による翻訳助成を受けた。

＊日本語版では一部、統計や引用の訂正を行い、注を追加した。著者により加筆・修正された部分もある。

＊原書で引用された資料に日本語文献がある場合、原則として日本語版を表示した。

＊写真資料は原書にもとづきつつ、一部を新たに補った。

＊「日本の読者のみなさまへ」（ソ・ジヨン）、「訳者解説」（高橋梓）、「訳者あとがき」（姜信子）は日本語版への書き下ろしである。

＊日本語版では独自に京城・関連地図を付した。

第一章　近代都市と女性

1　モダニティ・スペクタクル・女性

近代は都市を観察する者たちの視線の中で実体化されはじめた。十九世紀のイギリスの小説家ヘンリー・ジェイムズ（一八四三―一九一六年）は、一八七六年に訪れたロンドンについて「巨大な暗闇の中にある非人間的なブラックホール」であるとともに、「自由と想像力に満ちた活動のパノラマ、迷路のような秘密と神秘に溢れた計り知れない円周（circumference）」と描写した。[1]異邦人と秘密で溢れた十九世紀のヨーロッパ、パリやロンドン、ベルリンのような都市は、資本主義の風景が世界の中に立ち現れる近代の最前線にあった。そこで都市の観察者が感じた不安と自由、異質感と興奮の相反する感情の背景には、都市を生み出した社会経済的条件だけではなく、近代を構成する新しい認識論的パラダイムが存在していた。

都市に居住する特権のうちの一つは「凝視（gaze）」にあった。近代性と視覚性の間の連関に注目したジョナサン・クレーリーは、歴史的に、人間の「知覚」のひとつの「視覚」が、十九世紀になって、観念的な概念ではない「観察者」という枠組みを得て、具体的に目に見える存在となっていったとした。このような視覚の浮上とその効果は「観察する主体」という新たな主体性を生み出す。十九世紀の産業社会において人間の肉体がそれ以前とは異なる位置づけをされていく過程で、視覚もまた触覚のような感覚として新たに位置づけなおされる。こうして視覚の自律化は、資本主義的「スペクタクル」の消費という任務を遂行する観察者を構成する歴史的条件になる。(2) このような十九世紀の近代性を構築する「観察する主体」はヴァルター・ベンヤミンが言う都市の「散策者」として体現され、社会的かつ美学的な存在となるのである。ベンヤミンにとって知覚があらわれる様式は、「散策者」、すなわち招き寄せるかのように商品イメージが絶え間なく流通する都市の風景を見つめ、それを消費する観察者をつうじてであった。

ヴァルター・ベンヤミンが、十九世紀末に、パリに魅了されていたボードレールの都市体験を基に考案した「散策者」の概念は、以後、近代を探索する文化批評のキーワードとして根づいた。「散策者」は都市のスペクタクルを視覚的に体験する主体、視線の主体としての「見る者（gazer）」であり、これは近代の自律的理性、美的主体としての近代的芸術家の誕生へとつながっていく。都市の散策者にとっては「見るという技術の初歩」があったが、「見るという技術」とは「活人画（lebende Bilder〔生きたイメージ〕）を楽しむ能力」を意味していた。(3) ベンヤミンがとらえた散策者は、ブルジョアとプロレタリア、あるいはその境界の居住者を含む、曖昧な範疇である。

遊歩者はまだ大都市への、そして市民階級への敷居〔過渡期、移行領域〕の上にいる。彼は、そのどちらにもまだ完全には取りこまれていない。そのどちらにも彼は安住できない。彼は群衆のなかに隠れ家を求める。(4)

「散策者」は都市を構成するスペクタクルの一部であり、その見物人で都市の消費者でもあった「群衆」と対をなしていた。万華鏡（kaleidoscope）のように広がったメトロポリスをいっぱいに埋め尽くしていた「群衆」もやはり、どの階級にも属さない、都市に住む新たな類型の存在様式を意味する。ボードレールが十九世紀に大都市パリで経験した群衆は、特定の階級や特定の同一性を持つ集団ではなく、「行人」、すなわち地域と階層、理念と物的土台が異なる、無定形の異質な個人であった。(5) ボードレールの都市体験の中で、観察者はこのような群衆との接触に衝撃を受け、魅了されながら群衆の一部となった。

ところで、都市をめぐる視覚はつねに「あたかも他に人がいないかのように街を歩きまわる人間（a man）と結びついていた」(6)。このことは視覚の中立性、観察の客観性をめぐるジェンダー的な問いを呼び出さずにはおかない。原則的に、一つの物体に対して何ら価値判断を含まない純粋な視覚的接近は存在しない。視覚はつねに別の物体・欲望・ベクトルと隣接して重なり合う、複数的なものである。(7)「視覚」が「肉体のメカニズムによって形成される」視線であるなら、「視覚性」は「ある社会的事実として形成される」視線であるとするとき、(8) 都市において観察の主体が持つ「視線」は、唯一の、絶対的な視線ではなく、階級・人種・ジェンダーのような社会的な条件の中で構成された「視覚性」の一つの形態であることを認める必要がある。近代初期の都市の探検をとりまく事実とファンタジー、観察の視線は、十九世紀ヨーロッパのブルジョア男性の主体性と深く関わっている。これは安定的で一貫した自己節制と、自己訓育のエトスを持った自律的な男性、理性をつうじて能力を発揮する特権化した男性主体を前提とする。

しかし、「暗く、強力で、魅惑的な迷路のようなメトロポリス」でブルジョア男性だけが都市の唯一の探検者であり、解釈者であるというわけではなかった。(9) 女性は学校・教会・百貨店・音楽ホール・劇場・公園・公共交通施設（電車・駅）・博物館・図書館など、近代的な公共空間を占有した「また別の」都市の居住者であった。近代都市の街路を埋め尽くした「群衆」という抽象的で無定形的な集団において、女性は看過できない比重を占めていた。リタ・フェスルキは、十九世紀に近代を代表していた多くの主要な表象——公的領域や群衆の中の人間・異邦人・ダンディ・散策者など——が、近代が生んだ性を伴う（gendered）メタファーであると指摘した。また彼女は、十九世紀の巨大都市で街をそぞろ歩く女性は誰でも娼婦であるとみなされがちであったと述べ、（男性）散策者と同義でとらえられる女性散策者はいなかったと論じている。[10] しかし、匿名的で性を持つ「群衆」と「散策者」の概念の中で、沈黙したり男性散策者の凝視の対象として表象されることもあった女性もまた、近代都市の公共空間に登場したまた別の視線の持ち主だった。都市のモダニティを構成して消費した凝視の主体としての女性を召喚するとき、都市はどのように異なった形で記述されうるだろうか。

近代都市の出現は、十九世紀西欧にはじまるが、都市のスペクタクルは西欧においてのみ見られた風景ではなかった。二十世紀初め、帝国日本に支配された植民地朝鮮は、儒教的な慣行と習俗が日常のところどころに深く根づいていたが、徐々に近代都市の輪郭も形作られていった。一九二〇—三〇年代の植民地都市京城は、封建という名によって排除されるようになった前近代の遺物と習俗が、日本を経由して入ってきた西欧の記号と混在する空間だった。窮乏する植民地の現実と近代への幻想が交差していた京城の街もまた、匿名の相異なる群衆でごったがえす近代都市の街の様相をなしていた。[11] そこには自動車とバス・電車・荷馬車・牛車・人力車などが行き交い、伝統主義者と近代主義者、上流階層と貧民層、老若男女が押し寄せていた。一九二〇年代の京城の鍾路《チョンノ》は、インテリサラリーマン、断髪娘とモダンボーイ、詐欺師、浮浪者、アヘン中毒者と検事、学校に行くために電車を待っている女学生と人力車に乗って料理店に向かう妓生《キーセン》、女学生の格好をして自動車に乗る隠君子（密売淫女性）で混雑していた。[12]

植民地期の日常風俗の細密な観察者だった小説家・金南天は「現代女性美」（『人文評論』一九四〇年一月）という文章において、一九三〇年代末のある日の午後、京城・鍾路の街を行き交う女性たちの姿をとらえている。「洋装周衣《トゥルマギ》に銀狐のスカーフを巻き、人力車に乗って料理店に向かう」妓生、「スワガーコートにまだらなジョーゼットの襟巻」と「唇の赤いルージュと電髪」をした女給、「簡便なスモックと化したシャツ」を着て、カバンを肩にかけて、総督府・逓信局・保険課・警務局などで働く若い職業婦人、「アフタヌーンの毛皮のコートを着て、飾りがついたクレープデシンの婦人帽」をかぶり、「府民館で公演する舞踊や音楽、あるいはある映画館のアトラクションに出てくる」ような姿で「半島ホテル（一九三六年に野口遵《したがう》によって京城府本町に建設されたホテル）のポーチから車に乗り込む」「毛皮の中にナツメの種のような顔をうずめた傲慢な婦人」が、まさにそのような女性たちである(13)。朝鮮において見られるこのような最新の流行服飾とアクセサリー、化粧品、ヘアスタイルは、植民地都市京城を見慣れない西欧式の商標と不明瞭な命名で溢れた異質な空間に作り上げる。金南天によってとらえられた都市の街路の女性たちは、近代都市の街路を埋め尽くした「群衆」という無定形な集団の一部であると同時に、消費大衆の姿で都市に出た女性散策者でもあった。

近代都市において、セクシャリティは、あいまいさと無秩序の一つの驚異的な源泉であった。束縛のない性的経験を提供する都市は、最も恐れられながらも、最も欲望をそそる「禁止」を可能なものに変えた(14)。女性が公共空間にいるということは、非道徳的な領域に入っていくことであるかのようだった。彼女たちの存在は都市の男性にとって非常に刺激的であるがゆえに、彼女たちは貞淑さを失うことになったり、性的に傷つけられる危険にたやすく晒されたりした(15)。商業化された生の方式は、絶え間なく女性を都市に誘い込み、都市の秘めたる迷路は女性の身体を狙い、つねに売買春を量産した。近代初期の都市において女性として存在すること、すなわち家族あるいは親戚の一員ではなく、都市において個人として存在することは「売春婦(public woman)」になることと変わらないとみられたようだ[16]。消費主義とエロチックな幻想が溢れかえる都市空間における遊興産業は、近代家父長制の周辺部でまた別の帝国を構築したのであり、都市の欲望を媒介していたクルティザーヌ(高級娼婦)・接待婦(ウェイトレス)・売春婦などは、都市が量産し享有した実質的な対象であった。

都市において女性は完全な自由を付与されなかったという点で、完全な市民ではなかったとみなすことができる。しかし、都市は女性にとって危険な場所であると同時に、解放の場所でもあった[17]。植民地当時の京城の街を闊歩した女学生、百貨店やホテルに通う有閑夫人たち、西欧的な身なりをした新種職業婦人のモダンガール、都市の労働者群であった女工・妓生・カフェの女給などは、二十世紀初めの朝鮮の都市空間に出現した女性の具体的な形象である。女性たちは資本主義のメカニズムが引き起こす都市の矛盾と折り合いながら、都市の隙間で生存し、都市を賑わせた。恐れと快楽が競い合う都市空間で、女性の存在は植民地近代朝鮮のモダニティをあらわすまた別の歴史的な指標である。無秩序と危険、潜在的な破壊性を内包すると同時に、植民地という条件が重なり合う近代初期の朝鮮の都市空間において、女性はどのような方法で自身の生を構築し、当時の歴史と関係を結んだのだろうか。都市と女性が出会う場で量産される多様な語りは、朝鮮の近代をどのように記憶しているのだろうか。

2　植民地都市京城と散策

しかしもちろん、われわれの時代は（……）事実よりも形象《イメージ》を、原像《オリジナル》よりも写し《コピー》を、現実性よりも表象を、本質よりも外観を好む（……）。なぜかといえば、現代にとって神聖なものはただ幻想だけであって、真理は世俗的なものだからである。

――フォイエルバッハ

ギー・ドゥボール『スペクタクルの社会』ちくま学芸文庫、二〇〇三年、一三頁（フォイエルバッハ「第二版への序言」『キリスト教の本質（上）』岩波書店、一九六五年）

京城という都市

二十世紀初め、五百年の朝鮮王朝の首都であり、城壁都市として長い伝統を持っていた京城は、帝国日本の侵奪のもとで構造的な変化を経ることになる。一九一〇年の韓国併合後、「朝鮮総督府地方官官制」（勅令第三五七号）が発布され、「漢城府」の公式的な名称は「京城府」に変わり、大韓帝国は植民地「朝鮮」に改称された[18]。一九一四年三月、京義道の告示第七号により、京城の地名は武橋洞が武橋町に、明洞が明治町に、小公洞が長谷川町になるなど、「洞」から「町」という日本式の単位に定められた[19]。一九二〇年代から三〇年代初めにかけて、京城では昔の建物が取り壊されると同時に、多くの近代様式の建築物が立ち並ぶようになり、各種公共の建物や鉄道の延長にともなった駅の新築、銀行・会社・学校・工場などの設立によって、京城は近代都市の外観を持つようになる(20)。一九三三年に書かれた善生永助《ぜんしょうえいすけ》の朝鮮についての報告書は、近代都市のインフラが京城に構築されると同時に、一時的に都市の人口が顕著に増加する地点をとらえている。

> 併合以来諸般の都邑施設が次第に完備し、殊に政治の改革、産業の振興、治安の維持、交通の発達、教育の進歩、衛生の改善、生活の向上、社会の改良等著しきものあり、従つて鮮内の人口増加率は驚くべきものがあるが、就中、人口都市集中の趨勢は相当顕著にして、大小都邑の膨張発展を来して居る。試みに、大正十四年末に於ける朝鮮の現住人口総数を見るに、一千九百一万五千二十六人であつたものが、昭和五年末には二千二十五万六千五百六十三人に増加し、五箇年間に於て総計百二十四万一千三十七人の増加となつて居り、実に一箇年平均二十四万八千二百七人強の増加に達し居る(21)。

ところで、このような京城の都市化は、支配者（日本人）／被支配者（朝鮮人）の居住空間の二分化に基づいた、植民地都市の建設の企画の中で行われたものだった。

一八七六年の開港以降から推進された日本居留民の移動は次第に増加し、京城では民族による居住空間の区画化が可視化される。

> 新に内地人又は外国人の集団市街が出来、自ら土着人と新来人の市街に一定の区域を生ずることが多い。これを京城について見るに、黄金町通を界として、南部は内地人町、北部は朝鮮人町と称し得べく、

図１　朝鮮総督府

図２　朝鮮銀行

西小門町附近は、支那人町、貞洞及び竹添町の一部は西洋人町の観があり、城外の龍山は主として内地人に依りて新しく発展した。(22)

植民地の開発のための総督府の組織的な移民政策が一次的には作用したものの、朝鮮は日本と距離的に近く、自然条件・文化・社会構造などにおいて同質性が強かったということもあり、多くの日本人が植民地朝鮮に移住し、都市の人口の中で高い比重を占めるようになる。(23) 一九三四年当時、日本人の都市占有率は平均一三―二八パーセントを維持するようになる。(24) このような日本「内地人」の移住の過程で、清渓川を起点にした南の地域である「南村」は日本人の居留地になり、北の地域である「北村」は朝鮮人の空間として、差別化された開発が推進される。(25)

二十世紀初め、京城のような植民地都市は、西欧を起源とする近代都市の普遍的な経験として説明することはできない、特殊な歴史的空間性を持つ。そこには、アジア的伝統と西欧的近代の衝突とともに、植民者と被植民者の間の非対称的な権力関係が接合した重層的な葛藤が存在していた。『東亜日報』(一九二八年十月四日)に掲載された「変態的近代都市としての京城」という文章では、一九二八年当時京城の人口は三四万人に達していたが、一九二七年末の段階で工業人口三六パーセント、商業人口四〇パーセントを占めるようになるなど、徐々に商業化・工業化する近代都市の特徴が見られるようになると述べられている。しかし、日本人が全会社の資本金の八〇パーセントを持っており、朝鮮は「たんに工業原料の供給地」「製造商品の市場」として存在することを、朝鮮の「変態的発展」とみなしている。このような植民地都市京城の資本主義化は、居住者たちの間の民族的・階級的格差をさらに拡大することになった。一九三〇年代前後、十万人に達する京城府における極貧層、百万人に近い朝鮮の失業者数、京城北部の「貧民村化」などに関する記事

は、当時の植民地都市京城の不均衡な開発と朝鮮人の貧困を示唆する。(26)

京城の二重構造は、単純に居住地の区分だけではなく、基幹施設および商圏や娯楽施設、遊郭の配置および運営システムなど、生活全般に拡大する。都市の社会資本の代表といえる上下水道・ガスの普及率やバスの運行時間のような、日常的な便益施設の差異だけではなく、同じ条件下で働いている日本人と朝鮮人の差別化された給料格差による、生の中の本源的な差別が量産される。また、植民地本国から南村に直接輸入される資本の規模の差異によって、北村の商業は零細化を免れることができなかった。(28) このような京城内における南村／北村の差別の構図は、朝鮮における日本人と朝鮮人をその暮らしの質において階層化してゆくが、植民地支配の深化にともない、格差は徐々にさらに拡大する。(29)

しかし、一九二〇―三〇年代の京城の都市化は、植民者／被植民者の非対称的な構図と都市構成員の階級的な隙間を超えて、多岐にわたる近代的欲望のベクトルを作動させる。ギー・ドゥボールが指摘したように、スペクタクルを有する社会は、たんにその社会の経済的へゲモニーだけをよりどころに、低開発地域を支配するだけではなかった。その社会は低開発地域を〝スペクタクルの社会〟として支配し、それどころか、物質的土台がまだない所にさえも、近代社会はスペクタクルを手段に、各大陸の社会的表面にすでに浸透していた。(30) 当時南村の珍古介《チンゴゲ》は、最先端の近代文物が入ってくる入口となり、拒否することのできない誘惑の空間として被植民者たちを魅了していた。一方で、民族の街である鍾路は、朝鮮人の鬱憤と抵抗の空間であると同時に、南村および植民地本国のメトロポリスに憧れてそれを模倣する、植民地都市の二重的な欲望が垣間見える場所であった。(31) 一九二〇―三〇年代、京城は、植民地の社会的・政治的緊張の構図を横断し、消費と享楽の日常空間を拡散させた。アメリカ映画・日本映画を上映する映画館、ジャズが流れるカフェ、西欧的スタイルの文化的記号で装飾された茶房《タバン》（植民地期に生まれたコーヒー・伝統茶などの専門店）、物質への消費欲を煽る百貨店などを中心に、植民地朝鮮における都市の居住民は近代のコスモポリタン的感覚を体得しはじめる。

多くの祝福されない条件によって、やむなく時代の自然の流れから押し出されざるをえなかった封建的都市京城も、次第に尖鋭な近代都市の面貌を備えるようになる。

ソウルの真ん中のあちこちにおける優れた近代的デパートメントの出現は、一九三一年度の大京城の皺深い顔の上に仮装してあらわれた「近代」のメイクアップではなくて何だろうか。(32)

まだ都市のところどころに前近代の朝鮮の残像がとどまってはいたが、京城の都心部は西欧近代の外形を息を弾ませて追いかけていた。

デパートメントストアは朝鮮の都市にも出現した。きらびやかなイルミネーション（電気装置で点滅する広告塔）とショーウィンドウ（陳列窓）、エレベーター（昇降機）、エスカレーター（自動階段）とマネキン（広告人形）そして屋上庭園！　このようなものが人の耳目を誘惑する近来の妖しくも鬼のように恐ろしいデパートメントストアは、近代の特産物であり、産業競争場の総帥である。それはいわゆるアメリカニズム（米国主義）とエロティシズム（肉香主義）とグロテスク（奇怪主義）が交流する近代文明の三角柱であるだろう。(33)

近代都市の外観を演出する各種機械装置、イルミネーションとエレベーター、ショーウィンドウ、マネキンなどは、一本のチェーンのように連なって京城市内のスペクタクルを構成し、これが「妖しくも鬼のように」人々を惑わすと述べられている。このような近代的遊興空間を中心に、京城に根を下ろした都市の消費文化は、知識人の批判と憂慮の視線を浴びたが、一九三〇年代にかけて南村と北村の境界を横断しながら日常の中に浸透していく。

植民地都市京城の欲望と虚構

近代のイメージと記号によって外観が装飾されていた一九二〇―三〇年代の京城は、その背景にあった植民地都市の虚弱な土台をたやすく露呈する。


大京城の鍾路交差点――

私はいつ見てもただ寂しいだけだ。

これが鍾路交差点なんだ。朝鮮の首府、大京城、三五万人もの人が住んでいる場所なのだろうかと考えると、より寂しい。

さて、私は鍾路交差点に少しの間立って、ここを通り過ぎる人びとの行動を眺めてみることにしようか。（中略）

三年間も被っているような麦わら帽子は垢がテカテカとあちこちにこびりついている、まばらに身を覆うばかりの生洋木〔白木綿〕の周衣《トゥルマギ》、地面までズルズルひきずるオングパジ〔ゆったりとした民族衣装のズボン〕の下に見え隠れするコムシン〔ゴムクツ〕は、明日にはもう踵に穴が空いているだろう。顔は栄養不足で蒼白だ。鐘閣の横で何時間か立ったり座ったり、やがて西へとのろのろと足を向ける。一瞥したところ、没落した中産階級のようだ。このような連中が列をなしていた。(34)

一九二〇年代後半、人口三五万人に迫っていた京城は、「大京城」という称号に似つかわしくなく、行き交う貧しい市民の格好はとてもみすぼらしく、使い古した麦わら帽子に擦り切れたコムシンを履いたルンペンインテリが、所在なく街を徘徊していた。当時、新教育を受け、社会の発展の中枢の役割を担うはずのインテリ階層が、慢性失業者の顔で街をさまよう姿を見て、右の文章の筆者は「没落した中産階級」と言う。しかし、これは中産階級の没落とするよりは、当時の中産層の土台が不在であったことに起因する現象であるとするのが妥当だろう。

文化村というと、いわゆる文化生活をする人びとであり、文化生活というと、家はたとえ松の板切れの張りぼてだとしても、形ばかりは新式の洋館を建て、ピアノにあわせて聞こえてくる独唱の声が、あるいは留声机盤〔蓄音機のSP盤レコード〕のジャズバンドの音ぐらいは聞こえてこなければならず、屋根の上にはラジオのアンテナが横にかかってなければならないのはもちろんだが、一日に一度は安物であっても西洋料理の皿でも割ってこそ、いわゆる文化生活であるという。しかし、小さな貸し間さえなかなか持ちえず、一皿のもやし入りの粥すら難しい暮らし向きにある朝鮮人だというのに、しかもそのうえさらに汚れて貧しいソウルの人間だというのに、いったい誰が（このような偏った意味での）文化生活をしているのだろうか。長安〔ソウル〕は広く人が多いといっても、このような余裕たっぷりの文化生活をしている人は、わざわざ数えるまでもないほど少ない。つまり、そんな人びとだけが集まって住

む、いわゆる文化村という文化村を探しだすことも難しい。（中略）

それでは、朝鮮人が多く集まって文化生活をしている、いわゆる文化村はどこか。東小門界隈のことだろうか。（中略）東小門界隈を文化村とするには、一瞥してとても寂しい。(35)

一九二九年に書かれた右の文章は、当時の京城の「文化村」を紹介し、いわゆる「文化生活」がどのようなものであるかについて述べている。つまり、新式の洋館にピアノ、レコードのジャズ音楽を楽しみ、ラジオが備えられ、一日に一度は西洋料理を食べてこそ文化生活であるという定義である。西洋式のライフスタイルを楽しむ識者層のサラリーマン家庭を理想的な文化人の生き方だとする右の文章からは、当時朝鮮においていかに「中産層」の文化というものが想像されていたかが垣間見える。ところで、当時朝鮮に輸入された「文化」という用語は、また別の歴史的な意味の網の中にあった。「文化」という用語は日本の大正末期を風靡した流行語であった。それは、思想的には、第一次世界大戦以降に戦争の野蛮と恐怖から抜け出すために「文化」と「平和」を叫んだドイツの西南学派の文化哲学の影響を受けたものであり、経済的には戦勝国としての日本がとった経済的好況期の産物だった。(36)にわか成金になっていた当時の日本社会の生活のいたるところに浸透した「文化」は、「文化住宅」から「文化コンロ」のような台所道具、おしめカバーにまで用いられた。(37)このような大正末期の日本社会の特殊な産物として台頭した「文化」という用語は、朝鮮に輸入される過程で、その背景にある日本の帝国主義の歴史的文脈から切り離される。物質的な豊かさに基づいて量産された日本の「文化」とは異なり、植民地朝鮮における文化とは、物質的土台が微弱な仮想的な概念に近かった。右の文章において、筆者は「小さな貸し間さえなかなか持ちえず、一皿のもやし入りの粥すら難しい暮らし向きにある朝鮮人だというのに、しかもそのうえさらに汚れて貧しいソウルの人間だというのに、いったい誰が（このような偏った意味での）文化生活をしているのだろうか」と問いかけ、「文化村」そのものを探し出すことが難しいと吐露している。京城の代表的な「文化村」として「東小門界隈」（現在の恵化洞付近）を挙げているが、その風景をとても寂しいと表現し、朝鮮における中産層の文化の虚構性を指摘している。

実際に、当時の京城には安定した働き口を持つことができないまま放浪する雑業層と、決まった住む所もなく都市周辺部に土幕〔バラック〕を作って住む貧民層が、比率的にずっと上回っていた。(38)

京城では道路が開通し、市街には家々が立ち並び、建築は大きく立派であり、そのようなすべての施設が完備され、外面では賑わう反面で、実に言いあらわしがたい貧民窟があることを知る必要がある。今朝鮮において、どの地方においても貧民窟がないところはないが、ソウルの貧民のように残酷な現状はないだろう。珍古介や鍾路のような繁華街を見ると同時に、新堂里・孔徳里のような貧民窟を見ると、どうすればあのような人びとも豊かな暮らしをするようになるかと考えざるをえず、また他の施設よりも朝鮮人の一般教育施設をじっくりと観ることで教育の必要を確信するとともに、子弟を多く学校に送り有為の人物を多く養成することがよかろうと思う。(39)

植民地都市京城は、非対称的な権力が競合する社会的空間だった。西欧近代と伝統を序列化して区別する都市と地方の格差、植民者と被植民者の溝を露わにする南村の珍古介と鍾路の間の格差、中産層の欲望を代弁する都市の繁華街と貧民たちが集住する新堂里や孔徳里の間の階級的格差は、京城という都市空間を構成する実質的な条件だった。

クレーリーによると、「近代化とは、資本主義が、大地に根づいたもの、根拠を与えられたものを根こそぎにして流動的なものにし、流通を妨げるものを排除し抹殺して、単数的《シンギュラー》存在を交換可能なものと化す過程[40]」である。しかし、京城の目にも新たな都市の風景を観察した小説家・李泰俊《イテジュン》の作品に見られるように、京城では「落魄した儒者、汚い街路で酒に溺れる元妓生《キーセン》、不遇な小学校教員やあるいは流浪する農民、愚かな新聞配達夫、生きる希望を失った老人[41]」と出会うことになる。彼／彼女たちは、都市周辺部からは依然として消えずにとどまっている土着文化の痕跡、都市の中心的権力に入り込むことができない無数の他者、被植民者の内部の周辺的な存在を思い起こさせる。

　フーコーは『監獄の誕生――監視と処罰』において、近代都市の「スペクタクル」の背景に監視のメカニズムを読み取り、学校・工場・監獄・病院などの全体主義的「パノプティコン（監視体系）」の中に存在するという、近代人の条件を提起している[42]。数百年にもわたる儒教的習俗と土着文化、貧困な物的土台、植民地権力の統制と監視の中にあった植民地朝鮮の近代都市経験からは、西欧的近代の視線によってはまったくとらえることのできない混成性が垣間見える。植民地都市京城の二重空間は「支配と抵抗という植民地における権力関係の非対称的なスペクトラム〔spectrum 分布〕の中で、さまざまな抵抗と不服従の戦略と戦術が混成と模倣をつうじて生みだされ、多重的な意味記号として表出される複合的権力の葛藤の場[43]」として再解釈される。しかし、ここで混成的で模倣的な意味記号を量産した被植民者の主体性（subjectivity）について再び問う必要がある。はたして主体としての被植民者とは誰を指し示すのか。彼／彼女たちの戦略と戦術もまた、単一な層位によって説明することができるだろうか。植民地都市京城に居住していた被植民主体の行為のありようと意識の層位を立体的に浮かび上がらせるためには、植民地朝鮮の近代を構成した民族・階級・ジェンダーの多面的な連関について検討する必要がある。

植民地都市の散策者

都市の街路を徘徊する散策行為は、近代都市の居住者の特権であった。一九二〇—三〇年代の京城においても、散策は都市の人びとの趣味として浮上してきた。北村の鍾路地域から始まる散策は、日本人街である南村の本町や珍古介へと続く移動経路にその特徴があらわれている。ミツコシ（三越）・チョウジヤ（丁子屋）・ミナカイ（三中井）・ヒラタ（平田）などの豪華な日本の百貨店が陣取り(44)、乙支路と南大門一帯には東洋拓殖株式会社・朝鮮殖産銀行・朝鮮銀行など帝国日本の経済侵奪の前進基地としての植民地金融機関があった珍古介《チンゴゲ》は、京城における散歩行為の終着地だった(45)。

珍古介という名前は本町に変わり、正門と行廊部屋〔両班の家の使用人の部屋〕は二階屋・三階屋に改造され、青紗灯籠〔宮中または高官の外出時に用いた赤と青の紗を張った釣灯籠〕の明かりは数百、数千の電灯に代わり、実に不夜城の別天地に変わってしまった。今そこに足を踏み入れると、朝鮮を発って日本を旅行でもしている気分だ。

珍古介！　珍古介!!

時代の趨勢とともに名前まで変わった珍古介！　は、今は朝鮮の商権を独占する場所だ。六階建てで天を突くようにそびえ立つ三中井の大商店、どこよりも朝鮮人の客を引きつける大百貨店の平田商店、大資本を有し朝鮮全土の商業界を席巻する三越王国の妾宅である三越呉服店をはじめ、左右に慌ただしく入ってきた日本人の商店、そこは燦爛と光り輝き、堂々として、豊かで、その様子は実に朝鮮人が何百年もかけて作りあげてきた北村一帯に比べて、どれほど立派か比べようもない。

図3　本町通の入り口。1930年ごろ

図4　本町二丁目。1939年

さらに、朝鮮銀行前から京城郵便局沿いにこの珍古介をのぞき見ていく時には、左右に隙間なく立ち並ぶ商店は、どこもちろんのこと活気があり、豊かで、陳列窓に並ぶ高価な品物と燦爛たる品物が人の目を眩ませ、惹きつけずにはおかない。(46)

一度珍古介を見物した者は、そこに魅了され、一生の願いとして「珍古介に行って、その良い品物や、美味なるものを一度でも買ってみたなら、死んでも心残りはない(47)」というようなことが巷で言われもした。「朝鮮の生活が死にゆき、朝鮮の血を徐々に吸い取る場所が、まさに怖ろしい珍古介(48)」という憂慮があったが、ソウルを見物した地方の人びとにとっては、珍古介を訪れた事実そのものが大きな自慢となった。

一九二〇年代の日本において、東京の「**ギンザ**」は、全階級を超えて平等に散歩を楽しむことができる空間として表象された(49)。映画女優になって銀座の街を散歩することは、日本の田舎の少女の一生の願いであり、文学青年は銀座にあるカフェ・タイガーの「ボックス」に座って空想にふけった。「ギンザ・ギンザ・ギンザ、男も銀座、女も銀座、夜も銀座、昼も銀座。銀座は日本だ」「スピード時代、スポーツ時代、エロ時代。(中略)日本はすべてこゝにある。大臣も散歩する。共産党も散歩する」というような文句を生み出した銀座の街は、近代日本の都市文化を代弁する象徴的な空間であった(50)。当時、京城の「**ギンザ**」とたとえられた「**ホンマチ**」(本町)は、日本人にも朝鮮人にも「日本を旅行でもしている気分」を与える京城の中の日本であった。

東京銀座の街を散策することを意味する「銀ブラ」にならって、京城の本町(現在の忠武路)付近を徘徊することは「本ブラ」と命名されたが、これは京城の近代体験が植民地の「母国」と緊密に連係しているこ

図５　正面が三越百貨店、左手が京城郵便局。朝鮮銀行前広場にて

図６　丁子屋百貨店。1938年開業

とを示唆する。[51] 植民地都市京城においては、珍古介の近くの書店・カフェ・活動写真館を覗いて都会的な感覚を楽しむ「本ブラ」は、民族・性別・学歴・職業・理念の境界を越えた都市の人びとの「ハイカラ的」な趣味とみなされた。[52]

多才な女記者

金桂貞（中略）実業学校を終え、物売りの修業をしていたが、文筆生活の道を歩んでいる。（中略）マルクス学徒（中略）現在二〇歳、若盛りだからか遅くまで「本ブラ」をする姿をたまに見かけた者もおり、写真を撮られた若者もいるという。[53]

女性記者であり、マルクス主義を学ぶ金桂貞という女性を紹介するこの文章における「「本ブラ」をする」という表現は、当時の若者たちの間で珍古介の散策が日常的に流行していたことを示唆している。

しかし、当時、京城の「本ブラ」を見つめる視線は複雑だった。朝鮮人が日本の伝統衣服である浴衣を着て珍古介（本町）の街を散策する国籍不明な「本ブラ」は、植民地知識人の目に批判的にとらえられざるをえなかった。[54] 一九二〇年代後半から一九三〇年代の社会主義知識人男性の言説において、「本ブラ」とは珍古介の茶房《タバン》・かき氷屋・うどん屋・カフェを転々とし、消費行為と遊びを楽しむ男女の群像、つまり有閑階級の男性と彼らの権力に寄生する正体不明の女性が追い求める表皮的で変態的な近代文化の様態として記述される。これは、一九二〇―三〇年代の大衆メディアにおける「モボ（モダンボーイ）」「モガ（モダンガール）」をめぐる否定的な表象と緊密にかかわっている。

いわゆる「**ホンブラ**」党の陰謀が一九三〇年の夏にはさらに露骨になり、珍古介の茶屋・かき氷屋・うどん屋・カフェの薄暗い電燈の下で、白衣ガールが男と男の翼に隠れ、電気留声机（蓄音機）の音にあわせて眉毛を上げたり下げたり、鳥の声のようにぶるぶると震える歌声なんだなあ、歌を歌うんだ。カルピス、パピスもいいが、眠気を覚ますコーヒーも、アイスコーヒーを二人で一つだけ注文すると、二人の男女が頭を突き合わせてストローでチューチューと吸うんだ。愛のアイスコーヒー――この店でアイスコーヒー――あの店でアイスコーヒー――それでも足りずに日本人のように舌先をこわばらせて「**アダシ！　アイスゴヒガ、タイスキ、タイスキヨ！**」「**ワシモネ？**」[55]

右の記事における「本ブラ」党とは、一九三〇年ごろに珍古介の茶房《タバン》・かき氷屋・うどん屋・カフェを転々とし、消費行為と遊びを楽しむ男女の群像を指す。彼／彼女たちは、朝鮮最初のカフェで珍古介（本町二丁目、現在の忠武路二街）にあった日本のカフェ「赤玉」京城支店で日本産のビール「**ナマピール**」を飲んでゴルフ場に寄り、日本人および有力者たちに交じってゴルフをする朝鮮「モボ」と「モガ」である。

鍾路交差点

すっきりと寂しくもあるが、安東の交差点から昌徳宮の前に通じる新しい道は整備されたばかりで、日の光ばかりが輝き、田舎の停車場広場のように明るく清潔だ。その清潔な道に蝶が一羽ひらひらと踊りながら……いやいや蝶ならばよかったのだが、まるで蜂のように醜い蝶ならぬ蝶が自分に酔って、狂った踊りを踊っていく。のこぎりのようにボロボロな麦藁帽を片方の耳にかけて、象牙の持ち手の杖は腕にかけ、白い粉を首根っこにまで塗り、真紅のマフラー、チョッキのような短いチョゴリにラッパズボ

ン、これみよがしに自分が新しい世紀初のモダンボーイだという面をして、肩と杖で歩いていく。(56)

著者は、「モダンボーイ」、すなわち麦藁帽〔当時新しく登場した勢力である新式文物を象徴する男性装身具〕をかぶった道令様《ドリョンニム》（お坊ちゃん）たちが、杖を持って散策する終着地は「寺」「漢江」「カップ〔KAPF 朝鮮プレタリア芸術家同盟〕」に「劇場」「女学生の下宿」であるとけなす。このように京城の都市散策をめぐる否定的な記述の中には、植民者の文化に憧れて模倣する被植民者の劣等性に対する非難、都市ブルジョア階級が資本主義的消費文化に耽溺することを批判する階級的視線などが絡まりあっている。

しかし、このような「本ブラ」のなかには、散策行為をめぐる自意識と併せて、都市の風景への批判的な距離感と美学的な感受性を表出してきた一群の男性散策者が存在していた。彼らは、外形的にだけ近代のスタイルを追求する軽薄な「モボ」ではなく、精神的・思想的側面から近代を探索したインテリゲンチャのモダンボーイであった。(57) 植民地京城の都市風景に魅了されまた絶望した、朴泰遠《パクテウォン》・李箱《イサン》を含む一九三〇年代のモダニスト作家たちが、当時の男性散策者の典型であったといえる。

鍾路・ホンマチ・ギンザ——植民地都市散策の政治学

朴泰遠の作品「寂滅」（『東亜日報』一九三〇年二月五日—三月一日）において、主人公である「わたし」は小説家として原稿用紙と格闘していたが、「現在のわたしにとって絶対に必要なものはよい刺激だ。ほどよい猟奇的な趣味だ」と「わたし」は広橋〔清渓川にかかる橋〕の方へと、鍾路交差点に行き、群衆の一部となって都市を闊歩する。

図７　南山から見た京城市。北岳山の麓の白い建物が総督府。大正時代

図８　東大門から西に鐘路通を望む。1930年

街は混みあっていた。（中略）わたしの小さな芸術の世界がたとえわたしを敬遠したとしても、わたしは十分に現実のこの街と親しくなることができるのではないか。（中略）
わたしは何の躊躇もなく、夜市の群衆の中に身を投じた。
数百人数千人、また数百人数千人……前に後ろに押し寄せる長安〔ソウル〕の人の波は、昭和四年度の朝鮮総督府主催の朝鮮博覧会に見物に来た田舎の老婦人、笠をかぶった者たちをあちらこちらにさらってはは波を立てていた。久しぶりに出てきたせいだろうか。わたしは人びとを――この群れを、この群れの行方知れずの足取りを、この群れのつまらぬ時間の消費を――けっして蔑視しなかった。いや、むしろ多くの群衆の中に自分の身を投じることで沸き起こった、比類なきほどの大きな喜びを味わっている自分自身を、わたしは発見した(58)。

主人公はボードレールがパリで経験したのと同様に、街の群衆の中に身を投じ、群衆の一部になることに大きな喜びを感じている自分を発見する。都市の街路に魅了された主人公は、小説家としての観察者の位置と、夜市・博覧会などの都市の幻影に魂を奪われた見物人との間の、あいまいな境界を行き来する。ベンヤミンが言う十九世紀のパリの散策者は私的生活を楽しむ「金利生活者《ブリヴアートマン》」であり、生業従事者と無為徒食者の「中間的存在」であった(59)。彼／彼女たち、街の散歩者の主な目的は、無定形の都市群衆になんらかの魂を付与することであり、たとえ都市の街路で幻滅と痛苦を経験することになっても、散策者はすすんで都市の街路と群衆の中に身を投じる。ボードレールは自身の生涯を形成してきたすべての経験の中で、群衆によって押し返された経験を、決定的で独特なものであったと浮き彫りにしたが、たとえ大都市の群衆の引き寄せる力に屈服したとしても、彼／彼女たちから自らを引き離す両面性をボードレールは見せもする。[60]

このように、群衆の一部になりながら、一方では観察者的な距離も維持する散策者に類似した姿は、朴泰遠の小説「小説家仇甫《クボ》氏の一日」（『朝鮮中央日報』一九三四年八月一日―九月十九日）においても見られる。この作品には、仕事もなく妻もないルンペン知識人である小説家・仇甫が、京城の市街地を散策する旅程（鍾路交差点―和信商会〔百貨店〕―東大門―京城運動場―朝鮮銀行―長谷川町―京城駅）が描かれる。

> 仇甫は孤独を感じ、人びとがいる場所へ、躍動する群れがいる場所へ、行きたいと思う。彼は目の前に京城駅を見る。そこには、必ず人生があるはずだ。この広いソウルの呼吸と、また感情があるはずだ。都会の小説家は、当然この都会の港と親しくしなければならない。しかしもちろん、そんな職業意識はどうでもよかった。ただ、仇甫は孤独を三等待合室の群衆の中で避けることができれば、それでもう十分なのだ。
>
> しかし、むしろ孤独はそこにあった。仇甫が片隅に割り込むことすらできないほど、人びとはそこにぎっしり詰まっていても、彼らの誰からも人間本来の温情を求めることはできなかった。[61]

群衆から分離し、激しい孤独を感じる仇甫は、植民地都市の暗鬱で寂しい現実とともに、近代文明の匿名性と非人間性に直面する。街で会うさまざまな群像をつうじて憐憫と悲しみを感じ、激しい疲労をおぼえるが、観察者としての仇甫の対象との距離感は、一貫して失われることはない。それは植民地の都市の窮乏と悲哀に陥没させられまいという自意識を維持させることになる。

一方で、一九三〇年代の植民地朝鮮において、マルキシスト文学者としてのアイデンティティに悩んでいた李孝石の小説の場合、都市の街路は詩的な感性と理念的な純粋性によっては克服されない、人間存在の苦痛と姿を代弁する「散文」の空間として表象される。

街はなぜこれほどにまで汚いのか。（中略）

人間の街とは、一種の地獄ならぬ修羅場である。（中略）

ごみ箱の中のような街、どぶ川のような街、ごろごろとものぐさな主婦がまったく掃除をしない部屋にも街は酷似している。（中略）

永遠の不条理。果てしないカオス！

（中略）汚い街で汚い恋人を迎えに歩いていく自分のありさまに、ムノはふと運命とも言うべき人間の業を見たように感じた。（中略）

街には散文の毒気だけが満ちている。(62)

散策者としての李孝石の視線は、朴泰遠に比べてより観念的で文学的である。彼が都市の街で感じた汚さ・混乱・嫌悪感の中には、思弁的で詩的な感受性が濃くあらわれているが、そこには、華々しいスペクタクルの後ろに隠れている近代都市の暗さ、近代人が直面する認識論的矛盾、社会主義の革命を夢見ざるをえない地獄のような資本主義的不条理への洞察が横たわっている。

京城の都市の散策者、モダンボーイは、帝国の都市東京を経由して植民地京城に到来した近代の風景を観察し、記録した歴史的な主体であった。ところで、これらの散策行為をとおして提起されるより深層的な問題は、植民者の社会的・文化的権力から自由になれない植民地の辺境性をめぐる認識であった。植民地の

「母国」の都市文化とライフスタイルが移植され模倣されていた珍古介は、おのずと植民地の知識人たちの東京体験と緊密に連携しており、帝国のメトロポリスと植民地都市京城の間の物理的・文化的・政治的な位階は、被植民地の主体たちがけっして克服することのできない実存的な条件であった。彼らの散策の体験は、このような空間に重層的に刻み込まれた権力の言語を横断するものであった。

当時、朝鮮のモダニスト文人たちの東京体験の中で、「**ギンザ**」―「**ホンマチ**」(南村)―「鍾路」は、民族的(人種的)緊張がぼやけた境界的空間であった。[63] 朴泰遠の作品「半年間」(『東亜日報』一九三三年六月十五日―八月二十日)には、東京の街を見つめる朝鮮人留学生チョルスの視線が描かれている。

> 地下でもその中は白昼のように明るかった。いまにも破裂しそうなほどに、地下道には群集が満ち溢れていた。二人のあとからあとから続々とやってくる人びとは、競争でもするかのように早足で二人の横を、間を、前へと抜けていった。
>
> 一日一八万人の乗客をのみこんでは吐くこの日本一という地下道は、朝から夜まで絶え間なくごった返しているという。誰もが誰よりも時間が惜しいかのように、誰よりも用事で忙しいかのように、人びとはこの地下道で駆けっこをするかのように、追われているかのように出て行った。
>
> (中略)
>
> ジュノのぱっともちあげる杖の先に、現代人の末梢神経のように細く痙攣するネオンサインを見た。
>
> (中略)
>
> 二人は線路をわたり、「**カグラザカ**」の額がもりあがった坂をのぼった。ソウルの本町通がもし坂であれば、それは必ず「**カグラザカ**」を彷彿とさせる。

しかし、もちろんここは、ソウルの本町通よりもう少し賑わっていた。[64]この作品の主人公チョルスは、日本のカフェで働いている朝鮮人の女給ミサコと出会い、ギンザに行って散歩をし、劇場見物もし、ダンスホールにも行く。その後、ミサコはギンザのスキヤバシの横の「サロン春」というカフェに職場を移し、帝国の享楽産業の一部になる。このような当時の朝鮮人留学生たちの東京における都市体験は、京城に戻って来た後の生の中にそのまま続いていく。

東京の銀座の通りを闊歩していた植民地知識人男性たちの近代体験は、朴泰遠の小説のいたるところに溶け込んでいる。朴泰遠の作品「小説家仇甫氏の一日」において、仇甫は鍾路の街をさまよううちに、ふと東京の銀座の街を思い浮かべ、懐かしく思う。[65]

近代都市に魅了されていた朝鮮の散策者にとって、東京「ギンザ」は最先端の近代体験の根源の地として位置する。しかしそれと同時に、彼らは帝国のメトロポリスから徹底して疎外される植民地知識人の周辺的現実を骨身にしみて自覚する。朴泰遠の「三日空き腹、春の月」(『新東亜』一九三三年四月)では、「さえないルンペン」として東京の街をさまよう植民地青年の悲哀が描かれている。仕事を探せないまま、薄着で二日間食いっぱぐれた悲惨な姿は、「サクラ」が見頃の帝国の春と歓楽の空間である浅草の公園と対比されており、そこには被植民者である朝鮮の知識人の「銀ブラ」体験の実状が赤裸々にあらわれている。[66]

昼のギンザ、散策の終着点

朴泰遠《バクテウォン》と同様に、京城のもう一人の「本ブラ」であった李箱《イサン》は、貧しい植民地朝鮮のモダニストの意識の道筋と周辺的な運命をより劇的に体現している。自らを「十九世紀と二十世紀の狭間で卒倒せんとする無頼漢」[67]であると告白した李箱は、鍾路と珍古介を行き来するモダンボーイの日々を経て、東京への移動を敢行した。生活の貧苦よりも耐え難い精神的な窮乏、伝統と近代の衝突、植民地の辺境性が引き起こす出口のない認識論的な苦闘を乗り越えるための最後の砦として東京行きを選ぶが、李箱はそれほど夢見ていた東京で近代の虚構に直面する。

> 私が考えていた**マルノウチビルディング**——俗称マルビル——は、少なくともこの**マルビル**の四倍にはなる大きなものだった。ニューヨークのブロードウェイに行っても、私は同じ幻滅を感じるだろうか——とにかく、この都市はひどくガソリン臭いなあ！　というのが東京の第一印象だ。
>
> われわれのように肺が丈夫でない人間は、まずこの都市で暮らす資格がない。口を閉じようが開こうが、すっかりガソリンの匂いが浸透してしまうので、どんな食べ物を食べても、しばらくはガソリン味から逃げることはできない。それでは、東京の市民の体臭は、自動車と似たようなものなのだろう。[68]

東京に到着するや、李箱は東京のガソリンの匂いに窒息する。肺病ですっかり壊れた肺ゆえに、近代の汚染された空気にこれ以上耐えることができなくなった李箱は、自分が都市人になる資格がないことを確認する。また、自分が想像していた東京の丸ビルとは違い、ずっと貧相な実際の東京の丸ビルの姿を見て大きく失望することになる。家が没落し、「すっかり屍と化したお祖母様と、自由に身動きできない父と、五十年の生涯を苦労で年老いてしわくちゃになった母」[69]を故郷に残して東京にやって来た李箱にとって、東京はただただ非情にも「死んだ」都市にすぎない。李箱は、東京で、自分が抱いてきた近代の幻想があますところなく砕ける体験に直面する。彼は、人びとを眩惑する都市の夜の街の魔術にも似た光の消え去った、荒涼とした銀座の真昼の光景、裏通りを正面から見ることになる。

銀座はたんなる一つの虚栄読本だ。ここを歩かなければ、投票権を失ってしまうようだ。女性たちが新しい靴を買ったら、自動車に乗る前にまず銀座の舗道を踏みしめなければならない。

昼の銀座は夜の銀座のための骸骨であるため、少なからず醜い。「サロン　ハル」。曲がりくねったネオンサインを構成する火かき棒のような鉄骨の入り乱れた様子は、夜を明かした女給のパーマネントウェーブのようにぐちゃぐちゃだ。だが、警視庁が「道で痰を吐くべからず」と広告板を書いて立てかけておいたため、私は唾を吐くことはできない。(70)

銀座の街を歩かなければ都市民の投票権を失ってしまうことと同じだと想像してきた李箱は、近代の象徴だった東京の銀座の街が、たんに「虚栄読本」に過ぎなかったことを痛感する。歓楽と興奮に満ちた夜の銀座とは違い、昼の銀座は骸骨のような醜い姿をしているにすぎない。カフェの消えたネオンサインの火かき棒のような骨組みが、まるで夜を明かした女給のパーマネントのウェーブのようにボロボロであるのを見て、李箱は近代の幻滅に唾を吐きたい心情を感じる。あれほど切実に近代の感覚を熱望していた李箱は、結局、東京に比べて限りなく遅れた京城が劣等な植民地都市であるというよりは、むしろ「人情に厚く、住みやすい、「閑静な農村」(71)」であるという逆説的な結論に至る。京城の散策者・李箱が、珍古介を経て実際に東京の銀座で寒々と直視した近代の虚構は、植民地朝鮮の知識人がたどり着いた近代認識の臨界点ではなかっただろうか。(72)

朴泰遠・李箱・李孝石らのような、作品の中で当時の風俗を記録していた叙述者たちは、一九二〇―三〇年代の京城に輸入された資本主義的近代の風景を観察し消費する都市の散策者であり、それは自律的な理想と美的認識をもとに誕生した個人としての近代的作家の姿と重なりあう。都市の体験の過程で植民地の辺境性を直視していた彼らは、植民地近代の亀裂にさらされた被植民者の主体の歴史的な経験を記録している。

ところで、近代の普遍的主体として自らを位置づけていた彼らの視線は、ブルジョア知識人男性のジェンダー化された視線でもあったことを思い起こす必要がある。モダンボーイの散策の中で、女性は都市の風景の見せ物、または男性の欲望の対象にとどまる場合がほとんどだった。十九世紀のパリの街で、近代に幻滅し、絶望していたボードレールが唯一（性的）交感（correspondances）を分かち合った女性は売春婦だったが、ボードレールは売春婦をめぐる詩を売春婦の立場では一度も書いたことはなかった(73)。朴泰遠が一九三〇年代の京城の街で、またはカフェで出会った女性たち、李箱が交遊し彼の小説の中に形象化されていたモダンガール・妓生を、都市の散策のまた別の行為者として召喚するとき、彼女たちの目に映し出された都市はどのような姿をしているだろうか。

3　都市に出た女性散策者《フラヌーズ》

「女性散策者」という概念

女性と都市の散策を関連づけるとき、街を歩く女性、すなわち“street walker”は、歴史的に「売春婦」

を意味した。このような“street walker”の語源から自由でなかった文化的モダニスト、男性（中心的）地理学者、一連の西欧のフェミニストたちは、十九世紀末から二十世紀初めにおいて、男性散策者に相当する女性散策者がはたして存在するかについては、疑いを隠すことができなかった。しかし、近代都市に新たに広がったさまざまな風景の中には、散策者／芸術家／批評家という中立的な顔を持つ男性主体の視線によってとらえることができない、無数の隙間が存在していた。デボラ・パーソンズは、すでに十九世紀には「経験的観察者」としての女性が社会の中に広く流れ込んでいたが、「社会的現象とモダニスト芸術家のための隠喩としての都市観察者」はつねに男性人物であったと指摘し、「女性散策者（flâneuse）」という概念を提示した。[74] パーソンズは、男性地理学者が堅持する都市に対する「全知全能な」観点と排他性、ベンヤミンの都市地理学における都市を全体性の中で把握しようとする強迫的な試みとファンタジーと、それを貫く超現実主義的な企図があわせもつ抽象性とあいまいさなどを批判した。[75] さらにパーソンズは、男性散策者とは違って女性散策者は階級・ジェンダー・国家などの社会的な実際性をもとに、血と心臓を巡る都市のリズムや、触れて（tangible）歩くことができる（walkable）都市を経験した観察者としての個人を意味すると主張した。このとき女性散策者は、たんなる通行人（passante）や近代的な商品の消費者のみを指すのではなく、都市空間の中で確かな自己認識を持つ視線の担い手を意味する。[76] 都市の公共空間において、散策者あるいは観察者として登場した女性たちは、以前から公共空間の視線を支配してきた男性たちに比べて、より大きな解放を経験することになるが、これは近代都市の散策体験が性別によって異なる意味の網を構成する地点を示す。[77] たとえそれが当時の女性一般の経験ではなく、女性の都市の散策が多層的でありながら矛盾した結果をもたらしたとしても、都市空間に可視化された女性たちの位置とその行為のありよう、欲望の指向性などは、重要な争点を提起する。

ベンヤミンの「散策者」は、ダンディ、屑拾いと乞食、売春婦が混在する都市群衆の一部になったり、商品の「悪魔性」を直視しながらも商品に魅了される物神主義的「消費者」の形態をなしたり、流動的な位置に置かれる。都市の街路における散策者・群衆・消費者の間の境界ははっきりとしていないが、ベンヤミンは「散策者（遊歩者）」と「見物人（野次馬）」の微妙な差異についてこのように述べている。純粋な散策者が自身の「個性」を確保する反面、見物人は外部の世界に熱狂・陶酔しながら、自身の個性が吸収されて消えて、非人格的存在や群衆にとどまるものなのだと。[78] 女性散策者の場合にも、たんなる見物人にとどまるのではなく、散策の体験を文章化する行為をつうじて表現してきた新女性の集団があった。十九―二十世紀初めに近代教育の恩恵に浴し、西欧文化の洗礼を直接受けた新女性の集団は凝視の主体であり、「芸術家‐観察者」としての女性散策者を量産する土台となる。パーソンズは、二十世紀初めに世界各国からパリに押し寄せた新女性作家・記者・芸術家（ヴァージニア・ウルフ、ドロシー・リチャードソン、アナイス・ニン、ジャネット・フラナー）をとおして、女性散策者のモデルを提示した。

一九二〇―三〇年代の朝鮮の場合、芸術家（作家）の女性散策者として、女性西洋画家であり新女性文士であった羅蕙錫《ナヘソク》（一八九六―一九四八）を看過することはできない。京城の文化・芸術・流行の変化に敏感な観察者であった羅蕙錫は、群衆に魅了されるよりは、群衆との間に距離をとり、確かな個性を持つ視線の主体としての女性散策者の姿を示している。一方、一九三〇年代の街の散策者として出てきた中産層の女性の都市体験に注目し、当時の社会における女性の内面の風景を文学作品の形式で記録した記者・小説家としては、李善熙《イソニ》（一九一一―？）がいる。

新女性文士が芸術家‐観察者としての散策者にふさわしいとすれば、散策者の足が向かう「最後の場所」は百貨店であるとベンヤミンが言いきったように、[79] 近代の文物に魅了され、品物を消費し、都市を徘徊した多くの匿名の女性たちは、女性散策者のもう一つの形であるといえる。消費大衆として街に出たこれらの女性に散策者の地位を付与することは、論争を引き起こしてきた。しかし、アン・フリードバーグは、男性散策者の「最後の場所」が「百貨店」であったなら、女性散策者にとって百貨店は「最初の行き先」であったという点に注目し、女性の消費行為を都市散策の重要な項目とみなした。十九世紀後半に公共空間に出てきた女性にとって、ショッピングは、博物館・展示会・旅行・映画鑑賞などの都市巡回行為におけるものと同様に「まなざしの移動性（mobilized gaze）」の産物であり、「見る者」と「購買する者」の間の関係に依存する消費文化の欲望は、根本的に女性の凝視行為をとおして組織され産出されたと、フリードバーグはとらえたといえよう。(80)これまで女性の消費行為そのものを否定的に見る男性観察者の視線の中で、彼女たちは性愛化または病理化された言語で記述されたり、脅威的な存在、分類不可能な存在として排除されたりしてきた。このような視線は、二十世紀初めの植民地朝鮮においても同様にあらわれる。消費大衆としてとらえられる女性たちをめぐる嫌悪と否定的な表象の中には、消費と女性が関係を結ぶ形態への反感とともに、資本に侵食されていく都市、さらには植民地の日常に染み込んだ資本主義的近代そのものに対する知識人男性（民族主義者・モダニスト・社会主義者）の恐怖と不安が映し出されていた。しかし、商品と女性購買者の間に作動する凝視の力学は、「消費大衆としての女性散策者」を提示するだけではなく、女性の「消費市民（citizen of consumer society）」としての近代的アイデンティティの創出に介入するという点で注目に値する。(81)

一方で、近代都市空間において、女性は風景の観察者として街に出たり、「群衆」の一部でありながらも、自ら「商品」にもなるような、曖昧で不安定な位置に置かれていた。女性散策者は自らが凝視（欲望）の主体であると同時に、都市の中の権力体系（家父長制、資本主義）の凝視（欲望）の対象でもあった。ベンヤミンは「大都市的生を規定する特性は商品に対する欲望であり、それと同時に起こる欲望の商品化」であり、女性の身体を媒介として具現化される「商品物神性」を都市文化の核心として見ていた。ここで「商品物神性は非有機体に投射されたエロチック、歪曲された性的欲望」と定義される。近代資本主義は性的なものを商品化し、商品を性愛化するのであり、女性の肉体を商品化する「売春婦」は近代性そのものを体現する象徴になる。(82)

「女性散策者」の理論的・歴史的構成のためには、近代資本主義の風景の中に呼び戻された女性たちを透視することができる新しい解釈の枠組みが必要である。とくに、男性的な視線の中で欲望の対象として専有されてきた女性の身体に凝視の権限を付与することは、都市とジェンダーをめぐるこれまでとは異なる洞察が求められる。近代的男性主体が持ちつづけてきた観察と視線の特権は、自律的で合理的な精神と理性の領域であったが、女性の身体はその反対側の、依存的で不完全な肉体と感性の領域に位置づけられてきた。消費とセクシャリティがコインの表と裏のように結合している都市的欲望に深く連累している「女性散策者」の行為性は、間違いなく議論を引き起こす。しかし「女性散策者」の存在の様式は、視線と欲望をめぐる都市のジェンダー政治学の非対称的な権力関係を解体するにあたって、その核心に迫る端緒を提供するだろう。

西欧メトロポリスの中心に行く——羅蕙錫の「パリ」散策

二十世紀初めに近代教育の恩恵に浴し、家からの公的な外出を許された新女性の集団は、批判的な自意識と審美的な見識で都市体験を記録する女性散策者を量産する土台になる。近代朝鮮の第一世代の新女性文士であり、最初の女性西洋画家だった羅蕙錫《ナヘソク》（一八九六—一九四八）は、都市の観察者であり、美的主体としての男性文人散策者と対等な女性散策者のひとつの事例であるといえる。羅蕙錫は都市の文化・芸術・流行の変化に敏感な観察者であり、ベンヤミン的な意味で群衆に魅了されるというよりは、群衆から自分を引き離し、確立された個性を持つ視線の主体だった。(83)自覚ある新女性として、生そのものが新しいアイデンティティの企ての過程であった羅蕙錫にとって、都市は感覚と思惟の変化を絶え間なく導き出す、インスピレーションと洞察の「場」であった。

都市に住むということは、その都市が宿している世界観を吸収することを意味した。京城だけではなく、国境を越えて世界各国を旅行していた羅蕙錫にとって、それぞれの都市は近代的自我を構成していく過程で決定的な契機をもたらすことになる。(84)一九一〇年代の羅蕙錫の日本留学時代(一九一三—一八年)の「東京」は、羅蕙錫にとって、「女性」である以前に普遍的な「人間」としての自我の概念を確立させることになった空間であった。(85)羅蕙錫が東京留学の初めの時期に『学之光』〔在東京朝鮮人留学生「学友会」の機関誌〕(一九一四年十二月)に寄稿した「理想的婦人」には、当時の新女性に与えられた近代的「良妻賢母」思想と衝突していた「個体」としての自我についての、羅蕙錫の確固とした意識を見ることができる。帝国の都市で、羅蕙錫は、植民地の女性知識人としての周辺部的アイデンティティに挫折するというよりはむしろ、近代の中心に向かってより積極的に進んでいくコスモポリタン的な指向性を見せている。これは、第一世代の新女性として、社会の改造への強い責任感を持っていた啓蒙主義知識人の立場とも関連している。しかし、羅蕙錫は西欧近代に盲目的であったというよりは、日本をつうじて東洋の立場で西欧近代の価値を受容する方法論的な典範を模索しながら、西欧に対応する東洋(朝鮮)的アイデンティティを持続的に思惟した痕跡が見られる。(86)

図９　羅蕙錫

図10　羅蕙錫画「舞姫」 1927-28年

日本は他の文化を受容しましたが、日本化したのです。日本人は外的刺激を受けて、内的組織を作ったのです。われわれも、学ぶ学問をわれらのものにしていかねばなりません。朝鮮化しようという欲を持たなければならないでしょう。[87]

近代に向けて開かれていた彼女の視線においては、日本または西洋という大他者に対応する朝鮮的な自意識が中心軸をなしていた。しかし、一九二〇年代まで羅蕙錫の思考のうちに維持されていた朝鮮人（東洋人）としての自意識にもとづいた西欧と朝鮮（東洋）の間の批判的な距離感は、一九二〇年代末の欧米漫遊という旅行体験の中で揺れ動くことになる。[88]

羅蕙錫のパリをめぐる記録は、西欧的近代の震源地であるパリで実際に成し遂げられた、朝鮮女性の都市の散策を形象化しているという点で特別な例である。二十世紀初め、全世界から数多くの散策者たちが押し寄せていたパリで、東洋の女性羅蕙錫は近代を構成する「中心」のアイデンティティと出くわす。[89]ヨーロッパを旅行するなかで、パリに八か月以上滞在した羅蕙錫は、西欧の近代都市を代表するパリの魅力に完全にのめり込むことになる。

欧米漫遊時期の一年八か月間、わたしはこうして過ごした。断髪にして洋服を着て、パンを食べてお茶を飲み、ベッドで寝てスケッチボックスを持って研究所に通い、（アカデミーの）机に向かいフランス語をひたすら覚え、時には愛の夢を見て、いつか絵の大家になる空想もしてみた。楽しくなれば踊りも踊り、時間があれば劇場にも行った。国王陛下と各国大臣の宴会席場にも参加し、革命家も訪ねていき、女性参政論者にも会った。フランス家庭の家族の一員にもなってみた。その気分は女性であり、学生であり、若い娘としてだった。実際に、朝鮮女性であるから楽しむことができない、経済的・気分的な障害はなにひとつなかった。太平洋を渡る船の中ですら、非常に愉快に過ごした。(90)

パリの生活に魅了された羅蕙錫は、朝鮮的なアイデンティティを脱ぎ捨て「パリジェンヌ」に変身する。「朝鮮女性であるから楽しむことができない、経済的・気分的な障害はなにひとつなかった」羅蕙錫は、外国の都市で完全な「コスモポリタン」女性散策者として生活する。羅蕙錫がパリで謳歌した一時的な自由と解放感、愉快な気分は、近代的個人あるいは芸術家としての自己アイデンティティにもとづくものであった。羅蕙錫はパリの群衆の一部となり、パリの市街・芸術の街モンマルトル・劇場・活動写真館・パリの美術館・博物館を見学することで、西欧芸術とパリの文化の真髄を味わう。(91) また、街のカフェとダンスホールを見物し、「マガザン・ルーヴル」「ギャラリー・ラファイエット」「オ・プランタン」「ボン・マルシェ」などの有名百貨店を徘徊しながら、「動的」で「社交的」であり、「軽快機敏」なパリの人びとを綿密に観察する。(92)

パリの市街設備、公園設備、すべてのものが美術的であるのはもちろんのこと、演劇、活動写真、なにひとつとして美術品でないものはない。さらに、画家にとって新鮮な気分をもたらしてくれるのはダンスホールだ。モンパルナスは画家町であるだけに、安くて質素なダンスホールが多い。バラックの中に土人の楽隊が力いっぱい肩を揺らしながらラッパを吹き、鉦《かね》を叩くと、それに合わせて男女が互いに腕を組みながら気どって踊り、およそ一〇分間ずつ照明が消える。画家たちはこのように酒を飲み力いっぱい笑い、踊って一夜を過ごし、翌日はすっきりした新しい気分でキャンバスに向かうようになる。演劇・オペラ・活動写真に行ってみれば、なにひとつとして美の採掘者ではないものはなく、すべてが参考になる。画家がいるべきパリよ、パリは画家を呼び寄せる。画家だけではなく、貧しき者も富める者も愉快に遊ぶことができ、年をとっていても若くても子どものように遊ぶパリを誰が恋しがらないというのか。(93)

「なにひとつとして美の採掘者ではないものはない」ものに見えるパリで、羅蕙錫はパリが標榜する近代の理想的価値のみを抽出する。個性を表現し、趣味と快楽を楽しむ権利をもたらすパリで自由を満喫し、芸術的な趣に溢れた都市の建築や、演劇や映画など先進的な文化の感覚の最大値を体験しながら、羅蕙錫は自律的な理性を持った近代的芸術家としての自意識を高めた。

フランスのある中産層の家庭に滞在することで、近代の「一夫一婦主義」と、理想的家庭婦人のモデルを発見した羅蕙錫は、第三世界の知識人女性として朝鮮（東洋）女性が到達すべき未来を確認することになる。家庭の中で中心的な位置にありながら、社会的活動も行っていたフランス女性の姿は、羅蕙錫が夢見てきた理想的なイメージの具現化されたものだったのである。羅蕙錫のパリ体験は、西欧的近代の価値を普遍的なものとして認識し、自らを世界市民として位置づける過程へと収斂される。(94)

パリにおける羅蕙錫の「コスモポリタン」的感覚の中には、近代的個人・芸術家・中産層ブルジョア階級の感覚の他に、ジェンダー的アイデンティティが強く作動していた。羅蕙錫のパリ体験は、彼女が儒教的・家父長制的規範に縛られている東洋の女性であったため、より激しい効果をもたらすことになる。実際、一九二〇年代にヨーロッパを旅行した朝鮮人留学生朴勝喆、医学博士鄭錫泰、社会主義政治家許憲ら何人かの朝鮮人男性知識人と比較するならば、彼らは羅蕙錫のようにパリの人々のアイデンティティに深く順応したり、緊密に反応して文章を残したりはしなかった。(95)パリにおける羅蕙錫の積極的な自己構築は、羅蕙錫個人の特別な現象だったというよりは、二十世紀初めにメトロポリス・パリを訪れていた多くの女性散策者たちに見られる一種のジェンダー的現象であった。たとえば、一九二〇—三〇年代当時、外国（アメリカ）からパリに移住した女性芸術家・作家たちは、自身の条件を活用し、個人的・創造的アイデンティティを形成し、認識論的再領土化を推進したが、興味深いのは男性作家たちがアメリカ的なアイデンティティを保有する反面、多くの女性作家たちは自分たちの存在を定義する「場」として、アメリカの都市ニューヨークよりはパリをより同一視したという点である。一九二〇年代のパリは、女性をして伝統的な性的位階を超えて普遍主体へと進ませる、開かれた空間であった。羅蕙錫を含むパリの女性散策者たちは、社会的・情緒的・創造的エネルギーを高揚させ、精神的栄養分を摂取したのであり、パリを自らの「第二の故郷」として描写しもした(96)。

パリを離れるときに「パリの人の心は、自由・平等・博愛に満ちており、誰でも愉快に暮らすことができ、ここを離れるときはまるで恋人の元を去るかのようだ」とした羅蕙錫の陳述は、パリでの時間が母国における個人的・社会的（国家的）アイデンティティから離脱し、無国籍自由人の解放的な感覚に陶酔していた「現実の外の時間」であったことをあらわしている(97)。「わたしを殺した所はパリだ。わたしを本当に女性にした所もパリだ(98)」という逆説的な告白を羅蕙錫にさせたパリは、世界市民になった羅蕙錫にとって慣習的には許されない愛の体験をさせ、これは彼女のその後の人生に致命的な汚点として作用することになる(99)。羅蕙錫の旅行の記録には、パリでの芸術と文化的な資産、多様な体験を消化し、朝鮮社会の未来のための生産的な原動力にしようとした積極的な意思と渇望がところどころにじみ出ている。しかし、羅蕙錫を個人として、芸術家として、女性として生まれ変わらせたパリは、朝鮮の新女性羅蕙錫が少しの間とどまっていた旅行地にすぎなかった。

パリにおいて西欧近代を確固たる視線の準拠の枠組みとしてつくりあげた羅蕙錫は、ヨーロッパを離れ、アメリカを経て日本に到着すると、西洋と東洋の文化的差異を急激に認知するようになる。羅蕙錫の西欧メトロポリスの散策は、「欧米より一、二世紀遅れた朝鮮農村」と、近代の理想郷「自由・平等・博愛の世界、パリ」の間の隙間をはっきりと確認する契機となる。

横浜に到着した時から、家屋は板小屋のようで、道は汚水でぬかるんでいるようで、人びとの顔は黄色く、背はエビのように折れ曲がっていた。朝鮮に帰ってみると、道は埃に覆われているのが非常に不快で、松茸のような平べったい家の中から響き渡る砧《きぬた》の音は物悲しく、白い服を着て悩みもなく歩いていく人びとは哀れだった。このように、ぱっと咲いた花が風で落ちるように、暖かく繊細だった気分は前後左右にからからと干からびて縮こまりはじめた。(100)

羅蕙錫が目撃したパリの風景は「まだ目覚めていない夢」であり、「その夢から目覚めようと喘ぎ苦しむ」(101)帰国以降の彼女の人生は、朝鮮社会との激しい不和を経験する。

すべてのものが革命的で珍しく、創造的であるように感じられたパリは、ジェンダー意識に立脚した個性の発現と芸術家的なアイデンティティを追求していた羅蕙錫にとって真の「普遍」を構築する場であったが、(102)それは近代的価値が前近代的規範と習俗に衝突していた植民地朝鮮の「特殊」な条件と乖離した、「想像的」普遍に近かったといえる。植民地女性の条件を離脱し、西欧メトロポリタンの散策者になることを夢見ていた羅蕙錫の誤謬は、羅蕙錫個人の特性や慣習的なジェンダー物差しによるものとして断罪するよりは、むしろ西洋と朝鮮の間の時空間的落差という時代的誤謬に緊密に連累していたと理解する必要がある。西欧近代に傾倒しながらも、羅蕙錫は朝鮮人としてのアイデンティティを手放さなかった。

平面と立体をつうじて、用器画にあらわれる無数の線が見えるのと同じように、目をつむっていようとすると、西洋にいるときは立体は西洋のものが、平面は朝鮮のものばかりが見えていたのが、朝鮮に戻ってみると朝鮮の立体が見え、西洋の平面が見える。平面と立体が合わさって一つの物体になるように、平面すなわち外面と、立体すなわち内部と合わさって、一つの社会が成立するのであり、どれも別々に離してみることはできない。少しの間立ち寄った客にとっては内部を知る暇がなく、またすぐにも見えるものでもなく、それは果てしのないものだった。そのため、わたしはその外面にあらわれたいくつかのものを扱ってきただけだ。(103)

西洋と朝鮮という空間を交差しながら、西洋の立体と朝鮮の平面を認識し、朝鮮に再び戻ってくると朝鮮の立体と西洋の平面を再認識するようになる、弁証法的で総合的な思考の段階は、明らかに羅蕙錫の思考が持つ開かれた地平を示唆する。(104)

一九三〇年代の朝鮮で「パリジェンヌ」のアイデンティティを持つということは、羅蕙錫個人の階級的な限界、または認識論的誤謬とみなされてきた。しかし、羅蕙錫のパリ散策は、ジェンダー的不均衡と女性の窮乏に何ら方策もないまま手をこまねいていた植民地朝鮮の条件を可視化する劇的な事件だった。女性たちが抱いた都市の魅惑と解放への熱望は、彼女たちが想像した近代と、ジェンダー抑圧機制が頑強に作動していた植民地朝鮮の辺境性の差異を思うようには調律できない、戦略的誤謬の中で挫折を経験した。しかし、このような失敗は、都市の中で別の方式で幻想を消費し、自身にとってより切実な窮乏に緊密に反応していた女性散策者の熾烈な闘争の産物でもあった。

都市の隙間（in-betweenness）を見つめる女性散策者、李善熙

一九二〇―三〇年代に『開闢』『新女性』『朝鮮日報』の記者であり小説家であった李善熙《イソニ》（一九一一―？）は、一九三〇年代の京城に登場した女性散策者の形象を描いた多くの作品を残した。『別乾坤』（一九三四年一月）に掲載された李善熙の漫文「茶党女人」は、一九三〇年代中盤の冬の夜の京城の街路を徘徊する女性散策者を主人公としている。

デパートのショーウィンドウの恍惚とした色彩がわたしを誘惑し、ウルトラモダニズムを崇拝する若い男女のおかしな格好がわたしの好奇心を引く。

街に出てみようか。唇を赤く彩り眉を細く描いてウインクを四方に送り、レビュー式にぴょんぴょんと歩こうか。当然、安物のモダニズムの女王になってしまうだろう。

わたしにはこれがいいか悪いかわからない。ということは、おそらく朝鮮の女性の誰もがこんなふうになってはならないのである。

しかし、わたしの目は異常に美しいものを求め、わたしの胸は虚栄と享楽で満たされてはいないか。わたしは都会の娘だ。アスファルトの娘だ。

ティールーム。ここの誕生はとても愉快なことだ。活動写真にも嫌気が差したわたしにとって、唯一の社交場である。先日、ある雑誌に、茶店ばかりがやたらにあるが、茶だけ飲んでりゃ、生けていける

のかとあったが――。

長谷川町に行った折に「楽浪パーラー」に立ち寄る。この店がわたしの一番のお気に入りである。

その華麗で軽快な味といったら――(105)。

「茶党女人」において多少戯画化された文体で描写された女性は、「デパート」のショーウィンドウと「ウルトラモダニズムを崇拝する若い男女のおかしな格好」に惹きつけられる。自らを「都会の娘」「アスファルトの娘」と呼ぶこの女性は、一九二〇年代半ば以降に大衆メディアによって表象される「モダンガール」のイメージと重なる。インテリ出身と主張するこの女性は、都市のスペクタクルを享有する視線の主体としての女性散策者の形成をあらわす。活動写真館に嫌気が差した彼女は、都市を徘徊するうちに、偶然に長谷川町（小公洞）にある茶房《タバン》「楽浪パーラー」で、「華麗で軽快な味」を知り、「現代人の美感」を充足する都会の社交場を発見し驚嘆する。ソウルをパリのように思わせ、世界で一番の社交場と錯覚させる茶房《タバン》「楽浪パーラー」に入り、「華美と享楽欲の絶頂」に達するその女性は、茶房《タバン》で提供されるコーヒー、レコードの音楽、茶房《タバン》の壁にかかっている「半裸の女人肖像画」、西洋の俳優の「ブロマイド」、まるで活動写真に出てくるような「西洋のボーイ」の格好をしたボーイに魅了される。茶房《タバン》で得た西欧的文化趣味は、二〇銭ないし五〇銭のお金を支払っても決して惜しくない楽しみと快感を提供する(106)。

女性の都市散策を多少風刺的な語調で述べている右の文章で、李善熙は当時のモダンボーイ・モダンガールの都市趣味の享有が、植民地朝鮮の貧窮した現実から逃避する一種の文化的・知的虚栄の産物であると一喝する。茶房《タバン》「楽浪パーラー」に何時間も一人で座って音楽に心酔している男性を見て、作家は彼が置かれている環境――「小さな借間に年老いた母と幼い子どもたち」「あまり気に入らない苦労人の妻」「キムチの匂いが充満した新鮮ではない部屋の中の空気」「異常に不愉快な臭いが鼻を刺す部屋の中の火鉢の上でぐつぐつと煮え立っている味噌チゲ」などを想像する。これは一九二〇年代半ばから一九三〇年代半ばの大衆メディアにおいて、朝鮮の現実とモダニズム的感覚の間の溝を問題とした男性知識人たちの視角ともある程度同じ脈絡のなかにある。しかし、李善熙の文章は、たんにモダンガールの軽薄さと皮相性を批判するにとどまるのではなかった。なぜなら、彼女の短編小説「街燈」（『中央』一九三四年十二月）では、一九二〇―三〇年代の京城においてまた別の「本ブラ」をする者であった中産層知識人女性が鍾路と本町の街路を無目的に徘徊する行為をとおして都市を見つめ、さらには都市に居住する女性散策者の内面により深く入り込んでいるためである。

李善熙の小説「街燈」は、女性の都市散策行為をとおして、植民地の貧しい現実と乖離する都市の街路の虚像を描くと同時に、当時の社会のジェンダー規範と衝突する女性の存在論的疎外を表出した作品である。小説の冒頭で、都市の中産層の未婚女性であるミョンヒは、長年つきあってきた恋人との関係に限界を感じ、自分を振り返る機会を持つ。ミョンヒはその恋人から会おうという手紙を受け取るが、彼との約束を破って一人で鍾路と本町の街路を彷徨する。そのなかで、彼女は都市の風景を以前とはまったく別の視角から見るようになる。

　今日も鍾路にはどんよりと日の光が差し、やる気のない小売商の店先には安物の綿糸の下着がごちゃごちゃとかけられていた。
　ミョンヒは今、鍾路を通り過ぎる。時には、この街が華麗の極致をなし、すべての歓楽の本源地であるかのように誇張されて見える時がある。そのようなとき、そのなかをちりめんのスカートをひるがえして通り過ぎる小娘の姿は、とても愉快だった。
しかし、今日は事物がそのままに見えるその光景が物寂しく、貧しく見るに堪えないこの街が、なにかの生き物のようにいたましく見えた。
分不相応のただ一つの百貨店では、やたらに文化高級品が並べられていて、善良な人びとの瞳孔を誘惑するその中を覗き込んでみても、なんの興味もわかない。(107)

目的もなく鍾路の街路を徘徊するミョンヒには、都市の風景を客観化し透視する観察者の面貌が垣間見える。彼女は、「歓楽の本源地」としての鍾路と朝鮮の現実とから考えると分不相応の、鍾路にただ一つの百貨店（和信）が、「やたらに文化高級品が並べたてられていて、善良な人びとの瞳孔を誘惑する」姿を批判的に見つめる。愛への幻想が壊れていく経験と同時に、ミョンヒは「物寂しく、貧しく見るに堪えない」京城の街の実情へと目を開き、内面の空虚に直面する。街の百貨店を巡りながら、ミョンヒは「神経がちりちりとちぎれるほどの楽しみを持ったり、そうでなければ命を引き換えにできる価値のあることをしたり、一つでもわたしが満足することができることがあったらいい(108)」と、自身の存在理由について問いかけもする。ミョンヒの歩みと視線が都市の街路の最終目的地である「百貨店」に到ると、彼女は百貨店の中の群衆の一部になって徘徊する。

ときどき、百貨店巡礼に忠実なミョンヒは、本町へと足をのばして、ある百貨店のとても長い階段を上る。彼女はどういうわけかエレベーターに体を乗せるのはほとんど馬鹿げたことだとして、いつもこれを避けた。

ちょうど日曜日の午後であったので、人びとの塊があちらこちらから押し寄せる。人びとがひときわたくさん集まって騒ぐ場所に行くと、またいっそうの孤独を感じるミョンヒは、今日はほとんど耐えられないほど寂しい。

きょろきょろと見渡す。すらっとして堂々とした男性が自分の視界に入ってくるたびに、ミョンヒは彼ではないかとうかがい見た。

「なら、行ってみようか」。しかし、すでに六時になり、もう遅い。彼がふらりとこの中に入ってきて、わたしを呼んでくれたなら、本当に楽しいことだろう。

まことに奇妙な思いを心に抱いて、四階の化粧室に入ると、若い娘三、四人が化粧直しにいかにも我を忘れた様子だ。

細く長い眉が消え去り、若干黒く太い眉が今の流行であるということを、彼女は見た。実にその観察の時間はたったの三〇秒(109)!

通り過ぎる「すらっとして堂々とした」外見の男性に視線を投げかけたり、百貨店に寄った女性たちの間に「細く長い眉が消え去り、若干黒く太い眉」が流行する様子を観察したりするなど、都市の風景の表面を見渡す無神経な視線の中で、ミョンヒは耐えられないほどの寂しさを感じる。このような群衆の中でのミョンヒの孤独は、一次的には恋人への失望と関係の破綻がもたらす挫折と、それによる極度の喪失感に由来する。そのような愛の破綻の背景には、男女関係を規定する慣習的な視角への拒否と、恋人から理解されない孤立感がある。

本町の街路を徘徊するうちに、ミョンヒは偶然に恋人と出くわす。約束を破り、どこに行っていたのかという問いに、ミョンヒが本町に一人で行ってきたと答えると、男は次のように応じる。

本町にですか？　ふーん、わたしのような者こそがたまに歩く所だと思っていましたが、いつの間にかミョンヒさんもそんなふるまいを学んだんですね。確かに、いつもあの路地に行きさえすれば、いろいろな令嬢をお見かけしますが、その方々はみな用事があって来るのではないでしょう。(110)

このような男性の反応は、ミョンヒが急に約束を破ったことへの不快感からだけではなく、女性の「本ブラ」行為自体への嘲笑と冷笑がその背景にある。二人の会話においては、ミョンヒの恋人は絶え間なくミョンヒの思考と行動の様式に対し、批判的で否定的な態度をとる。男の目には、ミョンヒは贅沢と流行に目が眩んだ「誤謬に落ちたモダンガール」としてとらえられ、彼女の散策はただ生産性のない「近代の街の彷徨」としてけなされる。自分の都市散策行為が恋人の嘲弄の対象になったことをはっきりと知ったミョンヒは、激しい意思疎通の断絶を感じる。また、「食べていくために働くこと以外に、この時代に、どんな意味のある仕事ができようか」とミョンヒは男に問いかけるが、男は彼女に「白鳥のように美しく、そしてヒバリのように歌」を歌う女性像を求める。(111)

男と別れた直後、永遠に彼の元を去ることを決心したミョンヒは、「そのまま家に帰る考え」もなく「人もいない通りを行くあてもなく」、やみくもに歩く。物語の結末部分において目的を持たずに徘徊する彼女の散策行為は、恋人との関係の破局による絶望ゆえのものであると同時に、家父長的な慣習と確執を抱える女性の存在の方式にも関わるものである。李善熙の「街燈」は、商品の消費と都会的感覚の享有を日常において追求した、一九二〇—三〇年代の京城の中産層インテリ女性の意識の流れに光を当てた作品である。ミヨンヒの自意識は、当時の少数の中産層女性だけが持つことのできた階級的な感覚と体験であり、特殊なものとしてとらえる必要もあろう。とはいえ、ミョンヒの彷徨と孤独は、ジェンダー的不協和音が引き起こす女性の疎外を都市散策という行為をつうじて意味づけしたものであり、その点において「街路」という作品は女性の散策の美学的な形式の一つのありようを提起している。

京城の消費大衆としての女性散策者

京城の都市散策者であるモダンボーイは、西欧に現れて、帝国の都市東京を迂回し、朝鮮にやってきた植民地近代を透視した観察者だった。しかし、彼らが再構成した近代の風景の中には、普遍的な自我として、または審美的主体としての男性散策者がまったく自覚できないジェンダー的な凝視をとらえることができる。

電車は大通りの真ん中をけだるそうに曲がっていった。けっして明るくないこの街路、街路樹の下に一人、二人の女たちが立ったり、または座ったりしていた。彼女たちは、もちろん道で体を売る類の女ではないようだった。なのに、夜が更ければいつでも物寂しくまた暗いこの街路の上で、それはとても陰鬱でありながら、また蠱惑的な存在だった。そんなにも突然、腐った性欲を、仇甫は街路の上で感じる。(112)

右で扱った朴泰遠の小説「小説家仇甫氏の一日」(一九三四年)で、仇甫が鍾路の街路に押し寄せる群衆の中で匿名の女性たちに性欲を感じる場面は、ボードレールが「過ぎゆく女人へ」という詩に描いた、パリの街路やごった返す群衆の中で神秘のベールに包まれたまま遠ざかっていく未知の女性に対する恍惚感と突然の性的衝動を連想させる。[113]これらはともに、都市の風景の中を行き交う女性を欲望の対象として耽溺する男性的な視線をあらわしている。

仇甫は鍾路交差点に立ち、そこの黄昏と、また黄昏に乗って街路に出てきた娼婦の群れを見る。娼婦たちは、今日も無知を携えて街路に出てきた。今すぐに夜が来るのであり、そして夜は明らかに彼女たちのものだった。仇甫は舗道の上に目を落とし、そこに無数の華麗な、あるいは華麗ではない脚を見て、彼女たちの足どりが非常に危うげだと思う。彼女たちは、みなハイヒールに慣れていないわけではない。だが、にもかかわらず、彼女たちはおぼつかなく、不自然な歩みをしている。それはやはり、「危うげなもの」としか言いようがないに違いない。[114]

「小説家仇甫氏の一日」では、男性散策者の視線をとおして、街の女性たちの姿は「危うげ」で「おぼつかなく、不自然な歩み」をする存在として造型される。このような女性は、公共空間における位置が不安定なだけではなく、根本的に自律性に乏しい存在として表象される。また、仇甫の目にとらえられた「娼婦の群れ」を指し示す「危うげなもの」という表現は、自らを都市のさまざまな危険にさらしたり、男性の欲望を刺激したりする狂乱の記号である。これは階級の低さと性的な無秩序の象徴である「売春婦」にのみ限定されるのではなく、散策のために、または労働のために都市の街路に出てきた女性全般に該当するものであった。[115]

しかし、一九二〇―三〇年代の植民地都市京城においては、都市のスペクタクルを享有する女性たちの散策が、新たな文化的な趣味として日常の中に拡散される。京城の街を徘徊した群衆の一つの軸をなしたさまざまな階層の女性たちは、都市の街路の散歩そのものを楽しみ、鍾路と本町の街路の茶房《タバン》と活動写真館、百貨店に通いながら、都会的な流行の感覚を体得した。当時の都市風俗の観察者であり、「モダン」に対する辛辣な風刺者であった李瑞求は、都市の街路に一気に出てきた若い女たちの歩みを、驚嘆に満ちた目で眺める。

一番目を引くのは、若い女たちの足取りである。一言で表現するなら

「女たちの歩きぶりが素晴らしいのなんの」

ということだ。二番目に、「目」である。目をくりくりと動かし、歩調に合わせてその雰囲気を醸し出す技能である。

鍾路交差点に立って、一七、八歳の花のような赤いテンギ〔お下げの先に結ぶリボン〕を見よ、どれほどその歩みに革命が起きただろうか。かつて娘たちは、膝の下だけで歩いた。しかし、今の娘たちは太ももから前進する。そのようにして、歩みごとに素晴らしいタイプが表現される。スタスタと闊歩するたびに、その上半身には目によって生き生きとした意識があらわれるので、彼女たちの瞳はいつでもなにかを描くような、あるいは世界をつまらぬもののように見るような、この二つのうちの一つの光が見られる時が多い。そのようにして、彼女たちの足取りに心を奪われ、視線を注いでいた人は、その瞳にまたもや我を忘れてしまうだろう。

とにかく、女たちの歩みは実に素晴らしくなった。これもすべてジャズの時代が生み出した新しい猥雑な遊びの一つであるから、阻もうというのもつまらぬことであり、阻む術もないだろう。(116)

街路を若い女性たちが闊歩するさまは、それ自体が素晴らしいだけでなく、彼女たちの目には「生き生きとした意識」が宿り、それは「何かを描くよう」であったり、「世界をつまらぬもののように」見る眼差しであったりするゆえに、すれちがう者は我を忘れてしまい、彼女たちの群れを阻むなどというのはつまらぬことであり、阻む術もないと述べている。

当時の新女性にとって、「散歩」は一つのライフスタイルとして定着したようだが、これを見つめる社会の視線は非常に冷笑的だった。一九三〇年代においては、女性の都市散策は、新たな感覚と趣味の発見による個人のアイデンティティの形成や特定の階層の文化的指標として肯定されるよりは、有閑階級の退廃的な形態として表象されることが支配的だった。裁縫・食事・洗濯など、家庭内の女性の義務を果たさない新女性の「散歩」を、「化粧」「雑談」などとともに、虚栄的で不必要な行為として分類する視線は、女性の都市散策が家庭内で求められる伝統的な女性の規範から離脱する、違反的な行為として認識されていることを示す。[117] このとき、都市空間は、伝統的に女性が居住してきた家庭という私的空間の秩序を乱す、驚異的な空間を意味するようになる。

梁株南監督の映画「迷夢」（一九三六）は、「新女性」をめぐる表象が次第に否定的に変化していく一九二〇年代中盤以降、女性の都市散策が慣習的なジェンダー・セクシャリティの規範に反する女性を量産する契機になる過程を興味深くとらえている。

映画「迷夢」の女性主人公・愛順《エスン》は一九三〇年代の新女性の一つの形象であり、彼女をとおして当時の京城の女性散策者の存在の様式を推し量ることができる。「迷夢」の最初の場面での、夫と愛順の会話は意味深長である。

「どこに行く？」「デパートに行きます」「また何を買いにデパートに行くっていうんだ？」「また何を買う

ですって。見苦しいなりで出かけられますか？　だから洋服を買いに行くんです」「前に買ったのがあるじゃないか？」「あんなもの今は着られません」

愛順の外出がデパートに向かうことをあらわすこのやりとりは、その後の愛順の本格的な都市探検へと拡張する始発点である。夫との争いの末に「籠の鳥」になることを拒否して家を出るという地点において、都市の街路は単純な物理的な空間ではなく、女性が家庭婦人として母としての義務や家父長的な規範を離脱する、違反の空間として意味化される。愛順は、近所の通り―デパート―カフェ―ホテル―舞踊公演場―京城駅へと続く、女性散策者の足跡をあらわしている。そこからは、都市散策の裏面に潜んでいる女性の欲望の地形が見られる。

愛順の消費行為には、もはや生活必需品の購入の次元を超えて、流行の移り変わりに便乗し、商品そのものに耽溺する様子が垣間見える。愛順は百貨店の陳列台にかけられた商品にかじりついて、漁って、「もっと新しいもの」「もっと高いもの」を浮き立つ心で選んで買うことをとおして満足と喜悦を感じる。このような女性のショッピングへの情熱と興奮は、一種の性的官能と緊密に連関する。(118)百貨店は近代の品物を流通させる空間でありながら、女性の抑圧されたセクシャリティを刺激する挑発的な空間として表象されもした。百貨店でまるで性愛の対象であるかのように商品に目が眩む女性散策者の凝視は、その女性を性的対象として見る男性の凝視を引き寄せ、消費の欲望と性的欲望はメビウスの輪のように絡まりあう。商品（物質）への欲求と性的欲望の親縁性は、映画「迷夢」においても確認される。デパートで三〇円相当の洋服を買う愛順は、彼女の欲望を盗み見た見知らぬ男性の標的となる。男性の計略によってカフェで一緒にビールを飲んだ二人は恋人同士になり、あげくの果てにホテルで同居するに至る。愛順の過度な消費の欲望は、なんの罪の意識もなく不倫行為へとつながり、彼女の都市散策は女性の贅沢と堕落の物語として終結する。

図11　映画「迷夢」より

愛順は情夫が金を持たない犯罪者であることが発覚するや、彼を容赦なく追い払った後、また別の欲望の対象[119]（西洋舞踊家）を追いかける。趙澤元《チョテグォン》（一九〇七―七六）舞踊団が実際に出演した現代舞踊公演に魅了された愛順の姿は、都市空間が女性散策者に提供する芸術文化への欲求をあらわす。商品・性愛／恋愛・芸術文化の享有を可能にした都市空間で、愛順は凝視の主体であり、自身の肉体と感覚で世界と直接的に交感しようとする強烈な自己欲望の主体である。しかし、映画「迷夢」で聞くことができる、都市の街路のかすれた機械音のように、一九三〇年代の京城の近代は女性散策者が放つ欲望のリズムと衝突し、不協和音を生み、破裂音を出す。女性に凝視の権利を与えなかった近代初期の都市空間で、愛順は鳥籠のような家を飛び出していったが、都市が開け放った欲望の迷路の中で自身の位置を探すことができないまま破局を迎える。愛順の突発的な欲望は、新女性の都市散策を女性の違反と堕落の航路として固定化した、当時の支配的な視線の権力を突き破ることができないまま、道徳的に断罪される。

一九三〇年代になると、都市の街路における散策の体験は、女学生や都市の職業婦人・新家庭婦人ら中産層の女性だけではなく、都市の労働者層の女性にまで日常的な趣味として広まった。都市の遊興産業に従事していた妓生や女給は、モダンガールの身なりをして、都市の街路を闊歩した主な散歩客だった。

暖かい日に、清潔な衣服を着て、なにすることもなく街をうろつくことは、妓生や女給のような階級の女人にとっては、言葉に出来ない幸せであり、快楽であり、また誇りでもあったようだ。鍾路に、明治町に、本町に、また鍾路に、このように彼女たちは歩きまわった。その間に映画館にも行き、茶房《タバン》にも行き、百貨店にも行ったりした。[120]

都市の工場の女工たちもまた、外出の機会に乗じて街を徘徊し、都市の居住民の権利を享受しようとした。

彼女たちの唯一の楽しみは、日曜日に友達と手を取り合って、女工独特の化粧をして、同じデザインの服を着て、自由社会を歩きまわることである。(中略)日常生活で節約して貯めたお金は、ほとんど両親に送り、残りは自分が着る服を何着か準備する。[121]

都市空間において可視化されるさまざまな階層の女性たちに見られるこのような欲求は、家父長的な秩序に統制されていた女性の生の条件を再構成する、近代の新しい風景を開くことになる。

一九三〇年代の京城は、中産層の女性を家の外に引っ張りだしただけではなく、地方の女性を都市に呼び寄せる幻想を量産しつづけた。一九三〇年代末に製作された安哲永監督の映画「漁火」(一九三九)は、都市に押し寄せた地方出身の女性たちが主人公として登場する。この映画の中で、貧しい漁村の故郷の村をあとに京城に上京してきた玉粉《オクプニ》は、バス会社に就職し、見違えるようなモダンガールになる。彼女は故郷の後輩である仁順《インスニ》を京城に「行きたいなら行かなきゃ」とそそのかす。このように、当時地方で普通学校を出た未婚の女性にとって、京城は、月給を多くもらえる職場を提供すると同時に、勉強もできる夢の空間として映っていた。しかし、仁順は、上京するやいなや、新式ホテル、レコードから流れる流行歌、美容院、コーヒーとビールを味わうことができるカフェ、賑やかなネオンサインなど、都市のスペクタクルに出会う一方で、同郷の男性哲洙《チョルス》の誘惑によって体を狙われるという性的な危険に直面する。仁順が哲洙によって純潔を奪われて絶望していると、バスガールの玉粉は仁順に対し、哲洙から独立して一人で立ち直るよう強く励ます。しかし、働き口を探すことができない仁順は、結局朝鮮料理店の妓生になり、女性の身体を商品化する都市の遊興産業に組み込まれる。この映画は、一九三〇年代に都市という新しい環境の中であらわとなった基層階級の女性たちの行末と苦境を、はっきりと描いている。

　安鍾和監督の映画「青春の十字路」（一九三四）もやはり、都市に出てきた女性の話を扱っている。田舎娘ヨンオクは母を失い、金を稼ぐために兄がいるソウルに上京するが、兄を探すことができないまま、結局カフェの女給になる。「漁火」「青春の十字路」などの映画に現われた、都市で新しい生存方式を模索しなければならなかった地方の女性たちをめぐる表象においては、憂慮と警戒の眼差しが支配的だった。それは、「迷夢」に登場した、家庭を抜け出し都市の散策を敢行した中産層の女性を見つめる視線と同様のものであった。このような表象のありようは、一次的には、女性が家と故郷を離れるということが、女性の身体を活用する資本主義的な産業の構図の中に女性が無防備にさらされるということと同義であるような、女性の危うげな生存条件をめぐる認識に起因する。

しかし、このような映画的な表象の中には、外部から観察され解釈された女性たちの「見られる」イメージを超えた、直接的には発話されない女性たちの声が存在している。これらの映画において、女性たちはさまざまな形態の欲望から発現される内的動機を媒介に家を出て、都市に移動した行為者である。女性に付与された伝統的な美徳への違反と性的蹂躙の危険を顧みず、都市へ冒険を敢行した彼女たちは、外部の視線などには裁断されない自己叙事の主人公であった。一九二〇―三〇年代の京城の街路でとらえられた無定形の女性散策者は、植民地都市の人種的・階級的・ジェンダー的な不均衡と物質的な欠乏の中にあって、都市のモダニティに積極的に介入し、新しい主観性と欲望の形式を模索した歴史的な存在であったことを思い起こす必要がある。

西欧メトロポリスの中心の街路を散策していた羅蕙錫や、朴泰遠の小説の「仇甫氏」と同様に、京城の街路を観察しながらぶらぶらと歩きまわった李善熙の小説の女性散策者も、消費大衆としての匿名の都市の女性たちも、その誰もが民族と家父長制の規範を離脱し、あるいは狂乱を引き起こす街の反乱者だった。これまで近代都市空間のコスモポリタニズム、すなわち「相対的に制限された地域主義に反対する都市の多様性の経験」は、つねにブルジョア男性の快楽として語られてきた。[122] しかし、都市空間にジェンダーのコードが強力に記入されていた一九二〇―三〇年代の朝鮮女性散策者をめぐる断片的なイメージは、それとは異なる風景を指し示す。近代の都市体験をつうじて量産された「西欧的普遍」の経験の様式は、植民地京城においては複数の主体によって具現化されていたのだ。いまや都市の居住民としての女性を語るということは、一つの「思想」や「絶対的普遍」ではない、「無数の存在の方式」としての「コスモポリタニズム」[123]を思惟させる歴史の風景と向き合うことであるといえるだろう。

（1）Henry James, "London" in *Essays in London and Elsewhere* (Freeport, N.Y.: Books for libraries, 1922), pp. 27, 32.; Judith R. Walkowitz, *City of Dreadful Delight: Narratives of Sexual Danger in Late-Victorian London*, University of Chicago Press, 1992, p. 15.

（2）ジョナサン・クレーリー著、遠藤知巳訳『観察者の系譜——視覚空間の変容とモダニティ』以文社、二〇〇五年、一五—二七、三九—四〇頁。

（3）ヴァルター・ベンヤミン著、浅井健二郎・久保哲司訳「ボードレールにおけるいくつかのモチーフについて」『ベンヤミン・コレクション〈1〉近代の意味』ちくま学芸文庫、一九九五年、四四七頁。

（4）ヴァルター・ベンヤミン著、浅井健二郎・久保哲司訳「パリ——19世紀の首都」『ベンヤミン・コレクション〈1〉近代の意味』ちくま学芸文庫、一九九五年、三四六頁。

（5）ヴァルター・ベンヤミン著、今村仁司・三島憲一他訳『パサージュ論 第一巻』岩波書店、二〇〇三年、五四—五六頁。

（6）レイモンド・ウィリアムズ著、山本和平・増田秀男・小川雅魚訳『田舎と都会』晶文社、一九八五年、三一一頁。Deborah L. Parsons, *Streetwalking the Metropolis: Women, the City, and Modernity*, Oxford University Press, 2000, p. 4.

（7）ジョナサン・クレーリー、前掲書、四一頁。

（8）ハル・フォスター編、榑沼範久訳『視覚論』平凡社ライブラリー、二〇〇七年、一一頁。

（9）Judith R. Walkowitz, p. 17.

（10）Rita Felski, *The Gender of Modernity*, Harvard University Press, 1995, p. 16; Susan Buck-Moress, "The flâneur, the Sandwichman, and the Whore: The Politics of Loitering," *New German Critique* 39 (1986), p. 119.

（11）一記者「二日間でソウルをまんべんなく見物する方法　田舎の友達に案内する路順」『別乾坤』一九二九年九月、六一頁。

（12）同前、六二頁。

（13）金南天「現代女性美」『人文評論』一九四〇年一月、八三―八四頁。

（14）Elizabeth Wilson, *The Sphinx in the City, Urban Life, the Control of Disorder, and Women*, University of California, Berkeley and Los Angeles, 1991, pp. 5-6.

（15）Judith R. Walkowitz, p.15.

（16）Elizabeth Wilson, p. 8.

（17）Elizabeth Wilson, p. 7. ウィルソンは、社会的規律システムをそれほど内在化していない女性にとっては、都市文化の無秩序と破壊性がむしろ自由をもたらし、家父長的な生活体系を揺り動かす可能性をもたらすとしている。一方で、このようなウィルソンの議論を、非常に楽観的で感傷的であるとする指摘もある。(Mike Savage and Alan Warde, *Urban Sociology, Capitalism and Modernity*, Macmillan Press, 1993, p. 118)

（18）鄭在貞他『ソウル近現代史紀行』ソウル市立大学校付設ソウル学研究所、一九九七年、一三三―一三四頁。

（19）川村湊『ソウル都市物語』平凡社新書、二〇〇〇年、七三頁。

（20）一九二六年一月、朝鮮総督府庁舎が景福宮の勤政殿の前に建設され、光化門から南大門をつなぐソウルの漢陽都城の南北には植民地権力の官庁が立ち並ぶようになる。総督府の建築物の前に京義道庁・警察官講習所・逓信局・逓信局保険課、そして京城府庁舎が世宗路から太平路を交差した所に配置された（張圭植『ソウル、空間から見た歴史』ヘアン、二〇〇四年、六八頁）。善生永助は統治者の立場から、朝鮮の道や邑において文化施設が大きく欠如しているとし、神社・寺院・教会・公園・遊園地・運動場・公会堂・図書館・科学館・博物館・物産陳列館・劇場・活動写真館などの設備を完成させ、市民の信仰・休養・慰安・修養・娯楽・運動などを提供しなければならないと述べている（善生永助『調査資料第三十八号 生活状態調査（其五）朝鮮の聚落 前篇』朝鮮総督府、一九三三年、九四四頁）。

（21）善生永助、前掲書、八八九―八九〇頁。

（22）善生永助、前掲書、八四三頁。

（23）一九二九年当時、京城の戸数は七万二八八戸、人口は三一万五〇〇六人で、そのうち朝鮮人の戸数は四万八四五四戸で男性が一一万五七四二人、女性が一一万九一人で計二二万五八三三人であり、日本人の戸数は二万八六六戸、男性が四万三〇三二人、女性が四万一四四人で計八万四一七六人であった。外国人は九六八戸で男性四一七九人、女性が八一六人で計四九九七人に達した（編輯人「京城の大観」『別乾坤』一九二九年九月、一頁）。都市に居住する日本人の中には、植民地支配者（官吏・軍人）だけではなく、商工業者や無職の者も多く、女性の比率も高かった。これは日本「本国」の都市像と大きな差異は見られないが、軍人・警察・官僚などの職業の英国人が少数のみ住んでいた植民地インドとは異なる点でもある（橋谷弘『帝国日本と植民地都市』吉川弘文館、二〇〇六年、六六―七二頁）。

(24)　一九三四年末当時、ソウルの居住人口の三九万四五一一人のうち朝鮮人が二七万九〇〇二人（全体人口の七一パーセント）、日本人が一〇万九六七二人（全体人口の二八パーセント）、外国人が五八三六人（全体人口の一パーセント）であった（張圭植、前掲書、六六頁）。善生の報告書によると、「内地人は公務及び自由業が最も多く、商業及び交通業・工業・農業・漁業等の順序になつて居り、移住人口の大部分は市街地に住居して居るが、政府を始め、東洋拓殖株式会社、及び其他の営農業者に於て、最も力を注いだものは産業移民である。日露戦争以後、朝鮮に於ける内地人の農業経営熱が勃興するに伴ひて、内地人小農の朝鮮に移住したる者は少くないのである。これ等移住者の数は明確なる調査を欠くも、昭和五年末に於ける内地人農業者一万五百五戸の内、一小部分は朝鮮在住者にして、或は他業より転業し、または在住者の子弟が農家として一家を創立したるものであるが、これを除き殆んど大部分は内地よりの農業移住者である。内地人の農業移住者には二種あり、一は東洋拓殖株式会社、不二農村産業組合、及び平康産業組合等の募集斡旋に係る所謂保護移民にして、他はこれに属しない所謂自由移民である」（善生永助『調査資料第三十九号　生活状態調査（其六）朝鮮の聚落　中篇』朝鮮総督府、一九三三年、八―九頁）という。

(25)　双S生「大京城狂舞曲」『別乾坤』一九二九年一月／趙豊衍『ソウル雑学辞典――開化期のソウル風俗図』正東出版社、一九八九年、一二一―一二五頁／張圭植、前掲書、七二頁。

(26)　中間人「外人の勢力から見た朝鮮人京城」『開闢』一九二四年六月／双S生、前掲文／「貧民村化した大京城極貧者十万名」『東亜日報』一九二八年八月四日／「大京城はどこに行く　破壊と建設の交響楽」『東亜日報』（夕刊）一九二九年十月十七日／李亮「失業京城」『三千里』一九三一年六月。

(27)「安東の交差点の二階、かき氷屋から日々聞こえる騒々しい蓄音機の音を今日の昼にも聞きながら、ポスだかバス（乗合自動車）に初めて乗ろうと停留所の最後尾で待っていたが乗れず、派出所に行って尋ねてみると「黄金町に行くものだけ一日中来るんだ、こっちに行くのは朝と夕方と、官庁の出勤退社時間の時だけ来るのさ」とのこと。「北村の隅に住んでいるくせに偉そうにそんな恩恵に浴そうとしたって、うまくいくもんか」後頭部ではなく、脱いだ麦わら帽子のてっぺんをパンパンと叩いて、全洞の大きな道に背を向けると、警官さまが何を考えてか、ぷっと吹き出す」（双S生、前掲文、七五頁）。

(28) 韓国併合後、朝鮮に浸透した日本銀行の資本は朝鮮銀行（一九一一年に設立された日本の特殊銀行）の約二〇倍であり、積立金が七〇倍に達し、当時の北村と南村の証券の差異は約一〇対一だったという（趙豊衍、前掲書、一二二―一二五頁）。

(29) 都市的社会資本の代表といえる上下水道およびガスが京城にも普及していくが、民族別の数値が明らかな水道の場合を見てみると、朝鮮人への普及率が非常に低かったことが判明する。

(30) ギー・ドゥボール著、木下誠訳『スペクタクルの社会』ちくま学芸文庫、二〇〇三年、四七―四八頁。

(31)『東亜日報』（一九二二年十一月二十二日）には、日本人商店の顧客のうち朝鮮人は「八割」（五分の四）であり、朝鮮人商店の日本人顧客は「五分」（二〇分の一）にも満たないという記事が掲載された。「鍾路交差点にわれわれ同胞の商店。北村一帯のがらんと空のようで暗くどんよりとしているそれに比べて、すべての人の目をくらますその光景に、われわれはわれわれの精神までもすべてそこに奪われてしまうだろう」（鄭秀日「ソウルの味・ソウルの情調　珍古介」『別乾坤』一九二九年九月、四六―四七頁）。

(32) 金起林「都市風景一二（上）触手を持つデパートメント」『朝鮮日報』一九三一年二月二十一日。
「夜空を彩るきらびやかなイルミネーションの人の目を晦ませる変化――数百の目を街に向かって放っている明かり窓――
巨大な五、六階のビルディングの体の中を血管のように上がったり下がったりするエレベーター（昇降機）――屋上を飾った人工的な庭園の針葉樹が発散する薄い酸素――
そして丸い顔をしたリスのように敏捷なレストランのウエイトレスと、刺激的な飲み物と強いケーキの匂い――

最低価格で、いや時には無料でいくらでも提供される女店員たちの桃色の感触――これらはセンシブルな都市人の流動する心にも向かって放たれたデパートメントの末梢神経である」

(33) 咸允成「時代相――寸言鉄語」『実生活』一九三一年八月、二七頁。

(34) 金永八「街頭漫筆　路上スケッチ――ひとつ・ふたつ」『別乾坤』一九二九年九月、八四頁。

(35) 愚石生「大京城の特殊村」『別乾坤』一九二九年九月、一〇六―一〇七頁。

(36) ドイツ西南学派は、カントの批判主義精神を蘇らせてその発展を目標とした、十九世紀末よりドイツを中心に起きた哲学流派であり、「新カント学派」とも呼ばれた。

(37) 大宅壮一「エロ・グロ・ナンセンス時代」『文藝春秋』一九五四年七月、六四頁。

(38) 善生永助は、当時京城の代表的な土幕部落は京畿道京城府古市町（現・龍山区東子洞）一〇番地であるとしている。この部落は、古市町一〇番地から南山にかけての高い場所に位置しており、部落の名前はなく私有地である。大正十四年ごろ、朝鮮神宮が建つと、その周辺の部落民たちは退去を命じられ、古市町に移転させられた。はじめは約一五六戸にすぎなかったが、年々増加していった。土幕の居住世帯数は五八戸、人口は二六五人で、住民の主な生業は農業従事者が過半数を占め、他に雑貨や植木などの行商をしていた（善生永助、前掲書、三〇九頁）。

(39) 東亜日報社・宋鎮禹「京城に来て何を学ぶというのか　教育の施設と貧民窟に」『別乾坤』一九二九年九月、三〇頁。

(40) ジョナサン・クレーリー、前掲書、二七―二八頁。

(41) 崔載瑞『文学と知性』人文社、一九三八年、一七五頁。

(42) ミシェル・フーコー著、田村俶訳『監獄の誕生――監視と処罰』新潮社、一九七七年。

(43) 金白永「植民地都市性に関する理論的探索――空間社会学的問題設定」『社会と歴史』七二号、韓国社会史学会、二〇〇六年十二月、二〇〇―二〇一頁。

(44) 「三千里　杏花村」『三千里』（一九三六年八月、二二九頁）によると、一九三〇年代中盤、一日の入場者数は、三越一二万六千人、三中井一一万九千人、丁子屋九万五千人、平田六万二千五百人、鐘紡一万八千人だったという。数字に誇張があるかもしれないが、こんな記事が書かれるほど百貨店は賑わっていた。

(45) 張圭植、前掲文、六六頁。

(46) 鄭秀日、前掲文、四六頁。

(47) 鄭秀日、同前、四七頁。

(48) 同前。

(49) 清沢冽「モダーン・ガールの解剖」『女性』一九二七年十二月、九八頁。

(50) 安藤更生『銀座細見』春陽堂、一九三一年、三―九頁。東京の銀座の街が「純粋に都会を享楽するための対象として歩るく《ママ》」（一四頁）街として形成されたのは、明治末期のようである。さまざまな西洋風物がたくさん入り込んできた銀座の街は、驚くべき都市空間であったが、銀座の街の西欧風のカフェは、西欧の文芸思潮に溺れた文学青年たちが集う文化空間でもあった。初期には東京の入り口程度の意味しか持たなかった銀座は、電車が敷設されると多くのインテリゲンチャたちが集まるようになる。東京の中心地である銀座の街を散歩することを意味する「銀ブラ」という言葉が初めて登場したのは大正四、五（一九一五―一六）年ごろのことで、慶應大学の学生たちの間で作られた言葉であると伝えられている。最初に「銀ブラ」したといえる彼／彼女たちは、授業が終わると出かけていき、ブラブラと銀座に出入りし、早慶戦に勝つとすぐに大勢で銀座に来たという。以後、銀座は散歩街という観念が明確になる。カフェと商店の出現は多くの女性たちを誘惑し、いわゆる「銀座らしい」もの、「銀座風」「銀座の味」などの概念が形成され、文化的だけではなく商業的にも活用された。関東大震災以後、銀座は東京の中心的な空間になり、日本の近代が花開いた商業文化・芸術・遊興の震源地として位置するようになる（安藤更生、前掲書、一四―二五頁）。

(51) 朴泰遠の小説「小説家仇甫氏の一日」では、鍾路の街をさまよっていた主人公・仇甫が、ふと東京の銀座の街を思い出し、懐かしく思う場面がある（朴泰遠「小説家仇甫氏の一日」『朝鮮中央日報』（夕刊）一九三四年九月四日）。

(52) 蒼石生「ソウルの味・ソウルの情調　鍾散が・珍散が」『別乾坤』一九二九年九月。

(53) 竹林生「女人群像」『新東亜』一九三二年十二月、九二頁。

(54) 洛江居子「都会の夜――京城の夜」『新東亜』一九三二年八月、九五頁。

(55) 安夕影「一九三〇年夏（3）」『朝鮮日報』一九三〇年七月十六日。

(56) 双Ｓ生、前掲文、七五頁。
(57) 合理主義者たちの感受性と合わないこれらの散策者たちにとって、都市はファンタジーの空間になりもすれば、異邦人と秘密に満ちた風景として変形しもする。(Judith R. Walkowitz, 1992, pp. 15-17)
(58) 朴泰遠「寂滅」『東亜日報』一九三〇年二月五―六日。
(59) ヴァルター・ベンヤミン「ボードレールにおけるいくつかのモチーフについて」『ベンヤミン・コレクション〈1〉近代の意味』前掲書、四四六頁。
(60) 同前、四三五―四六七頁。
(61) 朴泰遠「小説家仇甫氏の一日」一九三四年八月十八日。
(62) 李孝石「人間散文」『朝光』一九三六年七月、二六八―二七九頁。
(63) 金白永は、一九二〇年代以後の朝鮮人社会において大衆的な巡礼の風俗として出現した「本ブラ」の現象を、帝国のスペクタクル化と植民地の都市空間の差別的均質化の結果として論じている(金白永『支配と空間――植民地都市京城と帝国日本』文学と知性社、二〇〇九年、四九七―五〇一頁)。
(64) 朴泰遠「半年間」『東亜日報』一九三三年六月二十三日、七月二十七日。
(65) 「東京にでも――。東京でもよかった。仇甫は自分が去った後の変化した東京が見たいと思う」(朴泰遠「小説家仇甫氏の一日」一九三四年八月十四日)「東京なら、こんなとき仇甫はまず銀座にでも行くはずだ」(朴泰遠「小説家仇甫氏の一日」一九三四年九月四日)。
(66) 朴泰遠「三日空き腹、春の月」『新東亜』一九三三年四月、一四六―一四九頁。
(67) 「李箱が起林に送った書簡」『女性』一九三九年九月、四八頁。
(68) 李箱「東京」『文章』一九三九年五月(遺稿として掲載)、一四〇頁。
(69) 李箱「妹玉姫よ見よ――世の兄たちもご覧ください」『中央』一九三六年九月号、二一八頁。
(70) 李箱「東京」『文章』一九三九年五月、一四二頁。
(71) 「李箱が起林に送った書簡」『女性』一九三九年九月、四八頁。
(72) 李箱の空間移動(北村―南村―京城)に注目しながらモダニスト李箱の近代の限界を論じた川村湊は、李箱の不幸を彼が京城を捨てて東京に発った点にあるとしている。それは、李箱が京城という都市と絶対に離れることができない文学者であったためであり、彼を京城の地から離すことは彼の生命の根を土から引きぬくことと同じであったとした（川村湊、前掲書、七六―一〇七頁）。

（73）ヴァルター・ベンヤミン著、今村仁司・三島憲一他訳『パサージュ論 第二巻』岩波書店、二〇〇三年、三七四頁。

（74）Deborah L. Parsons, *Streetwalking the Metropolis: Women, the City, and Modernity*, Oxford University Press, 2000, pp. 4-6.

（75）Deborah L. Parsons, p. 7.

（76）Deborah L. Parsons, pp. 14-15, 43.

（77）Deborah L. Parsons, p. 6.

（78）ヴァルター・ベンヤミン著、今村仁司・三島憲一他訳『パサージュ論 第三巻』岩波書店、二〇〇三年、一〇七頁。

（79）同前、一五二頁。

（80）Anne Friedberg, *Window Shopping: Cinema and the Postmodern*, University of California Press, 1994.

（81）ジャン・ボードリヤール著、今村仁司・塚原史訳『消費社会の神話と構造 新装版』紀伊國屋書店、二〇一五年／レイチェル・ボウルビー著、高山宏訳『ちょっと見るだけ 世紀末消費文化と文学テクスト』ありな書房、一九八九年。

（82）Graeme Gilloch, *Myth and Metropolis: Walter Benjamin and the City*, Cambridge: Polity Press, 1997, pp. 120-121.

（83）晶月（羅蕙錫）「一年ぶりに見た京城の雑感――ハイカラが増えた京城 尹心悳の音楽会を見て 朝鮮美展を見て 土月会の李月華氏へ」『開闢』一九二四年七月／「京城に来た感想一片」『東亜日報』一九二七年五月二十七日。

（84）近代「良妻賢母」論が支配的であった一九一〇年代の朝鮮における新女性界で、羅蕙錫は個体としての「私」に対する尊重と、「個性」への自覚を強く主張しつづけた（ＣＷ（羅蕙錫）「雑感――Ｋお姉さんに寄せて」『学之光』一九一七年七月／「私を忘れない幸せ」『新女性』一九二四年九月）。

(85) 羅蕙錫は東京留学の初めの時期に『学之光』(一九一四年十二月) に寄稿した「理想的婦人」の中で、「良妻賢母」の立場を超えて「一定の目的で、有意義に自己の個性を発揮しようとする自覚を持つ婦人」を提示し、芸術家としての道を歩むことを誓った。

(86) 羅蕙錫「夫妻間の問答」『新女性』一九二四年三月／「一年ぶりに見た京城の雑感――ハイカラが増えた京城 尹心悳の音楽会を見て 朝鮮美展を見て 土月会の李月華氏へ」『開闢』一九二四年七月／「生活改良についての女性の叫び」『東亜日報』一九二六年一月二十四―三十日。

(87) 羅蕙錫「雑感――Kお姉さんに寄せて」『学之光』一九一七年七月、六八頁。

(88) 一九二七年六月十九日、羅蕙錫は外交官の夫・金雨永の欧米視察に同伴し、一年半にわたりヨーロッパとアメリカをまわることになった。のちに彼女は、自身の旅行を一種の芸術紀行と語っている。しかし、羅蕙錫にとってこの欧米漫遊は「人はどう生きるべきか」「男女間において、どうすれば平和に暮らすことができるのか」「女性の地位はどのようなものか」「絵画の要点は何か」などの認識論的な話題を再省察する転換点になる(「羅蕙錫女史世界漫遊」『朝鮮日報』一九二七年六月二十一日／「ああ自由のパリが恋しい――欧米を漫遊してきた後の私」『三千里』一九三二年一月)。

(89) デボラ・パーソンズは、二十世紀初めに全世界からパリに押し寄せてきた散策者(旅行者)に注目し、これらの人びとと階級・ジェンダー・国家(人種)的アイデンティティを関連づけて説明している。資本と帝国の都市であるメトロポリスからやって来た、中心の視線を持つ散策者を「メトロポリタン」散策者とし、これと対比して周辺者・異邦人の疑いがある散策者を「コスモポリタン」散策者とした。(Deborah L. Parsons. 2000, pp. 85-86)

(90) 羅蕙錫「ああ自由のパリが恋しい――欧米を漫遊してきた後の私」『三千里』一九三二年一月、四三頁。

(91) 羅蕙錫「花のパリ行き――欧米巡遊記続」『三千里』一九三三年四月。

(92) 羅蕙錫「西洋芸術と裸体美――欧米一周記録」『三千里』一九三三年十二月。

(93) 羅蕙錫「パリ画家生活――パリのモデルと画家生活」『三千里』一九三二年四月、七九頁。

(94) 羅蕙錫「欧米視察記――フランス家庭はどれほど違うか」『東亜日報』一九三〇年三月二十八日／「欧米婦人の家庭生活　多情で実質的なフランス婦人」『中央』一九三四年三月。

(95) 朴勝喆「巴里と伯林」『開闢』一九二二年六月／鄭錫泰「洋行中雑観雑感」『別乾坤』一九二六年十一月／許憲「東西十二諸国を見てきて」『別乾坤』一九二七年七月。
(96) Deborah L. Parsons, pp. 150-151.
(97) 羅蕙錫「パリからニューヨークまで 世界一周記（続）」『三千里』一九三四年六月。
(98) 羅蕙錫「新生活に入って」『三千里』一九三五年二月、八〇頁。
(99) パリでの崔麟との不倫は、以後羅蕙錫の人生に一大転換期をもたらす。しかし、金恩実は、女性として生まれ変わったと宣言した羅蕙錫のパリ体験の中において、崔麟との不倫は「性差」をめぐる新たな認識が意味化されたとし、これを羅蕙錫の近代的認識論的道程の重要な起点としてとらえている（金恩実著、藤井たけし訳「朝鮮の植民地知識人、羅蕙錫の近代性を問う」伊藤るり・坂元ひろ子・タニ・E・バーロウ編『東アジアにおける帝国・資本・ジェンダー』岩波書店、二〇一〇年、に所収）。
(100) 羅蕙錫「ああ自由のパリが恋しい——欧米を漫遊してきた後の私」『三千里』一九三二年一月、四三頁。
(101) 同前、四四頁。
(102) 「パリの人は何でも保守的ではなく、革命的です。衣食住のようなものでも、風俗でも何でも、みな珍しく新しいものを好みます。そのため、さまざまなもの、すべてにおいて創作が多いです」（「欧米漫遊をしてきた女流画家羅蕙錫氏との問答記」『別乾坤』一九二九年八月、一二一頁）。
(103) 羅蕙錫「ああ自由のパリが恋しい——欧米を漫遊してきた後の私」『三千里』一九三二年一月、四五頁。
(104) 孫有慶は、羅蕙錫の紀行に見られる発展した西欧社会への熱い憧れと羨望の視線の中にも、羅蕙錫が世界を無差別的で均質的な一つの空間としてとらえたのではなく、西欧文明国内部の他者性を探しだし、それを非西欧世界の他者性と疎通させようとした点を積極的に読み取っている（孫有慶「羅蕙錫の欧米漫遊記に見られる女性散策者の視線と地理的想像力」『民族文化史研究』第三六号、民族文化史学会、二〇〇八年、一九一—一九四頁）。
(105) 李善熙「茶党女人」『別乾坤』一九三四年一月、三四—三五頁。
(106) 同前、三五頁。
(107) 李善熙「街燈」『中央』一九三四年十二月、一〇六頁。

(108)　同前、一〇六頁。
(109)　同前、一〇六―一〇七頁。
(110)　同前、一〇七頁。
(111)　同前、一〇八頁。「あなたはなぜこんなつらい話を引っ張りだすんです。誰がこんなとんでもない問題を教えたのでしょうか。いいですか。ミョンヒさんは白鳥のように美しく、そしてヒバリのように歌を歌ってください。美しく柔らかい頭の中に、こんな堅苦しい話は毒です。
あなたはただ楽しく愉快に生きてください。そしてすべての問題は男であるわれわれに任せておいてください」(李善熙「街燈」、一〇八頁)。
(112)　朴泰遠「小説家仇甫氏の一日」一九三四年九月十日。
(113)　ヴァルター・ベンヤミン著、浅井健二郎・久保哲司訳「ボードレールにおけるいくつかのモチーフについて」『ベンヤミン・コレクション〈1〉近代の意味』ちくま学芸文庫、一九九五年、四四〇―四四二頁。
(114)　朴泰遠「小説家仇甫氏の一日」一九三四年八月二十八日。
(115)　Judith R. Walkowitz, p. 21.
(116)　李瑞求「ソウルの味・ソウルの情調　京城のジャズ」『別乾坤』一九二九年九月、一三三頁。
(117)　「裁縫・食事・洗濯その他すべての家事が生命とみなされる旧女性と、化粧・散歩・雑談その他すべて家事以外のことが天職とみなされる新女性と、どちらが現下の朝鮮人の生活に必要だろうか」(李東園「誌上討論　現下朝鮮における主婦としては女校出身がいいか、旧女子がいいか　学んだ女子は一個の奢侈品」『別乾坤』一九二八年十二月、九六頁)。
(118)　リタ・フェルスキは、「彼女たちは目の前に広げられた商品の誘惑に眩惑され、官能的な興奮状態でショッピングの楽しみにはまり込む。この時ショッピングの楽しみは、明らかに性的情熱の昇華された表現」であり「理想的な女性の美に対する理性を失った崇拝に屈服し、病的な幸福感に染まる自我の喪失」でもあるとした。(Rita Felski, pp. 69–71)
(119)　趙澤元は、日本の現代舞踊界の巨頭として指折りの石井漠の舞踊公演を京城公会堂で観覧し、舞踊に魅了されて舞踊家としての人生を選んだ。家族と周囲の人びとが意を尽くして引き止めるにもかかわらず、一九二八年一月初めに東京に渡り、石井の門下に入り、本格的に舞踊の修練を積む。一九三二年、石井が失明したことで独立を決意した趙澤元は、京城に戻り、中央保育学校の舞踊担当教授として就任する。また、京城市内の永楽町に趙澤元舞踊研究所を開設し、後進の育成にも力を注いだ。（韓国学中央研究院『韓国歴代総合人物情報システム』http://people.aks.ac.kr/index.aks）

（120）安懐南「濁流をかき分けて」『人文評論』一九四〇年五月、一八二頁。

（121）「女工生活記」『東亜日報』一九三四年一月二日。

（122）Judith R. Walkowitz, p. 16.

（123）Sheldon Pollock, Homi K. Bhabha, Carol A. Breckenridge, and Dipesh Chakrabarty, "Cosmopolitanism", *Public Culture*, Vol. 12, Issue 3, 2000, p. 588.

第二章　一九二〇—三〇年代の大衆メディアと「モダンガール」表象

女性のアイデンティティは「自身の観察者」であると同時に「観察される者」という二つの区別される属性によって構成される。

——Susanna Danuta Walters, *Material Girls: Making Sense of Feminist Cultural Theory*, University of California Press, 1995.

1　「モダンガール」表象の中の女性たち
——「モダンガール」「妓生」「ある女学生」「女給」

スペクタクルの社会において、女性の身体こそ、それ自体がスペクタクルの対象となる。女性の身体は、性差をあらわす否定的な形態、物質化されたスペクタクルまたは反映的なイメージとして形象化されるが、このとき女性は鏡を持った男性に映し出される対象そのものである。(1) 一九二〇年代中盤以後、京城の街路の女性たちは、当時の新聞・雑誌・小説などのメディアにおいて主な形象化の対象になった。このような女性をめぐる形象化は、彼女たちが属する社会的な位置とは関係なく、一つの範疇に類型化され、イメージ化されることが支配的だった。階層や職業、教育の有無、個人の差異などは無化されたまま、彼女たちは「派手な西欧的な装い」と「エロチックな魅力を振りまく退廃的な」女性イメージとして包括される。

最近ソウルの街に新女性の往来がずいぶん増えた。
そのなかでも時折、西洋の絹の入り組んだ色彩と模様で市中の注目を集めながら、圧倒的なエロを振りまいて通り過ぎる正体不明の女たちと街路で出くわすことができる光栄よ！　正体は不明だが、高雅な味はあり、何はともあれ信仰は無知から生まれる。（中略）
歳は一七、八歳ぐらいになるかならないかのこのようなハイカラ娘が、街路樹にもたれかかったり、身を離したりして、恋人を待っているのか、友達を待っているのか、その身なりにぴったり似合う女優のように洗練された表情は、何年もかけて姿見の中に映った自分の姿を睨みながら億千回も真似をした末に勝ち得た技術だということか。いったい、この幼い末世的な洋装美の乙女は、どのような類の女なのか。
その前を平然と歩くふりをする洋服の青年たちの頭の中では、非常に性急な不安と憧憬の眠る青春が目を覚まし、いたずらに苦しんでいる。このような美少女たちと一日に四、五人も会えば、たいていの青春は悩殺されてしまう。(2)

「新女性」。「西洋の絹の入り組んだ色彩と模様で市中の注目を集めながら、圧倒的なエロを振りまいて通り過ぎる正体不明の女」「歳は一七、八歳（中略）ハイカラ娘」「女優のように洗練された表情」の「幼い末世的な洋装美の乙女」などと記述される「正体不明の女たち」。彼女たちは、男性散策者が「モボ（モダンボーイ）」と命名されたのにも似て、「モガ（モダンガール）」と範疇化された女性である。「モダンガール」は一九二〇年代中盤以後に大衆メディアに拡散した新しい女性アイコンであり、近代の都市体験をその身に映し出した。「モダンガール」は、一九一〇年代の公共空間に登場し注目を浴びた「新女性」から派生したが、近代教育を受けた女性先覚者として社会啓蒙の先頭に立った初期の新女性とは異なる存在であった。しかし、物質の消費に耽溺し、セクシャリティを自律的に行使する、奔放な女性として描写される一九二〇―三〇年代の「モダンガール」は、虚栄と奢侈、性の乱れのような否定的な資質によって着色された一九三〇年代の「新女性」という記号と混用され、重なり合った。

鍾路の夜はぱっとあたり一面咲き乱れた。空間を埋める色！　色の海には、流れてくるジャズの音と、女たちの厚化粧が振りまくエロティシズムが交錯し、息が詰まるような雰囲気を立ちのぼらせている。街ゆく女のひとりである彼女は、ただ真っ黒なその洋装がぴったりと体に合うというよりも、今まさに顔を出したばかりの筍のように香り高く、新しかった。(3)

エロティシズムをぷんぷんと放つ「厚化粧」に「真っ黒な洋装」をした、正体をつかみかねる女性が、当時の大衆メディアによって作りだされた一九二〇年代後半から一九三〇年代の京城の街路のモダンガールであり、無定形の女性散策者だった。ならば、当時の京城の街路で、「鏡を持った男性」によって形象化された「モガ（モダンガール）」の視覚的表象の構造とイメージの戦略は、どのようなものだったのだろうか。(4)

一九三〇年一月十四日付の『朝鮮日報』に掲載された安夕影の漫文「女性宣伝時代が来れば（3）」は、当時の「モダンガール」表象を知るうえで、核心に迫る端緒を提供している。

肉体美を発揮しよう！　これが現代人の叫びならば、もし「女性プロパガンダ時代」が来れば、モダンガールの服は非常に簡略化されるだろう。見た目には奇怪至極でも、経済上はとても理にかなっているものであるから。糸一束と人絹一反もあれば、麻の代金も返上できるだろう。というわけで、これは簡単便利な生活方式の一つ――しばらくしたら、モダンガールが率先して衣服緊縮示威運動を壮大に行うようになるのではないか。[5]

「モダンガール」の露出ファッションを批判するこの漫文は、街の女性たちが糸一束と人絹一反で簡略化した服をこしらえて着るため、見た目には「奇怪至極」だが、経済的にとても理にかなうものであると揶揄する。モダンガール自らが率先して衣服緊縮示威運動をするようになるだろうという嘲弄が入り混じった記述には、街路で体を露出する女性への嫌悪感と、セクシャリティの規範に反する女性への叱咤がこめられている。このような漫評とともに提示されたモダンガールのカリカチュアは、当時の社会においてどのような女性がモダンガールと呼ばれていたかについて、より詳細な情報を提供しており、注目に値する。

この漫文（図1）で「モダンガール」として紹介された女性たちは、セミヌードに近い服装をして街に出た「モダンガール」「妓生」「ある女学生」「カフェの女給」の四つの類型の女性だ。まず注目すべき点は、一九二〇―三〇年代の「モダンガール」という用語が多義的に用いられているという点である。すなわち、四つの類型の女性を含む上位概念としての「モダンガール」が、物質への虚栄とセクシャリティをあらわに

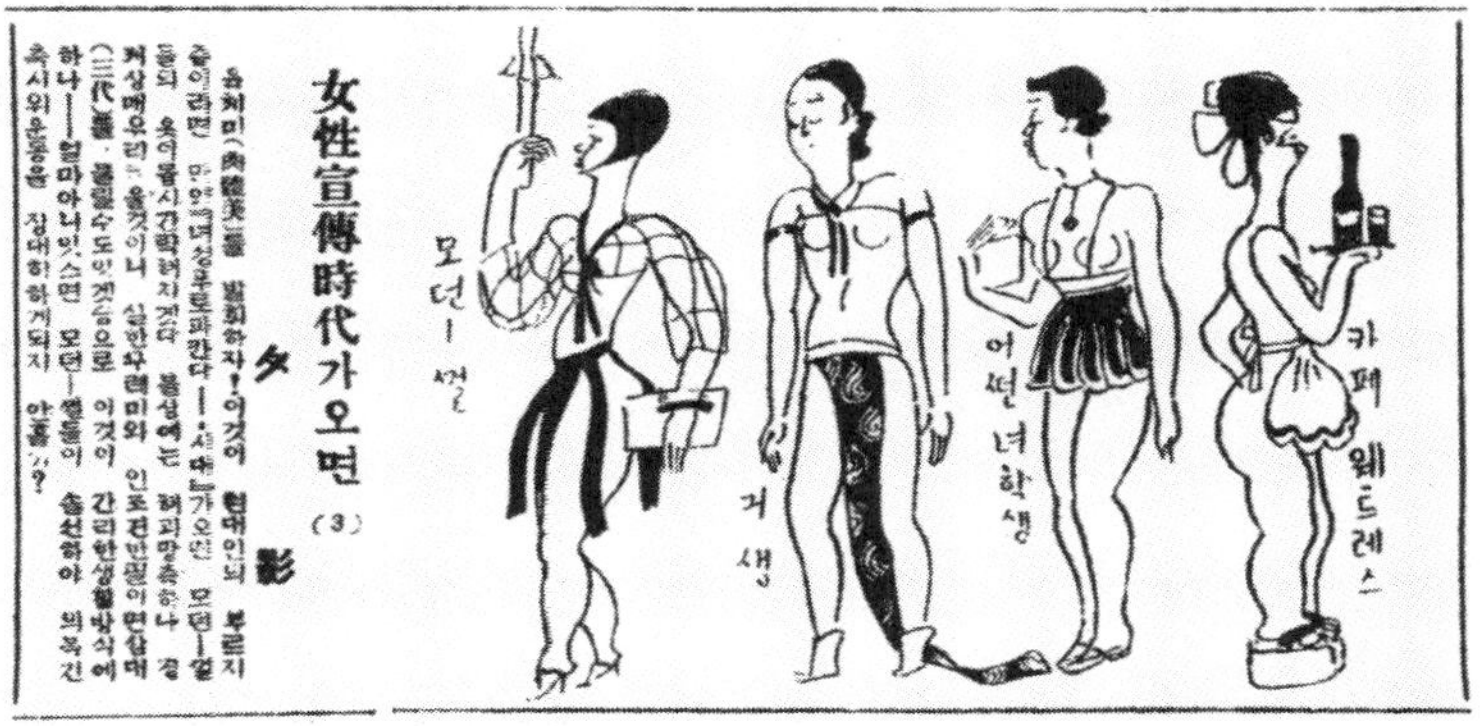

図１　安夕影「女性宣伝時代が来れば」『朝鮮日報』1930年１月14日
左から、「モダンガール」「妓生」「ある女学生」「カフェの女給」

する女性全般を一つの範疇に包括するという意味で用いられる一方で、「モダンガール」の下位分類に女学生・妓生・女給とともに（狭い意味での）「モダンガール」が配置されている。ここで（狭い意味での）「モダンガール」は、新種女性職業人としての各種「〜ガール」を指す。

近代教育の恩恵に浴してきた第一世代の新女性がエリート層を形成し、専門職（医者・教授・教師・看護師・記者など）に就いていたのとは違い、これらの（狭い意味での）モダンガールは、高等教育は受けたが専門職に就くことができず、「ショップガール（商店の店員）」「デパートガール（百貨店の店員）」「エレベーターガール（エレベーター案内員）」「ハローガール（電話交換手）」「バスガール（バス車掌）」「タイピスト」「カフェガール（カフェの女給）」など、近代初期の都市サービス業に従事した女性を指す。

いわゆる「〜ガール」と称される（狭い意味での）「モダンガール」という用語と存在様式は、日本で形成された新種の女性の職業群である「モダンガール」または「モガ」にその起源をたどることができる。日本の大正時代に登場した女性事務員・バスの車掌・カフェの女給・婦人図書館員・タイピスト・保母・看護師・産婆・ダンサー・マネキンガール（百貨店のモデル）は、特別な資格を持っていたり技術を提供したりすることで収入の保証を得る職業女性であり、経済的な土台と新しい倫理的感覚にもとづいて、近代文化の主体として登場した女性であった。[6]

植民地朝鮮においても、これと似た都市サービス業の系統に従事した女性たちが「職業婦人」の系譜を形成し、モダンガールという範疇を形作るに至る。[7] しかし、朝鮮のモダンガールは、日本の「モダンガール」とは多少違う様相を見せる。「モダンガール」という命名と起源においては、明らかに日本のモダンガールを母胎としてはいるが、朝鮮の「モダンガール」は都市のサービス業に従事する職業婦人に限らず、より混成的であったという点にその特徴が見られる。図1の安夕影の漫文の絵と同様に、朝鮮のモダンガールは女学生・新種職業婦人・妓生・女給などさまざまな階層の女性の総称であり、これらの女性たちは教育の有無や社会的身分や階層上の基準によってではなく、外面的な要素によって分類されている。つまり公的空間において身体を露出し、性的違反を敢行する女性として、まとめて一つの範疇にくくられるのである。朝鮮においで、モダンガールは、物的土台や文化的基盤、新しい生の哲学をもとに自分たちのみの社会的勢力を形成するというよりは、大衆メディアの中で否定的なイメージとして冷笑的に消費された。

女性の都市体験を洞察するうえで、まずモダンガールの形象化の枠組みについて見てみよう。

2 「モダンガール」——模倣と亀裂の痕跡

一九〇〇年代の日本では、資本主義産業の膨張とともに女性のための新種の職業が登場し、都市の中のサービス業に従事する各種「〜ガール」たちが誕生した。これらの職業は、一般事務職から女給にわたるまで労働の差異はあったにしても、共通して美しい外見が女性の求人の基準となった。このような女性の性的な魅力の商品化の趨勢は、「エロ・グロ・ナンセンス」と表現される日本の大正時代の退廃的な文化と結びつくことになり、一九二〇年代の日本では「ステーキガール」「キスガール」「マニキュアガール」「麻雀ガール」「マネキンガール」などの「ウルトラモダン」な「尖端的婦人職業」が注目を集める、いわゆる「ガール全盛」時代の現象を招くことになる。(8)

このような日本の「モダンガール」は、賑やかな東京の街路の主な女性散策者だった。銀座の街において見ることができる「モダンガール」は、自分たちの労働をとおして一定の経済力を確保した女性を指す。美しい外見、贅沢な雰囲気が、徐々に退廃的で不良的な傾向を帯びるようになるにつれて、これらの女性は「モダンガール」を縮約した「モガ」という多少軽薄で軽蔑的な呼称で呼ばれるようになる。「普通モダン・ガールといふと、何か実際生活に即いてない、上つ調子な飛上りのやうな所もあるし、それからもつと享楽的なもので、やつぱりダンス・ホールとか活動写真とか西洋音楽とか、それから銀座の散歩——銀ブラですか、さふいふものと不即不離の間にある(9)」という『婦人の国』主催の座談会における中村武羅夫の発言のように、日本の「モダンガール」は、東京の銀座の街路の女性散策者であると同時に、都市の消費文化とその享楽の主役として登場した。

日本の「モダンガール」が登場した一九二〇年代当時、日本社会が彼女たちを見つめていた視線は興味深い。日本で「モダンガール」という用語が文献上初めて登場するのは、一九二四年八月、雑誌『女性』に北澤秀一が発表した「モダン・ガール」という文章においてであった(10)。ここで北澤秀一は「モダン・ガール」の特徴について、以下のように述べている。

私の此処に云ふモダーン・ガールは、いはゆる新しき女でもない。覚めたる女でもない。もちろん女権拡張論者でもなければ、いはんや婦人参政権論者でもない。それからガールと云つても未婚の若き女性のみをさすのではなくて、もし彼女が私の考へてゐる近代性を持つてゐるならば、既婚の婦人をも含むのである。

〔中略〕私の云ふモダーン・ガールは自覚もなければ意識もない。フエミニストの理想もなければ、サフラジエット〔婦人参政権論者〕の議論もない。彼等は唯だ人間として、欲するまゝに万事を振舞ふだけである。(11)

北澤秀一は、日本の「モダーン・ガール」は「新しき女」でも「覚めた女」でもなく、「女権拡張論者」「サフラジエット」でもないが、既婚・未婚にかかわらず、近代的な思考を持つ女性を指すとした。しかし、ここでいう近代的な思考とは、新女性たちが唱えてきた政治的な次元での女性の解放や人権の問題ではなく、自身の欲望に忠実に行動するというものであった。北澤秀一は、長い伝統と因習から解放されたモダンガールの新しい傾向は、近代の時代精神から出てきたものであるとし、彼女たちなりの正当な根拠を持っているとした。とくに、前の世代の新女性（「新しき女」）とモダンガールを区別し、世代的なアイデンティティを提起している。

北澤は、前の世代の新女性を象徴するノラが「婦人参政権論者」として、「自覚」と「意識」によって誕生し、女性である以前に「人間」としての待遇を受けようと努力したとするならば、モダンガールは特別な自覚も意識もないが、すでに自らを男性と同等な人間として認知しているとした。

日本のモダンガールを特徴づけるまた別の要素は、彼女たちが特権知識層や中産層ではない、民衆階級の出身であるという点である。

人間の精神的独立のための基礎は経済面における独立だが、多くのモダンガールは経済的に独立した中下層出身の女性だったという。また、彼女たちは自由恋愛を追求し、良妻賢母主義に従わず、伝統的な貞淑な女性美より、潑剌さや肉体美を追求した女性であった。自らを欲望の主体として認識するという面では「新しき女」であり、さらに男性と対等な人間としての自己認識を持つモダンガールの出現を「二十世紀の脅威」であるとした北澤秀一の右の文章は、日本の第一世代の新女性とまったく区分される「モダーン・ガール」の新しいアイデンティティを肯定的な視角から見つめている。

一方で、一九二六年に『モダンガール』という本を刊行したジャーナリスト清沢洌《きよさわきよし》がモダンガールに注意を向けたのは、彼女たちが時代の先駆になったからだという。清沢は「積極的」「消極的」という次元からモダンガールを区分しており、積極的な意味では、モダンガールは旧来の慣習に対する反抗運動の出現であり、消極的な意味では、モダンガールは新時代の男性の趣味に応える形で出現した流行であるとした[12]。

そして、一九二七年十二月に雑誌『女性』に清沢洌が寄稿した「モダーン・ガールの解剖」という文章には、日本の「モダンガール／モガ」への否定的な視線が支配的にあらわれている。

モダーン・ガールは不埒だといふ。日本の婦人道を破壊するものだといふ。さふ叫ぶ人々の立場に、私は同情することが出来る。併し進歩した婦人にして、かつてモダーン・ガールでなかつたものがあるだらうか[13]。

モダンガールが日本女性の道を破壊したという宣言から始まる清沢洌の文章では、モダンガールは新しい近代女性でありながら、「不良少女」「貞操的の不良分子」と定義される。とくに清沢洌は、モダンガールの起源を西洋としており、西欧の新女性が日本に「モダンガール」として誤って転移されたとした。さらに「モダンガール」は「西洋かぶれの厚化粧の蓮葉娘」と要約され、東京銀座の街路で散歩を楽しみ、自己満足を求め、既婚男性との姦通も躊躇しない不道徳な女性として描写された。また、この文章では、モダンガールの特徴については道徳的な面の他に、外見的な側面についても記述されている。たとえば、男性に酒を注ぐ道徳的に腐敗した芸者は絶対にモダンガールではないとし、「耳隠し」〔大正時代に大流行した髪型。束髪の一種〕やオールバックの髪形に着物を着て気取ってつつましく歩く女性は、品行は関係なくモダンガールではないと断定する。モダンガールは外見的にも完全に日本的な伝統を抜け出して、西洋的な流行を追う女性たちを指すようになる。

男専制の道徳に反対して生れたのがモダーン・ガールである。モダーン・ガールは女がその不平を訴ふる姿である。それは生れるべくして生れたものである。但し西洋のモダーン・ガールにはこの自覚があり、またその自覚のある者をモダーン・ガールと呼ぶのだが、日本では白粉の化物のやうなものだけにモダーン・ガールの称号を奉つてゐるのは悲しむべきことである。(14)

男性中心的な道徳に反対し、その不平等を訴えて生まれた女性たちが「モダーン・ガール」であり、彼女たちは生まれるべくして生まれた存在であったとしており、一見彼女たちの存在価値を認めるようでありながら、この文章では「モダーン・ガール」は結局「不良少女」「品行の悪いウエイトレス」「蓮葉娘」などの否

図２　下川凹天「銀座はうつる　マルクスボーイとエンゲルスガール」『東京パック』表紙、第18巻第１号、1929年１月

図３　影山光洋「パジャマファッションをした海辺のモガたち」1927年

定的イメージに収斂される。とくに清沢洌は、モダンガールが西洋のモダンガールが日本に転移するなかで、何の自覚もなく「白粉の化物」へと変わったと述べている。このような軽蔑まじりの口ぶりは、当時の日本でもモダンガールが伝統的規範に反旗を翻し、社会と衝突するというような、葛藤を抱え込んだ存在であったことを示唆する。

日本のモダンガールは、日本の大衆メディアとジャーナリストたちによって量産された文化的構成物の側面が強いが、彼女たちが持つ逸脱的な意識と急進的な行動の様態の中には、慣習の境界を飛び越える闘士の面貌が垣間見える。また、彼女たちは新女性が確保できなかった経済的な土台をもとに自律的な生を追求したという点で、新女性の志向性を継承した「新女性の娘」として議論されもした。(15) この場合、日本のモダンガールは、単純に中産層の受動的な消費者ではない。品物・サービス・新しい習慣・文化を生産し、新しい道徳と生の形式を創案した行為者として解釈される余地がある。

とはいえ、一九一〇年代の新女性とは明らかに区別されるモダンガールは、一九二三年の関東大震災以降の日本の消費文化の勃興と緊密に連関した存在であるという意味において「消費主義の化身」であり、都市の街路の華麗なファッションとヘアスタイルに耽溺し、たるんだ道徳性で問題を引き起こす女性たちであった。(16) 性的自由と消費を享楽した文化的な快楽主義者として、日本の「モダンガール」は当時の大衆メディアにおいて称賛と批判の二律背反的な表象となったが、このような表象の内部には近代日本の複雑多岐なリアリティが重なり合っている。

一九二〇年代の日本の「モダンガール」は、ジェンダーとセクシャリティの規範に違反した悪い女のアイコンとして認識されていたが、物質的な独立と自身の文化的アイデンティティをある程度獲得した、急進的な女性であった。大衆メディアによる色情症的なイメージ化の産物としてのモダンガールに注目し、彼女たちを階級や職業の面で曖昧さに包まれた「声なき存在」とみなし、彼女たちの社会的リアリティを「幻影的(phantasm)」属性に求める視角も説得力を持つ。[17] しかし、植民地朝鮮のモダンガールと比較するならば、日本のモダンガールは相対的に社会的実体としての基盤をまだ確保していたほうだといえよう。

一九二〇年代中盤以後に朝鮮に登場したモダンガールは、都市サービス業に従事した女性である各種「～ガール」を指し、日本のモダンガールに外見こそ似通ってはいるものの、社会的な階層やジェンダー的層位においていかなる存在であったのかは明確にとらえられない。

『東亜日報』(一九二五年六月十七日)の「最近の新女性の傾向」という記事のように、一九二五年以降に新女性を否定的なイメージによって批判する記事がメディアをつうじて量産されるようになるが、朝鮮ではこのような社会的な流れの中で「モダンガール」が登場するのである。「モダンガール」は、すべてが否定的な資質として特徴づけられる一九二〇年代中盤以降の「新女性」の記号と多くの部分で重なり合い、混同されている。しかし、「新女性」とは異なる「モダンガール」それ自体としての意味づけもあった。

大衆メディアで初めて「モダンガール」を話題として扱った例は、『朝鮮日報』(一九二七年三月三十一日)に掲載された「ちかごろ現れつつあるモダンガールとは？」という記事であると考えられる。この文章によると、朝鮮におけるモダンガールは二つの種類があるが、これらは共通して「因習の反動」をあらわしているという。一つ目のモダンガールの定義は、「解放された現代的少女」として、以下のように述べられる。

洋装なんかをして、頭もちりちりと縮れさせ、水の上に浮かぶ浮草のように意見もなく、ただ挑発的な美を持つだけだ。彼女たちは音楽を愛し、やたらと英語を口にし、文学と絵を軽蔑し、さらに詩のようなものは鼻で笑い、理論と批評は好むが創造するものはなく、本はたくさん読むが大したものは読まず、食欲旺盛で、二、三杯の酒には酔いもせず、一見すると利口なようだが、時に非常識なことが多く、妊娠制限を声高に叫びながら、結婚しさえすればすぐにも腹が大きくなるのが事実で、矛盾であふれかえったゴムの巾着である。(18)

モダンガールの解放について辛辣に分析する右の文章は、外形的な美だけを追求し、意見を持たず、知識も限られており、結婚後に慣習的な女性の生に帰っていくモダンガールについて「矛盾であふれかえったゴムの巾着」にすぎない存在であると酷評する。女性が「昔の習慣」から解放された面はあるが、「新しいものは何も」持てなかったという論者の論評は、「モダンガール」と呼ばれた女性たちの文化的感覚と志向性が価値のあるものとしてまったく認められていないことをあらわす。一方で、論者は現実の中で矛盾にまみれているモダンガールに対して、望ましい「モダンガール」を以下のように述べている。

すべての昔の習慣から解放され、新しいものを創造する途上にあり、男性と対等な地位を占めようと努力し、男性と同じ条件の下で勉強し労働し享楽しようとする。そしてさらにもう一歩進めば、資本主義的経済組織の打破のために戦う男性たちと同じ戦線に出て、結婚、生産、離婚などについても理想的な選択をするのである。いまだ朝鮮にはこれほどの段階にまで達するモダンガールは少なく、ここまでに達しようとする途上にある者が多いと言えるだろう。(19)

この文章において、モダンガールとは男性との対等な地位を追求し、資本主義的経済組織の打破のために男性と共に戦い、結婚・生産・離婚などにおいて理性的で合理的な選択をする女性である。このようにマルクス主義的な視角が多分に反映されている理想的なモダンガールのイメージにおいて、現実の中のモダンガールの多面的な欲望は否定される。実際のモダンガールの声が不在のまま、モダンガールの表象は風刺と戯画化の枠組みの中で常套的な修辞によって固定化され、以後大衆メディアの中で持続的に再生産される。

呉石泉は「モダニズム戯論」(『新民』一九三一年六月)の中で、モダンボーイとモダンガールが誕生する条件としてのモダニズムを診断し、有閑階級に属するモダンボーイとモダンガールは、現代の資本主義・機械文明の環境に囲まれ、物質主義と俗悪な趣味に溺れたアメリカニズムに染まった存在と述べている。実質的には、モダンガールの表象は、主に社会主義の男性知識人によって形作られたものである。当時のモダンガールの表象の構造は、植民地の民族の言説と交差する階級およびジェンダー機制をめぐる透視をつうじて、より明瞭に把握される。

3　「スペクタクル」としての「モダンガール」とジェンダー化した凝視

植民地朝鮮におけるモダンガールをめぐる本格的な論争は、一九二七年十二月、大衆雑誌『別乾坤』の特集「モダンガール・モダンボーイ大論評」において行われた。ここには、五篇の論説が掲載されているが、執筆者は柳光烈・朴英熙・朴八陽・崔鶴松・城西人ら、当時のカップ（ＫＡＰＦ）系列の社会主義文士たちが主軸をなしていた。執筆者たちの性格に見られるように、当時モダンボーイ／モダンガールをめぐる言説は、一九二五年のカップの形成以後に知識人の間で支配的であった社会主義理念と緊密に結びついていたことを確認することができる。この特集において、執筆者らは一九二〇年代中盤の植民地朝鮮における「モダン」の意味と、「モダンボーイ」「モダンガール」のアイデンティティについて深く掘り下げている。

柳光烈は「モダンボーイとは何か」という文章で、「モダン」とは精神の側面から「合法則性による共同主義」意識を意味し、「みすぼらしい格好をしていても、共同のために気を遣う人こそが近代意識を持って時代の先を行く人」であると定義する。[20] 意識の高いインテリゲンチャたちが見るに、京城の街の「近代児（モダンボーイ）」「近代女（モダンガール）」は、「洋服を着て金縁眼鏡をかけ、自分だけ楽しく遊べばいいという輩」であり、男は「ルバシカ」（ロシアの男性の民族衣装）を着て、女は断髪して京城の街を徘徊する存在として、外形のみ近代的であるにすぎず、意識のある真の近代児・近代女に至ることができずにいる。

朴英熙の「有産階級の所謂「近代女」・「近代男」の特徴」という文章では、モダンボーイ・モダンガールに対する社会主義者の視線がより顕著にあらわれる。朴英熙は、朝鮮の第一都市ソウルのモダンガールは「いでたちが蠱惑的で、その衣装が感覚的に飾り立てられたうら若き女たち」であり、このようなモダンガールの特徴は何よりも衣服は必ず洋装でなければならないが、洋装でも「非常に華奢で軽快でダリアの色のような蠱惑的な色の服と、とてもとても長いシルクのストッキング」に、頭は「カット」をして、華奢な足と靴に、帽子を被り、赤い臙脂を引いた細く丸い美人型と描写する。[21] たいてい彼女たちが通うところは「カフェ」「劇場」「飲み屋」などの艶やかな遊里であり、彼女たちは「遊蕩にあり、浪費にあり、退廃にあるので、自力では生活することが難しい若い彼女たちにとって、華奢で遊蕩でありながら豪華な生活を続ける」ということは、浪費者・退廃者であるにすぎないということだ。とくに朴英熙は、「モダンガール」は「大抵遊女、淫売生活の女が多く、男は資本家の息子、ブルジョアの子孫たちであるため、私有財産の特徴がすなわち彼／彼女たち遊女・放蕩息子の特徴である。有産階級の近代男・近代女の生活と、彼／彼女たちの末路は、いわゆる有産者の倉庫に出自を持つ彼／彼女たち自身がそれらの近代的社会の退廃を象徴」するものとなるのであり、「モダンガール」は資本主義に寄生する遊女、すなわち売春婦にすぎないとみなしている。このように、モダンガールが「遊女」「売春婦」と表象され、近代の退廃的象徴として転移する様相は、資本主義批判をめざす階級意識がジェンダーと接合する地点から始まる。

一方で、崔鶴松の「デカダンの象徴」という文章において、モダンボーイとモダンガールは「不良少年」と「不良少女」と名づけられる。

> 北岳山の冷たい風が通りをかすめる時でも、血色のいい白い肌が見えるほどにキラキラ光る薄い靴下は、じきに足首でも挫かないだろうか。見た目にもひやひやする靴は後ろで身体を支え、スカートの裾が透けたり透けなかったり脛が隠れるくらいの丈の外套に、断髪あるいは**ミミカクシ**を帽子で押さえてすっぽりと被った様子は、遠くから見ても醜くなく、近くで見ても悪くない。（中略）白粉のように白い手に、景福宮の柱のような杖を振り回しながら、厚ぼったい角縁眼鏡、平べったい帽子――ある時代の画家が使っていたような――、つま先が高い靴を履き、長安〔ソウル〕の大通りはわが道であるというように大手を振ってゆく若い書房様《ソバンニム》〔旦那様〕たち。（中略）モダンガールとモダンボーイは鳥の両翼のようであり、車の両輪のようでもあり、こちらだけ持てばあちらが寂しがり、あちらだけ触ればこちらが寂しがるように、互いに支え合う一対である。（中略）
>
> モダンガールが〔話に〕登場すれば、ピアノや活動写真館がついてきて、モダンボーイについて話せば、妓生の家や劇場などがついてくることだけは事実である。私自身も、モダンガールからは賢淑な味がすっかり消え、華奢で妖艶な女――ダンス・ホールにやってくる女優にも似た女から受ける印象をぼんやりと受けるようになる。同じようにモダンボーイはすることもなく**ヒヤカシ**でもして、すべすべと

した女の尻でも追いかけている影のようなもので、堅実で剛直な印象などもちようがない。(22)

このような崔鶴松の指摘は、日本の「モダンガール」を「不良少女」とした清沢洌の論調と類似するが、その筆致はより辛辣で見くだしている。「薄い靴下」に「ひやひやする靴」、「スカートの裾が透けたり透けなかったり脛が隠れるくらいの丈の外套に、断髪あるいはミミカクシを帽子で押さえてすっぽりと被った様子」のモダンガールは、「賢淑な味がすっかり消え、華奢で妖艶な女――ダンス・ホールにやってくる女優にも似た女」と描写される。このようなモダンガールは、モダンボーイと一緒に活動写真館などに出入りし、「やたらと華奢に浮かれて、バイオリンやピアノを弾いて腰をかけ、自由恋愛と称して、ややもすれば情事――そうでなければ失恋の病で酒でも飲んでまわることは、世紀末的な退廃気分を端的にあらわす」(一二〇頁)存在であり、西欧文化と自由恋愛を追いかける当時の新興ブルジョアの若者の階層を代弁する。植民地の窮乏した現実と基層民の過酷な生存の法則を探っていた小説家・崔鶴松のモダンガールへの視線は、敵対的でしかない。

モダンガールとモダンボーイをめぐる言説は、以後新聞と雑誌に持続的に掲載される。一九二八年四月六日から八日にかけて『朝鮮日報』に掲載された八判青年の「新しい女性とは何か」という深層を探る連載記事にも、やはり右の『別乾坤』の特集記事における論理と類似した脈絡が見られる。一九二八年四月十九日付の『東亜日報』に掲載された趙容万の「春日街上所見(七)モダンボーイ・モダンガール」という文章と、一九二九年五月二十五日付の『東亜日報』の城東生「朝鮮にモダンガールはいるか」という戯評もやはり、近代についての知識や思想・倫理がなく、外形的な近代だけを追求する彼/彼女たちは「不良少年」「不良少女」でしかないという見解を披瀝しており、ソウルの街を「本ブラ」する人びとやモダンガール・モダンボーイは、世紀末的退廃のある現象にすぎないと、彼／彼女たちの存在を卑しめる。一九二〇年代中盤以後、大衆メディアに登場する朝鮮のモダンガールをめぐる表象は、日本の「モダンガール」に起源をもつ都市の新種の職業女性を形象化したものではあるが、彼女たちは社会的には現実性の乏しい無定形の女性集団としてイメージされた。

日本においても、「モダンガール」はモダンガール自身の立場や声ではなく、新聞や雑誌などにおいて、知識人の目をとおして分析・構成された言説の産物に等しかった。つまり、モダンガールは関東大震災以降から昭和初期にかけて急速に変化を追求していた女性に対する、知識人たちの反発と共感、当惑を反映するアイコンなのである。現実に存在する日本のモダンガールまたは朝鮮のモダンガールを模造品とみなし、男性知識人の理念を投影した理想的なモダンガールのイメージこそを本物として位置づけることは、日本や朝鮮のあらゆる所にあらわれた共通する現象であった。(23) 日本の場合にも、モダニズムそのものを否定していた左派知識人は、モダンガールに有産階級の退廃的快楽主義者という評価を下し、またアナーキスト知識人はモダンガールを性的に奔放な女性として批判した。(24)

とはいえ、北澤秀一や清沢洌の例だけがすべてではない。モダンガールの多様な側面について、より活発に論じられてもいたのである。たとえば、モダンガールの登場を日本の大衆文化の成立と関連づけてとらえた評論家・平林初之輔は、大量印刷術や映画・レコード産業などの新しい技術の進歩が、モダンガールを誕生させる基盤になったとする。

　私は、モダン・ガールの発生を、権威崩壊時代の婦人の特色として見たい。従つて、古き権威の崩壊は、今後益々激化するであらうから、モダン・ガールは益々モダナイズすることであらうし、一般人のそれ

に対する態度も益々寛容的となり、ひいて、一般社会の道徳、風俗、趣味、嗜好を一変するであらうと思ふ。(25)

モダンガールをつうじて、前代の権威の崩壊という時代精神を読み取ったこのような理解は、当時の日本ではごく限られた知識人のものではある。しかしこの文章は、知識人の内部にモダンガールをめぐる大衆文化・近代的テクノロジー・モダニズムについての比較的多様な解釈があったことを示唆する。

これに対して、朝鮮のモダンガールをめぐる言説は、表象の裏面の亀裂と、縛られた女性イメージを典型的にあらわしている。これは他者の声を封じ込めるものとしてのイメージである。「遊女」「売春婦」「不良少女」などの否定的な指標によって着色された朝鮮のモダンガールは、さらに植民地朝鮮の近代が持つ奇形性と退廃性を象徴する記号へと転移する。ジェンダーと階級的視線が複合的に作動していた女性嫌悪の表象としてのモダンガールは、都市のスペクタクルを構成する色情症的な快楽の対象であった。都市の街路において「女性は視覚的スペクタクルの材料であり、スペクタクルは視覚的に女性を吟味しようとする男性の欲望に奉仕する」(26)。モダンガールの肉体は、彼女たちの身体を舐めまわしながら、その身体の露出を審問する男性的視線の権力にとらえられていた。

当時の「モダンガール」の形象には、近代教育の洗礼を受ける一方で、家父長的な民族主義理念に包摂されることなく資本主義的消費メカニズムに傾倒した女性たちに対する、男性知識人の批判的断罪の視線が含まれている。男性の凝視によって統制され専有されるモダンガールの身体は、「実体のない抜け殻」として流通する。そして、多様な衣装と仮面をつうじてアイデンティティが創造される「スタイルと人工の創造物」として、「ありふれた娼婦と女優のイメージ」とたやすく結合する。朝鮮のモダンガールの形象は、こ

のような「エロスと人工の逆説的な結合」としてあらわれる「女性化された近代性の顕現」を示している。(27)

安夕影の「モダンガール第三期――一九三二年モダンガール示威行列」（『朝鮮日報』一九三二年一月二十日）という漫文の「モダン」表象の中では、女性の身体が物神化され、破片化された地点がはっきりと提起されている。この絵（図4）において、モダンガールの身体は、あらゆる装身具に取り囲まれたマネキンにも似た人工的な存在である。

絵の中央に描かれた、露出が激しい西欧式のドレスを着たモダンガールは、西欧式のボブのヘアスタイルに、イヤリングとブレスレット、指輪をして、ハイヒールを履いており、きわめて現代的で贅沢な服装をしている。さらに目をひくのは、中央のモダンガールの全身像を中心に置いて、女性の身体が部分別に解体され、配列されているという点だ。上から時計回り順に、宝石が埋め込まれた額、鼻にピアスをした姿、ハイ

図4　安夕影「モダンガール第三期――1932年モダンガール示威行列」『朝鮮日報』1932年1月20日

ヒールに派手な靴下を履いた足、巨大な宝石の指輪をしてマニキュアを塗った手の描写など、装身具を身につけた女性の身体をそれぞれに破片化して見せることで、物神化された女性の身体を極大化する。また、この絵には中央のモダンガールの他に、他のモダンガールの形象も一緒に配置されているが、断髪で短いスカートに狐の襟巻きをしたモダンガールの豪奢な姿と、身体を覆うのはパンティだけの裸体のモダンガールの後ろ姿と正面の姿を提示し、身体の露出を誇張して伝えている。商品に耽溺しているモダンガールの身体を解体して配列する過程で、モダンガールそのものも商品として陳列されるのだ。

このような女性の身体の破片化や、女性のセクシャリティの可視化に対する反感のなかには、女性の身体を媒介にして日常のうちに具現化される資本主義的近代への、男性知識人の重層的な自意識が存在していた。リタ・フェルスキは、西欧の近代性の内部でジェンダー化された機制を解剖することをとおして、理性的・自律的な男性として目的意識的に努力するファウスト的な男性性とは異なるものとしての、近代的な欲望の形式の論理の中で具現化される女性性に注目した。それは物神化され、リビドー化され、商品化されたものとしての女性性であり、この時、女性は、リビドー的で表現不可能で美的な、家父長制的理性によって抑圧された他者へと還元される。(28) 物神化・商品化されたモダンガールの身体とは、京城の空間で可視化された植民地近代の他者に他ならないだろう。

モダンガールの身体は、民族と階級の視線から外れ、ジェンダー規範を離脱し、資本主義の商品経済と関係を結んだ近代のまた別の欲望の痕跡を示している。(29) 植民地朝鮮の「モダンガール」の否定的な表象には、植民地近代の隙間に存在するさまざまな層位からの不安が投射されている。これは、街に出た女性たちに対する男性の不安であり、資本と物質が日常を掌握する近代に対する不安であり、植民地の窮乏と不確実性に対する不安であった。魅惑と脅威が同時にあらわれるモダンガールの多面性は、絶え間ない疑惑と警戒の視線によって統制され、裁断されなければならなかった植民地都市のリビドーに関わるものでもあった。[30] 近代の抑圧されたものの帰還は、女性の身体をつうじて行われたのである。しかし、政治的従属・経済的窮乏・文化的衝突の狭間に存在していた植民地の男性知識人にとって、このような亀裂の顕示は彼らの不安をさらに重苦しくするだけだった。

4 「エロ・グロ・ナンセンス」と「モダンガール」の異種混淆性

大正から昭和初期にかけて、都市の街路を闊歩していた日本のモダンガールの場合、モダンガールになるためには特定の条件を満たさなければならなかった。新居格《にいいたる》の「近代女性の社会的考察」（『太陽』一九二五年九月）において、モダンガールの特徴は、自由であること、すべてのことを言葉と行動で確実に表現すること、思想的に虚無で刹那的な行動を追求することであると述べられた。ここで新居は、モダンガールは無知であってはならず、聡明で鋭い感受性を持たなければならないとして、カフェの女給や女優のようなうわべだけモダンなことを追求する女性は、モダンガールから排除しなければならないと主張する。[31] しかし、このような男性知識人の視線によるモダンガールの範疇とは異なり、日本の都市に実際に存在していたモダンガールと見なされる女性は、より幅広いものであったようである。

実際、都市で職業を持った女性たちのなかでは、女工や家事使用人の比率が圧倒的であり、女優や女給などの一部も都市文化の新しいスタイルを創造した日本のモダンガールの範疇に含まれた。しかし、日本のモダンガールは、事務員・店員・電話交換手など、大都市の新種サービス業の女性を主なモデルとして議論されており、彼女たちはカフェの女給や遊興産業の従事者、女工・女中のような都市の下層労働階級の女性たちとある程度差別化された。

これに比べて、朝鮮のモダンガールの場合、その範疇はずっと多面的で、不均質だった。狭義のモダンガールを意味する都市サービス業に従事する女性たちは、植民地都市のひどい就職難の中で高い競争率を突破して働き口を得たが、不安定で劣悪な雇用条件によって、新しい経済勢力として浮上するのは困難だった。[32]

朝鮮のモダンガールは、女学生のようなエリート女性から、女学生出身のカフェの女給、妓生に至るまで、異質な女性たちの集合体となっている。彼女たちは、まったく身元を把握することができない「正体不明の女」として記述され、あるいは、ブルジョア階級に寄生する有産階級の女性、否定的な資質だけで再定義される新女性の変形物、過度な物質的消費と奔放な性が疑われる堕落した女性とされるなど、一貫した基準で定義されない。このような「モダンガール」の混種的な性格は、大衆の言説において彼女たちを無定型的で不可解な存在として固定した。「モダンガール」は都市の「幻影（phantom）」のような皮相的で非実体的なイメージに交換され、消費された。[33]

一方で、実態が不明瞭な「モダンガール」は、「道徳的に悪い女」という意味を含むような形で、「モダンガール（모던걸）」という単語から派生した言葉遊び（pun）の産物である「モッテンガール（過てるガール）」、あるいは「モッタンガール（過てるモダンガール）」に置き換えられた。[34] 安夕影「女性八態 モダンガール」（『朝光』一九三四年五月）において定義されるモダンガールとは、「フランス・パリとニューヨーク・マンハッタンで流行り廃れする」服装に、指には「二、三百ウォン、千ウォン余りの白金の指輪」をして、首には「高価な首飾り」をつけている。「専門学校を出ても見向きもされない世の中」「ただ顔が美しく、肌さえつややかなら十分な世の中」を嘆く女性知識人が、結局結婚が難しくなると「あの男の妻――流れあるく女、

虚栄の都市の市民」になるというのである。安夕影は「真っ先に目覚め、真っ先に世界人の呼吸をする女性がモダンガール」であると戯画化しながら[35]、彼女たちを都市で最も悪い「あやまてるガール《モッタン》」である「ストリートガール（売春婦）」と同じものとみなす[36]。

このような退廃的で堕落したイメージとしてモダンガールの表象が固定する背景には、窮乏した植民地の現実と不調和をなすモダンガールの消費欲求に対する知識人男性の敵対心とともに、宗主国の文化に身をさらしその表面を模倣する女性たちに対する植民地の知識人の羞恥心が作動していた。しかし、これは女性たち自身の問題というよりは、根本的に植民地都市京城の存在条件に起因するものだった。

一九二〇―三〇年代朝鮮のモダンガールの言説の中には「エロ・グロ・ナンセンス」「イット」のような流行語が頻繁に登場するが、これは同時代の植民地「母国」日本から直輸入された新造語であった。日本で明治末期から大正時代に急速に拡散した「エロ・グロ・ナンセンス」という用語は、「大正デモクラシー」という日本の自由主義的な時代精神の中で量産された文化現象を含んでいる。「エロ・グロ・テンセンス」という用語は大正末期から昭和初期に、日本社会の流行の中で浮上したのであるが、それは、第一次世界大戦による好景気が一九二〇年を境に恐慌に転じ、理念的には社会主義の思想が右翼と衝突する状況において、政治的に左派でも右派でもなく、消費と頽廃へと突っ走っていた一種のバブルのような社会現象を指す。この時期における「エロ」とは、恋愛の精神的・建設的・生産的な面よりは、感覚的・消費的・享楽的な面を中心に日本の若い世代に拡散していたものであり、「エロ」を広い意味で見るならば、当時の生活および文学・映画全般は、「恋愛」から始まり「恋愛」で終わったといえる。当時の流行語である「エロ・グロ・ナンセンス」「モガ」「モボ」などは、すべてこの時期の産物として語られている。

当時の日本の「モダーニズムとは、ブルジョアとプロレタリアの間にはさまつて将来に希望がもてなくなつた中間層の生活哲学、消費生活の指導原理」であったが、そこには「階級特有のニヒリズム」が根を下ろしていた[37]。人びとは、より深く強い刺激を求めており、生は盲目的で感覚的に流れていった。男女関係においても、単純な「エロ（エロティシズム）」はその刺激的な価値を失い、「グロ（グロテスク）」な状態に転化していき、日常は「ナンセンス（無意味）」で満ちるようになったのである[38]。

このような日本社会の歴史的現象としての「エロ・グロ・ナンセンス」は、ほとんど同じ時期に朝鮮に流入し、当時の社会を特徴づける流行語となった。当時、京城で日本人に向けて刊行された『新版大京城案内』（京城都市文化研究所、一九三六年）には、「イットの京城」という特集があり、「料理屋・芸者・妓生・娼妓」などを紹介する記事がある。「イット」はそもそも一九二七年当時に上映されたアメリカ映画「It」から派生した言葉として、性的魅力という含意をもち、また「イットガール」というような用いられ方もした。このように「イット」という用語を掲げて書かれた京城についての記事の背後には、植民地都市京城を性的空間かつ欲望の空間であり、開発・搾取の空間であり、同時に歓楽の排泄口ととらえる帝国の眼差しが感じとれる。

一九三〇年代の代表的な社会主義系の雑誌『批判』に掲載された文章は、このような朝鮮における「エロ・グロ・ナンセンス」の現象について批判的な省察を加えている。

　一九三〇年はモボ・モガより先に、エロ・グロに暮れてしまったという。
　事実、一九三〇年はエロ・グロが舞台の一面に跳梁乱舞した年だった。（中略）
元来このエロ・グロというものの傾向は、けっして偶然あるいは錯覚からも生じるものではない。知ってのとおり、外国から輸入されたものだとか、好奇的なジャーナリズムや興行師やカフェの経営者の創作物であるとか、あることないことすべてがすでに言いつくされている。（中略）
有産階級の消費力が拡大し、多様化すれば、真っ先に力が注がれるのは人間の性質に一番深く根を張っている性欲と食欲を満たす方法の変化、それである。
（中略）
一九三〇年の舞台で狂躍したエロ・グロの傾向は、資本主義的な生産様式が発達して資本蓄積が豊かになり、有産階級の消費力が拡大し多様化したがゆえの、大きな必然の副産物であり、とりたてて特別なものではない。(39)

右の文章では、「モボ」「モガ」および「エロ」「グロ」現象は、その源をたどれば外国から輸入されたものであり、ジャーナリズムやカフェ産業の従事者の産物であるという、一次的な分析が行われている。しかし、階級主義的な視角を持ったこの著者は、このような「エロ・グロ・ナンセンス」の蔓延を、帝国の文化的なヘゲモニーに侵奪された植民地の現実として見るというよりは、資本主義の有産階級の堕落現象であり、女性たちの堕落として認識するところに、より焦点をしぼっている。

一九二〇―三〇年代に「モダンガール」＝「モッタンガール（あやまてるガール）」＝「ストリートガール」の公式が作られる機制の軸には、モダニズムに対する強力な反感が存在していた。呉石泉の「モダニズム戯論」（『新民』一九三一年六月）においては、機械文明と資本主義に染まった都市空間は「資本主義社会が孕懐している矛盾、流暗、闘争、低気圧、暗黒面、無秩序、軋轢、売春婦、失業者、ルンペン・インテリの苦悶、自殺、暗殺、陰謀、惨虐、情痴、強姦、猥淫、飢渇」に満ちた苦痛の空間として描写される。ここでは、都市の「ストリート（街路）はエロ・グロ体の遊歩場であり、その発散場」であり、モダンガールは「ストリートガール」にすぎない。そして「モダンガール」は「公娼、私娼の在来的な手法から抜け出て、簡単に速度的にエロをサービスして生活しようとする中間層的な存在ないし無産階級員」であり、都市の街路を「さまよい、徘徊し、酔い、踊り、そして朦朧とホテルへと！　消えていく」娼婦に他ならない存在として定義される。(40)

外国のモダニズムが病的なものだとすれば、朝鮮のモダニズムは奇形的なものである。しかし、奇形的であることは、朝鮮にとって必然的な過程である。どんな現象であれ、自らそれを動かすのに十分な基礎条件が貧弱な朝鮮においては、外来の潮流に動かされることがより大きい。今後ももちろんそうだろう。朝鮮のモダンボーイ、モダンガールは外国のそれと比べて、どれほど腹の虫を鳴らせていることだろう。(41)

壬寅生は右の文章「モダニズム」（『別乾坤』一九三〇年一月）で、「モダンとは一九三〇年を中心に新しく生じた社会的条件の反映としての一部の人間の生活のイデオロギー」であり、すべての社会的現象が経済的条件に左右される現代資本主義は「アメリカニズム」であり、「機械美」と「都市美」を追求するモダニズムは「一部消費階級の文化的生活形式」であると同時に、「バーバリズム」にすぎないものであると述べる。(42)ここで「自らそれを動かすのに十分な基礎条件が貧弱」な朝鮮のモダニズムは奇形的であるしかないのであり、モダンガールの身体は植民地朝鮮のモダニズムの奇形性と虚構をあらわす記号として機能するのだ。

朝鮮のモダンガールは、近代家父長制が女性を再配置する過程で、私的領域を抜け出て都市を闊歩していた境界の女性たちであった。彼女たちは、植民地の民族の理念的・規範的な圏域を越えて、商品の消費に没頭し、自らが商品になっていた女性であり、公的空間に自身の身体とセクシャリティをさらした違反者であった。資本と結合した近代都市文化の繁栄の中で、新しい文化の主体として浮上するには、植民地の物的・社会的・文化的土台はあまりにも虚弱であり、不安定だった。

女学生から職業婦人・妓生・カフェの女給にまでおよぶモダンガールの異種混淆性は、植民地朝鮮の都市空間でジェンダーとモダニティが結合する歴史的な様式をあらわしている。権力の主体であった男性にとって、性的スペクタクル・視覚的消費の対象として存在していた一九二〇―三〇年代の植民地朝鮮のモダンガールを歴史的な主体として召喚するためには、なによりも、表象に閉じ込められているモダンガールの幻影としてのイメージを取り払う必要がある。

スザンナ・D・ウォルターズが指摘したように、はたして言説と分離した「実際の」または「真の」「女性」が存在するのかという、根本的な問いを提起することも可能ではある。[43] しかし、一九二〇―三〇年代の京城の女性散策者、モダンガールについて立体的に理解するためには、言説の構成物としての「モダンガール」のイメージを超えて、「モダンガール」の実際の存在の様態と併せて、彼女たちの声と直接向き合わなければならない。なぜなら、女性をイメージとして、象徴として、男性の欲望の隠喩として形象化することが家父長的な策略であったことを明らかにし、「欠乏」「不在」「浮遊する記号」としての女性を確認したとしても、その作業で終わりとするならば、それは彼女たちを歴史の中の他者として留まらせつづける消極的な試みにしかならないからである。

（1）Susanna Danuta Walters, *Material Girls: Making Sense of Feminist Cultural Theory*, University of California Press, 1995, p. 22.

（2）朴露兒「秋の街路の男女風景　新たな傾向の女人点景」『別乾坤』一九三〇年十一月、九二―九三頁。

（3）張露星「女人哀歌」『新女性』一九三二年十一月、五二頁。

（4）「まずすぐに見えるものが、近代男女である。すなわちモボとモガである。スカートは男のサルマタ（？）の長さしかなく、頭は断髪、クツの踵は放送局のアンテナ柱ぐらいになるかならないか。白粉は曲芸団のピエロのようにきれいに塗ってあるが、紅がひどくにじんで鼻まで真っ赤なのが残念だ。あっしまった、モボの様子を観察する前に、タクシーが二人の男女を乗せて東大門のほうに飛ばしていった。歌だかなんだか自動車が飛ばしながら鼻歌を歌っている。自動車が続いて走る。淑女？　紳士？　とんでもないって？　浮浪者か、妓生か、密売淫か、偽女学生か、そんなおかしなことがあるだろうか――。

四大門がなくなったとか、まあそれくらいのことでしょう――しかし、さもすれば――あれをちょっと見てください――。

女の奴が暴れている――アイゴあんな――話ってまた何の話です、妓生が物乞いした話か？

はっはっはっ……」

（金永八「街頭漫筆　路上スケッチ――ひとつ、ふたつ」『別乾坤』一九二九年九月、八四―八五頁）

（5）安夕影「女性宣伝時代が来れば（3）」『朝鮮日報』一九三〇年一月十四日。

（6）高橋康雄『断髪する女たち――モダンガールの風景』教育出版、一九九九年、一三三―一五二頁。

（7）「婦人職業問題」『新女性』一九二六年二月／金玉順「職業婦女と誘惑」『三千里』一九三一年十一月／宋今珽「現代女性と職業女性」『新女性』一九三三年四月。

（8）藤目ゆき『性の歴史学――公娼制度・堕胎罪体制から売春防止法・優生保護法体制へ』不二出版、一九九七年、二八六頁。

（9）「座談会　近代的女性《モダン・ガール》批判」『婦人の国』一九二六年五月、一二頁。

（10）高橋康雄、前掲書、一四五頁。

(11) 北澤秀一「モダン・ガール」『女性』一九二四年八月、二二七頁。
(12) 清沢洌『モダンガール』(金星堂、一九二六年、一九三頁)／バーバラ・ハミル・佐藤「モダンガールの登場と知識人」(『歴史評論』一九九一年三月、二〇頁)を参照。
(13) 清沢洌「モダーン・ガールの解剖」『女性』一九二七年十二月、九六頁。
(14) 同前、一〇三頁。
(15) Miriam Silverberg, "The Modern Girl as Militant", *Recreating Japanese Women, 1600-1945*, Gail Lee Bernstein, ed., Berkley: University of California, 1991, pp. 239-266.
(16) Barbara Sato, *The New Japanese Woman: Modernity, Media, and Women in Interwar Japan*, Duke University Press, 2003, pp. 45-77.
(17) Barbara Sato, pp. 45-49.
(18) 「ちかごろ現れつつあるモダンガールとは?」『朝鮮日報』一九二七年三月三十一日。
(19) 同前。
(20) 柳光烈「モダンボーイとは何か」『別乾坤』一九二七年十二月、一一二―一一三頁。
(21) 朴英熙「有産階級の所謂「近代女」・「近代男」の特徴」『別乾坤』一九二七年十二月、一一四―一一五頁。
(22) 崔鶴松「デカダンの象徴」『別乾坤』一九二七年十二月、一一九頁。
(23) バーバラ・ハミル・佐藤、前掲論文、一八―二一頁。
(24) Barbara Sato, p. 76.
(25) 平林初之輔「権威崩壊期の婦人――モダン・ガール発生の社会的根拠」『婦人公論』一九二八年三月、三一頁。
(26) 男性支配の脈絡とは、性別としての男性が実際的な文化と文化的イメージの生産を統制する制度的(政治的・経済的)権力を持っているということである。(Susanna Danuta Walters, pp. 65-66)
(27) Rita Felski, p. 4.
(28) Rita Felski, p. 7.
(29) このような現象は、二十世紀初めに西欧近代を受け入れた日本・中国・朝鮮などの東アジア地域においてあらわれた普遍的な様相であるといえる。中国の新女性とモダンガールをめぐっては、Sarah E. Stevens, "Figuring Modernity: The New Woman and the Modern Girl in Republican China", *NWSA Journal* Vol. 15, No. 3, Fall 2003, p. 98を参照。

(30) モダンガールへの当時の男性たちの欲望は、二律背反的だった。『新東亜』(一九三二年五月)に掲載された方仁根の「モボ・モガ」というコントは、当時のモダンガールへの男性知識人たちの欲望をよくあらわしている。田舎に妻と息子を残したMというモダンボーイは、友達に頼みこんで「超特級モダンガール」の女学生を紹介してもらう。そのモダンガールの身なりとスタイルに惚れたMは、数週間で超スピード結婚をするが、結局彼が結婚した女性がモダンガールに扮した自分の妻であったというこの作品は、虚構的な形式の中に当時の世態の一面が垣間見える。この作品では、虚構的な形式を通じて、モダンガールに対する当時の男性たちの二重的な視線を風刺している。

(31) 新居格「近代女性の社会的考察」『太陽』一九二五年九月。

(32) 「〜ガール」と呼ばれた近代職業婦人たちの労働条件と生の様態については、本書の第四章でより詳しく扱う。

(33) 金秀珍は、朝鮮のモダンガールが「新女性の「虚栄」と「外面」を効果的に表現するのに適切な象徴物として、時を合わせて輸入された同時代的な現象」であり、「新女性の代替物」でありながらも「実際よりは想像の対象により近かった」とし、朝鮮のモダンガールを植民地朝鮮における近代の「不完全」で「悪い模倣」を投影する言説的な産物とみなした(金秀珍「一九二〇―一九三〇年代の新女性言説と象徴の構成」ソウル大学校博士論文、二〇〇五年、二七二―三二一頁)。モダンガールが当時の新女性の否定的な属性を集約的に担保しており、実際の層位よりは男性知識人の言説の中の過剰な反応による想像の産物であったという金の指摘は、ある面では妥当である。しかし、このような言説の中でつくりあげられた「モダンガール」のイメージを超えて、彼女たちの異種混淆的な存在様式を、歴史的な層位に見いだして、問いかけ、モダンガールの破片化した視線と欲望を再構成する作業が必要である。

(34) 当時、使われていた「못던껄(モッタンガール)」とは、「모던껄(モダンガール)」と「過てる女」を意味する「못된걸(モッテンガール)」を掛け合わせた造語である。

(35) 安夕影「女性八態　モダンガール」『朝光』一九三七年五月、一三四頁。
(36) 安夕影「どこでその金が生じたのか　一日一画（五）」『朝鮮日報』一九三〇年四月八日。
(37) 大宅壮一「エロ・グロ・ナンセンス時代」『文藝春秋』一九五四年七月、六五頁。
(38) 同前、六四―六九頁。
(39) 錦農生「エロ・グロの私的察考」『批判』一九三一年五月、一二七―一三一頁。
(40) 呉石泉「モダニズム戯論」『新民』一九三一年六月、三〇―三一頁。
(41) 壬寅生「モダニズム」『別乾坤』一九三〇年一月、一四〇頁。
(42) 同前、一三七―一三九頁。
(43) Susanna Danuta Walters, pp. 143-148.

第三章　近代の前方に立った女たち

1　女学生と「不良少女」

朝鮮社会に登場した新女性の新女性たる所以は、彼女たちが近代的な西欧教育の恩恵に浴した女性であるという点にあった。一八八六年にアメリカ人宣教師たちが中心になり梨花学堂を開校して以降、朝鮮には一九〇五年から一九一〇年にかけて三千校あまりの私立学校が設立されたが、そのうち一七四校が女学校だった。(1) 初期の女性教育は、大韓帝国末期の富国強兵と文明開化論にもとづいた民族教育の一環として進められた。西欧の天賦人権論と男女同権にもとづく愛国啓蒙期の女性教育の目標は、張志淵《チャンジヨン》の『女子読本』(一九〇八年)に示されたように、「国権回復に共に参加する国民の権利と義務を持つ自主的で独立的な人格体としての女性像(2)」であった。朝鮮では、一八九〇年代後半からすでに女性の権利の意識が芽生えはじめていたが、初期の女性教育は、国権を失った民族の自主独立に寄与するとともに、近代的家庭の中心となる「良妻賢母」の育成という目標のなかで遂行された。一九〇〇年代から一九一〇年代の女学生のイメージは、社会の啓蒙の先頭に立つ先覚者としての「新女性」の記号に相応するものだった。

一九一〇年代において、民族国家の一員であるとともに新しい文明の開拓者であり、啓蒙の主体として形象化されていた女学生は、その数が増えていくにつれ、一九二〇年代以後には都市の新文化の主役として浮上する。しかし、女学校が一五校程度で、女学生の数が約三千名であった一九二五年当時、女学生は全女性人口の〇・〇三パーセントにすぎなかった(3)。一九三〇年代に入ってからは、初等学校への就学年齢の人口に対し女性の就学率は二〇パーセント程度であり、一九三三年に初等学校から専門学校まで進んだ女学生の総数は一三万六千名で女性の総人口の一・二パーセントにすぎず、当時の女性の文盲者数は全女性人口の九二パーセントである九二四万余名に達したという(4)。義務教育が施行されなかった植民地において、とくに朝鮮人女性にとって、近代教育の機会が与えられるのはまれなことであったため、上級学校への進学者である女学生の社会的な位置は特別なものだった(5)。

放課後に校門から溢れ出てくる女学生は、都市の街路を埋めた主な女性散策者群だった。当時、金基鎮は、女学生について、「現代の女性というと、それはすなわち現代の学校を経て出てきた女性、すなわち都会で成長したといっても過言ではない女性たち」を指し、「都会の空気に触れたからには、それ相応に彼女たちは都会の文明の鉛毒を受けている」とした(6)。当時の女学生は、まさに都市が生んだ新しい女性集団とみなされていた。

小姐たちの感情は、日に日に清新なものとなり洗練されていく。朝鮮のモダンな若き女学生たちが、現代の空気と調和する美しさを創りだすために、並々ならぬ努力をしていることは、見ればちらちらと目にもつく。

（中略）

朝鮮のモダンな若き女である彼女たちの表情・動作・言語・服装または姿態が、日々新しくなり洗練されていくことと並行して、小姐の心情と感情にも新しさと洗練さが育っていくということは、非常に嬉しいことでなければ何でありましょう。（中略）

見よ！　道へと！　闊歩する小姐たちの歩調を！(7)

当時、街を闊歩した女学生は、新しい流行と文化の創始者であった。南宮桓は「モダン女学生風景」（『新女性』一九三一年四月）において、日に日に清新なものとなり洗練されていく女学生たちの感情と、街を闊歩する女学生たちの歩調に新鮮な衝撃を受ける。彼女たちの「表情」「動作」「言語」「服装」「姿態」などの「新しさ」と「洗練」は、新教育と文化資本によって構成される近代中産層知識階級の形成と重なり合う。

ところで、都市の街路でとらえられる斬新な女学生のイメージは、一九二〇年代中盤を起点に、徐々に感覚的で享楽に染まる雰囲気へと移っていく。

『新女性』一九二四年十月号の表紙（次頁、図1）に登場する新女性は、改良韓服〔従来の韓服を着やすいように改良したもの〕と短くしたチマ〔スカート〕にハイヒールを履いて、当時流行していた日本式ヘアースタイル「**ヒサシガミ**〔庇髪〕」をしており、典型的な新女性のイメージをあらわしている。しかし、同じ雑誌の一九二六年四月号の表紙（図2）に登場する新女性は、パーマをかけてより現代化されたヘアースタイルをしており、韓服は西欧的なスタイルに変形している。チマの幅はよりタイトになり、派手な柄と色で、よりお洒落になっている。さて、一九二四年十月号の表紙との比較において注目されるのは、静的なイメージから抜けだした女性の内面の感情と動揺があらわれた顔の表情、自身の身体を凝視するはにかんだような目つき、リズムに乗っているかのように揺れ動く動作などである。当時「新女性」と「女学生」という呼称は、

図1　雑誌『新女性』（1924年10月号）表紙
図2　同（1926年4月号）表紙

互いに重なり合いながら用いられていたが、貞淑な女性のイメージを脱して肉体的な感覚と都市の欲望に目を開く新女性のイメージは、女学生のうちの「不良少女」が可視化される地点と結びあう。

一九二〇年代末、朝鮮の中学生を主な読者層として、開闢社から発行された教養啓蒙雑誌『学生』の一九二九年三月号には、「誌上男女大討論——男子学生がより奢侈か？　女学生がより奢侈か？」という座談会が掲載された。ここで男子学生の趙駜桓は、女学生の贅沢が「奇形的病的奢侈」に至ったとして、以下のように主張する。

> 最近女学生の間にケープの流行を見ておりますが、それを着た女学生はどこか遊蕩気分にあるように見えます。いくら手に風呂敷を持っていても、まるでカフェーにいる女が夜には酒を売り、昼には帳簿の本を抱えてツケを集金に行くように見えます。（大拍手）

女学生たちのケープ着用反対団を組織するなら、私は誰よりも先に先頭に立ち、先導のラッパを吹きましょう。（大拍手）

ついで、靴下の話……四、五円の絹の靴下を履いて、いかにもご立派な様子で歩く女学生を見ました。木綿織の靴下は足の指を動かしにくく、ふくらはぎが窮屈だということがシルクストッキングを常用する女学生の愛用条件であり、購買理由であるという話を聞きました。しかし、絹の靴下を履いた彼女たちの家は、その多くがすっかり傾きかけたあばら家であり、人の家の間借りであるという事実はいっそう涙ぐましいものでした。(8)

趙駜桓はマントを意味するケープや絹の靴下など、当時の女学生たちの間で流行したものを挙げながら、女学生を「風紀を汚す低俗な奢侈の化身」と描写する。また、洪殷杓という男子学生は、一時間以上もの時間をかけたような女学生たちのヘアースタイルや、レートクレーム〔平尾賛平商店の化粧品〕・水白粉・化粧水・美顔水〔桃谷順天館の化粧品〕などのさまざまな化粧品や衣服を挙げながら、女学生たちを「奢侈中毒者」であると指摘する。このような男子学生たちの攻撃に対し、李鳳姫という女学生は次のように抗弁する。

外見を清潔に、少しきれいに〔男子たちの言ういわゆる奢侈に〕することとは、人間だけではなくすべての生き物に共通した本能であるとすることができますが、一見すると非常に質素なようで、実際には中身はもっと奢侈だというのはどういった心理なのでしょうか。このようなことは、奢侈のなかでも卑劣な奢侈であると言わざるをえません。（中略）

学生服の下に絹のワイシャツを着込んで通うことも一種のはしたない奢侈であると言わざるをえませ

んが、われわれ女性を見て昼も夜もめかしこんでいると嘲笑し見下す男性が、女性以上に何度も粉を塗りたくって出歩いたり、油が額にまで流れるほどたっぷりとつけて出歩くのも、やはり低級ではしたない奢侈心のなせる業です。（拍手）また、わたしたち女は約十円前後でセールのスカートを一着買って着ることになれば、何年間もいつまでも大切に着ますが、男性たちは一着に百円近くもかけて、春夏秋冬それぞれの季節ごとに洋服を数着ずつ準備しておき、あれこれ取り替えて着るのではありませんか。(9)

彼女は、女学生が表面的には奢侈に見えるが、男子学生も絹のワイシャツを着て、顔には粉を、頭には油を塗り、百円もする洋服を季節ごとに替えて着るなど、女学生に劣らず贅沢をしていると主張する。しかし、当時の大衆メディアは、男女学生において見られる流行とファッションを趣味全般の問題として扱うよりは、主に女学生たちの贅沢と虚栄を批判の対象としていた。雑誌『学生』において多くの男性知識人は、女学生の社会的な責務と役割を強調するが、当時延禧専門学校の学生だった崔秉和は「女学生諸君へ」（『学生』一九二九年五月）という文章において次のように述べている。

経済的知識を涵養なさい。朝鮮の女学生はだいたいにおいて経済的知識が欠けています。彼女たちの外的な生活を見ると、非常に豪華で奢侈な富豪や貴族の令嬢のように見えます。しかし、実際のところ、生活の内実を見ると、彼女たちは貧しい朝鮮の娘です。(10)

朝鮮の女学生の経済についての知識不足と、精神的な貧困を指摘する右の文は、女学生に対して、朝鮮の経済の現実に目覚め、朝鮮物産奨励運動〔朝鮮物産愛用の社会運動〕・農村啓蒙運動に力を注ぐことを望んでいる。しかし、このような先覚者・社会啓蒙家としての女学生に対する期待とは異なり、一九二〇年代中盤以後の大衆メディアにおける「女学生」をめぐる支配的な表象は、劇場・音楽会・化粧品店に出入りする派手で贅沢な女学生のイメージであった。

方仁根「女学生論」(『東光』一九三一年十二月)には、学校ではおとなしく淑やかで可愛らしい女学生が、学校の公的規律の外に出ると、派手な絹の服を着て濃い化粧をして劇場に出入りしたり、学校の同級生ではない男性と一緒に、風呂敷の代わりにハンドバッグを持ち、珍古介を行き来し、化粧品店や音楽会などに出入りする姿が描かれている。「**まず学校で固く禁じられている絹の服が燦爛と光る。粉をはたく厚さも一分〔約三ミリ〕ほど厚塗りになる**」[11]という描写のように、規律に違反する女学生のイメージがはっきりと示される。このような不良のイメージの女学生が、まさに安夕影の漫文「女性宣伝時代が来れば(3)」(『朝鮮日報』一九三〇年一月十四日)において「モダンガール」の一員とされた「ある女学生」であるといえる。〔本書、八四—八五頁参照〕

道で出会うS女学校の学生は洋装のモダンガールだが、寄宿舎で出会うS女学校の学生は朝鮮旧式の一般庶民の娘だ。色とりどりのチマチョゴリにポソン〔朝鮮足袋〕を履いた学生たち![12]

右の文章における、学校の外の都市の街路で出会う「洋装のモダンガール」と、寄宿舎で出会う「朝鮮旧式の一般庶民の娘」は、一九三〇年代初めにおける女学生の二重のイメージである。

鄭順貞の「当世女学生気質」(『新東亜』一九三二年十二月)は、一九三二年当時の女学生の特徴に注目している。この文章で筆者は、女学校一年生は百貨店に陳列された日本製の品物に惑わされ、二年生は友達の家や通りのホットク〔朝鮮風おやき〕屋に集い、三年生は男子学生とラブレターのやりとりをし、四年生は卒業後の進路について現実的に悩みながら、百貨店の訪問（ショッピング）や男子学生の下宿に行き来すること（恋愛）が日常茶飯事であるとして、多少風刺的な語調で女学生を戯画化している。このような女学生のイメージは、学校の中での教育や規律では、もうとても抑えることのできないほどに拡散したようであった。

修身の先生が、声帯が破れるほどに伝統的な道徳の正当性を説明し、とりわけ良妻賢母主義を情熱的に鼓吹するときに、当世の女学生はあるいは手遊びをしたり、あるいは遠くの山を眺めたり、あるいはあくびをしたりして、修身の先生の講話はただの厳粛な喜劇へと化してしまう。それほどに当世の女学生は進歩的な思索を持っていた。しかし、一方で悲しくも退廃的な実践を敢行する。ここでわれわれは、考えてみるだろう。なぜ彼女たちは進歩的な思索を持ちながらも、残念なことに退廃的な実践を敢行するのだろうか。(13)

「声帯が破れる」ほどに伝統的な女性の規範と近代の良妻賢母主義が鼓吹される学校の修身の時間に、女学生たちはこれを聞かずに手遊びをしたり、遠くを眺めたり、あくびをすると記述される。筆者は、女学生たちが修身の先生の道徳教育をおろそかにする様子を「進歩的な思索」であると風刺し、彼女たちの態度が「退廃的な実践」へとつながると批判する。

一九二〇—三〇年代の不良女学生を構成する「悪いこと」の項目は、奢侈と虚栄として非難される物質に対する消費行為と、性的放縦であったが、これはモダンガールの特徴とも共通する。(14)『新女性』（一九二四年七月）に掲載された李WSの「「女学生」すなわち「奢侈の塊」」という文章では、女学生の度が過ぎた装いと贅沢な消費行為を問題視する。(15) 同号に掲載された盧心汕「新女子百態」では、当時の女学生たちは、正午近くに起きて、鏡の前で装う時間も二時間三〇分もかけ、前髪を短かくしたヘアスタイルに短いスカートをよろこんではくと説明されており、このような態度は料理店の妓生と区別されえないと指摘している。

だいたいにおいて朝鮮の女学生は奢侈だ。われわれの経済程度と比べると、そうであるといえる。靴・ハンドバッグ・化粧品・衣服に湯水のようにお金を使うことは、確実に問題の種である。

それよりも、わたしは公衆道徳・人類愛にもとることだと考える。わたしは、学校で、街路で、女学生の群れを見るとき、その中に極度に奢侈な学生と、極度に貧しく乞食のような格好の学生が混ざっているのを見るときは、その貧しい女学生がまことに哀れに映る。靴もすっかり擦り切れて、汚れた木綿の服を着て、燦爛と装った友達の横に立つならば、どれほど恥ずかしくつらいだろうか。男子学生は面の皮も厚く、また男子学生の洋服は似通っており、そのうえわざと帽子を破いて被っており、服も破れたものを着るのを自慢するいたずらっ子たちであるから言うことはないが、女学生はそうではない。女性とは衣服に非常に関心を持つ天性がある。また、女学生の衣服はそもそもそれぞれに違うために、そこに違いが多ければ目立ちやすい。（中略）

とにかく、今の女学生は虚栄の塊である。ゴム風船のように浮き上がっている。みながそうだというのではないが、比べてみるとそうだということだ。結婚相手を探すときも、金銭や美男であることが第一条件である。(16)

この方仁根「女学生論」（『東光』一九三二年十二月）では、近代都市空間における女学生たちの消費行為について、社会構造的なものとして接近するよりは、「女性とは衣服に非常に関心を持つ天性がある」「今の女学生は虚栄の塊である」と、虚栄を女性の本質として、女学生の資質として一般化する傾向が見られる。また、彼女たちが結婚相手を探すとき、「金銭や美男であること」を第一条件として選ぶとし、結婚において物質と外見を重視する女性の欲望を批判する。

植民地期に『朝鮮日報』の記者だった申翔雨の著作『女学生風紀問題概観』（大成書林、一九三一年）は、当時の社会において大きな論争になった女学生の風紀を問題とし、それらをめぐる議論が展開される。申翔雨は、昔ならば「閨中処女（箱入り娘）」だった女性たちが、「学校処女（女学生）」へと変わり、堕落と不品行にふけっているが、これは「女学生自身のためにも、朝鮮の将来のためにも、じつに特筆大書すべき重大な問題」であると強調する。(17)

> 貞淑温良であることが命ほどにも大切な女学生として、朝鮮民族の良妻となり賢母となり、あるいは第二国民を生産して教育する大きな責任を持った女学生として、このような大きな責任を果たすために新しい文明の教育を受けた女学生として、千人の一人でも万人の一人でも美しくない品行があるというなら、これがどうして朝鮮の将来のために痛哭することでなかろうか。(18)

「貞淑温良」を命として、「朝鮮民族の良妻」となり「賢母」となり、「第二国民を生産して教育する大きな責任を持った」女学生は、まさに大韓帝国末期の女性教育が意図していた理想的な女性像だった。しかし、当時の女学生はこのような国家の期待に反し、「この袋小路、あちらの袋小路の（中略）色酒家店」で溢れた都市の街路を闊歩し、挙句の果てに妓生の道へと入るなど、極度の堕落が見られると嘆息する。また、女学生の堕落は無分別で放縦な異性交際によるものであるとした。
次は、女学生たちの趣味活動である、活動写真（無声映画）を見に行く場面を描写した一節である。

活動写真を観察しにいくとしよう――低俗な写真にいたずらに神経を昂ぶらせることはやめるとしても、壇上に出てきた俳優は観客席の興味をぐっと惹きつけるためにと、ただ写真を説明するだけでなく、密かに籠絡する手段と色目を使うのであり、男女観覧席には実に芸術的な興味として入場した者よりは、互いに「チャンマジ（出会いを求めてその場にたたずむこと）」をするために入場した者が多く、あるいは笑いにより、あるいは咳により、あるいは伸びにより、あの手この手で互いに戯弄し互いに誘惑する。(19)

申翔雨は、活動写真館では活動写真の弁士と推定される俳優が、女学生の観客を籠絡したり色目を使ったり、男女観客席では映画を見ることが主な目的ではない男女の戯弄と誘惑が乱舞し、「不謹慎」で「不制裁」な自由交際が繰り広げられるようになると診断する。

今の朝鮮人の交際は、霊と霊が結合することができない交際である。そのため交際に礼儀がなく、仰ぎ敬う心がなく、人格や名誉を尊重しないため、言語動作が乱れ、おのずと条理も失われていく。このような乱雑な交際場に立つことになった女学生の身辺に、高潔なものがあるといえるのか。高潔さがないために堕落が生まれ、不品行が生じるのである。(20)

さらに申翔雨は、当時の朝鮮の男女の異性交際は、礼儀・敬仰心・人格の尊重がない乱雑な交際にすぎないとし、異性交際自体が女学生の堕落の背景になるとする。そして、このような女学生の堕落と不品行について、家庭・社会・下宿屋など外的な環境に大きな責任があると指摘するが、究極的には女学生の堕落は女学生自身の自己反省と道徳的修養をつうじて解決しなければならないと締めくくる。

何よりも女学生自身が洞洞屬屬で戦戦兢兢であってこそ、自己が自己を責め、自己が自己を罰するのであり、すべての誘惑と悪風に染まらない道徳心と克己心を修養する他に道理がないのである。(21)

申翔雨の右の本は、近代の民族主義的理念、伝統的なジェンダー規制、キリスト教の禁欲主義的視角が複合的に作動するなかで、女学生の「堕落」と「不品行」を断罪し、懺悔と矯正を要求する家父長制内部の典型的な訓育の言説であるといえる。女学生の「堕落」は、近代初期の女性を民族の一員として公的な空間に呼び出した近代国民国家/民族イデオロギーが予期していなかったジェンダー意識のまた別の顔、あるいは女性たちのまた別の欲望を示唆する。女学生の「堕落」とは、「良妻賢母」規範を離脱する女性たちに対して、近代家父長制が下した倫理的な宣告である。このような道徳的な物差しは、近代的なジェンダー意識と女性たちの欲望の間を横断する無数のベクトルを縫合する機制として機能する。道徳主義的な還元論へと帰着するこのような言説において、女学生の「堕落」が当時の社会においてどのような多角的な意味を持つのかについては省察されない。

これに比べて、小説という文学的な空間は、女学生に対してより開かれた視線を保有していた点で注目される。(22)公的な空間において可視化された女学生の身体と彼女たちの行動様式を敵対視し、彼女たちを冷笑的に戯画化する視線は、小説の領域においても強力に発揮された。伝統的なジェンダー規範を離脱する女学生たちの不良イメージは、すでに一九二〇年代前後の小説作品において否定的に形象化されはじめていた。金東仁の初期の短編小説「弱き者の悲しみ」（『創造』一九一九年二―三月）では、女学生は、「腕と尻を前後左右に振りながら」歩くという歩き方の流行を追い、肉体の「快感」にひたる女性として戯画化され、また廉想渉の中篇小説「除夜」（『開闢』一九二二年二―六月）や長篇小説「お前たちは何を得たのか」（『東亜日報』一九二三年八月二十七日―一九二四年二月五日）では、女学生のいびつな恋愛に対する冷笑的な視線が確認される。

　金東仁や廉想渉の小説における女学生の表象は、公的空間において可視化されたモダンガールの身体と欲望をめぐる当時の知識人男性の敵対的で嫌悪的な態度を反映している。しかし、李箱の小説の場合、「不良少女」としての女学生イメージは、個性を持つ女性人物として一つの典型を獲得する。李箱の作品における「不良」女学生は、単純に社会において伝統的に構築されてきた「よき女性」、つまり純粋で貞淑で婦徳を持つ女性の否定的な対立項ではない。女性に対する慣習的な期待に抵抗し、それを転覆させようとするような女性としてその人物像は描かれる。

　妍《ヨン》は今芳紀二十歳、十六のとき、すなわち妍が女高の修身と体操を習う隙に、簡単な下着を破った。そのあとで、修身と体操は暇なときに行った。

（中略）

「先生、先生――この可愛らしい妍が昨日の夜に何をしたかわかったらすごいわ」

　黒板の上には「窈窕〔「窈窕《ようちょう》」（美しくしとやかなさま）をもじって作った語〕淑女」という額の黒い色が淋漓としている。

「先生、先生――私の唇がどうしてこんなに青白いか当てられたらすごいわ」

妍は飲碧亭〔料理店〕に行っていたときも、R英文科に在学中だ。前日の晩には私と会って、愛と将来を誓い、その二日前の昼にはギッシングとホーソンを学び、夜にはSと一緒に飲碧亭に行って服を脱ぎ、その二日前は月曜日であったため、私と一緒に同じ東小門の外に遊びに行きベーゼ〔キス〕をした。SもK教授も私も妍が昨夜何をしていたかは知らない。SもK教授も私も馬鹿だ。妍だけが一人で猫をかぶって人を欺く稀代の天才だ。

(中略)

妍の肌からは林檎のような新鮮な光が放たれるのである。(23)


李箱の「失花」に登場するR英文科に在学中の女主人公・妍は、学校の修身の時間に習う道徳をあざ笑うように、日ごと夜ごと相手を取り替えて自由恋愛を楽しむ不良女学生として立ち現われる。妍は意図的に「窈窕淑女」という慣習的な女性像を嘲笑し、夜な夜なさまざまな男性を相手に愛の行脚を繰り広げるファム・ファタルのイメージである。しかし、彼女は昼にはジョージ・ギッシング(イギリスの作家、一八五七―一九〇三)とナタニエル・ホーソン(アメリカの小説家、一八〇四―六四)の作品を勉強する英文科の学生として、知的能力を兼ね備えた女性なのである。「仁川のある旅館」「NビルのSの事務室」「東小門の外の飲碧亭〔料理店〕」など、都市のさまざまな場所をめぐりながら性的逸脱を果たす「失花」の妍や、「幻視記」(『青色紙』一九三八年六月)において夫の承諾なしに「外出」し半年ぶりに帰って来たスニョンは、男性中心の家族の秩序に反乱を起こす非難すべき女学生である。しかも、彼女たちに対する作家の視線は重層的である。彼女たちは周辺の男性たちを籠絡しながら自身の欲望を実現する策略の持ち主だが、「妍の肌からは林檎のような新鮮な光が放たれる」という描写からは、彼女に惑う男性の姿が垣間見られる。「女の顔とはタマネギだ。とにかく剝いてみろよ。最後にはすっかりなくなってしまい、正体はさらさないから」[24]という謎かけのような姸の表象は、家父長的な規範に違反し、性的な自律権を行使する女学生の行為性（agency）に対する男性たちの恐れと魅惑を同時に提示している。

モダンガールと呼ばれた一部の女学生は、先覚者であると同時に、啓蒙主義者としての新女性の社会的責務を遂行できないまま、性的違反に没頭する「悪しき女学生」であった。女学生から「モダンガール」または「不良少女」が派生することは、近代の悪しき女学生の誕生、すなわち「良妻賢母」の資質から離脱する女性に対して「悪」という道徳的な指標が付与される地点をあらわす。伝統的な婦徳を拒否し、近代的なアイデンティティを追求した女性たちは、再び近代家父長制が設定した「良妻賢母」というジェンダー規範に遭遇するのである。ジェンダー規範に違反する女性を断罪する方式は、家父長制の歴史において、その現れ方にこそ差異があろうとも、くりかえし現われるのだ。「不良女学生」という烙印は、まさに近代家父長制が女性に課した統制の措置であった。

「過《モッテン》てるガール」としての「モダンガール」と、「不良少女」としての女学生は重なり合うアイコンである。このような女性をめぐる否定的な表象は、逆説的に近代の家父長制が強く制御しようとしていた新しい形式の女性像、女性の欲望を浮き彫りにする。

植民地朝鮮の都市の街路において欲望に目覚めた女学生の、消費の欲望、恋愛と遊戯の欲望、性的欲望は、彼女たちが将来の神聖な家庭の経営者であり、民族の成員を産み育てねばならない「一般庶民の娘」であったがゆえに、より問題とされた。何よりも「悪しき女学生」は、自己認識の主体であると同時に性的主体として自律性を確保した女性の登場をめぐる、当時の社会の憂慮を内包する。しかし、消費・恋愛・セクシャリティは実質的に道徳的な断罪によって統制することができる事柄ではなかった。それらは、日常へと広がりゆく資本主義的近代のなかで都会人が遭遇した、新しい生の様式の一部であった。「悪しき女学生」という命名は、近代が女性に開いた多面的な欲望の流れを遮断しようとする横木のようなものであった。

2　女は何を求めているのか――消費する女たち

だれしも時流に乗りおくれてはならないし、その衣服、所有物、車を年ごと、月ごと、四季ごとに変えなければならない。そうしなければ、彼は消費社会の真の市民ではない。

（ジャン・ボードリヤール著、今村仁司・塚原史訳『消費社会の神話と構造　新装版』紀伊國屋書店、二〇一五年）

雑誌『朝鮮及満洲』（一九二四年四月）には、東京を出発して国府津・名古屋・京都・大阪などを経て、玄海灘を渡って京城に来ると、女性たちの化粧美が東京や大阪の女性たちの化粧美とほとんど差異がないほど眩惑的であるために、日本からの旅行客を驚かせるという文章が掲載されている。(25) すでに一九二〇年代の初めから中頃には、女性たちの流行・趣味・嗜好品の目録は東京と京城の間を行き交っていたのであり、ジェンダー・人種・モダニティの観念が商品を媒介に世界的に流通していたことを確認することができる。

都市の街路の女性たちは、一九二〇―三〇年代の大衆メディアのなかで、西欧的な外見をした都市の文化の享有者として、不安と魅惑の二重の視線を受けていた「モダンガール」であった。商品の消費に没頭し、慣習的な性的規範に挑戦する「モダンガール」の登場は、地域的な脈絡によって変形・屈折し、差異が見られもするが、都市の消費文化が拡散する二十世紀初めの西欧とアメリカ、共産主義とファシズム国家、第三世界植民地にまで広がった国際的な現象であったといえる。(26)

一九二〇―三〇年代の朝鮮に登場した「消費する女性」の存在様式は、商品を媒介にして生産され分配され消費される欲望のメカニズムをあらわすだけではなく、植民地都市京城の不均衡な開発のなかで女性の身体をつうじて輸入され具現化されていた、一九二〇―三〇年代のモダニティの歴史性をもあらわす。

一九三〇年代の「大京城の皺深い顔の上に仮装してあらわれた「近代」のメイクアップ」は、「デパートメントストア（百貨店）」の出現であった。(27) また、燦爛としたイルミネーション・エレベーター・エスカレーター・ショーウィンドウ・マネキン・屋上庭園などがこしらえられ、「人の耳目を誘惑する近来の妖しくも鬼のように恐ろしい」デパートメントストアは、「近代の特産物であり、産業競争場の総帥」であるとされもした。(28) そこを訪れる人びとの半数以上が朝鮮の男女であった珍古介には、**ミツコシ**（三越）・**チョウジヤ**（丁子屋）・**ミナカイ**（三中井）・**ヒラタ**（平田）などの豪華な日本のデパートが、一九二〇年代中盤以降から出現しはじめた。(29)

流行！　泥棒猫の目のようにくるくる変化する流行！
十年前の朝鮮になぜだかモボ・モガたちが横行するようになったのであり、マネキンのレビューを見たのではなかったか！
しかし、今日それはあまりにも当然な当世風の流行になっているのではないか⁉

流行は多角的で流動的である。

流行は急進的で循環的である。

そして、カタツムリの触角のように鋭い。

また、つねにその時代精神の末梢尖端を急角度で回っている影のような軽業師である。この軽業師を体裁よくうまく操るのが、利潤に敏感なブルジョア商人たちであり、そのひやひやする妙技とピリピリした動作に、恍惚として心を奪われて、狂ったようにその一挙一動とピエロのような服の色までも真似しようというのが、モダンな有閑階級の青年たちの生活であり、哲学であり、宗教である。

そうだ！　それよりも、流行は時代色が素早くあらわれる、一匹の怜悧なカメレオンである。(30)


右の文章で「泥棒猫の目のようにくるくる変化する流行」は、京城の日常を占領した「モボ・モガ」の新しい「生活」様式であるとともに、「モダンな有閑階級」の「哲学」「宗教」のように存在していたと述べられている。とくに、「流行」を追う新しい風潮と消費行為は、消費者としての女性の存在を浮き彫りにする。(31)

百貨店は、政治的な共同体が形成され、合理的な討論が繰り広げられる理想的な空間ではなく、感覚的な経験と欲望の商業化と連結した新しい種類の公的空間であった。(32)一九三〇年代のモダニスト詩人で批評家であった金起林の「春の伝令――北行の列車に乗って」(『朝鮮日報』一九三三年二月二十二日)という文章では、春を迎えて新しく女性客を迎える都会の百貨店の風景が描写されている。

彼女たちのハイヒールがよりいっそう軽さを感じるときが来た。
肌色のストッキング――

極端に短いスカート——
などによって、彼女たちは鈍感な街頭の機械文明の表面に深いエロティシズムと溌剌とした興奮を、濃厚に振りまくだろう。
豊かな毛皮の外套——
綿を入れた絹の周衣《トゥルマギ》——
分厚い防寒帽——
キツネの襟巻——
さらばだ、お前たち（中略）
店員たちは「冬の商品」を少しずつ陳列台から倉庫に運ぶ仕事に誇りを感じており、パラソルはふたたび百貨店の主演者となるだろう。
シクラメンは春が投げた最初のキスを奪うために、花屋のショーウィンドウの中で赤い唇をにっこりと開いており、彼女たちの青いスカートのひだは、朝のアスファルトの上で、百貨店の階段の上で、旗のように生き生きとはためいているのではないか(33)。

冬の間ずっと着ていた外套、絹の周衣《トゥルマギ》、防寒帽、キツネの襟巻を脱ぎ捨てて、肌色のストッキング、短いスカートにハイヒールを履き、都市のアスファルトや百貨店の階段を「旗のように生き生きとはためいて」いる彼女たちは、京城の百貨店の主な消費者である女性であった。ここで金起林は春の訪れを、ショーウィンドウの中で誘惑するようにつぼみを開いたシクラメンの花のようなデパートガールと、都市の街路と百貨店の階段を行き来する彼女たちの青いスカートのひだから感じとる。このような百貨店の中で交換され消費されるファッションと装身具は、当時のモダンガールを表象する重要な要素である。「過てる《モッテン》ガール」と「翻訳」された植民地朝鮮の「モダンガール」の表象には、第一に女性の商品への欲望自体を問題視する消費の倫理学が作動している。双S生の「大京城狂舞曲」(『別乾坤』一九二九年一月)における、「「ここに来る朝鮮の女性は、必ず口を開けて行くように」と誰かがどこかに書きつけでもしたのだろうか、誰もが口を開けて通る」(34)という戯画化された表現は、「消費」と「女性」の関係と併せて、その現象を見つめる男性知識人の冷笑的な「視線」をあらわしている。

和信商会に逃げるようにして入ってみると、息がぐっと詰まるほどに所狭しと陳列した店の中に、それでも金銀のアクセサリーに心を奪われた女たちと、その類の女たちにまた心を奪われた男たちが、ここかしこに、寒さも忘れてひしめき合っていた。店に入るといらっしゃいませと言うものもなく、頭をひとつ下げたり、目くばせひとつ喜んでするものもいないのは、狭いところに溢れかえっているのになぜまた入ってくるのかという叱責なのか、女性を連れて来ないのを見て、ありがたくない客だとする目つきなのか(35)……

右の文章では、一九二九年当時、鍾路の和信商会と珍古介の**ヒラタ・ミツコシ**百貨店の風景が、男性観察者の風刺的な言葉によって描写されている。和信商会(「息がぐっと詰まるほどに、所狭しと陳列した店の中」)には「金銀のアクセサリーに心を奪われた女たち」と「その類の女たちにまた心を奪われた男たち」で溢れかえっていると、嘲弄的な語気で述べている。当時、百貨店が好んだ顧客の類型は、ブルジョアの男女や、消費の実質的な遂行者である女性を連れた中産層の男性であった。百貨店からは歓迎されないルンペン知識人である筆者は、百貨店の内部に陳列されたきらびやかな品物とともに、そこで会う着飾った女性たちに圧倒される。鍾路を過ぎて「覗き眼鏡のような珍古介」を通った観察者は、**ヒラタ**百貨店に行って半数以上が朝鮮の男女であることに驚き、**ミツコシ**でおもちゃ・化粧品・子供服・チマの生地などを選ぶ中産層の女性客を「キリスト教徒〔西洋文化を揶揄したもの〕の匂いがする束髪」と戯画化する。[36] また、女性の消費をめぐる欲望が道徳の乱れや性的慣習の違反と結びつけられて、モダンガールという「悪」は強迫的なまでに嫌悪の対象になるのだ。「珍古介二丁目、三丁目を口を開けて心が奪われて泳ぐように歩いて行く朝鮮の婦人たち。怒られるかもしれないが、ここに来て口を開けて通り過ぎる女性は、ここの品物をいくつか買ってやれさえすれば、何度でも嫁ぎもするといえるだろう[37]」という嘲笑に満ちた記述は、女性の物欲が道徳的な堕落へとつながる地点を可視化する。

都市の有閑婦人とともに、一九二〇―三〇年代のメディアにおいて表象されるまた別の女性の消費の主体は、女学生だった。当時、女学生をめぐっては、百貨店でのショッピングや西洋料理を楽しみ、高級な衣服を買うなど、日常的な消費欲を満たす中産層の暮らしへの熱望に溢れた存在として描かれた。一九一〇―二〇年代の社会的な啓蒙性を担っていた「女性解放」という記号は、物質文化の享有および消費行為のための経済的な独立を意味するにすぎないと戯画化されもした。[38]

一方で、京城市内の商店と百貨店のまた別の実質的な女性顧客は、妓生とカフェの女給など、ある程度経済力を備えた遊興産業の従事者であった。派手に外見を飾りたてることが職業的に求められていた妓生にとって、市内の商店や一流の百貨店で高級な衣服と化粧品・アクセサリーを買うことは、日常的な行為のうちの一つであった。当時料理店の酒席に興を添えるためにやって来る券番〔芸妓の管理組織〕の妓生たちの服装は非常に豪華だった。彼女たちは年初めにはやわらかなウサギの毛皮でできた周衣《トゥルマギ》を着て、頭には銀のかんざし、手には銀の指輪をはめ、一月中旬には服と装身具を変えて、銀のかんざしから真珠のかんざしに、銀の指輪から他の指輪につけかえたという。春三月〔陰暦の三月〕になると、装身具を今度は翡翠にかえ、季節が変わって陰暦の十月一日には、金のかんざし、金の指輪、金の耳飾りなど金の装身具を身に着け、その他にもさらに毛皮の服を着たという。[39]

妓生のなかで、極めつきの贅沢を楽しむことができたのは、料理店で高収入をあげたり、高官顕職と富豪の支援を受けていた一部の券番の妓生に限られていた。とはいえ、季節ごとに豪華な衣装と装身具で着飾った妓生は、京城の料理店の内外で消費文化のリーダーの位置にあった。白寛洙の『京城便覧』(弘文社、一九二九年)によると、当時の料理店に出入りした一級妓生の毎月の収入は、その言うところによれば一人当り三〇〇—三八〇円だったという。[40] 一九二七年一月に創刊された妓生の雑誌『長恨』には、妓生の読者を主な消費者として狙った各種商業広告が掲載されている。[41] 国内および国外の輸入品を含む新旧の高級衣類および反物屋、金銀宝石を含んだ時計・眼鏡などの装身具、化粧品などは、当時の妓生にとっては必需品であったとみることができる。一九三〇年代に入ると、妓生は韓服のような伝統衣装ではなく、洋装をし、東京から直接「クツ」を注文して履き、活動写真の女優を羨望する「モダンガール」のひとつの姿を体現しもした。[42]

一方で、当時女性の職業人として五〇—一〇〇円程度の比較的高収入をあげていたカフェの女給は、その経済力によって消費文化の主軸になるが、彼女たちを特徴づけるエプロンと洋装、断髪、そしてハイヒール・ハンドバッグ・西洋式の帽子などは、当時の「モダンガール」の文化的な趣向をあらわしている。

当時の女性の消費は、「モダンガール」という異種混淆的な集団にひとまとめにされることによって、集中的に批判された。チマ一着に三、四〇円、靴下一足に三、四円、指輪二、三〇〇円、ヘアアクセサリー五、六〇〇円、化粧品四、五円、パーマ代一、二円など、外見を装うのに七〇〇—九〇〇円ほどの金を投資するという、安夕影の「モダンガール」の贅沢行為についての誇張した描写は、草葺屋根の家に失業者がひしめきあう京城の現実との対比において極端な表現となった(43)。また「食べるのも大変なわれわれのいわゆる姉妹たちは、どこでそれほどの金を得るというのだろう(44)」と安夕影が問いかけるように、女性の消費行為を可能にするだけの物的土台が脆弱であることは、彼女たちを「あの男の妻——流れあるく女、虚栄の都市の市民(45)」へと規定するアリバイとなる。

一方で、一九三〇年代の女性の消費行為の裏面において、購買力を持つことができない女性が、自身の物欲を満たすために神聖な恋愛に違反し、道徳的・性的に堕落するに至るという物語が無数に量産されていた。朴泰遠《パクテウォン》は小説「小説家仇甫《クボ》氏の一日」(『朝鮮中央日報』一九三四年八月一日―九月十九日)において、仇甫の散策をつうじて近代都市の欲望の公式を、次のように記述する。

> 女たちは、そのようにもたやすく黄金に幸福を求める。仇甫はそのような女を哀れにも、残念にも思い、急にその男の財力が羨ましく感じられる。事実、同じ金でもその男にとってはむなしく、そしてまた惜しげもなく消費されてしまうだろう。彼は日々あぶらっこい食べ物を思う存分食べ、太った女とでも楽しみ、そして誰の前でも彼の金時計を引っ張りだして見ては満足するだろう。
>
> (中略)
>
> 男は女の肉体を楽しみ、女は黄金を消費し、そして二人は十分に幸せでありうるのだろう(46)。

朴泰遠は、女性の物質と消費に対する欲望と、男性の女性に対する欲望が、相互にメビウスの輪のようにつながっている地点をとらえている。欲望の回路は、男性から女性へと、そして女性から商品へと流れていくことになり、経済的な権力闘争は女性と男性、女性と商品の間の性愛的な関係と密接に絡まり合い、またそれによって媒介される[47]。

一九二〇―三〇年代の京城において、階級的な溝を横断して拡散した女性の消費は、「経済的無節制」と「性的無節制」が結合した嫌悪の記号として大いに語られた。女性の消費行為は「贅沢」と「虚栄」の資質に起因し、性的堕落を引き起こすものであるとされ、「消費する女性たち」は「ふしだらな女（蕩女）」という本性を持っているとして非難された[48]。しかし、近代初期における女性の消費は、倫理的な視線だけでは説明しえない多層的な社会構造の産物である。なぜなら、女性を媒介に消費の欲望とセクシャリティが結合する資本主義近代の構造的な問題と、女性消費者を取り巻く近代家父長制と資本主義のメカニズムは、消費そのものを罪悪視するマルクス主義的な批判や、消費の欲望を持った女性に対するジェンダー化した凝視などをはるかに超えて、想像以上に複雑な関係性を形成しているためである。

一九二〇年代、朝鮮物産奨励運動に代表される民族主義陣営の経済自立運動の中で、女性の消費と贅沢は否定的なものとしてみなされざるをえなかった。そして、一九二〇年代後半以後における女性の消費に対する主な攻撃は、植民地資本主義の矛盾を問題とし、民族解放と階級解放の課題を実現しようとしていた社会主義の言説によって、主導的におこなわれるようになる。とくに、「モダンガール」に対する階級的・性別的な敵対心をあらわしていた社会主義言説の裏面には、その根底において、資本をつうじて輸入されるモダニティそのものに対する強い反感が作動していた。しかし、一九三〇年代にさしかかると、商品を媒介に欲望を管理し再生産する資本主義のメカニズムは、民族・階級言説と衝突する一方で、理念的なメカニズムには捕捉しえない独自の領域を構築していた。

金起林の「その春の戦利品」（『朝鮮日報』一九三五年三月十八日）は、一九三〇年代中盤のある春の日の京城の百貨店の中の風景を描写している。

百貨店では、気がつけば春の装いをしようにも、やはりなにかと不足して、季節に合った品物を探そうと動く客の肩と肩が、きらびやかな電灯の下で肉の群れのように揺れ動く。私はやがてわれわれの姉たちと妻が、コティ社やカッピー社や資生堂の忠実な顧客であることをとても露骨に自慢するときが来たのだなあと、内心胸がこみ上げた。実際、今日の百貨店を繁栄させた有力な支持者は、その絶対多数が奥方様たちや、お嬢さんたちだろう。

……この点は、各国の商工省や資本家連盟において、大きく一般女性に感謝しなければならぬというのに、フランスのような国においてすら、最近になってその国の女性たちに参政権を与えたということは不思議なことである。

彼女たちは、実に現代文明のすべての消費面を維持するためには、彼女たちの水も漏らさぬほどの「家庭の平和」すら、勇敢に壊しもする。(49)

「われわれの姉たちと妻が、コティ社やカッピー社や資生堂の忠実な顧客」であり、「今日の百貨店を繁栄させた有力な支持者は、その絶対多数が奥方様たちや、お嬢さんたち」であるという金起林の指摘は、一九三〇年代当時において商品の消費が朝鮮の中産層家庭に染み込んでいる風景を示唆する。とりわけ、夫人のおねだりと強要で、和信商会の洋品部の陳列場に最新流行の百円余りの「ワニ皮」のハンドバッグを見にきた夫婦の姿と、結局彼らが買うことになるのは七、八円の「和製品」や、(50)百貨店の外の二、三円の「代用品」であるという記述は、植民地朝鮮で流通した品物が西欧から直輸入された高価なものではなく、日本で再生産された「舶来品」か、鍾路の夜市などで扱われる模造品が主流を占めていたことが垣間見える。李善熙の小説「妻の設計」（『毎日新報』一九四〇年十一月十七日―十二月三十日）においても、一九三〇年代の都市中産層家庭であろうと念願する若い夫婦の増大する消費欲求と、文化生活を送るための経済的な上昇の欲望がとらえられている。

今のチョンジェやソラは、昔の人のように食べずにお金を貯めようとするのではない。実にただ食べるために食べるのではなく、洋食も食べ、葡萄酒も飲み、なるべくよく食べ、よく享楽するために、お金がそのように必要なのである。

しかし、チョンジェやソラは自分たちが望む文化生活をすることができるほどの金を稼ぐ才能はとうていない。ここに現代家庭の必要以上の悩みがあると二人は考えた。(51)

「われわれの今の生活というものは、まったくお金になることはないんですよ。おまけに、われわれだけではないのでしょうが、母や父の時代はさておき、われわれの姉やおばさんの時代よりも、目に見えて生活はとんでもなく贅沢じゃないでしょうか」

「…………」

「とすれば、薪や米にかかるお金よりも、ただ外に出て通りをぶらぶらするときにかかるお金のほうが倍になって……そういうわけでわれわれの生活というのは、いつまでも定まることがありません」

（同、十二月五日）

右の作品には、「ただ食べるために食べるのではなく、洋食も食べ、葡萄酒も飲」むなど、生存の次元を超えて「よく享楽するために」お金が必要な中産層の欲望があらわれている。「ハイカラ」な暮らし、「薪や米にかかるお金よりも、ただ外に出て通りをぶらぶらするときにかかるお金のほうが倍にな」る「文化生活」への志向や、「贅沢」への渇望がストレートにあらわれ、そのような欲望の発現に見合うだけの経済的な土台の不在が、現代の家庭の悩みであると吐露される。

ひとつも高価なものはないが、それでも贅沢をしたく、文化的なものを作りたくて一生懸命で、また多少文化的に暮らしていなければ、もう耐えられないぐらいのありさまになったわけだ。ソラ夫婦は、もう顔を突き合せれば、金にまつわる話ばかりだ。しかし、いくらそうしても金を稼ぐ見込みは見えてこない。(52)

とくに右の引用部分は、経済的な収入が充分ではない状態において、贅沢への欲求と文化的欲求が膨れあがるように増大する、一九三〇年代のインテリ家庭の不均衡な暮らしの実状をあらわしている。

都市の男性散策者・金起林の目には、百貨店へと押し寄せる消費行為者たちは「ショーウィンドウの華やかなマネキンと舶来品の帽子とネクタイに群がり取り巻いている不健全な夢遊病者の群れ(53)」に見え、そのなかで女性たちは香水もどきの「コロン」を振りかけ、アスファルトを行く、「雛のようにパタパタと跳びはねる」が、飛べない「東洋類の灰色の雌鳥」のように認識される。(54)また、商品をつうじて人びとの魂を奪う都会は、密やかな夜の誘惑者のような「売春婦」の姿を見せ、(55)パリや「ハリウッドの流行」は結局「プロスティテュート〔売春婦〕文化」にすぎないものであると比喩される。(56)

このように欲望の無限の増殖を招く「消費」行為の奥深くに介入する女性に対する近代男性知識人の視線は、西洋においても消費と関連してジェンダー化されたメタファーを生産しつづけてきた。自身の欲求を知り、合理的に追求することができる力量を持った自律的な存在である「啓蒙主義的男性」に対し、女性は欲望を合理的に計算できない欲望の奴隷であり、気まぐれや衝動で規定される「愚かな消費者」としてイメージ化された(57)。十九世紀末から二十世紀初めにかけて「消費社会」へと移りかわっていく過程において、商品の主な購買者だった女性が「貪欲な消費者」としてそのイメージが常套化されるようになった。そこでは、利潤動機の利害関係における、計算と合理化の論理によって、女性たちの非合理的で感情的な属性を操作・管理するジェンダー化された策略が確認される。同時に、女性は快楽の商業化を追求した資本主義の消費イデオロギーの中で理想的な顧客として専有された(58)。

デボラ・パーソンズは、エミール・ゾラの作品から確認できるように、女性消費者を物神主義的で性愛的に病理化させる男性観察者の「視線」の裏面に、女性の欲望を管理し再生産する資本主義のメカニズムが存在していることを明るみにだすべきだとした(59)。マルクス以後、消費者(女性)と商品の関係は性的脈絡において頻繁に議論されてきた。資本主義経済において、女性が男性たちの間で交換される対象としてみなされるという物神化の過程をつうじて、女性は商品の形式と等価的に位置づけられてきた。すなわち、購買者の視線を引くために自らを誘惑的な対象として作りあげるという点で、商品と女性は同じ位置に置かれることになる。これは、女性の誘惑と商品の誘惑を融合させた広告においてよく見られる。

女性がファッションに没頭する現象は「無機物なものにセックス・アピールを感じるフェティシズム」の一形態とベンヤミンが公言して以後、女性は商品に眩惑される受動的な存在ではなく、女性自身が欲望の主体であると想定する多くの性的アレゴリーが量産された(60)。たとえば、女性(消費者)が商品を購買する行為を、売春婦と顧客の間における貨幣を媒介にした性の交換として説明することで、微妙な役割の転倒を招きもした(61)。また、商品と購買者の間で結ばれる想像に基づく関係は、「女性に向けた男性のアピール」の形態をとるが、男女間の「誘惑」あるいは「強姦」の形態として説明されもする。つまり、消費者（女性）は商品に対して究極的に「それを所有しようとする」ことに「抵抗」することができない状態に置かれるということなのだ(62)。

ところで、このような分析において示された女性消費者の商品に対する観淫症と物神化（フェティシズム）は、商品をつうじて発現される性的主体としての女性の自己実現という側面よりも、女性のあまりに土着的で病理的な欲望へと還元されやすい。このような商品と女性の間のアレゴリーは、女性を媒介にして性的なものを商品化し、商品を性愛化する近代資本主義の構造を直視する次元にとどまることなく、さらに、女性の欲望が構成される社会的な動因とその発現の多様な形式について省察することを求める(63)。

商品に魅了される物神主義的な消費者としての女性イメージは、一九二〇—三〇年代の植民地朝鮮においても登場していた。資本主義者は販売を図るなかで、女性の消費欲求を増大させるためのさまざまな戦略を駆使してきた。潜在的な消費者である女性は、このような資本のメカニズムに共謀あるいは巻き込まれる過程で、新しい欲望の形式に目を開くことになる。ゲオルク・ジンメルが言ったように、資本主義社会において消費行為は自我の拡張をもたらす。そして、これは物質の所有をつうじてその物質に対する支配権を獲得する過程で体験される(64)。とくに、女性にとって消費文化は、「女性の私的な要求・欲望・自我認識などが、公的な商品の表象と、それが約束する満足によって媒介される女性の新しい主観性の形式」を形成するところに寄与する側面がある。百貨店は、女性たちをして、家族の境界を越えて公的な空間において自身の欲求を表現し、自己満足のエートスを持つことができるようにする契機を提供していたといえる(65)。

李善煕の長篇小説「女人命令」（『朝鮮日報』一九三七年十二月二十八日―三八年四月七日）は、近代の京城の消費文化の中で新しい欲望の回路を発見する女性の内面を捉えている。専門学校出身の女性スクチェは、一人で上京し、百貨店の店員として少しの間働くことになる。スクチェが経験する百貨店の空間は、石膏で作られたもののように白くすべすべとした円柱を囲むガラスケースの中の「あらゆる香りと色彩を持つ化粧品」と「人形」「菓子」「ネクタイ」などの各種の品物で満ちた商品の神殿の形象を帯びる。(66) このような百貨店という空間は、近代の物品を流通させる空間でありながら、女性たちの抑圧されたセクシャリティを刺激する挑発的な空間として存在する。(67)

スクチェは、百貨店に客としてやって来た「アンナ」という女性と偶然に知り合うが、元女優でバーを経営するアンナをつうじて新しい世界に遭遇する。初めてアンナの部屋に入ったとき、スクチェは、さまざまなきらびやかな調度品とアクセサリー・化粧品で溢れながらも、そのきらびやかさに混乱、寂寞と空虚が入り混じっている世界を経験し、おののくと同時に強い魅惑を感じる。(68) バーを経営する女性に対する慣習的な物差しから抜け出し、むしろアンナの生を擁護するスクチェの視線は注目を要する。道徳的に放縦で、贅沢で、ファム・ファタル的なアンナの姿に、スクチェはむしろ純真さを見出し、奇妙な美しさと好感を覚える。百貨店とカフェのような空間を体験するうちに、スクチェは危うくもかぐわしい誘惑がある近代物質の世界、ジェンダーの慣習を揺るがす享楽の世界に足を踏み入れることになる。スクチェがアンナをつうじて感じる「毒蛇の箱」から出る怪しい雰囲気、「ポンピヤン」〔化粧品〕の香料からただよう謎めいた奇異な香りは、物質的な欲望とセクシャリティで満たされたパンドラの箱が開かれる瞬間を連想させる。(69)

消費資本主義は、女性に、私的空間の境界を越えて欲望の主体としての自我を確認し、ジェンダー的な抑圧に亀裂をもたらす契機を提供しもした。(70) とはいえ、消費が女性の近代的な主体性の形成に寄与する方式には、依然として問題が残る。レイチェル・ボウルビーは「女は何を求めているのか」というフロイトの問いをあらためて自身の問いとして発し、資本主義社会において絶え間なく商品を望むようになる女性の欲望の内部に、そして行為性と抑圧の両価的な位置に置かれている女性の自我構成に注目した。百貨店に入る女性たちは、自らの女性的な魅力を高めるために提供される商品の誘惑に堕ちることになるが、フロイト的な観点から見るとき、彼女たちは「鏡」ではなく、店の「ガラス」の中のモデルをつうじて、自我の理想のイメージを発見するナルシストとなる。このような「社会化」以前、鏡の段階の自己誤認に近い原初的ナルシシズムが、近代の女性たちの消費のメカニズムをつうじて顕現するととらえたレイチェル・ボウルビーの分析は注目される。女性は店のガラスの中のモデルをとおして、自身がほしいもの、なりたいものを見つめるが、彼女たちがガラスをとおして見るモデルは、潜在的に定められた価格の支払いを経由して獲得される他者的な何かであり、結局そのような行為は欠乏した者、不在の者としての見る者（looker）を作りだすというのである。[71]

品物を媒介にした女性の自己同一視は、公的領域での社会化が遮断された女性の疎外と権力の欠乏をあらわす一方で、適切な品物の購入をとおして獲得される（ボードリヤール的な意味の）近代「消費社会の市民（citizen of consumer society）」としてのアイデンティティの特徴を象徴的にあらわす。流行の絶え間ない変化の中で、消費者の憧憬と欠如感は限度がない状態となり、欠乏と欲望の間で、現にそうである女性の姿と彼女がそのように見えるかもしれない姿の間で、終わりなき相互作用が生み出される。その結果、ショッピングする女性は、幻想と実在、事実と空想、自我の虚と実のイメージの境界に存在するようになる。[72]さらに、消費資本主義が果てしなく欲望する主体を生み出すと同時に、主体内部に抑圧の論理が侵食してくるそのありようは、社会集団内の女性たちの間の階級的不平等をあらわにすることはできず、むしろ隠蔽する地点を

示しもする。(73)

近代都市が女性にとって「可能性と危険の場所」であったように、消費は女性に新しい欲望の通路を開くと同時に、自我の罠にかかったナルキッソスのように、抜け出すことができない欲望の迷路の中に女性を追い込みもする。このような消費と女性の主体としての行為性との間の両価的な関係は、一九二〇―三〇年の植民地都市京城の女性たち、とくにモダンガール(ショップガール)の近代体験のなかで、ある種の徴候のようにとらえられる。

3 モダニティの販売者――百貨店の「ショップガール」

『新女性』一九二五年十一月号に掲載された鄭順徳の「新女性の五大煩悶」という文章には、当時の女学生たちの現実的な苦悩が吐露されている。この記事では、女学校を卒業しても仕事を探すのが難しく、もっと勉強をしようとしても、普通学校を卒業した後では、五年制の高等学校と小学校教員養成所である師範学校以外には、女性のための上級学校施設は不在であると指摘している。このように、女性は上級学校への進学の道が閉ざされているのであり、そのうえ、高学歴の知識人男性も慢性的な失業状態にあった植民地の現実の中で、中・高等教育を受けたわずかな女性は、より激しい就職難に突き当たることになる。

言うまでもなく、朝鮮においては生産機関があまりにも貧弱で、労働婦人としてもせいぜい煙草専売局・製糸会社・ゴム工場、そうでなければ昼を知らない家の乳母《オオム》でしょう。その他に、看護婦・産婆・

交換手・店員のような職業が若干あり、あえて言うなら知識階級の婦人としては医師・教員・記者のような職業がありますが、そのようなものすらあまりにも機関がなく、活動の舞台は狭いです。さらに、朝鮮人の経済破滅は当然で、世界的な財政恐慌と失業の洪水の波が湧き上がる今日です。職業戦線に出ようとする朝鮮の婦女子よ！　一大覚悟が必要でしょう。[74]

当時女学校で新教育を受けた女性は「経済的権利を女性自らが確立するまでは、いくら知識豊富な腕利きだとしても男性の専制から抜け出すことができないだろうし、また人格において男性と対等になれない」[75]だろうという近代的な自意識を持つようになる。しかし、中等学校を卒業した女性は、仕事を探して毎日街をさまようちに「浮浪女学生」になる場合が多かったと述べられている。[76]

普通学校以上の中等教育を受けた女性は、経済的な必要性から職業の現場に出なければならない場合、医師・記者・教員など少数にのみ開かれていたエリート専門職には行き着くことができないまま、都市のサービス職に吸収されることが多かった。一九三〇年代の朝鮮の都市空間に登場した新しい女性職業群である「〜ガール」、すなわちハローガール（電話交換手）・デパートガール（百貨店女性店員）・ショップガール・バスガール・ガソリンガール・エレベーターガール・タイピスト・保険従事者などが代表的である。[77]彼女たちは、都市に居住する未婚の識者層の女性であり、近代的な結婚の幻想や「スイートホーム」への夢と、寂寞《せきばく》とした都市の労働空間の現実との間を不安げに行き来していた女性であった。近代の消費資本主義は、商品の生産と消費の領域だけではなく、流通のメカニズムにも女性を動員し、女性をターゲットに消費を奮起させるために、理想的なイメージを与える女性を広告モデルにし、女性を販売員として雇用した。

百貨店で女店員を使うこと――使うならば美人でスタイルがいい女性を選ぶことも、一種の顧客誘引策であり、さらにそれはひとつの職業と化したのは言うまでもない。京城で代表的なデパートメントストアといえば、東亜・和信・丁子屋・三越・平田などであるが、その蜂の巣のような場所で、まるで春の日の陽光のなかであちこちに花粉を振りまくように、かわいらしい娘たちが現代の物質文明を誇る商品をこの手からあの手へと、埃ひとつない品物を埃ひとつない手へと置き換える軽快な味は、現代でなければ到底見ることはできないことです。[78]

近代的な商品の販売に動員されたマネキンガール・ショップガール・デパートガールなどの女性は、一九二〇―三〇年代の植民地朝鮮のモダンガールであった。その大部分が中等学校以上の高学歴の「ショップガール」は、女性が百貨店の物質文化に全面的にさらされるなかで消費に目を開き、スタイル・趣味・恋愛などの都市的なライフスタイルを体得するようになる過程を克明に体現している。[79]一九三〇年代の植民地の窮乏した現実における女性の生の様式を描いた蔡萬植の長篇小説「濁流」(『朝鮮日報』一九三七年十月十二日―一九三八年五月十七日)は、百貨店のショップガールをめぐる描写をつうじて当時のモダンガールの典型的なイメージを提示している。

陳列場の中と上には、さまざまな形で、色とりどりに、それぞれの容器の色合いだとか、箱のデザインだとかがどれも繊細かつ優雅に、いかにも女性の感覚をよく模倣している化粧品が、色もかすむほどに山積みされている。二坪はある陳列場の縁の内側には、彼女たちが売っている化粧品に引けを取らないようなこぎれいな格好のショップガールが四人、みな似通っている。[80]

図３　安夕影「暴露主義の商売街」『朝鮮日報』1934年５月14日

「濁流」では、ショップガールは四つの類型に分類される。通俗的で新現実主義的な菊池寛の小説にのめりこむ「文学少女」、まだ恋愛よりは映画が好きな「映画狂」、デパートの男性顧客から溢れんばかりのラブレターを受け取る「恋愛派」、キネマの入場券をプレゼントするように「リーベ（恋人）」を友達に譲る「行動派」などである。「二〇歳前後のぱっと花咲く娘たちが四人ほど一か所に集まりキャッキャッとおしゃべりをしては、弾んだ笑いがころころと転がり、鬱陶しくはあるけれど明るく朗らかなその様子は、外にさんさんと降り注ぐ五月の陽光にも劣らない[81]」という蔡萬植の描写は、新しい都市文化の享有者としてのショップガールの位置を示唆する。

　百貨店は、誰もが中産階級の生活様式を熱望するような空気を作り、そうして階級的差異を確固たるものにすると同時に、その差異を希釈する商品の美学化とライフスタイルの販売において主導的な役割を果たす[82]。ショップガールは誰よりも、女性（顧客）が望むものやいま現在の欲望の流れを真っ先につかまねばならず、女性たちにショッピングの快楽を仲介する過程で、みずから享有の主体になりもする。このようなショップガールは、百貨店という空間を舞台として、「消費」と「女性」の関係を反映する階級性の問題をあらわに示しもする。百貨店のような都市の消費空間は、第一にブルジョア中上層女性が主な顧客であった。品物の消費者としての中産層の婦人と、販売者としてのショップガールとの間には、越えることのできない溝が存在していた。それは、ショップガールが婦人たちに向ける羨望・嫉妬の意識として表出された(83)。

ボードリヤールが指摘したように、消費は一つの「階級的制度」である。消費行為の裏面には、特定の事物の購買力と階級上昇の機能を担う教育の水準の差異に応じた、事物の前の不平等がある。そして実用的な生活、美的構成、高い教養など、環境に内在する諸要素を手にした少数の人びとのみが、消費の自律的で合理的な論理に接近することができるとみなされる。消費行為には根本的な意味での排他性が存在するのだ。また、事物（商品）は物理的領域を超えて知識・権力・教養などの社会的意味を含む記号として通用し、個人的に、または集団的（階級的）に他人を区別する「差異化」の記号として消費される(84)。教育を受けたインテリ階層であるにもかかわらず、高学歴女性の就業難のなかで、都市サービス職労働者にならざるをえなかった植民地朝鮮の百貨店のショップガールの消費衝動は、社会階級の位階的構図によって引き起こされる窮乏を、物品をつうじて補償しようとする傾向を顕著にあらわしている。

一方で、ショップガールのブルジョア階級に対する羨望と模倣意識は、品物に対する消費欲求を超えて、ブルジョア階級男性との結婚をつうじた身分上昇の欲求としてあらわれもした。

たいてい女性店員の第一条件は顔にあることから、ここに採用された女性店員はほとんどみな自分の容姿について多くの自負心と驕慢を持った。そのため、この顔を資本にして、彼女たちはこの百貨店に出入りする最も豪華な婦人たちと同じようなところに嫁に行くことができるのである。

また、そのように素晴らしい所に嫁に行くのは、そんなに難しいことでもない。ヨンエもスニもみな、金持ちの家に嫁に行って、嫁に行った何か月か後にこの百貨店に再びやって来たときには、細い金時計の鎖をチョゴリの下にたらして、高価な狐の襟巻の中の白い顔はただ静かに微笑みをたたえているだろう。

数多の女性店員のなかでヨンエやスニのようにまでなる人は、なかなかいない。ここの女性店員は、誰もがそのように嫁に行くことを夢見る。[85]

右の作品（李善熙『女人命令』）において記述されるように、「百貨店に出入りする最も豪華な婦人たちと同じようなところに嫁に」行こうと夢見ていた一九二〇―三〇年代の京城の百貨店のショップガールは、近代の商品を売る市場の販売者であっただけではなく、自らを花嫁として陳列する結婚市場の商品でもあった。百貨店の結婚市場に出たショップガールは、一六―二三歳の女性たちであり、たいてい「女子商業学校」出身が最も多く、「進明」「淑明」「梨花」「貞信」などがその次に多く、食堂で働く幼い店員たちも普通学校は卒業しているというように、いわゆる「インテリ娘」たちが集まっていた。デパートの中で結婚率が最も高い所は、珍古介の「ミツコシ」百貨店であり、給料も高く、当時日本から流入していたブルジョア顧客たちを相手にしなければならないため、採用条件が非常に厳しかったという。[86]『三千里』一九三三年十月号に掲載された「晩婚打開座談会」においても、学校とともに百貨店が一種の結婚市場として作用していた当時の奇妙な現象についての言及がある。[87]

しかし、当時のショップガールは、実質的に「一日一二時間程度（午前一〇時—夜一〇時）」の激務に苦しめられる都市の疲れきった労働者であった。ひと月に一五—三〇円の給料をもらっていたショップガールは、一日一二—一三時間の労働で、ひと月平均九—一七円の低賃金で働いていた工場の女工に比べて、相対的にましな条件下にあったが、彼女たちもやはり百貨店の派手な商品から疎外された資本主義労働者群の一員であったといえる。(88) ショップガールをめぐる表象には、消費財への耽溺によって、自分の収入を超過する過剰支出の傾向が頻繁にあらわれる。以下は、李善熙の「女人命令」に登場する百貨店の店員ミョンジャをめぐる描写である。

ミョンジャは市内のある百貨店に店員として勤めており、その月給がいくらなのかは分からないが、このようにこの家の離れの下の部屋を借りて一人暮らしをしていた。

彼女が月給の封筒を受け取った日は、決まってこの家の主人に部屋代として四円を持って行き、その次には米を升二斗、炭一俵に、電灯代に、というように分けておけば、一人暮らしでも五円前後が残るが、この金は何があっても自分の身なりを装うのに使ってしまうのである。

そのおかげで、ミョンジャにはいろいろな形の靴が三足、その他にチマチョゴリが何着も部屋の中にかかっている。

彼女はいつもウサギのように甲斐甲斐しいが、それもほかのことはできるかぎりあとまわしで、怠慢で、すべて自分の顔と身なりを整えることにだけ、そうやってきびきびと動き回っているのである。

ミョンジャはこのデパートの店員のなかでも非常に人気があるが、その人気の代価は、若い恋人たちからいつも受け取る手紙である。

「あなたはデパートのガラスケースの中に咲いた一輪の物静かな花です。私は夜ごとあなたのあとを追って、夜道をさ迷う無名の勇士です[89]」

一九三〇年代中後半の百貨店の店員で、一人暮らしをしているミョンジャの一か月の家計経営状態を見てみると、約二〇円と推定される月給の中から、家賃四円、米升二斗・炭一俵・電灯代などの基礎生活費を支出すると五円が残る。しかし、ミョンジャはこの五円をすべて自分の身なりを装うのに使ってしまう。いろいろなデザインの靴三足、チマチョゴリを何着も持っているミョンジャは、デパートでは人気が高い店員であ

図4　「職業戦線　デパートガールの悲哀」『朝鮮日報』1931年10月11日

７月分俸給内訳		支出内訳	
給料	24円也（日給80銭30日分）	家賃	11円
商品販売不足額	1円30銭也	米代	6円50銭
共済会費	50銭也	薪代	3円
		おかずのツケ	4円50銭
		電気灯	1円30銭
		薬代	7円40銭
差引残額	22円20銭也	合計	33円70銭
		（不足分11円50銭）	

＊金乙漢「女人群像」『三千里』1931年10月（80頁）をもとに筆者が作成

る彼女を「デパートのガラスケースの中に咲いた一輪の物静かな花」と描写するラブレターを受け取りもする。「モダンガールの商品」である靴や衣類などに過度な支出をするミョンジャは、完全な経済的自立を確保できない状況において、品物に対する憧憬と欠如感、欠乏と欲望の間の、出口のない回路の中に閉じ込められている。それは、一九三〇年代の京城のショップガール（モダンガール）の物神主義的な面貌を示唆する。

金乙漢の「女人群像」（『三千里』一九三一年十月）は、当時のデパートガールの経済的実状と、不安定で危うい立場をよく示している。女子高等普通学校の出身であるＣ百貨店の「セールスガール（女店員）」英淑は、家族の生計に責任ある家長として、百貨店が販売するきらびやかな商品やライフスタイルとはかけ離れた厳しい暮らしをしている。以下はＣ百貨店の女店員英淑が受け取った月給の明細書と、金銭出納簿である。

ひと月の給料二四円のうち、商品を売っていて不足した金額と、共済会費を除いて、手元に残った二二円二〇銭では、一か月の生活費三三円七〇銭には満たない。四か月間給料を受け取ったが、薄給で赤字を免れられない英淑は、きらびやかな百貨店の雰囲気の中で、汚れた靴をまだ新しい靴に買い替えられないことを恥ずかしく思う。

このような英淑に、隣の洋品部の女店員は、英淑につきまとう「ロイド眼鏡」をかけスーツを着たモダンボーイと一度だけ遊びに行けば、「人絹のスカート」と「エナメル靴」をもらえると勧め、目の前にちらつくエナメル靴のために一晩の誘惑を受け入れた英淑は、結局貞操を失うことになる。

当時百貨店の陳列台の上の「ショップガール」は「桃色の夢を胸の中に深く隠したスマートな青年」や、百貨店の男性主任の欲望の対象になるなど、性的危機にたやすくさらされた存在であった[90]。また、中産階級のライフスタイルを羨望するが、そこに到達することができないという現実のはざまに置かれたショップガールたちの物質への欲求は、道徳的・性的な違反へとつながりやすかった[91]。デパートの店員は月給が少ないため、売春をしなければ暮していけず、彼女たちの大半が結局「女給へと流れていく[92]」という知識人による恋愛と結婚についての座談会（『朝光』一九三九年二月）における発言は、当時の「ショップガール」の立場をある程度反映している[93]。

貞淑な中産家庭の「婦人」でもなく、「売春婦」でもない、中間地帯にいた「ショップガール」のあいまいな階級的な位置は、近代の消費空間に配置された女性の苦境を可視化する。慣習的なジェンダー機制に統制されない女性の欲望と、それが引き起こすショップガールたちの危うい選択の地点は、消費資本主義の犠牲物のイメージと、独立した自己欲望の主体との間に存在した、植民地朝鮮のモダンガールの両義的な位置をあらわす。彼女たちは、不完全で奇形的な植民地経済の土台に浸透した朝鮮の消費文化と都市の女性との関係を象徴的に示すといえる。

4 「モダンガール」の境界線——妓生と女給

「近代」という舞台の上の妓生

妓生《キーセン》は前近代には官婢として、宮中および地方の官庁の国賓をもてなす宴会や、その他の各種宴会で歌舞を担当する存在だった。女楽という専門芸能者としての公式的な活動の他に、民間の領域で繰り広げられた各種風流を演ずる舞台に妓生は参加した。彼女たちは、前近代の身分制度下において、上流階級の男性の風流文化を媒介していた賤しい身分の女性であり、近代啓蒙の場においては封建的という名のもとに否定され、排除されていた存在であった。一八九六年の甲午改革の際に身分制度が廃されるとともに、官妓制度も廃止されたが、専門的な技芸を持っていた妓生は、生計のためにひきつづき妓業にたずさわり、近代的体制の中に編入される過程で多角的な変身を図ることになる。何よりも、彼女たちは都市の遊興の媒介者であり、近代的な舞台の上における芸術公演者、大衆演芸人として、特殊な役割を担うようになる。日本の近代化の過程で、着物と三味線に象徴される芸者が伝統の領域を再構築するのに動員されながらも「モダンガール」の集団とは厳然と区別されたのとは違い、植民地朝鮮における妓生がモダンガールの一つの部類に編入されたことは注目を要する。

一九〇八年に「警視庁令第五号」として「妓生団束令」が発令されて以降、妓生は日本の芸者の管理組織を手本にした「妓生組合（券番）」の一員として再編された。妓生組合は、前近代の時代の女楽を量産し管理した宮中の掌楽院（音律に関することを受け持った官庁）や、地方の教坊（妓生学校）のような公的機関、そして朝鮮時代後期に民間で活動した官妓を個別に管理していた妓夫集団（妓生の夫であり、マネージャーでもあった下級官吏たち」の役割に代わる、近代的な運営システムであった。[94] 妓生組合の仲介によって、妓生は都市の「料理店」のような商業的な空間で営業活動を行い、時間あたりの一定の花代を受け取る形式で、労働に対する物的保障を受けるようになる。[95]

身分制度の解体とともに、当時の妓生が直面していた大きな変化は、妓生と娼妓の二分化であると考えられる。前近代の時代の妓生は、その内部においては等級の差異はあったが、身分において他者である支配層の男性たちのセクシャリティの要求に応じなければならない「娼」の要素からは、完全に自由になることはできなかった。彼女たちの身体は、技芸とセクシャリティが一体となって分かちがたい享楽の複合体として存在していた。

ところで、一九〇八年に「警視庁令」として発令された「娼妓団束令」と「妓生団束令」は、歌舞音曲を主に行う「妓生」と、売春を職業とする「娼妓」を二分化している。[96] 前近代においても、技芸が優れた一級官妓たちは、芸能者としてのアイデンティティを持っていたが、妓生の身体から技芸とセクシャリティを分離して、性を売る娼妓と専門的な技芸の公演を主に行う芸妓である妓生を法制的に分離し明示したことは、明らかに近代の現象であるといえる。もちろん、これは公娼制の導入過程で効率的に妓生と娼妓を統制しようとした帝国日本の植民地政策の一環とすることができるだろう。また、「妓」の身体から「芸能者」と「娼」の要素を分離させ、芸術行為と性的労働を差別化しようとした試みは、二つの領域を位階化し、技芸そのものを専門的な芸術の領域へ編入させようとした近代の視線を反映している。

朝鮮時代の官妓の伝統を受け継いだ妓生は、身分制度が解体された近代の時期になって、前近代の「妓」の社会的周縁性を克服しようと、絶え間なく変身を図ってきた存在であった。彼女たちは、一九〇〇年代の国債報償運動（一九〇七―〇八）および一九二〇年代の朝鮮物産奨励運動、三・一独立運動（一九一九年）など、一九二〇年代前後にかけて各種政治的な活動に加担し、慈善演奏会や貧民救済および寄付行為をつうじて、対社会的な立場を構築しながら、民族の「また別の」一員になろうとした。また、彼女たちは料理店の他に各種舞台で技芸公演を行うことで、自分たちを近代的芸術家として位置づけようとしたのであり、歌や踊りに抜きん出ていた一部の妓生は料理店で長安《ソウル》の名士として名を広め、大きな収益を得たともいう。何よりも、妓生の近代的な変身のなかで注目されるのは、大衆文化産業の中に移動し、大衆演芸人として生まれ変わった点であるだろう。

妓生は、伝統的な歌舞レパートリーにもとづいて、前近代の芸能者の流れを受け継ぐ一つの軸を形成するだけではなく、流行歌・新民謡・雑歌など、近代の大衆歌謡の音盤を量産した主役として浮上する。(97) また、彼女たちは草創期の演劇・映画産業の形成過程にも深く関わっている。朝鮮券番所属で、長安《ソウル》の人気を集めていた石貞姫が、石金星という名前で土月会（朝鮮人留学生による演劇公演団体）の舞台（「カンナニの悲しみ」「スザンナ」「カチューシャ」）に出演するようになるなど、妓生組合は近代的な形態の大衆芸術人を輩出しはじめる。(98) 無声映画が定着する一九二〇年代の朝鮮において、女優と妓生は必然的に密接な関係を形成する。植民地当時、明月館のような料理店の妓生は、草創期の映画の主な観客であると同時に、女優候補として第一位を占めていた。女性の公的な行動が勧奨されていなかった時期に、大衆演芸人の立場を確保していた妓生が映画界に進出することは、相対的に容易なことであったと考えられる。当時、妓生出身の女優として、「春香伝」に開城《ケソン》の名妓として出演した韓龍（本名・韓明玉）、「悲恋の曲」（一九二四年）の文明玉、「双玉涙」（一九二五）の金少珍、「再活」（一九二八年）（「血魔」から改題）の安錦香、「男」（一九二八年）「唖の三龍」（一九二九年）の柳新芳、「アリランその後の話」（一九三〇年）の林松西、「泥棒野郎」（一九三〇年）「大きい墓」（一九三一年）に出演した河小楊らがいる。(99)『毎日申報』（一九二三年八月二十三日）によると、一九二三年の東

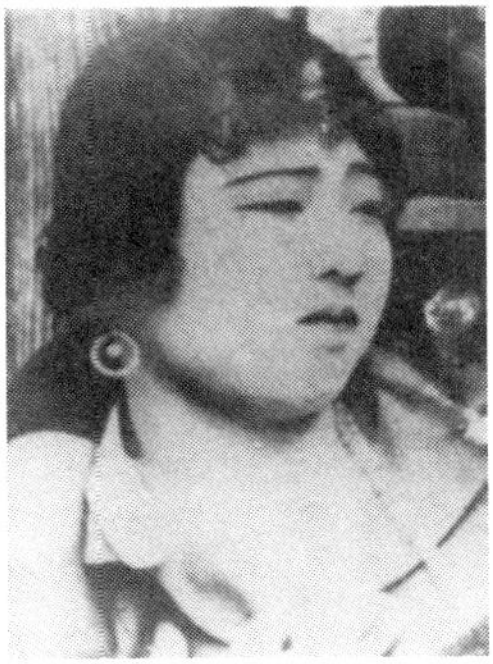

図５　代表的な妓生出身女優であった韓明玉

図６　「血魔」の安錦香

図７　「大きい墓」の河小楊。工場労働者を描いた作品

亜文化協会の第一回作品として、日本人早川孤舟が監督した「万古烈女春香伝」で春香として主演した韓明玉は、「妓生紅軍のなかで最も一般青年の注意を引いている代表的な美人であり、彼女の平素の言葉遣いと仕草がすべて劇的であっただけではなく、つねに演劇に憧れ女優になることを願っていた」[100]と伝えており、韓明玉について、妓生の中でも抜きん出て優れた人物であっただけではなく、女優としての資質と積極的な職業意識を持った人物として評価している。

当時、券番では内部に「演芸部」を置き、妓生の映画界への進出を図っただけではなく、券番内部による映画製作が試みられたことが確認できる。一九二七年、団成社で封切られた映画「洛陽の道」（干漢洙監督）は、朝鮮券番の演芸部が妓生だけを動員して完成させた作品であり、主演した金蘭朱・金蘭玉は二人とも朝鮮券番の妓生であった[101]。

当時映画作品の多くが妓生を女主人公とした話を扱っていた。例えば、金持ちの子息と妓生の間の叶えられない愛を描いた「鳳凰の冕旒冠」（李慶孫監督、一九二六年、申一仙・鄭基鐸主演）、妓生と画家の悲しい恋愛を描いた「落花流水」（一九二七年、卜恵淑・李源鎔主演）などが代表的な作品である。『朝鮮日報』（一九四〇年五月二十五日）の記事においても、朴基采監督が李光洙（春園）原作の映画「有情」の製作を延期し、同年六月から茶屋町の妓生村を舞台にした妓生映画を製作することにしたというニュースが伝えられている。

しかし、歌手・映画女優などの大衆演芸人として生まれ変わった妓生は、実際には少数に過ぎなかった。妓生組合に所属した妓生たちは、基本的に「料理店」という都市の遊興空間において自らを商品化しなければならない条件に置かれるようになる。

植民地都市の「料理店」という空間

妓生の主な活動の舞台であった料理店は、酒と料理を売り、客をもてなす商業空間でありながら、一方で妓生の伝統的な歌舞および西洋舞踊の空間を提供する芸術的・文化的な空間でもあった。植民地期の京城の大きな料理店としては、敦義町の「明月館」（現ソウル・CGVピカデリー1958）、観水町の「国一館」「食道園」、仁寺町の「天香園」、瑞麟町の「朝鮮館」、楽園町タプコル公園の上の「松竹園」、公平町の「太西館」などがあるが、このなかで「明月館」「国一館」「天香園」「食道園」には大きな宴会場に舞台まで設けられていた。「明月館」「食道園」「天香園」では、朝鮮人だけではなく日本人たちの宴会も開かれ、郊外には「天香園」が貞陵里の奥の北漢山東壁の輔国門を下った所に、「太西館」は龍山の漢江橋の向こう岸に別館を作ったりもした(102)。当時京城の朝鮮料理店は、長安《ソウル》の名士と富豪が集まる一流の社交の場の役割をした(103)。料理店にやってくる主な客を見てみると、やんごとなき高官顕職や大物政治家たちであり(104)、一九一九年前後には料理店が植民地の志士たちの独立運動の拠点になりもした(105)。しかし、一九二〇年代以後、都市の遊興文化の繁栄とあわせて、帝国日本の植民地開発政策の施行のなかで、朝鮮料理店は日本の男性観光客の主な訪問地になる。吉川萍水《へいすい》による風俗誌『妓生物語』(106)には、明月館で妓生の公演を見たことがある日本「内地」の男性観光客の感想がおさめられている。

……内地ではさうした宴席を開く場合、人が全部揃つた上ではじめてお座敷につく、それからいよ〳〵芸妓が出て来る……といふのが普通の段取でせうが朝鮮ではさうでなく控室にゐる間から、すでに妓生が出て、来て絵をかいたり客の名をきいたりそれは〳〵いろ〳〵お愛想をするですね。之は非常にい、ことだと思ひました。もちろん言葉は通じませんが内地のやうに、いきなり屛風の影からバツと現はれるのとは違つて最初から何か親しい感じが出て、はじめての私といへども満更わるい気持はしませんでしたよ。

……衣装の地色はみな単色で、軽い縫ひとりをした単純な朝鮮服です。踊には九人出まして、その中の四人が踊り、あとの五人は控の形で後方に坐つてゐます。鳴りものは笛と太鼓で、これをやるのは男ですが、それが二人ともトテモ汚い男、ドス黒い顔に髭をもしや〳〵と生やした、実にまともには見られないやうな男なんです。

……それで踊はどうかと申しますと私の眼から見れば、これまた単調すぎて、だらしのないこと実におびたゞしい。時には、踊りながら妓生同士が話を交してゐる。イキを合はすのかと思ふとさうでないらしい。歌の文句はわかりませんが、歌の唄ひ方と来てはまたトテもなつてゐません。内地でいふ「間」といふものがまるでなく、たゞダラダラとやつてゐるだけのことです。(107)

右の引用部分から読み取ることができるように、劇場のような興業を目的とする専門的な舞台空間に比べて、「明月館」の舞台は多少ゆるやかで、自由な雰囲気の中で公演が行われたようだ。公演の前に、宴会の控室で前もって妓生たちが顔を見せ、客に話しかける姿は、公演の直前に急に舞台の上に登場する日本の芸者の姿と比べると、より親しみやすく、満足したと述べられている。右の文章によると、全員で九人の妓生が舞台に登場し、ピリ（笛）と太鼓を担当する二人の専門楽師の演奏にあわせて、小規模な伝統的な歌舞公演を行っていた。ところで、一般の日本の観光客の視線から、妓生たちの踊りと歌は、非常に単調なものととらえられていたことに注目する必要がある。とくに、「内地」の音楽とは異なり、「間」がなく、日本人にとってはより退屈なものとして感じられたことが確認できる。しかし、日本人男性の観光客にとって、朝鮮料理店を訪れることは、朝鮮的な伝統、朝鮮宮廷料理、妓生に対する好奇心などが結び合わさって、新しい経験をもたらした。京城の朝鮮料理店で朝鮮料理と妓生の歌舞による接待を楽しむことは、植民地当時、「内地人（日本人）」の主な観光コースの一つだった。

日本人のための京城案内本であった『新版大京城案内』は、「朝鮮料理屋」を紹介しながら「京城を見物するなら、一夕は朝鮮料理に箸をつけて、妓生の長鼓（チヤング）につれて流れ出る哀調「愁心歌」を聞きたいものである」(108)と、日本人男性の観光客の好奇心を掻き立てている。吉川萍水の『妓生物語』には、当時の日本人男性たちの妓生に対するファンタジーと欲望がよりストレートにあらわれている。

〽忘れらりようか　京城の冬が
恋のオンドル　さし向かひ
白い手が煮る　神仙炉。

〽可愛い妓生　立膝すがた
唄ふアリラン　愁心歌
恋の京城の　おぼろ月。(109)

右の「京城小唄」は当時の流行歌の一つであり、京城の料理店での朝鮮の妓生たちとの出会いを素材にしている。植民地当時、京城の日本人や日本本土において歌われたであろうこの歌は、日本人男性によってとらえられた妓生のイメージを示している。「オンドルから洩れる長鼓《チャンコ》の音とアリランの唄、それを口すさぶ妓生の嫋やかな影」と、彼女とのロマンスを夢見て朝鮮にやって来た日本人男性観光客にとって、京城の料理店への巡礼は主な行事になる。また、料理店の宴会の席で「静かにたぎる神仙爐を中央にして、数々の料理を所狭しと並べ立てた食卓を控へ、窈窕《ようちょう》たる妓生を侍らせて、両班然《ヤンバンぜん》と構へ込む気分は、浮世ばなれのした、ちよつとオツなものである」と記述されている(111)。

料理店で朝鮮の伝統宮中料理を並べたまま、嫋やかな妓生にもてなされ、風流を楽しむことは、日本人男性にとって朝鮮時代の特権的な位置にあった両班の体験をするものとして受け入れられた。また、妓生の礼俗として「宴席に座るときは必ず膝を立てて、その膝の上に両手をしとやかに重ねておく(112)」という項目があるが、このような「膝を立てた妓生のしとやかな姿態」は着物を着た日本の女性には見られない姿であり、日本人男性にとって非常に印象的なものとしてとらえられた。料理店の「オンドル」部屋で「朝鮮料理」を提供し、「膝を立てた姿」で座って朝鮮的な情緒を代弁する「愁心歌」を歌う「妓生」は、植民者である日本人男性たちの異国趣味とエロティックな感覚を呼び起こす植民地の女性であった。

『妓生物語』の序文には、日本にいる「妓生ファン」たちは知略を得るためにこの秘密の本を参考にし、「本書に収むる所を熟読吟味した上、更にアヴァンチユールな追撃を試むのも面白からう(113)」という、執筆の意図が明らかにされている。妓生にまつわる風俗誌がこのように妓生との恋愛を夢見る内地人男性を読者の対象として設定し、一種の攻略本のように活用することを勧めるというまさにその現実をとおして、帝国と植民地の位階の中において商業的遊興空間として繁栄していた一九三〇年代の朝鮮の料理店と、そこに配置された妓生の位置も推して知ることができよう。

植民地朝鮮における総督府文化政策の一つとして実施された朝鮮美術展覧会(鮮展)に日本の画家たちが好んで描いた女性のイメージのひとつが妓生であった。当時出品された作品の中には、歌を歌う姿、化粧を

図8　日本の絵葉書になった妓生

する姿、踊る姿などの、妓生のイメージが表象されている。原竹男の第一四回朝鮮美術展覧会東洋画部の入選作である「官妓照映」（一九三五年）には、盛装した官所属の妓生の全身像を描かれている。田中文子の第一六回朝鮮美術展覧会朝鮮総督府賞受賞作「長鼓」（一九三七年）は、伝統楽器を演奏しながら歌を習う妓生の姿態が描写されている。[114] これらの絵は、妓生の姿態に官能的なイメージを見いだす帝国男性の視線をくっきりと可視化した。

原竹男の「官妓照映」（図9）では、チマに覆われたまま足を椅子にもたれかけて立てて座る官妓のポーズは、芸能者としての妓生イメージを脱した挑発的な姿を垣間見せる。また、第一五回朝鮮美術展覧会東洋画部の入選作である西岡照枝の「粧後」（図10）では、妓生はチマチョゴリを着て、真ん中分けで髪を後ろにだんごに結い、伝統的な装飾の燭台と鏡台の前にうつむきながら座っている朝鮮の女性として形象化されている。しかし、対照的な色を使って強烈な印象を与える色感、現代的な感覚の縦縞のチョゴリと花柄のチマは、洗練された日本の着物を連想させ、支度を終えた妓生のイメージは客を待つ料理店の中の妓生の姿を思い起こさせもする。芸能者しての伝統官妓のイメージより、日本的な色彩が加わった、エロティックで商品化された妓生のイメージが強烈にあらわれているこれらの絵には、妓生を自身の欲望の機制の中で享有していた帝国の視線と痕跡が深く浸透している。

図９　原竹男「官妓照映」 1935年

図10　西岡照枝「粧後」 1936年

ジャズを歌うモダン妓生

植民地の公的空間において、妓生は、資本と帝国の欲望に包摂されてゆくばかりでなく、一九二〇―三〇年代に西欧近代の感覚と大衆文化が朝鮮に流入する過程で、都市の散策者、最先端の流行の消費者として浮上する。前近代においても妓生は家族制度の外側で活動し、閨室の女性に比べて相対的に自由を謳歌しており、当時の芸術文化の流れと服飾やヘアスタイルなどの日常における流行を主導していた女性たちであった。このような妓生の特殊な位置は、近代に入ると、資本主義的な都市文化の先端を歩む「モダンガール」のなかにその場所を見いだしていく。

小説家・李泰俊は、随筆集『無序録』（博文書館、一九四一年）に収録された随筆「妓生と詩文」において、伝統的な感覚を失い、モダンガールになっていく明月館の妓生の形象を次のように描写している。

妓生は、二人共チマの上からぐるりと巻いてチマを押さえる紐（チュンドンクン）をルバシュカ（ロシアの男性が着用するブラウス風の上着）の紐にしていて、髪は一人は分け目を少し斜めにしており、一人は**ミミカクシ**にしていた。なぜ**ミミカクシ**にしたのか尋ねると、笑うばかりで、その横に座っていた客が代わりに、朝鮮のナンジャ〔礼装のときの女性の付け髪〕よりこの方が新式でよくはないかと問い返すのであった。そしてチュンドンクンの代わりにルバシュカの紐やネクタイを使うことは、最近の流行とのことだ。(115)

一九三〇年代後半にかけて、韓服のチマをロシアの上着の紐やネクタイでぐるりと巻いて、頭はまっすぐな分け目のおだんご頭ではなく、わざと分け目を斜めにしたり、当時女学生に人気があった日本式の「**ミミカ**

クシ」の形にしたりするのが、当時の料理店の妓生たちの流行であった。

このような妓生のモダン化は、外形的な次元だけではなく、態度や品性の側面においても顕著にあらわれるが、これは妓生をつうじて伝統の価値を確認しようとしていた男性の間で絶え間ない議論になった。朝鮮時代の妓生は、真心があり、気高く、節操があり、良心ある存在であったのに対して、今日の妓生は「何の義理もなく、何の節操も見つけることができず、また何の美しい点もノーブルな味も見つけることができない、ただ下品で汚く人間性を失った類の女」[116]としてとらえた言説が無数に量産された。「〔昔の〕妓生は宰相と同等にやりあったが、それにふさわしい歌舞を知らず、そのうえ特色もなく、礼儀も知らなくては、どうして宰相と同じ位を持つことができるでしょう。最近の妓生は、言うまでもなく昔の「低級妓生」と似ています」[117]というある老妓の嘆きの中に、近代の妓生の「水準の低下」と「堕落」の問題が提起される。

図11　モダンガール風の洋装をした妓生（李能和『朝鮮解語花史』翰南書林 1927年）

吉川萍水は、このような朝鮮の妓生のモダン化は、まずは日本「内地」の花柳界の模倣によるもので、すべてのものが近代化される時代の流れであるとした。

妓生の街頭進出とも云ふべき料理店、券番、花代の営業体系は、凡て内地花柳界の模倣だから内地側の大勢を見ては拱手できず、朝鮮料理屋も漸次近代建築で宴会用広間にステージを設備する。妓生も風姿だけ近代化しても芸が保守的では時代に置去られるとばかり風流韻事なんて面倒臭いものより、一足飛びに素脚《ヌードストッキング》でステップを踏まうと、新しい道を直走りする者も尠《すく》くない。(118)

何よりも資本の利益を追求する料理店と結託した券番のシステムの導入と、急変する都市の大衆の趣向を追う料理店の商業化戦略は、妓生をして伝統の服を脱がせる直接的な要因になった。その結果、一九二〇年代後半ごろには、妓生たちは歌舞のレパートリーだけではなく、服飾、趣向、ひいては自意識まで都市の街路のモダンガールと区別されえないほどにまで変化するに至った。

ジャズの気分は紅灯緑酒の香り高い花柳界にまで流れこみ、料理店で客が注文する歌の三分の二は、ジャズ気分を鼓吹する流行唱歌である。もし横の部屋で「花編」〔女声歌劇の編数大葉を指す〕や「黄鶏詞」〔朝鮮時代の十二歌詞の一つ〕のような昔の歌を歌わせてみるとしよう。妓生を挟んで狂ったように遊びまわっていた若者の口からは即座に悪口が出てくるであろう。

したがって、妓生たちの処世術も変わったなんてもんじゃない。第一に、においに頭を使うようになった。モダン妓生になりすました美人の横に行ってみるといい。鼻をさすにおい――そのにおいの中には必ず土人の楽器の音が聞こえるだろう。

そうすることで、化粧品代は日々上がっていく。高ければ高くなるほど、男の懐は空っぽになり、男の金が支出されればされるほど、美しい悪魔の爪は心臓に深い傷を残す。

ジャズ妓生はたいてい生意気である。彼女たちは洋装をする。クツを東京から取り寄せて履く。客を一度見つめてモダン味がなければただ憂鬱になり、興が失せてしまう。口の仕草、手の仕草、目の仕草、一動一静に命がけで、それはたいてい身体を動かすたびに必ず活動写真の女優の仕草を手本にまるで同じようにしようとするためだ。

そのようにして、ジャズ妓生とモダンガールとの距離は自然と接近し、恋人とともに料理店に行ってジャズ妓生を呼び、活動写真の話や愛についての愚論を吐き出すのにためらうことがない。(119)

右の文章で描写される妓生の形象は、一九三〇年代の京城を中心に拡散した都市大衆文化のモダンな趣向を代弁している。彼女たちは、料理店で「花編」や「黄鶏詞」のような一級官妓が過去に風流房〔管弦楽〕で歌っていた歌曲・歌辞・時調などの伝統女楽〔宮中宴会の際に女性が楽器を奏で舞ったこと〕のレパートリーのかわりに、西洋のジャズを歌い、韓服とコムシン〔ゴム靴〕の代わりに洋装に日本製の靴を履き、西洋の映画女優を理想的なモデルとして追い求めながら、活動写真や流行する恋愛の話におぼれていた。「ジャズ妓生」または「モダン妓生」と命名されたこのような妓生たちのなかには、一九三〇年代、カフェが料理店に代わる新しい遊興空間として浮上するのにともなって、そのはじまりの頃からカフェの女給に転職する者も少なくなかった。

今のソウルでは妓生が女給になることは傷ではなく、女給が妓生になるのはおかしなことではありません。これは明らかに特殊な地位が崩れていく証左であるといえます。歌舞がなければ妓生は「妓」の字をつけることはできませんが、最近の妓生たちは流行歌の一節でも歌えば歌なのであり、社交ダンスのステップをちょっと踏めば舞とわきまえていて、このように甘い環境で妓生でもできなければ、千秋の恨が残ると——だからか最近一、二か月の間でじりじりと妓生が増えはじめ、おそらく女たらしの相場が高騰するだろうと思います。(120)

この文章が書かれた一九三五年頃になると、券番学芸部の厳しい歌舞の訓練の課程を経ずに妓生になる場合も多かった。なぜなら、当時料理店で妓生に求められる芸は、伝統的な歌舞ではなく、流行歌や社交ダンスが大勢を成すほどであったからである。「モダン妓生」「ジャズ妓生」と呼ばれた妓生たちは、もはや「妓」というタイトルを捨て、手続きが簡便で、大衆的で西欧的な遊興の形式を追っていたカフェに移るようになる。一九三〇年代のカフェでは、室内のネオンサインが絢爛と輝く「ボックス」の中で、愁心歌を歌う妓生出身のカフェの女給に簡単に接することができるようになる。たやすく妓生になった彼女たちは、たやすくカフェの女給に転職してもいた。当時の料理店周辺の風景は、一九三〇年代中盤には変わらぬのは外見のみ、実際には「妓」の部分が徐々に失われていった過程を映しだしている。女性の身体を資源に活用する近代資本主義の遊興産業の中で、妓生はカフェの女給と相互交換される商品の一部として標準化されつつあった。

一九三〇年代、洋装をして京城の街を徘徊していた女性たちのなかには、近代教育を受けたインテリ新女性たちだけではなく、一九一〇年代には人力車に乗って妓生村と料理店を行き来していた妓生、飲み屋で妓生の真似をしていた酌婦、そして都市の新しい遊興空間であるカフェの花として浮上した女給などが入り混じっていた。券番と料理店の外に出たモダンガールの形象として都市の街路を徘徊していた妓生は、伝統の指標としての「妓」が資本主義的近代の表面、物質的モダニティの中に吸収される過程を体現している。妓生のモダン化は、結局、当時のまなざしにおいては、妓生の堕落あるいは頽落を意味していた。妓生がモダンガールに変身する劇的な地点は、前近代の身分制度の他者であった妓生が、都市の行為者として浮上する地点であると同時に、伝統の指標、芸能者としての「妓」のアウラ、女性のセクシャリティなどを商品化した都市遊興産業の中に妓生が編入され、結局自身の存在根拠を喪失していく地点でもあり、その意味で妓生の運命が交差する地点であった。

新しい享楽の記号、カフェの登場

一九一〇年代から二〇年代後半まで、京城を含む都市地域において隆盛を極めた料理店は、前近代の文化芸術と社交の延長線上にある遊興空間として機能したが、一九三〇年代に差しかかると新しい都市遊興文化を掌握したカフェにその主導権を渡すことになる。当時の文学者・趙容万は、京城におけるカフェについて、以下のように回想している。

料理店と妓生も、時代の変遷とともに、バーとカフェというものが徐々にソウルの街路を侵食してくるのにしたがって、勢いがそがれるようになった。

料理店は、入店し、部屋に腰を下ろし、食膳を整え、妓生を呼び入れるという面倒な手続きと時間が必要であるのに比べて、カフェやバーは店に入って座れば「女給」という美女たちが群れをなし飛びついてきて、彼女たちのなかからお気に入りの女を自由に選ぶことができ、また費用が料理店に比べて非常に安くすむので、この味に多くの若輩どもがカフェとバーに殺到するようになった。(121)

カフェが料理店より新しい遊興空間として浮上した理由として、まずは遊興の大衆化を挙げることができるだろう。歌舞公演を行う妓生に時間制で高額の花代を支払わなければならず、卓ごとの食事代も高かった料理店は、実質的に大衆にとって開かれた空間ではなかった。また、相当な時間が必要とされる料理店の宴の手続きは、忙しく日常を過ごす現代人にとって煩わしいとみなされたのだろう。このような費用の節約と利用の便宜以外にも、カフェがより脚光を浴びた理由は、カフェが持つ形式の問題である。西欧的なインテリアに各種近代的な記号で溢れるカフェでは、伝統的な女楽のレパートリーではなく、西洋のジャズが流れ、伝統の服装をした妓生とは違い、最新の洋装をしたモダンガールの姿の女給が接待をした。このように、カフェは、遊興を楽しむ方法が近代的な形態に変形する過程をあらわす新しい文化的な空間であった。

植民地朝鮮において、一九二〇年代を前後して京城の日本人居留地である南村を中心に形成されたカフェ文化は、大正時代の日本で盛んだったカフェ文化にその源がある。カフェは十九世紀西欧で社交と芸術（文学）が享有され、哲学的な討論が繰り広げられ、と政治的な世論が形づくられた大衆的な文化空間だったが、日本に流入すると若い男性（ボーイ）ではなく女給が給仕し、顧客との性愛的な相互作用を求める日本的なコードとして作り変えられ、植民地朝鮮に進出するようになる。(122) 日本で明治末期から大正時代に急激に拡散したカフェは、当時「エロ・グロ・ナンセンス」というスローガンを流行させた大正デモクラシーの退廃的な文化現象の一つであった。一九一一年頃、南大門通三丁目（現・ソウル南大門路三街）のカフェ「タイガー」が最初に開店して以降、一九三〇年代にカフェは明洞一帯の日本人居留地「南村」と、鍾路一帯の朝鮮人繁華街「北村」に次々に開店した。

一九三〇年代、本町を中心にした南村にはカフェが少なくとも六〇軒以上存在していた。一九三七年当時の南村一帯の主なカフェとして、銀水（女給二〇人）、本町バー（女給一六人）、カフェー白蝶（女給二〇人）、カフェー銀座、カフェーキング、丸ビル会館（女給五〇人）、菊水（女給三〇人）、カフェーバロン（女給一八

指紋と近代

移動する身体の管理と統治の技法

高野麻子

指紋によって個人を識別する「指紋法」という技術は、十九世紀末の英国の植民地インドで実用化され、瞬く間にヨーロッパ諸国とそれらの植民地、そして日本を経由して傀儡国家「満洲国」に伝わり、精緻化していった。その背景には、移動する身体の管理、つまり、放浪生活を営む人々、偽名を使って移動を繰り返す犯罪者、国境を越えて往来する移民の存在があった。指紋法は、移動する人々を、国家や植民地統治者が把握・管理可能な状態に置くための統治の技法であった。

その後、指紋法の運用が軌道に乗ると、移動する人々だけでなく、領土内の全住民を指紋登録によって完全に管理することが統治者の夢となり、国民国家の形成・再編の局面で繰り返し大規模な指紋登録が議論された。

近代的統治は何を目指したのか。そこにはどのような暴力が内在しているか。本書は、「生体認証技術」として現在にいたるその具体的変遷を追い、問題の所在を明らかにする。

四六判　三〇四頁　三七〇〇円（税別）

ベイリィさんのみゆき画廊

銀座をみつめた50年

牛尾京美

一九六〇年代半ば、東芝重役だった父の設立した小さな画廊を任された〝ベイリィ〟こと加賀谷澄江は、持ち前の朗らかな性格と欧米仕込みのセンスで、周囲から一目置かれる存在となる。画壇には見向きもせず、見込んだ作家にチャンスを与える「みゆき画廊」は〝若手の登竜門〟というスタンスを築いていく。

八〇年代に採用された著者は、作家や顧客とのコミュニケーション、ファッションセンスなどを澄江に教わりながら、画廊スタッフとしての品格を身につけていく。親子のような女性二人による画廊運営は、バブル経済や美術ブームを経て順調に見えたが、澄江の体が病魔に侵されていることを知る――。

二〇一六年の創立五〇周年と同時に閉廊を決意した現オーナーの著者が、澄江の生涯をたどり、その凜とした生き方を再発見する。画廊という仕事、個性的な作家群像、銀座や美術界のうつろいをさわやかに描く記念誌。

解説・芥川喜好（読売新聞編集委員）

A5判　二四〇頁　三四〇〇円（税別）

最近の刊行書

——2016年4月——

アントネッラ・アンニョリ　萱野有美訳
拝啓 市長さま、こんな図書館をつくりましょう　2800円

池内 紀
亡き人へのレクイエム　3000円

宮田 昇
小尾俊人の戦後——みすず書房出発の頃　予3400円

ソ・ジヨン　姜信子・高橋梓訳
京城のモダンガール——消費・労働・女性からみた植民地近代　予4500円

ジルケ・フォン・ベルスヴォルト＝ヴァルラーベ　水沢勉訳
李禹煥 他者との出会い——作品に見る対峙と共存　予6300円

＊＊＊

―2016年4月新装版―

精神疾患と心理学 新装版　M. フーコー　神谷美恵子訳　2800円
災害の襲うとき——カタストロフィの精神医学 新装版　B. ラファエル 石丸正訳　4800円
アジェのパリ 新装版　大島 洋　3500円
映画女優 若尾文子 新装版　四方田犬彦・斉藤綾子編著　3800円
時の震え 新装版　李禹煥　4200円

＊＊＊

―好評重版書籍―

正義はどう論じられてきたか　D. ジョンストン　押村他訳　4500円
時の余白に　芥川喜好　2800円

＊＊＊

月刊みすず　2016年4月号

「ルシアン・フロイドは僕のなかで一番大きな存在だった」舟越桂／「小天使エドゥアルドの帰天」飯島みどり／連載：「メディアの現在史」大谷卓史・「老年は海図のない海」大井玄・「図書館の可能性」辻由美／外岡秀俊・宇野邦一・舟田詠子・植田実・上村忠男 ほか　300円（4月1日発行）

みすず書房　東京都文京区本郷5-32-21　〒113-0033
TEL. 03-3814-0131（営業部）
FAX 03-3818-6435
http://www.msz.co.jp

表紙：片山敏彦　※表示価格はすべて税別です

人）、赤玉、カフェー富士、山陽軒、カフェービジョンなどがあった。北村の場合、一九三一年に楽園会館ができて以降、一九三二年頃に鍾路の近辺にのみカフェが十店余りあった。楽園会館（女給五三人）、平和（女給二四人）、牡丹（女給二一人）などが代表的なカフェだったが、カフェと女給の数は増えつづけ、一九三六年頃には楽園会館（女給八〇人）、エンゼル（鍾路二丁目）、王冠（貫鉄洞）、オリンピック（貫鉄洞）、ドラゴン（鍾路署前）など、鍾路には二〇か所に朝鮮人一六二人と日本人一二二人の総計二八四人の女給がいたという。[123]一九一〇―二〇年代の都市遊興文化の中心が、妓生の朝鮮的なアウラと伝統的な歌舞公演を目玉にした「料理店」であったとすれば、一九三〇年代のカフェは料理店に比べてその雰囲気や手続き、花代（チップ）などにおいてずっと大衆的で近代的な方法をとっており、都市の大衆の日常の奥深くに浸透するようになる。

最も燦爛としたネオンサインを装置し、最も華麗な装飾をした場所はカフェとバーである。おぼろに照らす夢の国のような気分にさせる室内で、騒々しいジャズの調べが流れてくる。門の前には、美しい日本の服やスーツを着て、粉を薄く塗った妙齢の美女が目配せをして、入ってくるようにと挨拶をする。室内にはたいてい左右の壁に沿ってボックスを配置し、中間には応接室の設備のような形式でテーブルと安楽椅子が配置されている。奥の正面はバーになっており、その中には五色の美しく光り輝く名前も知らない洋酒の瓶がびっしりと並べられ、白いチョッキに黒いズボンを着た男性のボーイがふんぞり返って立っている。（中略）客の注文如何によって女給の客へのサービスの良し悪しが決定する。[124]

東京のあるカフェを描写している右の文章は、実際、一九三〇年代の植民地朝鮮のカフェとほとんど類似している。当時カフェの内部の装飾は西洋的なものと日本式のものが混ざり合った雰囲気であり、ジャズとブルース、流行歌や新民謡など、多国籍な音楽で満たされていた。カフェの名前は、南村の場合は日本式（銀座、赤玉など）なものに倣うが、北村の場合は楽園《ナグオン》・牡丹《モラン》・エンゼル・平和《ピョンファ》など英語と朝鮮語が混ざった形態である。

ブラジルから来たコーヒーを飲んでこそ美人のウエイトレスにも会えるカフェすらなかったならば、そうでなくても閉ざされていて無味乾燥な生活に、どれほど寂寞を感じるだろうか。

西洋人たちのいわゆる「倶楽部」のようなものは言うまでもなく、隣国の人のような集会の自由もなく、一年に講演らしい講演ひとつも聞くことができず、音楽会らしい音楽会ひとつ見ることもできないここの若者たちにとって、劇場とカフェは、実に、砂漠の中のオアシスのようにこれ以上ない慰めになるのであり、したがってもしかするとあるときには一種の社交機関にまでもなるようである。(125)

コーヒーを主に売る茶房《タバン》（喫茶）とは違い、「美人のウエイトレス」と会うことができるカフェは、一九三〇年代の京城において複合的な機能を持つ空間であった。日本を経由して西洋文化が押し寄せてきたが、特別な社交空間や講演、音楽会などの文化活動がとてつもなく不足していた当時において、劇場とカフェは大衆が近代的な感覚を楽しむことができる最先端の文化空間であり、社交空間であったのである。しかし、一九三〇年代の京城の夜の街のカフェは、女給の身体とセクシャリティを商品化しており、それを消費し享有しようとする男性の欲望を産業化した空間でもあった。

当時カフェの内部の装飾は、西欧的な雰囲気に、ウィスキーと日本の酒（アサヒビール、サッポロビール）、ジャズとブルース、流行歌や新民謡などの多国籍な音楽で満ちていた。「カフェはその形式が非常に近代化されたものである。食事が近代化し、座席設備が近代化し、従業員女性の装いも近代化したものである」[126]という記述のように、カフェはジャズと西洋のダンス、西欧趣向の記号に満ちた、モダニティが具現化される日常の場であった。当時の都市の男性にとって「麻雀倶楽部」「ビリヤード」「ベビーゴルフ」「カフェ」「活動写真」などは、彼らの退屈で荒んだ日常を忘れさせる新しい記号であったが、そのなかでカフェは都市が提供するエロティックな歓楽の場所であった。


粉をはたいた女が出没する密売淫の巣窟（中略）。

私はただこの退屈な時間を消費するために、エロ、グロ、ナンセンスの刺激を追求することに没頭するだけだ。

（中略）

とにかく、時間代を払ってお迎えする堅苦しい妓生のお嬢さんたちより、一円札一枚だけ出せば何時間も手を握られて、頬にも触れて、新式唱歌、社交ダンスまで興を添えてくれる美人が七、八人、十人余りほども沸き立つカフェが、時を得ないわけがない[127]。


一九三〇年代初めの京城の都市風景を風刺している絵（次頁、図12）には、京城のカフェで近代的な享楽を楽しむために押し寄せる男性客の行列と、カフェに入るためにその横にある質屋に品物を預けようとする男性たちの行列が描かれている。華麗なカフェの裏面で、質屋に通うインテリサラリーマンたちの姿には、まさに京城の都市の消費文化に追いつけない植民地経済の虚弱性が垣間見える。当時カフェは何よりも「カ

図12　安夕影「街頭風景「カフェとシチヤ」」（雲頂『彗星』1931年11月）

フェの花」と呼びうる女給の存在によって特徴づけられていた。インテリ文士やサラリーマンたちの高尚な西欧趣味および芸術的趣向を形成していた茶房とは違って、カフェは女給の「エロサービス」を提供する遊興空間であったのである。

一九二五年十一月五日付の『朝鮮日報』に掲載された、安夕影の「漫画で見た京城（2）」には、当時の都市空間の新種女性として、カフェの女給が登場する。「朝鮮の服の上に「エプロン」を回して「ヒサシガミ」にコムシンを履いた「ウエイトレス」と描写されたカフェの女給は、当時流行した新女性の西欧的なスタイルと、朝鮮式の靴、日本の大正時代のカフェの女給を象徴する「エプロン」をまとっている。彼女たちは日本の伝統的な服飾である着物に「エプロン」をした日本のカフェ女給とは違い、朝鮮式と西欧式、日本式が入り混じった混種的なイメージを形作っている。カフェの中でチヅコやマリコなどの日本式の芸名で呼ばれ[128]、日本語で男性客を接待したりもした国籍不明の女給たちは、一九三〇年代の朝鮮において先端都市文化の消費者だったモダンガールの一つの形態であった。

雑誌『朝光』（一九三五年十一月）のインタビュー記事「街頭の職業人と一問一答」に登場したカフェの女給は、朝鮮服とエプロンを脱ぎ捨て、断髪に洋装、派手な装身具で着飾ったモダンガールのイメージを体現している。単一のコードで説明されないカフェの女給の表象、それは植民地都市京城を貫く近代の痕跡が刻み込まれた女性の身体を代弁する。

カフェの女給の混成的存在性

『三千里』（一九三二年五月）に掲載された「インテリ女性の悲劇、彼女たちは女子普高を卒業してどうして妓生と女給になったのか」という記事は、「R女子専門学校文科」を卒業し、立派な女流文士になることを夢見ていたものの生活苦から挫折し、職を探すうちに生命保険会社の事務員を経てカフェの女給に行き着いたという、ある「インテリ」女性の話を取り上げている。自身の人生行路を「資本主義社会制度の矛盾が生み出した必然的な結果」と認識するカフェの女給は、教育をつうじて蓄積した知的素養と自身の置かれた現実の間の激しい葛藤を経験する、都市の識者層女性であった。一九三〇年代の新聞と雑誌などで頻繁に目にするインテリ出身のカフェ女給の手記と日記などは、都市のモダンガールが経験する理想と現実の間の亀裂をよく示している。鈴蘭「インテリ女給手記　カクテルに映る私の顔――古い日記を読んで」（『三千里』一九三四年五月）という文章は、「私がステージを離れてこのウェイトレスに変わってからそんなに経っていない。だが、ステージで踊っていた時間とカフェで酒をお酌する時間は、同じ夜でありながらその場所に大きな距離があることに、私は言いようのない戦慄を覚えた(129)」としており、五年間女優として演劇の舞台に立っていたひとりの女性がカフェの女給になった後に感じる心情を述懐している。

韓順の「私の女給生活記」(『湖南評論』一九三七年七月)では、学生時代には妓生やカフェの女給を批判していた女学生が、卒業後にカフェの女給になった自身の現実について、次のように吐露する。

××姉さん

それでも私はカフェの女給も職業であるに違いないと思いました。この「職業」という言葉が、私にとって女給になるに至った動機であるといえます。

タイピスト、デパートのショップガール、電話交換手と同じ意味としての、女性が就くひとつの職業であると信じていたのであり、また信じようとしました。職業という本能的な欲望が、私を女給へと押し流していきました。

カフェの女給も職業に違いないとしながら、それでも未知の世界に足を踏み入れる不安に震える私の心を、刻々と静めようとしました。(130)

「タイピスト」「デパートのショップガール」「電話交換手」など、都市の「〜ガール」になることを望み、「カフェの女給」もやはりそのような都市の職業婦人の一つと考えていた女性にとって、カフェは「世間の、そして人生の最も醜悪な場面」をもたらす。「将来台所に入ることより、職業戦線に出て活動することがひとえに新女性の任務であり、気性であり躍進」と思っていた女学生にとって、カフェは「しとやかな家庭婦人には少しも想像できない退廃的な雰囲気」であり、女給を「金で買えるものと思い込んでいる男たちから受ける蔑視と侮辱」の場であったと、韓順は述べている。(131)

図13　女給がチマチョゴリで給仕するカフェ「金剛山」

図14　断髪に洋装のカフェの女給（『朝光』1935年11月）

一九三〇年代のカフェの女給は、その大部分がカフェの門を叩かざるをえなかった劣悪な経済構造の中にあったのではあるが、普通学校以上の教育を受けた女性が多く、女学校出身のインテリ女性、経済難に陥った女性事務員やデパートガールなどの新種「〜ガール」と女優を含んでいた。「ソウルのカフェというところは没落した女優の収容所」[132]という言葉があるほど、当時のカフェには女優出身の女給が多かったのであり、いわゆる「一級女給」として新聞と雑誌において世の注目を集めたカフェの女給のなかには、日本に留学までしてきた新女性文士、X明女学校出身のインテリ女性、前朝鮮日報の林社長の令嬢と紹介される「エンゼルカフェー」の断髪した女給[133]などがおり、『東亜日報』（一九二九年十一月十九日）の記事では富裕層出身の女給が紹介されている。[134]また、そのなかには『朝鮮日報』（一九三三年八月二日）に登場するような、社会主義思想に染まった楽園会館の「赤色女給」なども含まれる。この楽園会館の全英蘭という女給は、幼い頃より社会主義団体に加入し活動しており、カフェの女給として働きながら思想書を耽読し、ずっと政治的な活動を行っていたことを明らかにしている。

『朝鮮中央日報』（一九三五年十月二十四日）の「赤色女給を採用した「カフェ東倶」の受難」という記事は、社会主義に染まった赤色女給を採用したカフェが「女給採用届出」を提出しなかったことで取締令違反により罰せられることになったという内容を伝えている。また、朴泰遠の小説「寂滅」（『東亜日報』一九三〇年二月五日—三月一日）において、都市の男性散策者（小説家）によって形象化されるカフェは、「酒と女とジャズと笑いがある場所」、都市的な享楽が交換される空間であり、「フライドフィッシュの皿」「フォークとナイフ」「カツレツ」などの西洋の文物が日常において消費される近代の空間であり、植民地の暗鬱とした現実を克服しようと理念的な展望を模索する知識人たちの討論の空間として描写される。[135]

二番目に入った店はとても賑やかだった。ドアから入るや、私は学生たちの雑談と、女たちの笑い声と、ジャズレコードのフォックストロットを聞いた。そして煙草の煙と、興奮して赤く染まった頬と、ハカマをたくしあげてはしたないダンスを踊る大学生の太ももを見た。

——どうせカフェなら、このように極端に世紀末的な場所がいいだろうか。

私はひとり苦笑いをして隅に行って座った。まさに私の目の前には、顔が黒くとても荒々しく見える男と、男としてはもったいないほど色白の金縁眼鏡が、「社会主義」について討論をしている。二人とも朝鮮人である。(136)

植民地都市の政治的な憂鬱と結合した世紀末的な退廃の感性で満ちていた一九三〇年代のカフェの空間で、女給は植民地の知識人男性の逃避的な自意識を享楽的に発現させる排出口の役割をしていたが、そのなかには社会主義知識人男性と交流し、政治的な活動をしていた「赤色女給」のような知識階級の女給もいたようである。

カフェの女給になる最初の動機は、専門的な技術なしに高収入を得ようとする経済的な理由であったが、恋愛の挫折、貞操の喪失、結婚の失敗などが彼女たちをカフェへと導くまた別の理由になりもした。(137)西欧的な装飾とジャズのような西洋音楽が流れるカフェで、西洋の社交ダンスを踊り、西洋の酒と料理でもてなし、エロサービスへの対価としてチップを受け取っていた植民地朝鮮の女給の社会的なアイデンティティは、複合的であった。日本の女給は、都市の女事務員と比べて、学力と階層の面で一段階低い、主に田舎から上京した若い女性が志願する職業のようであり、彼女たちは社会的に「職業婦人」であるよりは「娼妓」「芸妓」のような売春婦に近い存在として認識されていたようである。(138)日本の場合にも、一部の女学生出身者がダンサーになったり、カフェの女給に進出する傾向があったことを、当時の新聞記事から確認することができる。『東亜日報』(一九三〇年十二月八日)の「女学生と小学生がカフェの舞姫として活躍　貧しさと両親の虚栄心のため　エロ時代の日本」という記事は、このような日本の状況を伝えている。

大阪府内では、最近、在学中の女学生たちが一流のダンサーとしてカフェの夜の舞台で活躍するや、同府の保安課と学務課では風紀上黙視できる問題ではないとし、今後は断じて禁止することにすると、五日極秘裏に調査の指令を発表した。府内の赤玉、美人座など一流のカフェと、森永菓子店のような所では、専属の舞台を置いてダンサーが百名以上にも達する。彼女たちは幼稚園、小学校、女学校に在学中の生徒で、学校からの帰り道に通学カバンを背負ったままカフェに入り、二階で午後の練習を終えるとすぐに尖端的なエロ化したカフェの夜の舞台に立つという。(139)

一九二〇—三〇年代の日本のカフェの女給は、一般的に紡績職工、女中(家政婦)などの都市下層労働階級や、田舎から都市に出てきた農村の女性たちが主であったが、二〇歳前後の若い女性たちが好まれていた。技芸を売る芸者とは違い、特別な技術が求められない女給の場合、「若く美しいこと」が唯一の資格条件であった。(140) 日本の女給のなかには女学校出身や、芸者出身の女性たちも含まれており、東京の銀座の女給の場合、最先端の都会的な感覚と知性を兼ね備えた女給もいたが、(141) 大部分は事務職やサービス職に従事していた都市の中産層モダンガールとはある程度区別され、遊興空間の女性労働者という範疇に置かれた。(142) これに対し、朝鮮のカフェの女給の場合、モダンガールのひとつの部類でありながら、カフェの内外で絶え間なく売春の嫌疑を受け、都市の性労働者の領域を行き交うなど、異質性を極大化させる。

実際にインテリ出身の女性が多かったカフェの女給は、外見的には西欧的な装いをして、教養と社交術にもとづいて、当時の社会が非難しながらも羨望していたモダンガールのイメージそのものが商品化された存在であった。また、彼女たちは西欧的なモダニティが輸入されたカフェにおいて、当時の社会が欲望していた自由恋愛とエロティシズムの記号を量産し、販売する役割を要求され、その過程で自ら積極的な遊戯の主体になりもした。カフェの女給たちは、一九二〇―三〇年代の朝鮮社会を風靡した自由恋愛と、都市空間で量産された流行とスタイルの先導者として立ち現れた近代体験の行為者であった。貨幣を媒介にして女性の身体を活用する資本主義遊興産業に編入された女性であると同時に、日本のデカダンな都市のカフェ文化を模倣した植民地の女性として、一九三〇年代の朝鮮のカフェの女給の位置は重層的であり、問題を孕むものだった。

しかし、資本と欲望が結びついて女性の身体を動員していた近代都市の前方にあって、生存の不安定性、階級的な曖昧性、肉体的な資産を商品化する労働に対する社会の敵対的な視線を突破し、みずから物語の主体になろうとしていたカフェの女給は、植民地朝鮮のモダンガールの行為における主体性を示しもするのだ。

5　スタイルと趣味――近代のハビトゥスとジェンダー

『別乾坤』(一九二九年九月)に掲載された金永八の「街頭漫筆　路上スケッチ――ひとつ・ふたつ」は、植民地都市大京城の鍾路交差点を行き交う人びとについて、男性散策者の感想を記録したものである。ここで筆者は、あるモダンボーイの姿に注目するが、三年間も使った「麦わら帽子」には垢がテカテカとあちこちにこびりついており、長い生洋木〔白木綿〕の周衣《トゥルマギ》に、地面にずるずる引きずっている「オングパジ」(ゆったりとした韓服ズボン)、踵にほとんど穴が飽きそうなコムシンを見て「寂しさ」を感じる。その男は蒼白な顔で鐘閣の横で何時間も立ったり座ったりしていたが、ふたたび西の方に移動するようであり、それを見て筆者は彼が失業者に違いないと考える。[143] 伝統的なものに代わる「麦わら帽子」と「ハロルド・ロイド」のロイド眼鏡は、当時の開化青年を象徴する記号だったが、右の文章においてとらえられた都市男性の姿は、伝統と近代が入り乱れる過渡期的な状況と、植民地の窮乏した現実の中で追い求められたファッションとスタイルに潜む問題を示す。

一九三〇年代初め、小説家・朴泰遠は当時日本で流行していたおかっぱ頭で京城を闊歩していたが、これは、世界的な西洋画家・藤田嗣治が、パリからこの髪型をして帰国し、東京の銀座の街で流行ったものであった。[144]

一九二〇―三〇年代の京城の南村の珍古介と、北村の鍾路の街を散策していたモダンボーイは、新式の靴を履き、杖をついて、ぶらぶらと都市の街路を徘徊するなど、いくつかの服装と装身具によって個性を発揮する新しい流行の創始者であった。当時モダンボーイたちの内部にはさまざまなスペクトラムが存在していたが、近代的な品物と趣向に誘惑される京城の街の散策者としての彼らの姿は、外形的にははっきりと区別されない。

京城には散歩したい道がない。(中略)
光化門通の街路、昌徳宮の前の通り、安国洞の新道、黄金町の一丁目はみな新しく、爽快な大きな道である。しかし、非常に悲しい――出遅れて目覚めた新開地のような悲しい大きな通りだ。

図15　藤田嗣治
父は朝鮮総督府医院長を務めた

図16　ロイド眼鏡をかけた朴泰遠

> かろうじて選ぶなら、鍾路交差点でなければ、珍古介しかない。
> 鍾路交差点はまだ建築物は整頓もされていないので、その統一・調和の有無などは言いようもないが、四方にすっきりと通じる広い道が、どんなときに訪れても爽快な所だ。[145]

鍾路あたりを散歩する「鍾散者」、珍古介を散歩する「珍散者」と呼ばれもしていた彼らは、鍾路を旋回しておのずと珍古介に向かうようになる。珍古介は男性散策者にとって「若い女性の展覧会」といってもいいほど、数多くの美人と会うことができる空間であった。派手に着飾った「美人の海」を泳いで、疲れたら彼らはカフェへと入っていき、街路の美人たちと似た姿をした女給と遊びに興じ、活動写真館で映画をつうじて世界の美人たちと出会う。鍾路から珍古介に至る都市散策を楽しむ彼らは、「都会で神経衰弱に苦しむソウル青年」と自称している。[146]

一方で、都市は女性のためにさまざまな文化的な空間を提供していた。学校から家に帰る途中に彼女たちが利用する公共交通施設（電車、バス、駅）や、鍾路・珍古介などの都市の街路、教会、音楽ホール、劇場（新派劇場、映画館）、博物館、図書館、公園、漢江、郊外などは、彼女たちに新しい文化的な感覚を与えた。『新女性』（一九二三年十月）に掲載された小春の「今日の朝鮮新女子」では、新女性は「高等普通学校と同等、あるいはそれ以上の程度の学校を卒業した女性」であり、朝鮮の一千万に近い女性に対する啓蒙の任務がある者と定義される。そのうえで、この者たちは「音楽さえしていれば、えらいのだろうか？」「なぜ音楽を勉強する人がそんなに多いのか」と、新女性は音楽を趣味とする、あるいは専門的に学ぶ「本を読む女」「散歩する女」であるというように、その特徴が語られる。[147] 当時の女学生にとって、学校の勉強以外に、文学の趣味、音楽あるいは映画鑑賞のような「教養趣味」[148]、自由恋愛と遊びの感覚などは、自身のアイデンティティを形成するまた別の階級的な指標であった。

趣味にも階級性があり、上下善悪の標準があるのである。（中略）女学生たちは、どんな類の高尚な趣味を持っているだろうか。（中略）新女性としてピアノひとつ弾けず、ブラームスの子守唄ひとつ歌えないなら、それは恥に近いことであるだろう。そうして、音楽を趣味に持つということがむしろ当然なこと、常識的なことなのである。ただ低級な流行歌を歌いそうになるのが心配なだけだ。次に、ひと月に一、二度ずつ、優れた劇や名画を鑑賞してこそ、劇芸術についての理解を得られるのであり、人生の問題についてあらゆる軋轢と微妙な人情を、銀幕を通じて眺めるのもいい。[149]

趣味にも階級性があり、上下善悪の標準があることを前提に、右の文章は、当時の女学生としてピアノを弾けず、ブラームスの子守唄を歌えなければ恥ずかしいことになり、ひと月に一、二度は優れた演劇や名画を鑑賞する趣味を持つことが当然であり、常識的なことであると述べている。低級な流行歌と対比される、高尚な音楽・芸術の趣味は、都市の中産層の文化を案内するマニュアルになった。

『新女性』（一九三二年十二月）の「移動座談「私の理想の夫」」においては、七つの項目が語られている。具体的には、理想的な夫の基準として「安定した職業」「礼節を守ることができる程度の充分な意識」「芸術趣味」「貞操順守」「学識と教養」「産児制限」「名前を呼んでくれる」などであり、そのうちには芸術の趣味を含んでいる。このことは、当時の女学生たちの趣向が、中産層階級を形成する物質的・社会的な条件と緊密に関連することをあらわしている。このような様相は、雑誌『女性』（一九三八年三月）の「今日のインテリ　結婚適齢期処女の理想男」においても同じように見られる。ここでは、結婚適齢期の若い女性たちの理想的な夫の基準の調査結果が掲載されている。夫の「趣味」については、八九人中三五人の女性が文学を、三三人がスポーツを、二八人が音楽を夫の趣味として望んでおり、夫の「職業」は一位が実業家で、次に教員、月給生活者、医師、弁護士などが続いた[150]。金南天はこのような調査結果について「この「趣味」を見れば、近頃の若い女性たちがどれほど洗練した感覚と健康な趣味を楽しんでいるかを推測することができる。思想的なものが退潮した後、彼女たちは教養美だとか、繊細な感覚美だとか、健康美だとかを求めざるをえなくなった[151]」ようだとしている。金南天は朝鮮女性の新しい文化的感覚を、一九三〇年代中盤以降の社会主義思想の退潮およびそれによるブルジョア中産層の浮上と関連づけている。

近代教育の恩恵に浴していた女学生層は、知識・教養・学力のような文化資本をその素地としつつ、資本主義的な消費文化を享有する中産層に編入されうる潜在的な一員であった。ボードリヤールによれば、資本主義社会の市民は「けっしてモノ自体を（その使用価値において）消費することはない。――理想的な準拠としてとらえられた自己の集団への所属を示すために、あるいはより高い地位の集団をめざして自己の集団から抜け出すために、人びとは自分を他者と区別する記号として（最も広い意味での）モノを常に操作している」という。[152]事物に対する記号とライフスタイルは、個人性の具現だけではなく、階級的な区別をつける際の主な形式であった。一九三〇年代京城の女学生は、ドレス（衣服）・装身具・ヘアースタイル・マナー・行動様式・趣味・娯楽（レジャー）・言葉遣いなどにおいて、新しい標準を作っていく役割を果たすようになる。これは、都市の中産階級の文化的なハビトゥス〔社会的に形成された性向〕の形成に女性たちが積極的に介入する地点であった。

しかし、当時の女学生の近代的な趣味は、二つの観点から批判された。第一に、一九二〇年代の啓蒙主義と社会主義論から出発した識者層の教養を意味する高級な趣味に対比する形での低級な娯楽的な趣味への批判であり、これは大衆文化に耽溺する「女性」に対するジェンダー批判とも結びつく。[153]レイ・チョウは、アンドレア・ヒュイッセンの議論を参照にしながら、「女性性の表象が歴史的にマス・カルチャーとの関係において、問題をはらんでいる原因は、主に「価値の低いものに、いつも女性というジェンダーが与えられてきた」からだという」と指摘している。[154]徐光斎の「女性と映画」（『朝鮮日報』一九三一年六月二十二日）という文章は、当時の文化消費者としての女性の社会的な位置をよくあらわしている。[155]この文章において、女性は芸術対象や社会批判に関わるものとして映画を楽しむ美学的・政治的な主体ではなく、ただ娯楽として大衆映画を楽しむ大衆として位置づけられる。前述した朴露兒の「女学生の趣味検討」は、女学生の趣味の自覚として、ピアノやブラームスの子守唄などのクラシック音楽の趣味、映画・演劇・文学、自然と親しむことなどを挙げているが、当時の女学生は実際には西欧エリート文化のクラシックな趣味よりは、アメリカで量産されたハリウッドの大衆映画により魅了される都市大衆の様相を帯びていたと指摘する。これは、西洋

郵便はがき

料金受取人払郵便

本郷局承認

9196

差出有効期間
平成29年12月
1日まで

113-8790

505

東京都文京区
本郷5丁目32番21号

みすず書房営業部
行

通信欄

ご意見・ご感想などお寄せください．小社ウェブサイトでご紹介させていただく場合がございます．あらかじめご了承ください．

読者カード

みすず書房の本をご愛読いただき，まことにありがとうございます.

お求めいただいた書籍タイトル

ご購入書店は

新刊をご案内する「パブリッシャーズ・レビュー　みすず書房の本棚」（年 4 回 3 月・6 月・9 月・12 月刊，無料）をご希望の方にお送りいたします.

（希望する／希望しない）

★ご希望の方は下の「ご住所」欄も必ず記入してください.

「みすず書房図書目録」最新版をご希望の方にお送りいたします.

（希望する／希望しない）

★ご希望の方は下の「ご住所」欄も必ず記入してください.

新刊・イベントなどをご案内する「みすず書房ニュースレター」（Eメール配信・月 2 回）をご希望の方にお送りいたします.

（配信を希望する／希望しない）

★ご希望の方は下の「Eメール」欄も必ず記入してください.

よろしければご関心のジャンルをお知らせください.
（哲学・思想／宗教／心理／社会科学／社会ノンフィクション／教育／歴史／文学／芸術／自然科学／医学）

（ふりがな） お名前　　　　　　　　様	〒
ご住所　　都・道・府・県　　市・区・郡	
電話　（　　　　　）	
Eメール	

ご記入いただいた個人情報は正当な目的のためにのみ使用いたします.

ありがとうございました．みすず書房ウェブサイト http://www.msz.co.jp では刊行書の詳細な書誌とともに，新刊，近刊，復刊，イベントなどさまざまなご案内を掲載しています．ご注文・問い合わせにもぜひご利用ください.

映画を楽しんでいる女学生に対するさまざまな批判へとつながるのだが、当時の京城の街路を闊歩していた女学生にとって、西洋映画は、愛の方式を教え、性に開眼させる一つの経路として記述されている。映画館でアメリカの無声映画に耽溺し、性に開眼する女性に対する批判は、大衆文化がどれほど女学生の風紀を乱すことになるかという問題に直結した[156]。

第二に、階級的な視角から行われる、女学生の趣味に対する批判である。植民地期の京城において追求された中産階級の文化的な土台は、その実質は非常に貧弱で不安定であった。

今、アメリカ式の教育や日本式の教育を受けた新女性たちは、無産大衆にとっては女王のような女性なのであり、洋式の応接室でも一つあり、夏には涼しい日本のタタミ部屋でも一つあって、冬の寒いときにお過ごしになる朝鮮式のオンドル部屋のきれいなものでも一つあってこそ新女性をお迎えすることができるのであり、食母〔女中〕・針母〔住み込みで針仕事をする女性〕・下人を置き、ときには乳母の求人広告も新聞に出し、その他に西洋の楽器が家にあり、ごちそうもつくり、夫婦での散策、劇場音楽会の見物、少なくともこれぐらいすれば新女性も満足するだろう。だが、これほどの満足を新女性に提供する朝鮮人が、今日においてどれほどいるだろうか[157]。

右の文章は、アメリカ式・日本式の教育資本にもとづいた中産層女性たちの文化的趣向が、無産大衆にとっては女王のような存在として君臨しようとすると批判するだけではなく、そのような新女性が朝鮮にはたしてどれくらいいるかを問いかけ、植民地社会の構造的な限界を提起する。当時モダンガールが主導していた近代的な趣味への批判は、大部分が文化行為の裏面に作動する階級的な不平等に対する批判であった。碧朶の「貧趣味症慢性の朝鮮人」（『別乾坤』一九二六年十一月）という文章は、人間は本来社交的な動物であるとともに、集団生活をしなければならない本能を持っているが、経済的に死刑宣告を受けたといえる朝鮮人は「貧趣味症慢性」にかかっていると診断する。さらに、朝鮮人は生活の凋落を極めており、人間的な趣味が不在の状態であり、朝鮮人の中産層といっても月給単位で売られて「タイプライター」のような姿で生きていく官公吏・教員・会社員がほとんどで、食べていくことはできても趣味がないと指摘する。この筆者は、現在朝鮮において映画・ダンス（舞踊）・音楽を楽しむ趣味と、博物館・動物園・公園・劇場などを訪れる生活は「一部の人士の独占的な享楽機関」に限定されるにすぎず、一般の労働者・農民層大衆は「貧趣味症」を逃れる道がないと嘆く。(158)

このような階級的な視角にもとづいた趣味の批判にもかかわらず、一九二〇―三〇年代の都市の新しい文化は、女性たちによって積極的に享有された。植民地朝鮮において都市の趣味は中産層の文化のような「階級的」指標と関連するよりは、むしろ「近代」のハビトゥスに緊密に反応したさまざまな階層の女性をつうじて具現される「ジェンダー的」な特性をあらわす。一九二〇―三〇年代の朝鮮において女学生・職業婦人・妓生・カフェの女給などの女性たちによって一つの範疇を形作っていたモダンガールは、都市の文化趣味を創出し、享有した主役であった。

都市は公的（public）モダニティが可視化される空間であり、消費は一つの活動（activity）、社会的な生に対する様式（modality）によって特権化される。また、消費は快楽・欲望・行為性（agency）の具体的な種類と密接に関わっているものであり、「想像力の営為（the work of the imagination）」(159)として認知される。一九二〇―三〇年代の植民地都市京城において、女性たちによって追求されたスタイルと趣向のなかには、中産層の文化的感覚を羨望し模倣する非中産層の女性の階級的な熱望が入り混じっていた。

『三千里』（一九三六年四月）の「女高出身のインテリ妓生・女優・女給座談会」には、当時京城で名を上げていたインテリ妓生・女優・女給たちの趣味と読書に対する質問の回答が掲載された〔次頁の表参照〕。

その多くが女子高等普通学校を卒業している彼女たちは、女優・喫茶店のマダム・女給・妓生などの職業に就いているが、日本の雑誌『婦人公論』と大衆雑誌『キング』を購読し、朝鮮で発行された『朝鮮日報』『中央日報』『東亜日報』などの日刊紙と、朝鮮の雑誌『新青年』『三千里』などをまんべんなく購読する識者層の女性であった。また、彼女たちは趣味として映画・音楽・文学・スポーツ・旅行・登山など、近代的なライフスタイルを楽しむなど、都市のモダンガールとしての資格が垣間見える。とくに、大連・奉天・上海など中国でダンサーとして働いていた金雪峯の場合、当時朝鮮の知識人が主に愛読していた日本の雑誌『改造』と、人気女性雑誌であった『婦人公論』『主婦之友』『婦人倶楽部』などをリストに挙げただけではなく、とくに文学を好み、改造社の『文芸』を読んでいたと答えており、注目される。[160] また、当時女学校出身の多くの女性が将来女流文士になることを夢見ていたが、金雪峯はダンサーとして活動しながらも文学の趣味を持ちつづけていた姿がうかがえる。このような例は、文学に深い造詣を持っていた平壌妓生学校出身の妓生張蓮花の場合にも当てはまる。張蓮花は『三千里』（一九三四年五月）において、自身の平壌女高普の先輩である新女性活動家・小説家の金明淳の作品の熱烈なファンであると告白している。[161] また、この座談会からは、日本で帝大生から小学校の生徒、男女を問わず、労働者、農民など広く読まれていた大衆雑誌の『キング』と『婦人公論』を、当時、喫茶店のマダムや妓生、カフェの女給たちが教養として読んでいたことを確認することができる。[162]

朝鮮の雑誌のなかで女性を主な読者として想定した大衆雑誌としては、一九二〇年代に開闢社から発行された『新女性』（一九二三—三四年）、一九三〇年代に東亜日報社から発行された『新家庭』（一九三三—三六

名前（年齢）	学歴	経歴／現在の職業	読書		趣味
			日本の本	朝鮮の本	
卜恵淑（29歳）	京城・梨花女子高等普通学校を三年生まで修了後、高等女子技芸学校卒業	土月会のメンバーとして新劇活動に10年間従事し、最近は映画女優としても活動／現在喫茶店のマダム	『婦人公論』	ソウルで発行された朝鮮の雑誌・新聞	映画マニア
金漢淑（25歳）	×明女子高等普通学校卒業	水原某校の女教員／現在妓生	『婦人公論』『キング』	『朝鮮日報』雑誌数種類	ギター演奏、ラグビー・映画観覧
金雪峯（24歳）	××女子高等普通学校卒業	大連・奉天・上海・天津などでダンサーとして活動／現在ダンサー	『改造』『婦人公論』『主婦之友』『婦人倶楽部』『キング』改造社の『文芸』	『東亜日報』『三千里』	文学を好む
鄭秀君（23歳）	××女学校卒業後、天津女子学堂と北京高等女学堂卒業	現在ソウル市内の楽園カフェーの女給	『キング』	『中央日報』	旅行
李光淑	京城官立女子高等普通学校卒業	現在ソウル寿松洞で喫茶店銀鈴を経営	『婦人公論』	『朝鮮日報』『三千里』	静かなセレナーデ音楽を好む
鄭静花（24歳）	大×女子高等普通学校卒業	現在ソウル楽園カフェーの女給	『富士』	『中央日報』	登山
趙銀子（19歳）	××女学校卒業	現在ソウルパゴダ公園近くの「ツバメ」喫茶店の女給	『大阪毎日新聞』	『新青年』	スポーツと音楽

図17　『女性』表紙　1938年１月

年）、朝鮮日報社から発行された『女性』（一九三六―四〇年）を挙げることができる。このなかで『女性』は女学生や専門学校出身のインテリ女性、中間層以上の家庭の婦人だけではなく、妓生・女給など都市の遊興空間の女性も読者層の一つの軸を形成していたと考えられる。[163]

このように日本と朝鮮の新聞および大衆雑誌の購読は、都市の市民として居住する女性たちに、世界情勢と近代都市の早い変化の流れのなかで、同時代的な感覚を確保することを可能にする役割をしていたといえる。

一方で、一九一〇年代から本格的に企画されはじめた演劇、映画などの大衆文化公演は、都市の女性を主な観客としていた。一九一〇年代の「不如帰」「双玉涙」「長恨夢」などの新派劇の場合、さまざまな階層の観客の反響を呼び、とくに李相協の「涙」は、「婦人の観客」から特別な人気を集めたという。[164] この時「婦人の観客」は中産層の婦人だけではなく、都市の大衆という名前で分類されるさまざまな階層の女性を意味していた。

宵の口から潮のように押し寄せる男女の観客は、あっという間に上下階はもちろんのこと、びっしりと溢れかえって、満員の札がかかり、切符を売ることができなくなる状況にまでなったという。ところで、一番変化したことは、各券番の妓生が来ていたのだが、なんと二百余名にもなり、より異彩を放っていた。(165)

一九一九年十月二十七日に団成社では朝鮮最初の映画「義理的仇討」（舞台での実演と映画で構成される連鎖劇）が上演されたが、右の『毎日申報』の記事はその映画を見に来た二百余名の券番の妓生に光を当てている。一九一〇年代初め、劇場の女性観客は当然ながら券番の妓生が圧倒的に多数を占めていたが、彼女たちはその後の演劇および映画産業にきわめて大きな影響をおよぼすことになる。

一九三〇年代に、東洋劇場（一九三五年）は本格的な商業演劇のメッカとなるが、最初の職業劇団「青春座」を専属劇団として置き、大衆に近づく商業主義演劇を志向した。このとき、妓生を主人公にした作品を多く上演したが、これは大きな影響力を持っていた妓生の観客と、彼女たちが同伴する男性観客を想定したものである。当時妓生を主人公にした新派劇のうち、「愛に騙され金に泣き」は料理店の妓生たちの爆発的な関心と人気を集めた。(166)金持ちの家の息子と恋愛し、結婚する妓生が嫁としての過酷な日々を過ごし、その後ひどい策略に陥れられて殺人を犯す内容で、当時の妓生の感性を刺激した新派劇である。紅桃役に車紅女、兄の巡査役に黄澈、夫役に沈影ら、当時の人気俳優が出演した「愛に騙され金に泣き」に熱狂した妓生たちは、演劇の観客でありながら、広報担当でもあり、批評家の役割までもした。(167)当時妓生は作品の興行の可否に決定的な役割を果たしていたが、劇中の妓生の登場人物と自らを同一視するほどに演劇に没入していた彼女たちは、妓生が没落する内容の演劇については集団抗議をし、劇を中断させる事態まで誘発することになる(168)。

一九三〇年代の映画館もまた、都市の女性にまた別の世界を開け放った。西洋映画に触れた女性たちは、特定の俳優のブロマイドを買い、また映画の中の俳優のスタイルを真似したりもしたが、近代的な女性を女優リリアン・ギッシュに代表される「セニョリータ」型とクララ・ボウに代表される「おてんば娘」型に区分したり、理想の男性を「ヴァレンティノ（ルドルフ・ヴァレンティノ）」型の男性と、「バリュモア（ジョン・バリュモア）」型とに分類するなど、モダンガールの日常会話は西洋の映画の痕跡で満ちていた(169)。美と感覚の基準が西洋の映画を通じて再設定されたのである。妓生たちもやはり、初期の無声映画の時期から熱烈な映画ファンであり、一九一五年以後本格的に輸入される西洋映画の主な観客でもあった。一九二七年に創刊された妓生雑誌『長恨』の創刊号には「世界一の美男子ヴァレンティノの死」という文章が載せられている。ルドルフ・ヴァレンティノ（一八九五―一九二六年）は、イタリア出身のアメリカの映画俳優として「椿姫」「シーク」「血と砂」「熱砂の舞」などに出演しており、当時の京城のモダンガール――女学生・妓生・カフェの女給たちに最も人気があった俳優である。

スクリーンが生み出した理想的な男性像であったヴァレンティノが突然に夭折すると『東亜日報』（一九二六年十月七日）には訃報記事が掲載され、雑誌『長恨』も妓生たちの敬慕の対象であったヴァレンティノの死について特別な哀悼と哀惜を表した。一九二〇年代中盤、アメリカの男性俳優の死が同時代の植民地朝鮮の都市に住む女性たちの日常を揺るがす衝撃的な事件とみなされていたのである。

一九二〇―三〇年代のアメリカのハリウッド文化を同時代的に享受していた当時の都市の女性の位置は、

植民地であるがゆえに曖昧となった社会政治的な位階の隙間から、辺境性を超えて、文化的な行為における主体性を確保しようとした植民地朝鮮の近代の断面をあらわしている。その文化的な行為の主体は、植民地の中のまた別の他者であったモダンガールであった。『三千里』(一九三四年五月)に掲載された「喫茶店評判記」という文章は、当時の女優・妓生・女給たちが家に帰る途中に友達や恋人に会いに立ち寄る場所として有名だった「メキシコ」という茶房《タバン》を紹介している。

俳優、女給、妓生が最も多く訪れることで有名なメキシコ！　この店は徳興書林の横にあり、楽園会館の向かいにある。

壁の装飾も先日は崔承喜氏の裸体舞踊の写真が飾られており、「モナ・リザの失踪」「西班牙の狂想曲」など非常に扇情的な劇場ポスターなどが貼られていた。

音楽も他の所は西洋の音楽が専門であるが、ここは日本の曲も朝鮮の俗謡も、新しいものであればほとんどなんでもかける。

夜遅くに料理店から帰って来る美しい街頭の天使である妓生お嬢さんたちとひそかによく出くわすロマンスが多い場所であり、扉を開けて入れば、甘美な脂粉の匂いが鼻をさす。(170)

一九二七年に映画監督の李慶孫が貫勳洞に開業した「カカドュ」以後、茶房は芸術家と文人・学生・インテリサラリーマンの憩いの場であり、社交空間として位置していた。カフェが酒とジャズ、女給のサービスなど、より享楽的な欲求に応えたとすると、茶房はヨーロッパ風の装飾と、クラシックの音盤、コーヒーなどによって、インテリ文人と芸術家の高尚な社交・芸術趣味を満足させた。しかし、茶房「メキシコ」は優雅で古典的な趣向よりは、先端の流行を反映する破格な雰囲気を演出する場所であり、妓生や女給など「花柳界」の女性を顧客として引き込んだ場所のように見える。

一九二〇—三〇年代の京城で、カフェや茶房は西欧的な文化趣味を真っ先に吸収しようとしたモダンボーイのアジトであった。しかし、茶房「メキシコ」では、女優・妓生・カフェの女給が自ら文化の消費層として登場し、都市の文化的な香りを満喫している風景が出現している。これは、なにより朝鮮のモダンガールと呼ばれた女性集団が持つ混成性を思い起こさせる。とくに、遊興空間で女性の身体が商品化され、感情労働をしていた妓生とカフェの女給が最先端の都市の文化の享有層であった点は、植民地朝鮮における近代文化の受容の特殊なありようを提起する。近代的な趣味とスタイルの形成に都市の女性が活発に介入した地点は注目に値する。高級／大衆文化の境界線がはっきりしないまま、近代という名の下に植民地都市京城に押し寄せてきた新しい文化趣味は、社会的な土台が虚弱な中産層／男性によって主導されるよりは、ある程度の経済力を確保しながらも、階層的な性格があいまいであったモダンガール、中産層の周辺部または遊興空間の女性の間で積極的に生産され、流通していたのである。

（1）朴容玉『韓国女性の近代化の歴史的脈略』知識産業社、二〇〇三年、二七七頁。
（2）同前、二九八頁。
（3）一記者「全鮮女学生（高等程度）総数とその出生道別　どの道の女学生が一番多いか」『新女性』一九二五年一月。
（4）李玧美「『学生』にあらわれた植民地近代の女学生」『女／性理論』第一〇号、二〇〇四年七月、ヨイヨン、三〇三頁。

（5）金富子によると、普通学校に入学しない「完全不就学」が男女とも植民地期をつうじて広範囲に存在していたという。男子の場合は入学率の上昇に対応して一九二〇年代から「完全不就学」率が下がりはじめたが、一方で、女子の「完全不就学」率は一九三二年にも九一・二パーセントという膨大なものであった。一九三三年以降は少しずつ就学が進み、一九四二年には女子の「完全不就学」率は六六パーセントまで低下したが（男子は三四パーセント）、植民地末期になっても女子は三人に二人、男子は三人に一人が普通学校「完全不就学」であった。一九三〇年から一九三二年にかけての時期は、上層に属する一部の女子を中心に、朝鮮人女性の不就学が就学に転じていく直前の時期であった（金富子『植民地期朝鮮の教育とジェンダー――就学・不就学をめぐる権力関係』世織書房、二〇〇五年、二二八―二二九頁）。

（6）金基鎮「最近の新女性の長所と短所　旧式女性と異なる点」『新女性』一九二五年六・七月、三九頁。

（7）南宮桓「モダン女学生風景」『新女性』一九三一年四月、四九―五〇頁。

（8）「誌上男女大討論――男子学生がより奢侈か？　女学生がより奢侈か？」『学生』一九二九年三月、五〇頁。

（9）同前、五三―五四頁。

（10）崔秉和「女学生諸君へ」『学生』一九二九年五月、七七頁。

（11）方仁根「女学生論」『東光』一九三一年十二月、五四頁。

（12）「S女学校寄宿舎暗察記」『新東亜』一九三二年十二月、九四頁。

（13）鄭順貞「当世女学生気質」『新東亜』一九三三年十二月、九二頁。

（14）これは新女性全般に対する批判と共通する。「京城女子社会の流行と奢侈の種種」『東亜日報』一九二五年八月八日／「最近の新女性の傾向――尋常視できない現象」『東亜日報』一九二五年六月十七日。

（15）李WS「「女学生」すなわち「奢侈の塊」」『新女性』一九二四年七月、四六頁。

（16）方仁根、前掲文、五四―五六頁。

（17）申翔雨『女学生風紀問題概観』大成書林、一九三一年、六頁。

（18）同前、一一頁。

（19）同前、五〇頁。

(20) 同前、七五頁。
(21) 同前、八二頁。
(22) 一九二〇年代に不良女学生が登場する社会的背景と、廉想渉の作品を中心とした小説の中に表象される不良女学生のイメージを考察した先行研究として、安美永「一九二〇年代不良女学生の出現の背景の考察――廉想渉「お前たちは何を得たのか」を中心に」(『韓国文学理論と批評』第一八集第七巻第一号、韓国文学理論と批評学会、二〇〇三年三月)などがある。
(23) 李箱「失花」『文章』一九三九年三月、五九頁。
(24) 李箱、同前、六六頁。
(25) 千葉春路生「春宵明暗　降るや春雨桃李の彌生　千姿万容の京城女性」『朝鮮及満洲』一九二四年四月、一六二―一六三頁。
(26) The Modern Girl around the World Research Group ed., *The Modern Girl Around the World: Consumption, Modernity, and globalization*, Duke Univ. Press, 2008, pp. 18-20, pp. 36-37.
(27) 金起林「都市風景一二(上)触手を持つデパートメント」『朝鮮日報』一九三一年二月二十一日。
(28) 咸允成「時代相　寸言鉄語」『実生活』一九三一年八月。
(29) 双S生「大京城狂舞曲」『別乾坤』一九二九年一月/「三千里　杏花村」『三千里』一九三六年八月、二二九頁。
(30) 朴露兒「十年後流行」『別乾坤』一九三〇年一月、一〇〇頁。
(31) 双S生は、このような流行は「今若い人々の心がなんの方向も定められず、ただそのままひたすら熱中しふらつくことのあらわれ」であると述べている。また、当時男女学生の間で「コルロンコルロン〔不真面目なさま〕」という言葉が流行していたが、「男子学生よりも女学生が色酒家の世の中の流行語を借りてきて使うのであり、このコルロンコルロンという言葉がすべての娘たちの心を浮つかせ、両親の血と汗を踏みにじって珍古介で浪費したあげくに、のちにはコルロンコルロンしない暮らしをしようと貞操まで売る」という描写が登場する。この文章における「モダンガールを取って食う言葉がコルロンコルロンというそうだ」という表現からは、当時の男女の間に通用した「流行」は、富裕な学生文化のあらわれであるとともに、女学生の堕落の指標へと転移するものとして読み取ることができる（双S生、前掲文、八二―八三頁）。
(33) Rita Felski, *The Gender of Modernity*, Harvard University Press, 1995, pp. 68.
(34) 金起林「春の伝令――北行列車に乗って」『朝鮮日報』一九三三年二月二十二日。
(35) 双S生、前掲文、八三頁。
(36) 同前、七八頁。
(37) 同前、八三頁。
(38) 同前、八四頁。
「当世の女学生は職業女性になってみようかと言うそうだ。彼女たちは経済的な独立が女性解放への唯一の武器であることを知っている。いやそれよりも、百貨店の陳列場に心酔することを知り、西洋料理の美味しさに気づき、舶来品のスカートの生地の良し悪しを鑑賞することを知ったから、彼女たちはお金が必要になるのである」（鄭順貞、前掲文、九三頁）。
(39) 李蘭香「明月館」『残したい話』中央日報・東洋放送、一九七七年、五九〇頁。
(40) 白寛洙『京城便覧』弘文社、一九二九年、二九六頁。
(41) 例えば、『長恨』第一号（一九二七年一月）には、男女の洋服や外套など、西洋式の衣服を販売する「欧米式洋服店」（京城鍾路中央青年会内）の広告が見られる。また、『長恨』第二号（一九二七年二月）には、国内外の紅や反物・輸入品を販売する「孫鍾洙商店」（京城鍾路三丁目二十番地）、金・銀・白銀、美術品・各種新式記念品・新旧式眼鏡、各種各国の時計などを販売する「京華商会」（京城南大門通り一丁目七番地）、各種時計・指輪・眼鏡を販売する「普信堂時計店」（京城鍾路一丁目）、当時の貴婦人の高級化粧品として紹介されていた「朴家粉」の販売店「金命根商店」（京城南大門通一丁目）などの広告が掲載された。
(42) 李瑞求「ソウルの味・ソウルの情調　京城のジャズ」『別乾坤』一九二九年九月、三五頁。
(43) 安夕影「どこでその金が生じたのか　一日一画（五）」『朝鮮日報』一九三〇年四月八日。
(44) 同前。
(45) 安夕影「女性八態　モダンガール」一九三七年、二三四頁。
(46) 朴泰遠「小説家仇甫氏の一日」『朝鮮中央日報』（夕刊）一九三四年八月二十一日。

(47) Rita Felski, pp. 65-67.

(48) これは主に、ブルジョア中産層として範疇化された新女性（社会運動家（婦人運動家）・職業婦人、「無職者（ミス）」、新家庭婦人、女学生）の階級における否定的な表徴として批判される（朴露兒「女性恐慌時代」『別乾坤』一九三〇年七月、五八頁）。

(49) 金起林「その春の戦利品」『朝鮮日報』一九三五年三月十八日。

(50) 植民地朝鮮において流行したこれらの消費商品の性格は、明治時代に西洋から直輸入されて、日本の少数の富裕層とエリート層のみが消費していた、高級な洋風文化商品とは異なっていた。それらの商品は、大正時代を経て日本の大衆的記号に合わせて適応・変容・日本化した商品であった（金白永『支配と空間――植民地都市京城と帝国日本』文学と知性社、二〇〇九年、四九八頁）。

(51) 李善熙「妻の設計」『毎日新報』一九四〇年十一月二十五日。

(52) 同前。

(53) 金起林「都市風景一二（下）興奮したラッシュアワー」『朝鮮日報』一九三一年二月二十四日。

(54) 金起林「ゆがんだ都市風景」『朝鮮日報』一九三〇年十一月十一日。

(55) 金起林「都市風景一二（下）興奮したラッシュアワー」前掲文。

(56) 金起林「女性時評　人形の服」『女性』一九四〇年七月、四六頁。

(57) Don Slater, *Consumer Culture and Modernity*, Polity Press, 1997, p. 81.

(58) マーシャル・バーマンの著作を再解釈したリタ・フェルスキによると、西欧において前近代の家族的・共同体的なつながりから解放されたブルジョア男性主体の自律性は理性的であり、産業生産を作動させる合理的な存在であると同時に、目的のために努力するファウスト的な男性性であるのに対し、近代的な欲望の形式の論理は物神化・リビドー化・商品化された女性性を生み出したという。この時、女性はリビドー的であり表現不可能で美的な家父長制的理性の抑圧された他者として還元される。（Rita Felski, pp. 1-7）

(59) Deborah L. Parsons, pp. 49-50.

(60) ヴァルター・ベンヤミン著、今村仁司・三島憲一他訳『パサージュ論　第一巻』岩波書店、二〇〇三年、一七頁。百貨店において商品を媒介にした女性のナルシズム的な快楽は、性的な権力と支配に対する幻想と

並列される。(Rita Felski, p. 71)

(61) レイチェル・ボウルビー著、高山宏訳『ちょっと見るだけ　世紀末消費文化と文学テクスト』ありな書房、一九八九年、一九頁。

(62) 同前、二七―四四頁。

(63)「フェティシズム」と観淫症に媒介される商品への欲望と性的欲望の間の構造的な親縁性については、Graeme Gilloch, *Myth and Metropolis: Walter Benjamin and the City*, 1997, p. 120-121. を参照。

(64) ゲオルク・ジンメル著、居安正訳『貨幣の哲学』白水社、一九九九年、三五三―三五四頁。ドン・スレイターによると、消費者はモダニティ概念の核心である私的で冒険的な個人の実例であるが、消費に自律性・意味・主体性・私的権利・自由などの特権的な局面が付与される一方で、些少な物質欲望の奴隷になるなど、消費の自律性とアイデンティティの感覚は脅かされつづけるとした。(Don Slater, pp. 22-32)

(65) Rita Felski, pp. 62, 90.

(66) 李善熙「女人命令」『朝鮮日報』(夕刊) 一九三八年一月二十六日。

(67)「若い恋人たちは、コンノ房《バン》(居間の向かいの部屋)の中に、あるいはアン房《バン》(母屋)の中に密閉してきた恋愛を、公園に、街頭に、そして百貨店の屋上庭園にありのままに解放せよ。罪多き春を罰せよ。実にその春のために、善良なマダムも品物を買った帰り道に少しの間「一夫一妻制」をハンドバッグの中にしまい、健忘症の令嬢も四年の間、磨いておいた孔夫子の倫理をエレベーターのクッションの上に知らないうちに落としてしまいもする」(金起林「春の伝令――北行列車に乗って」『朝鮮日報』一九三三年二月二十二日)。

(68)「この部屋の中は、きらびやかなだけではなく、どこかとても寂寞としたところがある。この部屋の中は、夜は歓楽場である代わりに、昼には耐えられないほどの寂寞と空虚がある。この世の中で最も秩序を失った場所があるなら、それはまさにこの部屋であるだろう。部屋の中はひとつとしてきちんと片付けられているものはなく、足の踏み場もないほどちらかっていた。しかし、そのちらかっている品物は、うす汚れた行廊房のぼろとは違い、香水を振りかけたような美しい品物しかない」(李善熙「女人命令」一九三八年二月六日)。

(69) 李善熙「女人命令」一九三八年二月九日。

(70) リタ・フェルスキは、消費主義文化が助長する快楽主義は、個別の男性資本家には重要な経済的利益をもたらすが、女性には自身の欲望の満足にひたらせると同時に男性の権威を侵食するだけではなく、男性が主導する家父長的な家族構造の神聖さを攪乱させ、その土台を揺るがす破壊的な力をもたらすとみなした。(Rita Felski, p. 74)

(71) レイチェル・ボウルビー、前掲書、三九―四四頁。

(72) 同前、四四頁。

(73) Rita Felski, p. 88.

(74) 申螢澈「現下に当面した朝鮮女性の三大難――修学就職結婚すべてが難関」『新女性』一九三一年十一月、一五頁。

(75) 金英熙「新女性の五大煩悶　職業を求めて――新女性の職業に対する煩悶」『新女性』一九二五年十一月、二七頁。

(76) 同前、二六頁。

(77)「女子職業案内――お金がなく外国に留学もできず就職できる所がどれぐらいあるだろうか」『別乾坤』一九二七年三月／車在浩「モダン男女と生活改善――総財産三円八十銭也」『別乾坤』一九二八年十二月／「街頭の職業人と一問一答」『朝光』一九三五年十一月。

(78) 李晟煥「婦人問題講話（二）婦人と職業戦線」『新女性』一九三一年三月、一六頁。

(79)「日が落ちて月が上るにしたがって、尼奈の考えも変わった。煩わしいと思っていた周囲の男性たちの親切は嬉しく、しだいにそこに多くの興味を感じるようになった。そのため、彼女は会社に通うことに一層好感を持つようになり、徐々に自分の美貌を自慢に思うようになり、もう少しきれいに美しく装おうと気を遣うだけではなく、今までとはまったく違う現代的な生活を楽しく思っていたのである。
　こうして、自覚的にまたは無自覚的に環境に支配され、やがて珍しいモダン（毛断）な洋装を短めにこしらえ、長いシルクのストッキングをはいて、忙しく夜遅くにカフェに出入りしたり、ただぶらぶらと街頭のアスファルトを横行闊歩するようになっていた」（崔貞熙「職業女性主題短篇集　女店員篇――尼奈の三片の記録」『新女性』一九三一年十二月、一〇一頁）。

(80) 蔡萬植「濁流」『朝鮮日報』一九三八年四月六日。
(81) 同前、一九三八年四月九日。
(82) Rita Felski, p. 67.
(83) 「デパートの女店員? 彼女たちはデパートに品物を買いに来る幸せそうな夫婦、恋人たちをあまりにも多く見たことだろう!(中略)このように自由に笑い、歩き、話す夫婦と恋人たちを見るときに、二十歳前後の若い女の胸の中には、知りえない羨望と嫉妬があるだろう! この羨望? この嫉妬が再び落胆とため息に変わるときには、彼女たちの青春の胸は張り裂けることだろう」(咸大勳「店員ロマンス」『新東亜』一九三三年四月、一一〇頁)。
(84) ジャン・ボードリヤール著、今村仁司・塚原史訳『消費社会の神話と構造 新装版』紀伊國屋書店、二〇一五年、七七—八〇頁。
(85) 李善熙「女人命令」『朝鮮日報』一九三八年一月二十七日。
(86) 草士「結婚市場を求めて 百貨店は美人市場」『三千里』一九三四年五月、一五七頁。
(87) 「晩婚打開座談会——ああ、青春が惜しい!」『三千里』一九三三年十月。
(88) 「彼女たちは早くに普通学校を終えて、再び高等普通学校または商業学校で専門技術を学んだのち、採用試験地獄を経て、その栄誉の地位を得た。それでは、彼女たちの働く時間と、またそれに伴う報酬はいくらなのか。店によって多少差異はあるが、朝九時から夜一〇時半までの平均一〇時間ないし一四時間の労働で、その報酬はひと月に一五円ないし二五円あるいは三〇円! このように、きつい労働に身を投げ打って安い賃金を得るだけではなく、彼女たちには多くの誘惑と嘲笑があった。ただ一人、店の主人の利益を与えるために、数多くの顧客に親切を尽くし、あらゆる悪口をみな受け、時にはむなしい笑顔も売り、一四時間の労働に身を投げ打ち、五、六〇銭の報酬を受け取る。
このようなことを考えると、彼女たちは街の天使でも、デパートの女王でも、何者でもなく、一労働者にすぎない。商会の倉庫に縁どられた金銀の宝石と、店頭で光り輝く綾絹や絹糸は、彼女たちのものではなく、彼女たちの手を経て出納される黄金の塊は、彼女たちとは何の関係もない。むなしい他人の生活の騒ぎのために、最も美しい時期を浪費し、静まりかえった午前零時に町を歩いて「あばら家」へ帰って息をつく彼女たちの胸の内を誰が知るだろうか。
　街の勇者！　デパートの労働者よ！　あなたの歩みは勇ましい」
（「職業戦線　デパートガールの悲哀」『朝鮮日報』一九三一年十月十一日）

(89) 李善熙「女人命令」『朝鮮日報』（夕刊）一九三八年一月二十五日。

(90) 「誰でも鍾路交差点の和信百貨店の出入り口や、丁子屋、ミツコシ、ヒラタ、ミナカイのような大きな百貨店に足を運んでみれば、桃色の夢を胸の中に深く隠したスマートな青年たちが、品物よりもそこに蝶のように軽快にサービスするショップガールを見つめるのに無我夢中な光景を見る」（草士「結婚市場を求めて百貨店は美人市場」『三千里』一九三四年五月、一五六頁）。

(91) 二十世紀初めにおける西欧の「ショップガール」が持つ特殊な位置については、Rita Felski, p. 73; Deborah L. Parsons, pp. 50-51; Judith R. Walkowitz, p. 49において指摘されている。

(92) 「正当な恋愛と結婚座談会」『朝光』一九三九年二月、二四三頁。

(93) 李瑞求の「デパート哀話「キス」と「月給」と「処女」」（『新女性』一九三二年十一月）という文章においても、百貨店で働く女性、順は母と兄弟ら家族を養わなければならない家長の位置にある。そのような順の経済的な脆弱さを知っている百貨店の主任は、諫言や脅迫をし、順は職を失わないために結局貞操を失うことになる。

(94) 一九〇八年九月、「警視庁令第五号」として「妓生団束令」が、「警視庁令第六号」として「娼妓団束令」が発布されて以後、妓生たちは妓業を続けるために義務的に妓生組合に加入し、警視庁から許可証を受け取らなければならなかった。妓生団束令第一条「妓生ノ稼業ヲ為サントスル者ハ父母又ハ之ニ代ルヘキ親族ノ連署シタル書面ヲ以テ所轄警察官署ヲ経テ警視庁ニ届出テ認可証ヲ受クヘシ。稼業ヲ廃止シタルトキハ認可証ヲ警視庁ニ還納スヘシ」（「妓生及娼妓ニ関スル書類綴」『ソウル学史料叢書　第七巻』ソウル市立大学校ソウル学研究所、一九九五年、一五九頁）。

(95) 『朝鮮美人宝鑑』（京城日報社、一九一八年）は、妓生組合（券番）に所属した妓生の料理店活動が活発であった一九一〇年代末の妓生の状況を把握することができる史料である。そこには、当時の京城府の代表券番であった漢城券番一九〇人、大正券番一八二人、漢南券番七五人、京和券番四九人などを含む、全国の総計六〇五人の妓生が紹介されている（朝鮮研究会編『朝鮮美人宝鑑』民俗院、二〇〇七年）。券番妓生の数は、一九二〇—三〇年代の料理店の規模の拡張にともない、さらに増えていく。

(96) 一九〇八年九月「警視庁令第五号　妓生団束令」「警視庁令第六号　娼妓団束令」を参照（「妓生及娼妓ニ関スル書類綴」『ソウル学史料叢書　第七巻』前掲書、一五九—一六一頁）。

(97) 『毎日申報』一九二五年八月二十三日付の記事では、金山月、都月色、李桂月、白牡丹、吉真紅らの名唱妓生が、日本の蓄音機会社の京城支社にて、SP盤に吹き込んだというニュースを伝えている。一九三〇年代には、妓生が本格的に音盤市場に進出するようになる。『毎日申報』一九三一年九月三日の記事によると、妓生が新旧名曲をレコードに吹き込んだが、京城花柳界の金蓮玉、金玉葉、趙牡丹が参加し、コムンゴ（韓国の琴）などの演奏曲を録音し、金小香、金楚香らが南道の歌を吹き込んだと伝えている。その他に、コロムビアとイーグルレコードなどによる毎月のレコード広告記事には、金雲仙、金仁淑、文明玉、朴緑珠、朴月庭、李映山紅、李真鳳、李花中仙、張鶴仙、河弄珠らさまざまな妓生が短歌と南道雑歌、パンソリ五部作、西道雑歌、カヤグム並唱（弾きながら歌う）、歌辞（朝鮮時代の詩歌の一形式）、時調などの、さまざまな曲を録音したというニュースが伝えられた。このような歌手妓生たちは、以後雑歌や民謡などの伝統音楽の範疇を超えて、新式唱歌・翻案歌謡・新民謡に至るまで商業音楽を歌う本格的な大衆歌手として数多く登場した。

(98) 『長恨』一九二七年一月、四六頁。

(99) 鄭宗和『資料で見る韓国映画1（一九〇五—一九五四）』悦話堂、一九九七年、二五頁／金鍾元・鄭重憲『われわれの映画百年』玄岩社、二〇〇一年、一三五頁。

(100) 「映画劇として表現された「春香伝」金肇盛・韓明玉両優の主演」『毎日申報』一九二三年八月二十三日。

(101) 「朝鮮映画というものがあまりにも希少なものであるから、朝鮮映画を製作さえすれば、良かれ悪しかれ、一度は見ておくようなものであって、とくに損益が生じる例もないので、最近あちこちで朝鮮映画が多く登場している。今回は、柳暗花明（遊廓）の郷里で遊んでいる朝鮮券番の妓生のお嬢さんたちの手で「洛陽の道」という題名からして甘美な朝鮮映画ができたという。この映画は、完全に妓生だけが出演し、平和な漁村を舞台に純真な若い娘たちの哀話を描いたものであるとのこと。すでに撮影を終えて、十六日頃に団成社において封切になるという」（「妓生の映画「洛陽の道」朝鮮券番から」『毎日申報』一九二七年七月五日）。

(102) 京城の「朝鮮料理屋」については、矢野千城・森川清人編『大京城案内』（京城都市文化研究所、一九三六年、一七〇—一七二頁）を参照。朝鮮時代の官妓の公演の系譜を受け継いだ妓生は、このような料理店で踊りの公演で民族舞踊では僧舞、サルプリ、小鼓舞、鳳山仮面舞踊〔鳳山に伝えられる仮面舞踊劇〕、宮中舞としては春鶯囀、舞鼓、蓮花台舞、四鼓舞などを踊り、還暦祝いの宴では、長生宝宴之舞を踊ったりもしたという（金千興『心韶金千興舞楽七十年』民俗院、一九九五年）。

(103) 当時料理店の料理の価格は、六—七人用の一卓あたり七—八円から三〇円であった（矢野・森川編、前掲書、一七一頁）。また、当時明月館で提供された宮中料理として、代表的なメニューは以下のとおりである。

生栗　皮をむいた生の栗
煎菓　果実、生薑、蓮根、文冬姜、杏仁、乾燥葡萄を入れて蜂蜜に漬けたもの
食醯《シッケ》　飯と麦芽粉とを混ぜて醸造した甘酒（飲食家には好適）
薬食　精米に蜜、松の実、栗、棗《なつめ》、胡桃等を混ぜて蒸した飯
神仙炉　牛肉を主として魚、松茸、筍、松の実、胡桃等を入れて煮たもの
大鰕煮　えびの天婦羅
栢子餅　蜂蜜に松の実を混ぜたもの
鶏膳菜　鶏肉を主とした雑菜
醋菜　筍、瓜、松茸等を醋《す》につけたもの
全鮑炒　乾鮑を蒸したもの

（矢野・森川編、前掲書、二〇九—二一〇頁）

(104) 代表的な顧客層であった「土曜会」という集まりの構成員を見てみると、当時親日派であった伯爵の宋秉畯と李完用、そして侯爵朴泳孝、子爵李載崑、男爵趙東潤、閔泳瓚、金容鎮（大院君の外孫）、義庵孫秉熙まで含んでいる。李蘭香は土曜会について「親日派」「排日派」という歴史的に正反対の立場にある人士たちによる、特別な目的を持たない集まりであったと説明している。そこでは被植民者としての無気力と虚脱感が互いに共有されたと考えられる（李蘭香、前掲書、五六五—五六六頁）。

(105) 黄土峴にあった明月館が火災で焼けた後に明月館の分店として設置された順和宮と泰和館では、三三人の独立宣言が発せられ記念祝賀の宴が催された（李蘭香、前掲文、六〇四―六一五頁）。
(106) 吉川萍水『妓生物語』半島自由評論社、一九三二年。
(107) 同前、一四六―一四七頁。
(108) 矢野・森川編、前掲書、一六九頁。
(109) 吉川萍水、前掲書、一二―一三頁。
(110) 同前、二頁。
(111) 同前、一三頁。
(112) 李蘭香、前掲文、五八四頁。
(113) 吉川萍水、前掲書、一四頁。
(114) 池田忍・金恵信「植民地「朝鮮」と帝国「日本」の女性表象」小森陽一他編『岩波講座近代日本の文化史6　拡大するモダニティ』岩波書店、二〇〇二年、二八二頁。
(115) 李泰俊「妓生と詩文」『無序録』博文館、一九四一年、一三五―一三六頁。
(116) 尹白楽「芸術上から見た昔の妓生・今の妓生」『三千里』一九三五年十月、一九八頁。
(117) 白花郎「なくなった民俗　妓生の特色」『朝光』一九三六年十月、二一八頁。
(118) 吉川萍水、前掲書、一六八頁。
(119) 李瑞求「ソウルの味・ソウルの情調　京城のジャズ」『別乾坤』一九二九年九月、三五頁。
(120) 李瑞求「面白いソウルの話――新版京城地図」『中央』一九三五年五月、一一六頁。
(121) 趙容万『三〇年代の文化芸術人たち』汎洋社出版部、一九七八年、六九頁。
(122) ミリアム・シルヴァーバーグ著、庄山則子訳「日本の女給はブルースを歌った」脇田晴子・S・B・ハンレー編『ジェンダーの日本史　下――主体と表現　仕事と生活』東京大学出版会、一九九五年、五八九―五九五頁。
(123) 一九三〇年代の京城のカフェと女給の分布についての詳細については、矢野千城・森川清人編『大京城案内』（前掲書、一八七―一九一頁）と、中央情報鮮満支社編『大京城写真帖』（中央情報鮮満支社、一九三七年、一八四―二〇八頁）を参照。
(124) 東京居士「都会の夜　東京の夜」『新東亜』一九三二年八月、七七頁。
(125) 金乙漢「世界各国夜話集　京城夜話」『別乾坤』一九三〇年七月、八六頁。
(126) S・S生「歓楽の大殿堂カフェ!!――その社会的存在性」『新東亜』一九三二年六月、六三頁。
(127) 李瑞求「実査一年間大京城暗黒従軍記――カフェ・麻雀・演劇・夜に咲く花」『別乾坤』一九三二年一月、三四―三五頁。
(128) 緑眼鏡「カフェ女給オンパレード」『別乾坤』一九三二年十一月。
(129) 鈴蘭「インテリ女給手記　カクテルに映る私の顔――古い日記を読んで」『三千里』一九三四年五月、一七五頁。
(130) 韓順「私の女給生活記」『湖南評論』一九三七年七月、六七頁。
(131) 同前、六七―六八頁。
(132) 緑眼鏡、前掲文、三七頁。
(133) 同前、三五―三六頁。
(134) 「三雅四俗　五十銭君と富豪娘」『東亜日報』一九二九年十一月十九日。
(135) 朴泰遠「寂滅」『東亜日報』一九三〇年二月七日。
(136) 同前。
(137) 「一度男にひどい目にあわされた者はたいていそこに集まるようになるでしょう！　どうしてそうなるのでしょう。一定の専門的な記述はありません！　しかし、失恋したり、また家庭が破綻したりしたら、まず迫ってくるのは生活と傷ついた心の痛みでしょう！　ですから、ある人は自暴自棄な心情で、またある人は経済的な苦しみから、自然とこの道しかなくなるのでしょう！　実のところ、誰がこの騒がしいジャズの曲に合わせて酔っぱらって突っかかってくる男たちに、作り笑いをして、サービスしたいでしょうか。ですが、お金もなく、裏切られた人生であるのなら、どうすることができるでしょう！」（「街頭の職業人と一問一答――女給生活の運命論」『朝光』一九三五年十月、二二六―二二七頁）。
(138) 藤目ゆき『性の歴史学――公娼制度・堕胎罪体制から売春防止法・優生保護法体制へ』不二出版、一九九七年、二八九頁。
(139)「女学生と小学生がカフェの舞姫として活躍　貧しさと両親の虚栄心のため　エロ時代の日本」『東亜日報』一九三〇年十二月八日。
(140)村嶋歸之『歓楽の王宮　カフエー』文化生活研究会、一九二九年、七八―八〇頁。
(141)安藤更生『銀座細見』春陽堂、一九三一年、一七六頁。
(142)高橋康雄『断髪する女たち――モダンガールの風景』教育出版、一九九九年、一四五―一四八頁。
(143)金永八「街頭漫筆　路上スケッチ――ひとつ・ふたつ」『別乾坤』一九二九年九月、八四頁。
(144)趙容万、前掲書、一三八頁。
(145)蒼石生「ソウルの味・ソウルの情調　鍾散が・珍散が」『別乾坤』一九二九年九月、四一頁。
(146)同前、四二頁。
(147)小春「今日の朝鮮新女子」『新女性』一九二三年十月、五九頁。
(148)朴露兒「女学生の趣味検討」『新女性』一九三一年五月／尹芝薫「モダン女性十誡命」『新女性』一九三一年四月。
(149)朴露兒、前掲文、七三―七四頁。
(150)「今日のインテリ　結婚適齢期処女の理想男」『女性』一九三八年三月、三三一―三三三頁。
(151)金南天「当代朝鮮女性気質」『四海公論』一九三八年八月、九五頁。
(152)ジャン・ボードリヤール著、前掲書、八〇頁。
(153)個人の趣向と「hobby」を含む「趣味（taste）」と、容貌や外的な条件、個性を含む「スタイル」という用語は、植民地朝鮮でそれぞれの時期ごとに文化を構成する話の糸口であった。植民地朝鮮で一九二〇年代以後に通用する「趣味」は、啓蒙主義と社会改造の推進のなかで文明・教養あるいは実用的な知識のある形式を意味したり、大衆文化の拡散にともない演芸および大衆的娯楽の意味を帯びたりもするなど、異なる層位の意味によって用いられた。とくに、識者層の教養を含む高級な「趣味」と、大衆文化の享有と関連する娯楽的な「趣味」は、高級／低級という文化の二分化の脈絡にもとづいているが、これは芸術／本格／純粋の一方に、通俗／低級／大衆という文化内部の位階をあらわす区分をもたらす（千政煥・李龍男「近代的大

衆文化の発展と趣味」『民族文学史研究』第三〇号、民族文学史学会、二〇〇六年、二二八頁）。

（154）レイ・チョウ著、本橋哲也訳『ディアスポラの知識人』青土社、一九九八年、一一〇頁。

（155）盧志昇「植民地期、女性観客の映画体験と映画的な伝統の形成」『現代文学の研究』第四〇号、韓国文学研究学会、二〇一〇年、一八六頁。

（156）一九三〇年代半ばまでにおいても、朝鮮では西洋の映画（うち九〇パーセント以上がアメリカ映画）が全体の映画の六〇—七〇パーセントを占めていたという（柳善榮「黄色の植民地の西洋映画観覧と消費実践、一九三四—一九四二——帝国に対する「文化的否認」の実践性と正常化の過程」『理論と社会』第一三巻第二号、ソンゴク言論文化財団、二〇〇五年、九頁）。

（157）李東園「誌上討論　現下朝鮮における主婦としては女校出身がいいか、旧女子がいいか　学んだ女性は一箇の奢侈品」『別乾坤』一九二八年十二月、九六頁。

（158）碧朶「貧趣味症慢性の朝鮮人」『別乾坤』一九二六年十一月、五八—六〇頁。

（159）Arjun Appadurai and Carol A. Breckenridge, "Public Modernity in India", *Consuming Modernity: Public Culture in a South Asian World*, Carol A. Breckenridge ed., University of Minnesota Press, 1995, p. 5.

（160）千政煥によると、総動員体制以降、朝鮮人が発刊する朝鮮語の雑誌はその種類が激減した反面、朝鮮における日本の雑誌の需要は徐々に増えていった。一九四〇年当時、朝鮮における日本の雑誌は『キング』『主婦之友』『講談倶楽部』『日の出』『富士』『週報』『少年倶楽部』『婦人公論』『少女倶楽部』『改造』『中央公論』の順に多く読まれたという。当時、朝鮮で読まれた日本の雑誌の読者の約二〇—四〇パーセントが朝鮮人読者であり、在朝日本人と朝鮮人の雑誌の選好度はほとんど一致していたという（千政煥「日帝末期の読書文化と近代的大衆読者の再構成（1）——日本語の本の読書と女性読者の拡張」『現代文学の研究』韓国文学研究学会、二〇一〇年、八九—九〇頁）。

（161）張蓮花「文学妓生の告白」『三千里』一九三四年五月、一四一—一四二頁。

（162）千政煥、前掲論文、三七頁。

（163）盧志昇「女性誌読者と叙事読書の楽しみ——『女性』（一九三六—一九四〇）を中心に」『現代小説研究』第四二号、韓国現代小説学会、二〇〇九年。

(164)「「涙」劇の涙の場」『毎日申報』一九一三年十月二十八日/「婦人愛読者「涙」劇観覧会大盛況」『毎日申報』一九一四年二月一日。
(165)「団成社の初日」『毎日申報』一九一九年十月二十九日。
(166)「「愛に騙され金に泣き」という看板がある時に貼りだされた(中略)新派悲劇の四十八手がたっぷりと盛り込まれ、妓生を「よく」描いたものであった。そのため、それまではとりわけ高等新派に興味を感じていなかった妓生お嬢さんたちが押し寄せるのだが、ひいてはわずかな金で楽しもうと、夕方から明月館・食道園・松竹園などの料理店に行った間抜けどもは、酒のお膳を放ったまま、妓生について東洋劇場に来て演劇を最後まで見て、目がパンパンに腫れた妓生のあとをついて再びその酒のお膳に座り、夜更けまで妓生お嬢さんの観劇評と各者の訴えを聞き、夜中に再びその妓生をお連れして一五銭のソルロンタン屋で迎え酒を煽るのであった」(朴珍「東洋劇場時節」『中外日報』一九七一年二月二日)。
(167)「妓生たちの口から口へと宣伝になり、妓生族が押し寄せて、女たらし、ごろつきたちが妓生についてきた。一般の演劇の「ファン」はもちろん、噂を聞いて一般市民は演劇も見たければ、妓生たちに近づきたくもあって押し寄せるのであった(中略)どの料理店も、これらの俳優たちが行きさえすれば、各部屋から妓生たちが集まってきて、自分の部屋に行くこともできず、賛辞・祝辞を並べ立てる競争が起きた」(朴珍『歳歳年年――韓国の演劇秘蔵の話題』京和出版社、一九六六年、一五四頁)。
(168)朴珍「東洋劇場時代」『残したい話』中央日報・東洋放送、一九七七年、六六四―六六七頁。
(169)「総角座談会」『新女性』一九三三年二月/金慈恵「尹英愛自殺についての私見」『新女性』一九三三年九月。
(170)「喫茶店評判記」『三千里』一九三四年五月、一五五頁。

第四章　女性の労働の場としての近代都市空間

1　「職業婦人」と都市空間

一九二〇―三〇年代の「職業婦人」

近代教育を受けた新女性にもたらされた非常に大きな変化のうちの一つは、経済の主体としての自覚であった。褒成龍「女子の職業とその意義」（『新女性』一九二五年四月）では、「職業とは男性も女性も言うまでもなく、人が成人になるまでに通過せざるをえない一つの段階」であり、「個人の生活において肉体的にも精神的にも大きな助けとなる」とされた。そして、「女性の独立自営の精神――自分の力で自分の生活を保障することができる努力！　それはどれほど美しい活動であり、どれほど勇ましい生活だろうか」と、女性の真の独立が経済的なところから始まることが強調されている[1]。

『新女性』（一九二六年二月）に掲載された「婦人職業問題」という文章では、学校を卒業した女性が家に戻り、両親の強権により結婚させられることを「奴隷のように売られること」とみなしており、むしろ社会の職業婦人になり「自分の技術をある期間売ること」のほうがましであると述べている[2]。慣習的な結婚制度を

「個性の抹殺と蹂躙」であるとともに、一種の「売買契約」とする右の文章は、唯物史観にもとづいて女性の経済的な独立を鼓舞しており、職業婦人に対する新しい観点をあらわしている。

一九二〇年代中盤以降より、植民地朝鮮では経済的な主体としての自覚を持つ近代的な「職業婦人」の系譜が形成されるが[3]、「モダンガール」という命名自体が多層的な意味を持つように、「職業婦人」という用語自体も混乱して用いられた。当時の「職業婦人とは果たして誰を指すのか」と問う言説を整理してみると、教師・医師・記者・看護婦・放送局のアナウンサー・銀行員・幼稚園の保母・産婆などの専門技術職、そして新種ガールであるハローガール（電話交換手）・バスガール・ガソリンガール・エレベーターガール・タイピスト・書籍店員などが含まれており、製糸工場・煙草工場の女工までもが含まれる場合もあった[4]。すなわち、広い意味における「職業婦人」は、専門職の女性から労働階層の女性まで、近代の公的空間で労働をしてそれに対する報酬を受け取る女性全般を意味していた。

ところで、より限定された意味の「職業婦人」についての定義も見られる。小説家・金南天の「女性の職業問題」（『女性』一九四〇年十二月）という文章によれば、「職業婦人」という言葉は一九三〇年頃から使われるようになったが、それはある程度の学校教育を受けた女性で事務員や女店員・タイピスト・洋裁師などの、肉体労働と頭脳労働の中間的な性質の労働を行う女性を称するものとして定義された。最初の職業婦人は教員で、その先駆者は新教育を受けた女学生であったが、金南天によると、教員や記者のような知識階層や工場の女工のような下層の肉体労働者とは差別化された都市のサービス業の従事者である各種「〜ガール」が「職業婦人」なのである[5]。

一九三〇年代の「職業婦人」の定義と分類は流動的だったが、とくに金南天が定義づけた「職業婦人」は都市の新種「ガール」を指す狭義の「モダンガール」と一致する。ところが、当時、自ら職業婦人として自

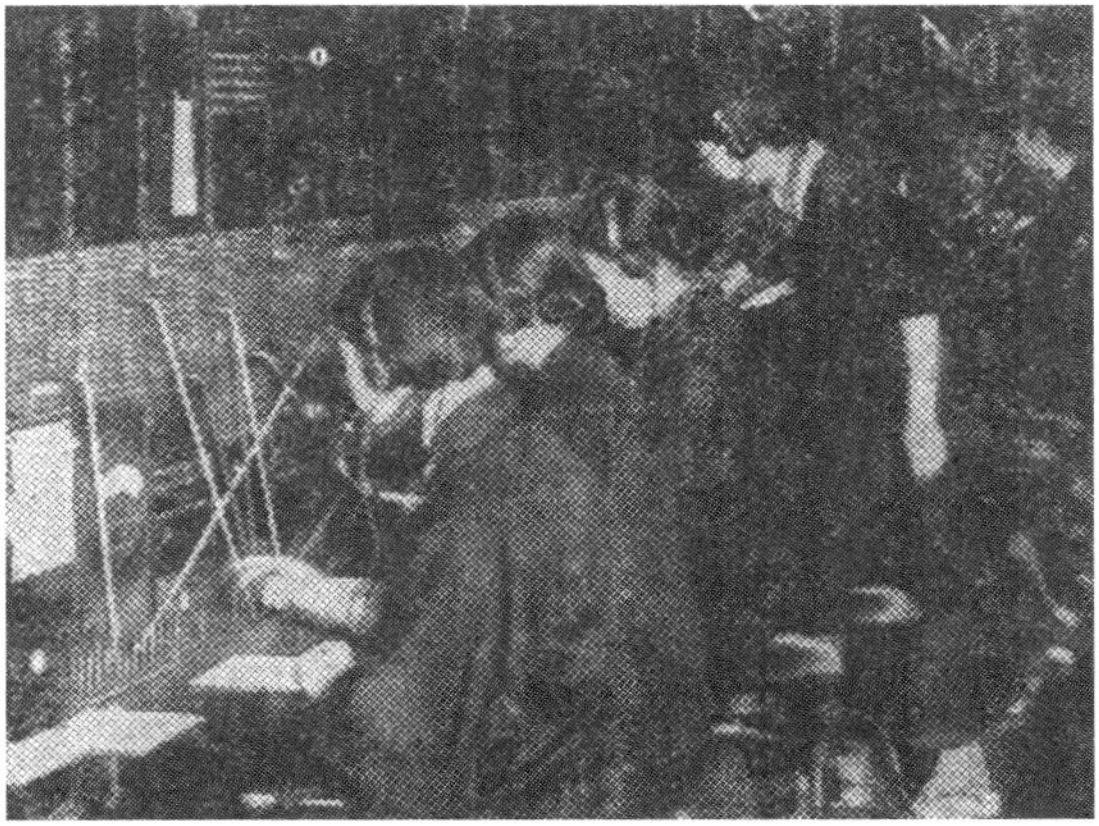

図１　ハローガール（『東亜日報』1936年２月20日）

図２　バスガール
（『東亜日報』1928年４月25日）

図３　マネキンガール
（『朝鮮日報』1929年９月７日）

意識を持ち、相対的に高収入をあげた「妓生《キーセン》」と「カフェガール（女給）」を「職業婦人」の範疇に含めるのかという問題は、論争を引き起こした。金南天の場合、女給という職業は妓生や娼妓とは違い、雇用主との関係がずっと近代的であるとして、一種の職業婦人として認めるべきだという立場をとっており、注目される。(6) しかし、当時の社会は妓生やカフェの女給を「桃色戦士」「売春婦」としてみなすことが一般的であり、教員や記者・看護婦など社会的に認められている職業婦人の内部においても、彼女たちは排除された。(7) このように「職業婦人」を取り巻く論争は、公的空間の女性労働の性格と、これを見つめる視点間の葛藤をあらわす。当時職業婦人の範疇の中で曖昧な位置にあるカフェの女給を見つめる一般人の視線は、朴泰遠の短篇小説「聖誕祭」（『女性』一九三七年十二月）においてよくあらわれている。

順伊《スニ》は、まず、自分の姉の英伊《ヨンイ》の職業が不快で、耐えられなかった。

女店員だとか、女性事務員だとか、そのようなものは、実際、自分でも言うとおり、そもそも学がないからなりようもないし、はなから考えるまでもない。誰も必ずそうあるべきだと主張したわけでもない。

だが、そういうことならば、向かいの家のジョンオクのように製糸工場で働くこともできる。隣の家のジョムレのように、紡績工場で働くこともできる。そうでなければ、綿打ち屋の下の娘と一緒に専売局の工場に行ってもいい。実に働く所は多いではないか。他にも英伊ができる仕事があるだろう。それらの仕事は、貧しい家に生まれた娘が従事したとしても、けっして傷になるものではない職業だ……。それなのに、どうして、よりによってカフェの女給になったというのだろう。(8)

1920年代半ば-30年代の女性の職業状況[9]

職業	資格および労働条件	月収入
女性教員	【資格】女子高等師範学校卒業者。教員試験合格者、女子高等普通学校卒業者	35-70円
女性事務員・タイピスト	【労働条件】1日8時間労働（午前9時—午後5時）	30-50円
婦人記者	【資格】女子高等普通学校卒業者	25-70円
幼稚園保母	【資格】幼稚園師範科卒業者	10-60円
産婆	【資格】総督府医院・セブランス病院助産科出身。技術があれば年齢は不問	40-50円
看護婦	【資格】総督府医院・セブランス病院看護婦科や東大門婦人病院看護婦養成所を卒業した者。15-30歳。 【労働条件】1日平均8時間労働	公設病院初任給 15-30円 私設病院初任給 20-40円
放送局アナウンサー	【資格】女子高等普通学校卒業程度。16-40歳。	見習い初任給 30円 正式アナウンサー 50-60円
電話交換手	【資格】女子高等普通学校卒業程度。15-20歳。	初任給 24-50円
バスガール	【労働条件】1日8-13時間（45分または1時間ごとに交代）	20-30円
女性店員、エレベーターガール	【資格】普通学校・商業学校卒業者。または女子高等普通学校卒業者。	15-30円
カフェの女給	【資格】普通学校卒業以上。女子高等普通学校卒業者	50-100円
妓生	【資格】券番学芸部（妓生学校）出身者	50-60円 （一級妓生は600-800円）
製糸工場女工	【資格】12-19歳 【労働条件】1日12-13時間労働（午前6時半—午後7時）。	見習い工　日給20-30銭 熟練工　日給1円以上
煙草工場女工	【資格】12-30歳	6-25円
精米会社女工	【労働条件】1日10時間労働（午前7時—午後5時）	10-30円

支出品目	支出額（総計30円–31円50銭）
電車の切符代	3円
本・雑誌代	3円
化粧品（クリーム・白粉・紅など高級品）	1円50銭
昼食代	3円
人絹／シルクの靴下・靴の修繕・美容院代	15–16円
劇場・音楽会代・便箋・絵葉書等その他雑費	4–5円
洋服・オーバーコートなど衣服代	ボーナスをもらった場合
パラソル・ハンドバッグ・マフラーなど贅沢品	小遣いから捻出して購入

当時、「ショップガール」「デパートガール」、事務員など都市の新種サービス職は、ある程度女性の身体を活用するという共通点があったが、カフェの女給と妓生はより露骨な女性の商品化を追求したのであり、新種サービス業の間にはけっして譲れない境界線が引かれていた。これらの職業の女性たちはみな、物質的な窮乏や生存の問題を解決するために街頭に出た経済的な主体であった。しかし、妓生やカフェの女給の場合、相対的に経済的な独立をより容易に確保することができたが、その労働は「認められるに足る」労働ではなかったため「職業婦人」から排除された。結婚前に女性が独立的な地位を得るために職業を持つ経験をすることが、現代女性の合理的な選択であることが主張されもしたが、「認められるに足る」労働をつうじた女性の経済的独立は、現実にはそれほどたやすく実現されなかった。[10] さらに、女性の独立のための経済的な行為は副次的なもので、結婚制度における妻・母親としての使命を女性の「天職」とみなす認識が変わることなく大勢を占めていた。[11]

当時大衆メディアにおいて、都市の「職業婦人」は肯定的に紹介されており、女学校を卒業した者たちの羨望をあおった。『新女性』（一九三三年十二月）に掲載された黄金鳥「第一線上の新女性　ああ本当に暇な職業——タイピストの述懐」は、比較的楽な条件の「タイピスト」の仕事を紹介している。上の表は、一か月に三〇円程の報酬を得て、家計の責任を負わずに自分の給料を完全に個人の小遣いとして使う、あるタイピストの経済指数をあらわしている明細書である。

この表からは、一か月の支出額が月給の三〇円を超過する様子が見られる。化粧品・装身具・靴・美容院などの品目に月給の半分以上である約一七―一八円を支出し、劇場、音楽会など文化生活のための費用として四―五円、パラソル・ハンドバッグ・マフラーなどの贅沢品や洋服、オーバーコートなどの衣服代が別に計上されるこの女性の例は、都市のモダンガールに対する幻想を植えつけるのに十分である。また、比較的仕事が暇で、一年に二度、夏と冬に一週間ずつ休暇を楽しむなど、楽しく暮らす職業婦人の姿は、当時の京城において見るも稀な例であるといえる。また、『別乾坤』（一九二八年十二月）の特集「モダン女子・モダン職業――新女子の新職業」に登場する、鋭利な感覚と豊かな妙技を最大限に活用する女性記者、結婚した後にも職業婦人になろうと朝鮮日報社の電話交換手として働く新女性出身の女性、高等女子学校を卒業して羨望の対象であった銀行員になり、職業婦人としての社会的地位に満足する女性事務員、つらい労働条件のなかでも同僚たちとの友情と経済的な対価に喜びを感じるバスガール（女車掌）は、近代初期の都市空間において経済的な主体として浮上した職業婦人の肯定的なイメージを提起する。[12]

しかし、一九二〇―三〇年代の都市の新種職業女性たちは、派手な外見の裏側で、実際には劣悪な労働条件（長時間の労働時間とわずかな報酬）の下に置かれていた。[13] まず、植民地当時の慢性的な就業難のなかで、女学校（中等・高等課程または商業学校）を卒業した学歴を持つ女性が「デパートガール」や「エレベーターガール」になるためには「採用試験地獄」（通常二〇―三〇倍の競争率）を突破せざるをえなかった。[14] また、彼女たちは外見的に近代的な「職業婦人」として分類されたが、労働条件の劣悪さ、低賃金、労働の流動性と一時性によって、高い離職率が見られた。[15] 実際に、当時の新種職業婦人である各種「ガール」の労働条件を見ると、そのほとんどが安い賃金（一〇—五〇円）で七—一二時間の労働をしなければならず、「デパートガール」（女店員）や「バスガール」（女車掌）、「ハローガール」（電話交換手）なども過度な労働に苦しめられていたことでは変わりなかった。

『三千里』（一九三五年十一月）に掲載された「街頭の女学校を訪れて——恋愛禁制の和信女学校　制服の若い女一四〇名」という文章では、新種職業女性の仕事の現場を「街頭の女学校」と呼び、今後数回にかけて鍾路交差点の和信百貨店の中にある「和信女学校」、東大門の中の訓練院にある「バス女学校」、西大門の外の専売局の中にある「煙草女学校」、映画館東洋劇場の「劇場女学校」を紹介する予定であることを告知している。

『三千里』（一九三六年一月）の「街頭の女学校を訪れて（其三）——ゴー・ストップするバス女学校　街路に活躍する一〇四名の女人軍」は、東大門訓練院にあるバス会社の女車掌の探訪記事である。記事によると、そのバス会社の女車掌は全部で一〇四人で、ほとんどが京畿道出身の一七歳ほどの未婚の女性であるという。また、彼女たちの出勤時間は、午前班（早番）が午前七時から午後二時半まで、午後班（遅番）は午後二時から午後九時までであり、賃金は月に一八—四〇円で、ボーナスは四〇割（月給の四倍）であった。仕事中に負傷した場合、治療費は会社が出し、数日間は出勤できなくても給料はそのまま支払われた。バス会社の福利厚生プログラムを見ると、慰安映画会はなかったが、精神修養の講話会は毎月開かれていたと記録されている。多岐にわたる女車掌との一問一答で、あるバスガールは、一日に何百人もの乗客に神経をすり減らしているとつらい状況も多く、自分たちを冷やかしたり失礼な態度をとったりする男性のために不快な気分になると述懐する。記者は彼女たちからなにか不自然さを感じ、「彼女たちは女性にはふさわしくない**クルマ**に従事するという、つらい生活に疲弊していたのだろうか。実に疲れて耐えられないという表情[16]」を読みとる。一日平均一二時間の勤務で、一か月で二〇円前後の報酬を受け取るバスガールの学歴は、普通学校の卒業以上であった。そのほとんどの者が厳しい生活の中で給料の大部分を生活費として使い、一か月に約三―四円の小遣いで靴・靴下・化粧品などの生活必需品を買ったり、休日に活動写真を見に行ったりしていたことが確認される。[17]

電話交換手である「ハローガール」もやはり、疲弊した女性労働者の一形態であった。京城では、中央電話局と光化門・龍山の両分局にのみ四百人余りの交換手がおり、各官庁・会社・銀行・新聞社などの内線電話がある場所ごとに数名ずつ交換手が配置されていたという。[18]一日に平均八―一二時間働いて、「四五分または一時間ごとに交代し、受話器に縛りつけられ、交換作業のために一つの「ロボット」になりチカチカする「ランプ」の明滅」[19]を見つめる「ハローガール」は、「職業婦人というよりは一つの機械」[20]であり「箱のような小さな部屋の中に閉じ込められて座って、もう三年間も昼な夜な同じ言葉だけを繰り返している」[21]職業として描写される。しかし、一か月に約四〇円の報酬は、女性にとって比較的高収入に該当するといえる。[22]

これに対して、基層階級の女性たちに一種の「モダンガール」の道を開いた女工は、農村の幼い少女を都市へ導いたが、彼女たちのなかには「年老いた父母と幼い兄弟たちの生活の責任を一身に背負って、苦心惨憺して糊口の道をやっと維持する婦女たち」や「やっと小学校を卒業または一、二年生を修了したところで、生活苦ゆえに退学して都市に出てきた一四、五歳の花盛りの紅顔の少女たち」が含まれていた。[23]朴昊辰の「女職工訪問記」(『槿友』一九二九年五月)によると、一九二九年当時、京城にはゴム・精米・印刷・製糸・織物・煙草工場など、個人経営の小規模な工場まで合わせると五百余りの工場があり、女職工は三八七〇余名であったが、工場の規模や状態、給料と労働条件によって、女工の待遇は多少差異があったようである。東大門清涼里にあった「朝鮮製糸株式会社」の場合、二百余名の女工を収容する寄宿舎は一般的な学校の寄宿舎よりも大きく、室内の設備も整っていた。しかし、そこは「都市の赤い煙突が集まり、情深い故郷の山河と慈しみ深い両親の懐の中にある以上に飢饉の悪魔を追い払いうる唯一の避難所(24)」と描写された。

これは、農村の激しい飢餓を逃れようと、故郷と両親の懐を捨て、索漠とした都市に放り出されることになった幼い女工の危うい立場を思い起こさせる。工場における女工の労働条件は、一日平均一二時間労働、一日の賃金が平均五〇―八〇銭、一か月では平均二〇円前後であった。しかし、「同じ境遇の貧しい家の少女たちはみながみな、なんとかして神の助けを得て製糸工場のようなところにでもちょっと入ってみようか」と言うなど、製糸工場は都市の中下層と農村の少女にとって「大きな羨望の的」になった(25)。「街頭の女学校」と呼ばれた女車掌や電話交換手、女工などは、都市の文明が生み出した先端的な職業であるとともに、普通学校卒業以上の識者層の女性が羨望していた職業であった。しかし、現実には彼女たちは一日平均一二時間のつらい労働に苦しめられた労働者であると同時に、公的空間で女性を脅かすさまざまな危険から逃れることはできなかった。

女性の仕事場としての都市空間

女性が都市で働くということは、誘惑と逸脱、性的に危険にさらされる可能性をはらんでいた。『三千里』(一九三二年八月)の特集「インテリ女性の悲哀」には、京城のある女子高等普通学校を卒業し、某会社で事務員として働いた女性の手記が掲載されている。そこには、彼女に加えられた性的戯弄(「エロ味で溢れた話」)と、会社の同僚である男性職員とのロマンスによって貞操を失い、会社から解雇された事情が述べられている(26)。近代初期、女性たちが家の外に出て、公的空間に存在すること自体が、危険を甘受しなければならないことであった。

金玉葉は「家庭制度と性問題の動向」（『新女性』一九三一年十二月）において、貞操の価値が暴落し、商品価値に変わったことが資本主義社会の特徴だが、「不景気が深刻なほど、エロティシズムの進展はそれと反比例している」[27]としている。そして「現代の経済機構のもとで貞操の価値の絶対性を要求することは、つまらない空想であり、愚かなこと」[28]であるため、性についての新しい倫理が必要であるとした。都市のサービス職に従事した女性は、職場で彼女たちを見つめる観淫症的な視線に耐えなければならなかった。一九三四年四月に平壌でバスが開通して以降、当時平壌の府営バスは全部で九台であり、「バスガール」（女車掌）は全員で一一人だった。当時の平壌の市民は、このような数少ないバスガールをみな把握しているほどであったという。以下、Kというバスガールの描写を見てみよう。

その女の顔は、そして声も、他のどの女よりもずば抜けてきれいで美しい。面長のようでありながらも、そんなにひどい馬面というようでもなく、かえって頰が見栄えよくふっくらとするようでもあり、そうでもないようでもあり、黒い目の中にキラキラと転がる澄んだ瞳、そして妙に目を引く鼻と、まるでビールの広告のあの女のようだ、そう言ったからとひどく低い評価をしているのではない。あの唇、あの唇はいつも閉じているが、実に艶めかしくほころんでいる。そしてこの女の声はいわく言い難い。少し風邪気味のようなあの声だ。熱でもあるかのように鼻声で話す。これがどれほど魅力的な声であることか。しばし忘れていたら、あの女の二つの頰はよく熟れた水蜜桃のように、ほのかに黄金色を帯びてさえいた。[29]

いわゆる都市の「モダンガール」であった職業婦人の身体は、それ自体が関心と解剖の対象になった。このような観淫症的な視線以上に、女性はさまざまな欲望と戯弄の対象になりもした。金玉順の「職業婦女と誘惑」(『三千里』一九三二年十一月)においては、当時の公的空間において、職業婦人として登場した女性たちの身体とセクシャリティがどのように専有され、消費されていたかがよくあらわれている。

文化の発展は一般社会に経済生活の膨張を引き起こしたことで、われわれ女性も階級を問わず、今日においては誰でも職業戦線に進み出ることになった。

以前は、職業婦人というものは、教養がない婦人であり、彼女たちの仕事はたいてい肉体労働方面であった。しかし、今日の職業婦人は教養ある女性が多い。生活苦に追われて街頭に進出した者もいるだろうが、女性も経済的に独立して真の人格的な自由を獲得しようとする、意識的な自覚を持ってやって来たのである。

しかし、一〇人中八、九人は経済的に圧迫されて就職するようになるものであり、その生活の裏面で悲哀に泣く者も多いことは、よくわかっている。

「職業人と誘惑」は切り離すことができない問題、もちろん年齢によって性的な欲望を自制することができず、誘惑されることもあるだろうが、われわれがこの社会でよく見聞きするのは、物質の不足によって誘惑されることが多いということ、また、自身の地位と職業を安定させようとして重役や幹部たちの誘惑に引っかかり、結局は身を滅ぼしてしまう哀れな女性たちが多い(30)。

右の文章で、金玉順は女事務員・女教員・電話交換手・妓生など、その職業の違いにかかわらず、彼女たちが女性として経験することは同じであるとしている。公的空間に出てきた彼女たちに誘惑の魔の手をのばす男性は、職場の上司・会社の社長・客などであった。職業婦人が性的に籠絡されるこのような事例は、当時の大衆雑誌によく登場する物語の一つであった。

外に出てきた女性たち、とくに職業をとおして公的空間に配置された女性たちが直面したセクシャリティについて、金起林は「職業女性の性問題」（『新女性』一九三三年四月）という文章において、構造的な分析を行っている。

> 以前はできなかった仕事、それが経済的な自立にまで導いてくれるだろうと甘く考えてみずからすすんで街頭に飛び出てきた女性たちは、次には切迫してきた社会的な情勢と物質的な必要から、本人が望もうと望むまいと街頭に引き寄せられるしかなくなった。（中略）
>
> 新しい環境は、新しい性の道徳を要求する。
>
> この情勢に重大な影響を及ぼしているまた別の現実もある。今日、若い男性が大量に失業状態のまま前途が見えず、一方で、女性が家事使用人のような職業についたとしても、その経済的な条件はひどく不利なため、全般的に結婚難に陥っており、これは当分の間、今後ますますひどくなりはしても、よくなることはなかろう。
>
> （中略）生活戦線に出てきた職業女性に任される職業の性質は、大部分は女性の独特な性的魅力というものを武器とするものだ。店頭で商品を売る女店員や、青楼で客をもてなす娼妓は、客を引きつける際に愛嬌を手段にする点で気の毒な共通点を持っているのである。表面ではきわめて平穏な職業女性は、街頭で、店頭で、実際には性的に無防備な地帯に捨てられているのである。

そのうえ、黄金や地位の暴力は、「失職の前では雀のように卑怯」にならざるをえないか弱い彼女たちの貞操までも脅かす。[31]

金起林は、資本家たちが「男よりは資金も安く、長時間働く、おとなしい――言い換えれば非常に劣悪な労働条件で雇用できる女性を求め」たため、「女工からオフィスワイフ〔秘書〕まで、数多くの職種の職業女性が氾濫」するようになったととらえている。また、金起林は女性が進出した職場は女性の「性的魅力」を武器とした場所であり、女性の身体を資産とする点で、都市の商店の女店員も青楼の娼妓などと変わりないと主張する。彼女たちの職場は、常に女性の貞操を脅かす空間であった。そして、「現代の職業女性の歩む道」は非常に危ういものであったが、彼女たちの環境は「女性を一種の「デカダン」的な享楽主義に導くのに充分な誘惑に満ちていた」と述べている。当時ブルジョア的な自由主義思想が反乱し、社会主義者たちを中心に「コロンタイズム」〔マルクス主義的な立場からの女性の解放、自由恋愛を唱える思想〕と「ベン・リンゼーの友愛結婚」、性的に無政府主義的な傾向が流行していたが、金起林はこれを「アメリカニズム」の有毒な部分として、享楽そのものを目的としたものとみなした。[32]

当時、大衆雑誌ではこのような職業婦人を妻に持つ男性たちの不安な心理がよく記事になった。『三千里』（一九二九年十一月）に収録された「妻を女店員として　収入は多いが不安」では、銀行で働いていたが失業した呉昌奎という男性が、珍古介の大きな百貨店で働く妻朴晶愛についての話を打ち明けている。

そのまま一、二か月経つ間に、私には夫としての言い表しがたい不安が生まれました。その百貨店は男性店員も多い所なので、人の目を引く顔をしている私の妻に誘惑が迫ってくるのでないだろうか。ある時には、病床で見た幻想として、ある男性店員が私の妻に手紙を渡す光景。ある時には、商品を買いに来ていた客が閉店を待って一緒に連れ立って喫茶店にでも入っていく様子が見えます。つづいて、手を触れる光景、口を……私は熱病患者のように息がつまり、目からは火がでるような痛みを感じております。もし遅く帰ってきたり、また化粧や服装などとくに気を遣って出かける日の朝には、私はひどく不快な感情になるのを抑えることはできませんでした。

（中略）妻を信じていながら疑うことを止めることはできないのでございます。そんなに死ぬような思いをするのに、なぜ妻を仕事に出すのでしょうか。(33)

「人の目を引く顔」をしている妻が、百貨店へ出勤した後、夫は家であらゆる不吉な考えに陥る。「男性店員が私の妻に手紙を渡す光景」「つづいて、手を触れる光景」など、夫の頭の中には、当時「デパートガール」にいかにも起こりそうなさまざまなことについての想像で満ちていた。職業婦人である妻を持つ男性のこのような不安な心情のなかには、実際に近代初期の都市空間の職業婦人が直面していた苦境がよくあらわれている。

藤目ゆきは、第一次世界大戦以降に日本の産業構造が変化する過程で起きた女性労働の変化について注目している。第一次世界大戦後、日本では中間層出身を含む女性が労働市場に大量に導入されることになるが、従来の工場労働以外にも、女性が働く領域が広がった。藤目は、このような過程で女性の性商品化の現象が一般化したと論じている。

産業革命は機械の導入によって熟練労働者を不要にし、低賃金で雇用可能な若い女性を工場へと編入したが、第一次世界大戦後の産業構造の変容のなかで現れた現象は、商売や事務労働の不熟練化と考えてよい。そのなかで、専門的な知識を持たない、代替可能な、低賃金で働き、昇進させる必要のない、容易に馘首できる労働力としての女性労働者への需要が高まっていった。かかる諸要素は、産業革命――工業化のなかで女性労働者に期待されたのと同じである。異なっていたのは、対人・接客的要素の大きい第三次産業においては、新しい要素、すなわち女性の「性的魅力」が要求されるようになったということである。(34)

第一次世界大戦後、日本では銀行や官公署などにおける女性事務員と、百貨店の女性販売社員などが急増したが、新しい女性の職種はその大部分が都市における接客サービス職であった。とくに、この時期の女性の職場で、女性の「性的魅力」を商品化する趨勢は「エロ・グロ・ナンセンス」という当時の社会風潮と結びついたものであり、基層階級の女性を動員する性商品化の現象はより広がってゆく。藤井紀久子は「女子職業の尖鋭――女給を論ず」(『社会事業研究』一九二九年九月号)において、女性が職場で直面する特殊性を問題とする。藤井は、「凡そ今日我国の職業婦人、の中、媚なくして確固たる地歩を有し、その収入を得つゝあるものが果してどれだけあらうか。労働立法の欠陥は、企業家、営業主をして今日のあらゆる職業婦人から、真個の勤労を要求する前に、先づその媚態を要求して居る」(35)とし、女性労働に媚を求める資本主義の社会構造を指摘し、性的なサービスが要求されるカフェの女給はその最も極端な例であると力説する。

職場における女性の性愛化は、植民地朝鮮の職業婦人にも同様に見られる普遍的な現象であった。近代初期の都市空間で仕事を探していた女性たちは、新しい生の形式を追求した開拓者であったが、さまざまな形態で女性の身体を専有する資本主義的な企てのなかで自由になることはできなかった。物的な土台と学力の資本が微弱であるほど、女性の身体はより商品化の資産へと深く捕獲されるという、階級とジェンダー指標の接合の中で、生存または経済的独立のために都市の女性が選んだ労働の境界線は、不安定かつ危ういものであった。

2　都市空間と親密性の商品化

『三千里』（一九三六年四月）に掲載された小説家・宋影の「「綿打ち通り」から来た便り」という作品は、一九三〇年代の京城で普通学校に通えなかった未婚の女性たちのために運営されていた夜学が崩壊していることを吐露する内容を含んでいる。宋影は、このような現状は「ソウルの中」の「年頃の娘たち」「無知な娘たち」が製菓工場・石鹸工場・専売工場（煙草などの専売品を生産する工場）の女工になったり、金をもっともらえるのに惹かれて、夜には寝ている珍古介の家庭の「オマニ」（在朝日本人家庭の女中）になったり、妓生になるために「券番」に通ったり、「カフェガール」になったり、娼妓として満洲に売られていったりしたためであると述べている[36]。

一九三〇年代の朝鮮において、ごく少数の新女性を除いた大部分の女性は、近代の渦の外で伝統的な生活様式を固守し、家事労働に従事していた。とくに、農村地域の家庭は、脆弱な植民地経済の下で慢性的な負債による激しい貧困に苦しんでおり、一九三〇年当時の女性の人口（九六八万二五四五人）のうちの約四パーセントが都市に移動し、労働に従事したものとみられる[37]。地方からソウルに働き口を求めて上京した女性たちは、工場の女工になる場合を除くと、大部分は「内地人」（在朝日本人）または朝鮮人家庭の「家事使用人」（食母《シンモ》）になったり、カフェ・料理店のような遊興空間で自身の身体を労働の資産としたりするようになった。これは、基層階級の女性の身体が家庭の内外の親密性の領域に配置され、商品として取引される地点をあらわしている[38]。家族または私的な関係の中で遂行されていた授乳・養育・家事労働、情緒的・性愛的交流が、近代初期の基層階級の女性たちをつうじて資本主義的な労働の形式として遂行されていたのである。

十九世紀以降、産業資本主義の発展と家族の構図の変動の中で、家庭内の関係・世話・愛・結婚など親密性の領域が経済的な行為と混じり合い、商品として取引されてきたことは、世界的な現象であったといえる。親密性の領域と市場の領域を分離したものとする伝統的な観点に立つ社会分析家たちは、このような現象を人間関係の結びつきを壊す道徳的な堕落とみなしてきた。しかし、親密さの商品化は貨幣を媒介に新しい種類の社会的な結びつきを作り出し、親密さと労働をとりまく新たな意味合いの組み合わせと交渉を量産するようになる[39]。植民地という条件下で、資本主義的なシステムがそのまま根を下ろすことができなかった近代初期の朝鮮においても、親密性の変動による公的・私的関係の再編の徴候が確認される。妓生と女給が家庭の外の都市遊興空間に配置されたとするならば、食母と乳母は大都市の中産層以上の家庭の内に雇用された女性であった。彼女たちはみな、都市空間の中で、肉体的かつ感情的な親密性を近代的労働の形態で提供していた新しい女性労働者群であった。

（一）料理店と妓生——職域から労働へ

前近代の支配層男性に技芸とセクシャリティを提供していた妓生《キーセン》の妓業は、近代になると構造的に変化していく[40]。甲午改革（一八九四年）以後、身分制の解体にともない、官妓制度は公式的に廃止される。しかし、妓業をやめることができなかった多くの妓生は、一時的な空白期間を経て、一九〇〇年代に官立劇場の協律社（一九〇二年）、私設劇場である演興社（一九〇七年）、団声社（一九〇七年）などの舞台で活動し、一九〇八年の「妓生団束令」を機に「妓生組合」という機制の中に吸収される。当時「妓生組合」は、日本の芸者の運営方式に習ったものであり、一九一七年以降には「券番」と名づけられた。妓生は、妓業を行おうとするなら、妓生組合に加入して営業許可書を得なければならなかった。以前は妓夫をつうじて個人的に統制されていた妓生は、妓生組合によって組織的に管理されるようになる。

　妓生組合は、妓生を「料理店」に仲介する役割をし、妓生は料理店で営業活動を行い、日取りで花代を受け取った。料理店は一種と二種（または甲種・乙種）に分類され、一般料理店とは区別される「特別料理店」（二種料理店）という命名は、帝国日本の公娼政策と関連するものであった(41)。一九〇〇年代前後、朝鮮において日本人が経営する料理店の門の外には、「御料理」という文字が書かれた提灯がかけられていたが、次第に発展して「菊」「花月」などの屋号を持つ料理店が開店しはじめた。このような料理店は、売春を主に行う一種の遊郭として「日本の遊郭と、置屋という妓生組合、そしてこれらの周辺に軒を連ねている料理店の伝統(42)」を継承していた。これに対して、一九一〇年代以降、妓生たちの主な営業の現場であるとともに公演の空間であり、当時の遊興文化を代表する料理店は、第一種料理店に該当する。これは朝鮮を代表する料理店として、当時の政府の官僚や国内外の貴賓たちの宴会場の起源となったものとして説明されている(43)。当時、妓生がこれらの料理店やさまざまな宴会に呼ばれて営業活動をすることを、「宴会に行く《ノルム》」あるいは「出花」と表現した(44)。そこで妓生は、一時間あたり一円五〇銭程度の花代を受け取る。記録によって若干異なるが、料理店および妓生組合と妓生の間の収益分配は、およそ三対七の比率であり、約七割が妓生の収入として定められたようである。全般的に妓生の月収は五〇—六〇円程度であったが、これは当時の新聞記者や教員などのインテリサラリーマンの月給の水準であった(45)。

一次的に料理店で妓生が提供していたものは、技芸公演であった。梶山季之の小説「李朝残影」(『別冊文藝春秋』一九六三年三月)には、当時の料理店での妓生たちの公演の場面が詳しく描写されている(46)。この作品には、有名な料理店を訪れた主人公ら日本人客一行が、宴会席に案内されてからまず朝鮮料理を食べる場面、そして三時間ほど待った末に妓生の演奏団が到着し公演を見る場面などが順番に描かれており、当時の実際の状況が垣間見える。公演は、まず妓生が歌う勧酒歌〔「酒の功徳をたたえ、お互いの長寿富貴を祈願する歌」〕から始まり、専門の楽士たちが宮廷雅楽を奏で、次に妓生たちが宮中呈才〔宮中の宴会で行われた歌舞〕の「春鶯囀」と「舞山香」を舞うという順で進められていく。彼女たちは四〇分ほどの公演を行い、予約の入っているまた別の宴会の席に急いで移動することになるが、このような場面は、当時の妓生たちの「心づけ《ノルムチャ》」が徹底して時間単位で計算されていることや、夕刻に三、四軒以上の宴会《ノルム》が予約されていた一級妓生たちの休む間もない活動の状況を描き出している。当時の一級料理店での妓生と楽士の公演は、小規模の専門芸術公演であり、三—四時間もかかる複雑な式次第や費用の問題などによって、大衆には簡単に接することができない特別な舞台であったことをうかがい知ることができる。

当時「名唱妓生」として名が知られた妓生たちは、一九三〇年代にかけて妓生組織を離れて、専門芸術家の組織へと再編され、大衆文化の新しい趣向に応える音盤を製作し、大衆的な歌手へと変身を遂げた。また、外見と姿態がずば抜けていた「花草妓生」〔若くて美しい妓生〕は料理店での人気によって、映画女優になることもあった(47)。しかし、このように近代の芸術界および大衆文化産業のシステムの中に入り、社会的な知名度を得て高収入を上げた妓生は、妓生界全体の一部に過ぎなかった。大部分の妓生は技芸をともなう接待サービスを資産とし、料理店で生き残らなければならなかった。当時妓生は、売淫を専門に行う娼妓とは法制

図４　京城の遊郭（李圭憲『写真でみる独立運動』下、瑞文堂、1987年）

度によって区分されていたが、料理店で人気がなかった妓生は生計のために自身の身体とセクシャリティを売らなければならず、これは多くの私娼を産みだすことになった。

妓生組合は、第一に妓生の積極的な組合活動と技芸活動を支援し、妓生を体系的に管理する近代化された運営システムであったが、総督府の管轄下にあって持続的な監視と統制を受けた。一九〇八年の「警視庁令第五号」の「妓生団束令」以降、「妓生」を管理する「妓生組合」と娼妓を管理する「娼妓組合」は明確に区分された。しかし、料理店で脚光を浴びていた少数の一級妓生以外は、組合に所属していながらも、個別に営業をする私娼に近い妓生が数多くいた。一方で、帝国日本は、一九一六年の警務総監部令第四号「貸座敷娼妓取締規則」の発令以降、京城では新町や彌生町のような特定の地域を指定し、朝鮮における公娼制度を本格化させた。帝国日本が公娼制度を可視化させた表面的な理由は、植民地内の風紀取締と性病の拡散を防ぐということであった。しかし、実のところは、経済面において公娼業から入ってくる税収を確かな財源として活用できること、植民地の統制を容易にすること、つまり彼らが言う「不逞鮮人－独立思想を持つ者」

を容易に探しだすことができるなどの利点があった[48]。

結果的に、妓生のような伝統伎芸の保有者と、新町や彌生町の遊郭における公娼は、風紀取締という美名の下で同じ方法によって統制・管理された。当時警察は、風俗営業と呼ばれる業種として、料理店・飲食店・カフェ・バー・喫茶店・ダンスホール・遊技場・芸妓屋・料亭（待合茶屋）などの営業を指定した。これらは、営業自体が善良な風俗の害になるものではないが、各種密売淫・賭博など善良な風俗を害する行為を引き起こす契機になるものとして、必ず取り締まる必要があるとした[49]。

一方で、妓生組合（券番）をとりまく外部の統制、妓生を見つめる社会の否定的な視線、妓生組合の役員と料理店との関係の中で起こるさまざまな不利益に直面し、妓生は妓生組合内部にあって自治的な対応の体系を作るようになる。とくに、当時妓生は妓生組合内の役員たちとの間の葛藤や、芸妓勢の減員の問題、花代の横領や時間当たりの花代の調停問題、警察による衛生検診の問題などと関連して、ストライキを強行し、妓生組合から独立して自分たちが中心となる自治経営による組合を結成することを公布したりもした。

このような妓生組合の内部における妓生の集団行動は、ある面で植民地期の妓生が置かれた特殊な条件と関連する。当時妓生は、妓生組合の付設学芸演芸部（妓生教育機関）において、歌舞の訓練とあわせて、約三年間の教育課程をとおして、ある程度の知識と教養の修得が求められていた。よって、妓生は当時、近代教育を受けていた女学生とは違う形態の識者層の女性であった。また、料理店をとおして政治家および知識人の運動家や文士と直接交流していた妓生は、彼らをとおして世界情勢の知識と社会についての情報を得ていたと考えられる。そして、なによりも妓生の集団的な行動力は、前近代の官妓制度の長い伝統にもとづいた、妓生組合内部の厳しい秩序と組織内部の体系的な運営原理にもとづくものと推定される。このような妓生の自治的な集団活動は、一九二七年一月の妓生雑誌『長恨』の刊行へと結実する。

雑誌『長恨』は、前近代の身分的・性的な差別の中で訓育され、玩賞物として享有されてきた妓生の「長い恨《ハン》」をあらわし、社会との葛藤関係の中で自分たちの存在のありようを新しく構成しようとした妓生のなかの少数集団による、社会的認知を求める闘争の一つの例であるといえる。ところで、ここには、料理店で妓生が行っていた妓業を近代的な労働と位置づけようとする妓生自身の意思が発現されており、注目される。雑誌『長恨』第二号（長恨社、一九二七年二月）に掲載された田蘭紅の「妓生も労働者だろうか？」という文章では、「草取り鎌《ホミ》やつるはしを持って土地を耕す男の労働者」のように、妓生も「正々堂々たる労働者だ」と宣言する。「口を開けて歌を歌うことと、手で洋琴や伽耶琴《カヤグム》〔伝統絃楽器〕を爪弾くことも、妓生は男の労働者より無限苦椒の中で労働する」[50]という田蘭紅の陳述は、料理店で求められる妓生の技芸公演は、消耗的な遊戯ではなく、一般の生活領域における男性の労働と比べると、むしろより大変な肉体労働であり、「頭と小さな心臓を傷ませながら、さまざまなお客様のご機嫌をとり、心配でいっぱいになり、血の気のない顔に情の深い笑みを浮かべながら」行う「気苦労の多い」[51]妓生の労働も、ある種の感情労働として正当に認めるべきであるという、急進的な視角が盛り込まれている。

植民地期をつうじて都市の遊興空間として繁盛していた料理店における妓生の多角的な動きは興味深い。宴席における接待行為や、料理店の外で公然と行われる性売買は持続的な論争を引き起こしたが、一部の妓生は自身の妓業を正当な労働の一つとして認めることを堂々と要求した。このような動きのなかには、妓生と交流していた当時の社会主義知識人の影響力を感じ取ることができる。しかし、植民地当時の社会主義運動勢力の視角において、妓生は「真の」労働階級ではない「ルンペン・プロレタリア」、すなわち資本家階級と闘争する社会的な勢力であるというよりは、資本家階級に寄生する反動的な集団ととらえられ、妓生のストライキや労働組合活動はまったく公式的な議論の対象にならなかった[52]。むしろ、当時の公的言説におい

ては、妓生を近代の一夫一妻制の家族制度の規範を揺るがす、消えるべき存在とみなす「妓生撤廃論」が支配的であった。(53)

一九二九年に出版された白寛洙の『京城便覧』(弘文社)では、妓生の月収が一人あたり約三〇〇円から三八〇円の高収入であり、植民地経済の劣悪な状況のなかで花柳界だけが黄金時代にあると述べられている。(54)しかし、当時の妓生内部の収入の偏差は、非常に大きかったと考えられる。『東亜日報』(一九二九年七月三日)の記事「実力競争の鶯花世界　緑酒に注がれた紅涙　七零八落の妓生収入」では、妓生の収入が「うまく稼げば月収　時間代が四百円余り、稼げなければ一か月に三円になるかどうか」と伝えている。これは、当時の花柳界が不安定な競争システムによって運営されており、その結果妓生の収入が三円から四〇〇円までの格差が開くという激しい両極化を招いたことをあらわしている。

吉川萍水《へいすい》は『妓生物語』において、当時の京城府の所得税賦課の基準とした調査票をもとに、妓生一人あたりの実収入は約六五〇円であり、一か月で五〇―六〇円程度だが、妓生の収入には大きな差があったと記録している。吉川は、美貌で芸達者、日本語が堪能であるという、この三拍子が合わされば、「流行妓」として年間二千五百円から三千円稼ぐことができるが、年収が一千円以上の妓生は全体の約一五パーセントにすぎないとする。しかし吉川によると、平均収入よりさらに低い収入の妓生たちも多かった。さらに、一九三〇年代初め、平壌「箕城券番」の場合、月収三五〇円の大金を稼ぐ妓生もいたが、花代の収益を券番と料理店に天引きされて、実収入として受け取るのは一か月に六五銭にしかならない極貧層の妓生が一〇人もいたと記録している。(55)このように、植民地期の券番妓生の内部には、大きな格差が存在していた。一〇―一五パーセント程度の成功した妓生が伝統芸術家として、また大衆演芸人や料理店の人気妓生として自身の生の基盤を確保することができたとすると、残りの七五―八〇パーセントの妓生は自身の商品的価値を高めるために不断の努力を行う、遊興空間の中の接待婦であった。このなかで、経済的な窮乏から生存の危機を経験した妓生は、私娼へと「転落」することになる。

一九一〇―一九二〇年代の全盛期が過ぎ、一九三〇年代に入ると料理店はひどい不景気の中で、より商業的で退廃的な方向へと突き進んでいくが、これは妓生の私娼化を加速化させた。当時の日刊紙の記事を見ると、『東亜日報』一九二五年八月二十九日付の「笑いを売り病気をふりまく花柳村の女性群」という記事は、一年間で各種花柳病にかかった女性のうち、日本人が八一八一人（娼妓五五一三人、芸妓一一七一人、酌婦一四九七人）であり、朝鮮人が総計六三三四人（娼妓三七二八人、芸妓七四〇人、酌婦一八六六人）であると伝えている。ここで「売淫を許さない芸妓のなかにも一九〇〇余名も花柳病者がいることは、一般が警戒するところだという。それは当局の者たちが芸妓密売淫の取締を怠ったためであるようだ」と述べられていることは、当時の料理店の芸妓（日本人）と妓生（朝鮮人）が私娼に深く関わっていたことを示唆している。

『東亜日報』（一九三二年五月二十一日）の記事「花柳界にも時代反映　公娼没落、私娼全盛」によると、一九三〇年代の初めになって公娼が衰退した反面、私娼が全盛期を迎えているのだが、妓生二四五〇人、娼妓一二六八人、酌婦一三五五人（総計五〇七三人）のうち、前年と比べて娼妓は一〇二人も激減したが、妓生は一七六人、酌婦は一一四人増加したと伝えている。さらに、右の記事は、妓生と酌婦が増えて娼妓が減った理由は、公娼制を廃止しようという世界的な世論の影響によるものだとし、また公娼の場合、警察が厳しく営業統制を行うためであるとする。その結果娼妓として営業するより、拘束が少ない私娼を兼ねる妓生と酌婦の数が増えていると分析している。

歌舞の公演を主に行う妓生の衰退は、一方で私娼の増加現象と重なりあう。料理店を中心に行われていた一九一〇―一九二〇年代の都市の遊興は、一九三〇年代におけるカフェの繁栄とともに西欧的な趣向へと旋回していく。このようななかで、妓生界の競争システムから淘汰され、都市のモダンな遊興趣味にも応ずることができなかった二流、三流の妓生は、法の網をかいくぐってこっそりと売淫を行う私娼と遊郭の公娼へと吸収された。『東亜日報』一九三二年十二月十九日付の社説では、「女性の悲哀　漸増する失業女性の娼妓化」を取り上げているが、私娼（妓生・酌婦）と公娼を含んだ一九三一年度の朝鮮の娼妓および酌婦の数は九四三七人であり、七年前である一九二五年の六九〇〇人に比べると二四三七（二五三七）人増加したと述べている。そのなかで、朝鮮人は二八〇五人から五〇七三人へと二二六八人増え、日本人は四〇八五人から四三六一人へと二七六人増えている。日本人に比べて朝鮮人の娼妓の数が約九倍増えた原因として、右の記事は植民地朝鮮の「呪わしい貧困と失業」の問題を提起している。このような公娼・私娼の増加は、その後も続いていくが、『東亜日報』（一九三七年十一月五日）の記事「古物商、芸妓は増加　旅館、飲食店は退勢」という記事を見ると、一九三七年頃には芸妓・娼妓は一万五百人にも増えるという「社会潮流の奇現象」が見られる。

近代初期の朝鮮において、伝統の指標にもとづいて都市空間の芸術と遊戯を担った妓生は、彼女たちの身体を商品として積極的に活用した植民地の遊興産業の資産であった。当時、法制的に妓生は公娼と厳しく区分されていたが、都市の料理店を舞台に活動していた妓生は、近代的な芸術家と商業的なエンターテイナー、または私娼との間の境界にいたという点で、前近代の「娼」が持っていた二律背反的な矛盾を完全に振り払うことはできなかった。当時妓生は、身分制から解放されたものの、「花柳界」という特殊な領域を十分に活用していた資本主義の機制の中に配置され、技芸とセクシャリティを売る都市の女／性労働者の一つの部類へと吸収された。

しかし、近代における妓生組合内部の妓生の労働組合的な活動や、伝統技芸の伝承者としての特権と経済的な土台にもとづいて社会的認知を求める闘争を図った一級妓生の声は、都市の料理店の構造的な限界から抜けだそうとするふるまいであった。とくに、妓生内部から起こった技芸の商品化や、親密性にもとづく感情労働に対する新たな認識は、家族制度の外の公的空間における資本主義的な生産労働として範疇化されることもなく、家族制度内部の再生産や家事労働とも質的に異なるものであり、都市の空間において数多くなされる女性の労働に対する再省察を求める問いであるといえる。

(二)　カフェと女給

一九三〇年代の京城の南村と北村で流行ったカフェは、西欧的な記号と日本的な特性が結合した混成的な構成物であった。技芸の公演にかかる時間計算の花代と、長く面倒なきまりごとなどによって、料理店の妓生は一般大衆がたやすく接することができる存在ではなかった。それに対して、カフェは経済面でもきまりごとの面でも負担なしに楽しく遊び興じることができ、音楽や踊りなどさまざまな西欧的な記号を共有することができるという点で、既存の料理店を凌駕する遊興空間として浮上した。一九三〇年代のカフェの男性客は、主に実業家・会社員・銀行員・店員・学生・教師・記者・モボ・浮浪者・知識人文士などであった。「朝鮮のカフェは日々繁昌する！　そうだ、朝鮮のカフェはエロボーイ・エロガールの乱舞場である！　酒と女の混舞場である[56]」という知識人文士・咸大勳による描写のように、当時のカフェはいわゆるモダンボーイたちの享楽の殿堂であった。

赤いアルコール！　灰色の煙！　青い笑い！　節のない歌！　夜更けの不夜城を歓楽の基地へと変えゆ

き、罪悪の種と根を深く張りめぐらせる現代の修羅場、カフェ！　そこは科学文明と物質文明の混血児であり、その生命が最も順調に、資本主義の恵みによってよく成長している。眉目が清楚なプチブルの貴公子、軟文学に甘い詩想を持った文学青年、現代の準幸運児である最高学府のインテリ候補、月賦の背広に重役の機嫌ばかりうかがうサラリーマン、彼らの安っぽい享楽を力の限り供給するという歓楽製作所であるカフェの運命は、いったいどれほど長続きするものだろうか(57)。

一九三〇年代の都市空間において、美人「ウェイトレス」を雇って大衆の好奇心をかきたてていたカフェは、近代的産業システムの中で女性の身体を媒介にして親密性を商品化した空間であった。とくに、カフェは一九二〇年代の朝鮮を席巻していた自由恋愛の風潮が商業的な形態で発現した場所であり、当時の社会の窮乏した欲望と資本が結合する方式をあらわしている。熊超という筆名の作家の「京城前後路地の風景」（『彗星』一九三一年十一月）には、カフェが公々然とした恋愛の空間であるとともに、そのような恋愛を金で買うことのできる特殊な市場であることを力説する。

カフェは真の恋愛でないとしても、いかにもそのような恋愛を売る市場である。女給が恋愛の形式それ以上のなにかを売ることがあるかどうかはわからないが、恋愛だけは公々然と売ることができる。カフェはただ恋愛の手続費として酒を売るだけであり、「チップ」という喜捨が恋愛の価格になる。恐慌！　不景気！　でありながらも、羽振りの良い市場を見よ――三、四〇円のあわれな月給取りのポケットからお偉いさんの顔が描かれた青い紙切れ〔女給に与えたチップを指す〕がひらひらと飛び出るではないか。これはどういうことかわかっているのだろうか。わからないなら、ひえびえとした部屋の

図5　東大門通

床の上にぶるぶると震えながらひしめいている父や母、妻に持っていってやればいい。どんなにみな感謝することだろう。しかし、そのようなことを知りながらも、ここに押し寄せるブローカーたちは、飯よりもまず、そして飯よりももっと高くつく恋愛を買いに通うのであり、青年紳士学生たちは夢中である。
　この偉大な市場、料理店の妓生の部分をより尖端化させたこの市場が、流行に後れをとらないようにするモダンボーイの先導で、わびしい北村の街路のあちこちに押し寄せている。(58)

　この文章は、カフェで金を媒介に交換されるものが単純に性的なものではなく、新式の恋愛であったことをあらわしている。「飯よりももっと高くつく恋愛」に夢中な「青年紳士学生たち」は、まさに一九二〇年代の新文明の洗礼を受けていた主人公であり、カフェは日常においてまったく具現されなかった自由恋愛、または結婚制度の中のエロスの欠乏を商業的に活用する風景を描き出している。カフェの女給は、当時の社会において羨望される自由恋愛の対象であった新女性の格好をし、男性客の自由恋愛への欲求を代わりに充足させる存在であった。

カフェは金銭を媒介にした肉体的・感覚的な快楽の交換だけではなく、女給と顧客の間の実際の恋愛が入り混じった場でもあった。当時カフェは女給との遊戯的な出会いをとおして、恋愛の欲求を解消する「青春の慰安地」として描写されることもあったが、(59) このとき恋愛は、金銭を媒介にした男性客と女給の奇妙な共謀関係を作り出す。ここで、職業的なサービスと自発的な遊戯行為の境界が曖昧な女給の労働が問題となる。カフェの女給の存在は、資本主義遊興産業が女性の身体とセクシャリティを活用する露骨な意図と戦略を示している。

従業女性がより美しくあることを求める。顔が綺麗で、化粧が上手く、派手な服を着て、より巧妙な手段でエロを強く発散することを要求するようになる。これが営業を有利にする最大の秘訣である。そうして、やってきた客の遊興心を煽り立て、浪費を助長するようになり、このような意味において営業主がたとえいかなる強制力を持たずとも、客は彼女たちが派手で愛嬌があり流行の尖端であることを好み、そうでないことを嫌うのであった。(中略) カフェで金を目的に働く以上は、顧客の歓心を買うことが第一義にならざるをえない。(中略) 客は女漁りに没頭する者たちであり、あらゆる手段を尽くして貞操までも買おうとする誘惑は絶え間なく浸みこんでくるため、カフェガール自身、そのほとんどがすでに虚栄に目覚めた者ではあるが、そのうえ営業主と顧客が主従関係と金の力で絶え間なく誘惑し、堕落の道へと引きずり込もうとするので……(60)

S・S生の右の文章「歓楽の大殿堂カフェ!!」(『新東亜』一九三二年六月) に見られるように、当時「カフェガール」に求められる条件は「顔が綺麗で、化粧が上手く、派手な服を着て、より巧妙な手段でエロを強く発散すること」であり、「やってきた客の遊興心を煽り立て、浪費を助長」し、「派手で愛嬌があり流行の尖端」を追う顧客の歓心を買うことであった。カフェの女給は、カフェの中の酒と食事、西欧的な記号を消費するように絶え間なく煽り立てる販売者でありながら、商品になった自身を客にアピールしなければならない構造の中に置かれていた。

カフェの女給の場合、妓生を特徴づける要素である技芸公演に代わって、より直接的で露骨な「サービス」が要求されたが、これは退廃的な遊戯文化を大衆のなかに拡散させることになる。当時、カフェの中で女給によって提供された「エロサービス」の性格は、性愛的コードを巧妙に商品化する危い境界をあらわにする。

ある限界を超えない範囲で、どんな特別な条件もなしに、最大限に客の要求するエロのサービスに従事することであり、貞操の売買にまでは至らずに、どの客からも歓心を買おうとするものであり、客たちもたいていは一時的な歓楽を貪り、エロの匂いだけ嗅ぎ、市価より高い商品を買うことになるのである。

つまり、客たちが求めるのは、食べ物よりもエロサービスだということだ。エロサービスは、程度が強ければ強いほど、ガールたちの収入は増えることになるので、おのずとエロの強力な発展を求めるようになる。(61)

当時カフェで女給に要求された労働は「ある限界を超えない範囲で、どんな特別な条件もなしに、最大限に客の要求するエロのサービス」をすることであった。また、このようなサービスはたとえ偽りのものであっても、恋愛関係の枠組みの中でなされる行為であった。[62] 当時カフェの女給は、女性の身体とジェスチャー・目つき・声など性的な刺激を誘発するあらゆる要素を技術的に活用しなければならず、商品の形態で交換されるこれらのサービスは、「チップ」という形態で直ちに補償された。ここで、顧客の最大限のエロティックな快楽を満たしはするが、売春へと転落してはならないという条件は、一九三〇年代の女給の労働を職業の枠組みの中に位置づける際どい境界線であり、性愛的な親密性が合法的に取引されうる最前線であったといえる。しかし、これは経済的に交換可能な親密性の領域の内部にセクシャリティが介入することで、道徳的な論争を生み出す境界地点でもあった。[63]

エロを公然と広く浅く発散することが商売となる職業であるゆえ、短時間でできるだけ多くの客の相手をして、その許す範囲で最も強烈なエロの刺激を与えようとするものでもあるから、やはり色を売る一つの作為であるのだ。[64]

S・S生の右の文章では、女給は短時間でできるだけ多くの客の相手をすることが求められており、規制と違反の緊張のなかに引き起こされる強烈で目新しい刺激と遊戯を提供していたと述べられている。当時のカフェの女給の労働条件を見てみると、「カフェ営業取締内規標準」(一九三四年)第二二条第一項にあるように、女給の収入とは彼女たちのサービスに対する報賞として受け取るチップがすべてであった。[65] 女給が顧客から受け取るチップは一―二円(平均一円)で、一か月の収入は通常五〇―六〇円であり、女優や女学生出身の人気が高い女給の場合七〇―一〇〇円程度に達した。一九二〇―三〇年代のインテリ知識人男性が六〇一七〇円程度の月給を受け取っていたことと比べると、これは女性としては少なくない収入であった(66)。しかし、女給は基本給の保障なしに客からのチップに全面的に依存していたため、客のさまざまな要求を拒否しにくい状況に置かれていた。その結果、カフェの中では多くのチップを受け取るために、あらゆる手段で顧客の歓心を買おうとする女給と、チップを餌に女給の貞操まで貪ろうとする男性客の間で、一種のゲームが繰り広げられていた。この時、女給には、男性客の欲望を満たすために官能的な技術を発揮することと同時に、売春や私的な愛欲の次元へと向かうことを制御すべき戦略が要求された。

一方で、女給のサービスが実際に恋愛に発展するとき、彼女たちの労働は恋愛という私的な感情の自発的な享有と、チップを媒介に提供した感情的・性的サービス労働の間を、曖昧に行き来することになる。

『毎日申報』(一九三二年十月二十一日)に掲載された「食堂とカフェ女給の月収入」という記事は、市内の本町署保安係が調査した食堂とカフェの女給の個人収入を紹介している〔次頁、表参照〕。

食堂の女給は、総計八八人のうち、二〇―三〇円を受け取る場合が最も多く(五〇人)、五〇―一〇〇円を受け取る者も三一人もいた。これに対し、カフェの女給は総計三〇二人のうち、三〇円が九七人、五〇円が一〇四人、一〇〇円が六一人、一五〇円が六人と、相当な高収入を上げていたことを示している。主に南村地域の日本人カフェが主な調査対象であったと推測されるが、記事では就職戦線の異状が深刻な時に五〇―一〇〇円に達した女給の収入は、まずまずの大学出の学士の初任給に劣らないと評している。しかし、収入の貯金を調査してみると、むしろ収入が少ない食堂の女給たちのほうが、最高で五〇円の貯金をした者が一五人おり、収入が多いカフェの女給の場合は一人しかいなかった。記事は、カフェの女給はほとんどの収入をそのまま消費し、主人に借金がある場合が大半であったと伝えている。「服を派手に着飾らなければならないでしょう。また、おしゃれな靴も履かなければならないし、化粧品とかなんだかを差し引いてみると

月収	食堂の女給	カフェの女給
5円	2人	—
10円	5人	12人
20円	28人	22人
30円	22人	97人
50円	16人	104人
100円	15人	61人
150円	—	6人
総計	88人	302人

「食堂とカフェ女給の月収入」『毎日申報』1932年10月21日

残るのはそんなにならないです」[67]というある女給の告白のように、職場としてのカフェは女給にとって収入以上の消費を助長する空間であった。

カフェの中の「肉香」を追い求め、「安い享楽」を求めるサラリーマンと芸術家・文学青年・学生について、当時の社会一般の視線は否定的であるほかなかった。

朝鮮社会の頽廃的現象の一つはカフェーの跋扈である。あちこちに現れる青い明り、赤い明り、カフェ。そこには絶え間なく人の神経を惑わすジャズソングのレコードの音が流れ、なまめかしいウエイトレスたちの笑い声が聞こえてくる！　心身を陶酔させるエロに惹かれて、人の耳目を引くそのあでやかな装飾に惹かれて、歓楽の空気に惹かれて、どれほど多くの人びとがカフェーのひっそりとした部屋に出入りしただろう！　闘争を忘れて、このようなカフェーに身を潜めて、エロを舐める彼らの生活は、どれほど退廃的で歓楽的で逃避的で幻滅的だろう。[68]

当時、カフェ自体が持つ退廃性は、そこを訪れる人びとの神経を惑わし、麻痺させ、植民地の現実から逃避する歓楽の空間を形成するようになったと、同時代の知識人たちは憂慮を表明している。

当時の社会一般の視線において、女給は「桃色戦士」「売春婦」、貞操を売る性労働者にすぎなかった。(69)しかし、このような女給を都市の下層性労働者として扱った現実に対して、一部のカフェの女給たちが大衆雑誌に自らを「職業婦人」と宣言する文章を発表している点は注目を要する。姜貞姫は「女給も職業婦人だろうか」（『新女性』一九三二年十月）という文章において、「職業とは人がその生活の糧を得るために行う経済活動である」と定義づけ、資本主義社会における労働と職業の意味を提起する。また彼女は「日本の内務省や内閣統計局は、その職業の分類の中ではっきりと女給を女性の職業のうちの一つとしており、そのほかにも、京城職業紹介所においても女給の項目があるという。実際、女給には売春的な行為に陥りやすい誘惑があるが、全員がそういうわけではない」と語り、女給は厳然とした「職業婦人」であり「人びとの間に蔓延する没理解に起因する誤診を受けているつらい職業」であると嘆く。(70)「私が女給になるまで――この職業を蔑視しないでください」（『新女性』一九三三年三月）という文章を書いた女給・張英順もやはり、自分たちがその当時の資本主義的な社会構造のスケープゴートであることを主張し、女給の労働を擁護する。

職業婦人としての女給の自己規定は、一九三四年四月一日に創刊された女給雑誌『女声』により強く提起されている。(71)〈R会館〉の「白薔薇生」という筆名の女給が書いた「朝鮮の女性たちよ！　躊躇せず職業戦線へ!!」という文章は、目をかっと見開き、両方のこぶしをぐっと握って、世の中へと飛び込む戦士のイメージの女性の写真〔次頁、図6〕を載せているが、これは他の大衆雑誌に登場するモダンガールとしての女給のイメージとは大きく異なっている。この文章で筆者は、まず近代化された女性意識と職業観を披歴した後に、男性と社会から不平等な待遇を受けている職業女性全般の悲哀に言及する。そして、以下のようにカフェの女給としての自分の声を発している。

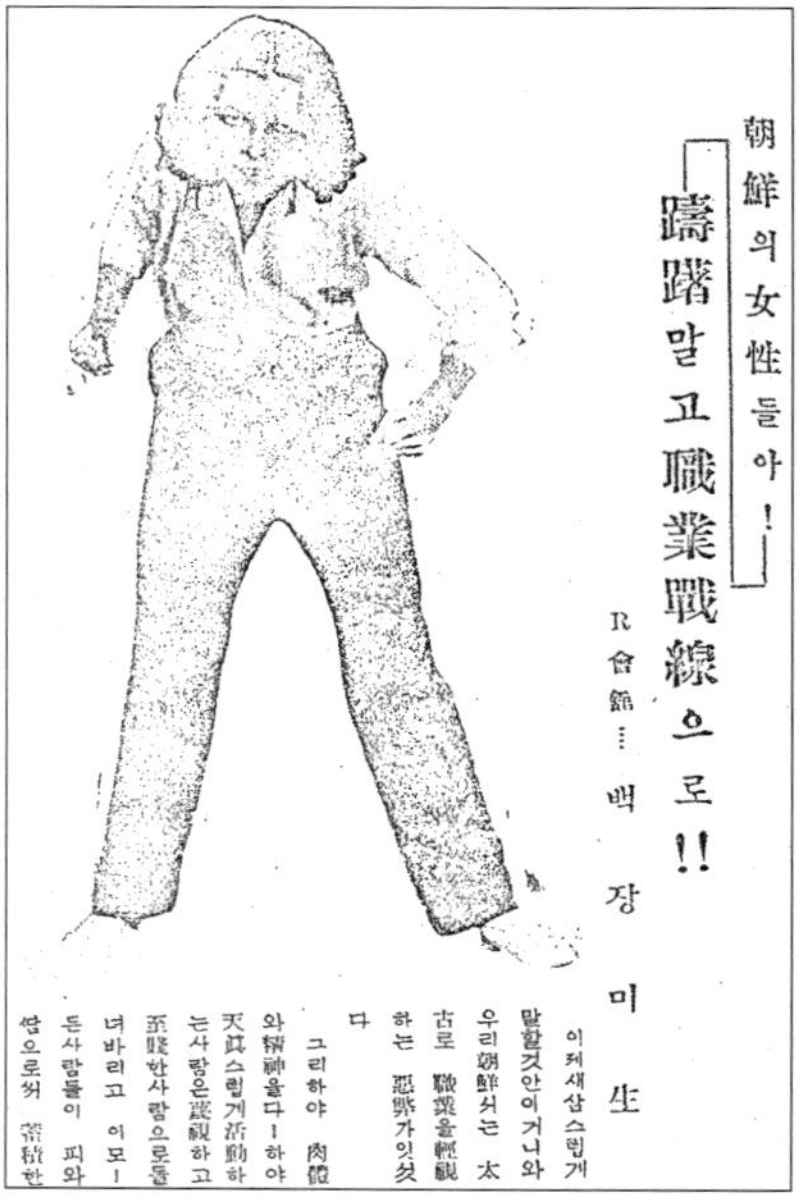

図6　白薔薇生「朝鮮の女性たちよ！躊躇せず職業戦線へ!!」『女声』1934年4月

カフェの女給を男の性欲を満たす動物のように考え、賤民のように蔑視し、嫌悪する者もいる。泰然とした態度で貞操を要求する非常識な者もいる。

彼らはおそらく、われわれを色街の売春婦と同一視するようである。わたしは職業としての女給というよりは、無知で常識に欠けた彼ら多くの男性に常識のカンフル注射を打って、啓蒙の鞭を打つことが天賦の責任であると感じ、自任しているところだ。

目覚めよ、女性たちよ。そうして勇敢に職業戦線に臨むことを躊躇するな。闘おう、すべての職業女性たちよ、男性の強力な無知と非常識と辛酸に満ちた社会のあらゆる乱脈に対して身を犠牲にして力の限り闘おうではないか。

これはわれわれの前途を有利に導く方策であると同時に、虚栄と空想に悶えるすべての女性にとっては幸いなる良識であり、羅針盤であるだろう(72)。

このような白薔薇生の文章は、職業婦人としての自覚を超えて、女給の問題を当時の社会が抱えている矛盾した構造の中でとらえ、無知な男性をむしろ啓蒙しなければならないという積極的な認識が見られる。そのためには、女性が自覚しなければならず、職業戦線において連帯して、男性中心的な思考とさまざまな社会的偏見とぶつかり合い、闘わなければならないと力説する。とくに、右の文章は女給をめぐる男性と女性の葛藤関係を、近代的なジェンダー意識からとらえており、自身を啓蒙の対象ではなく啓蒙の主体として認識し、社会の矛盾を克服しようとする女給の急進的な視角が盛り込まれている。

当時、多くのインテリ出身が含まれていた女給は、自身が置かれた職業婦人としての曖昧な位置にもかかわらず、大衆雑誌をとおして自分たちの社会的な声を積極的に表明した。しかし、植民地期当時のカフェの女給は、自分の収入で家族の生計まで背負わなければならない場合が多く、高収入を得た一部の女給以外、多くの場合、不安定で危なっかしい労働条件と過度な消費による経済的な貧困によって、カフェの外で個別的な客引き行為をする私娼群を形成するようになる。

『毎日申報』（一九三六年一月二十八日）に掲載された「芸妓、娼妓、女給等の知識程度を内査」という文章は、一九三〇年代中盤の京城の遊興空間の変わりようを描写している。

大京城における文化の発展にともない、長安《ソウル》の「花街」である花柳界にも年々大きな発展が見られ、そこに従事する妓生・娼妓・女給の数も日々増えている。ほんの数年前でも花柳界に足を踏み入れた女性は一種の虚栄女として扱われたものだから、その方面に進出することは躊躇われていたのだが、最近では大いに迫り来る生活難に悩まされ、一種の職業化する傾向も増え、また以前には浮浪者の巣窟として知られていた料理店は、現在は一種の社交場と化し、料理店やカフェなどに見合ったインテリの客が頻繁に出入りするようになった。このような変化につれて、彼らの相手をする花柳界の女性も相当な知識を持たなければ、教養ある高尚なサービスをすることができないようなありさまになり、最近ではほとんどが普通学校出身、あるいは中等専門学校まで卒業した女性が混ざるようになった。このような状況に鑑みて、京城府社会課ではこのような花柳界の女性たちの知識程度を具体的に調査するために、目下カードを整理し、その準備に忙しく、二、三日後より詳細な調査を行い、提示することになるとのことだ(73)。

いわゆる「花柳界」に従事する女性である妓生・女給・娼妓の数が日々増えているが、過去には一種の「虚栄女」という扱いを受けるため躊躇していたが、最近は激しい生活難にともなって、多くの女性がこの職業を選ぶようになったと述べている。とくに、注目すべき点は、料理店とカフェなどが一種の社交場に変わり、インテリ出身の客たちが出入りすることで、彼らの相手をする「花柳界」の女性たちもやはり相当な知識と教養を持ち合わせなければならない状況になり、実際に普通学校と中等専門学校を卒業した女性が多く含まれていたと伝えていることである。

右の記事によると、一九三六年当時、京城府には三八〇〇余名の花柳界に従事する女性がいたが、そのうち朝鮮人は三千余名であった。そして、妓生の数は九九〇名である反面、カフェの女給の数は一九四六名で、カフェの女給が妓生の約二倍の数になっていたことを確認できる。伝統の技芸を身につけ、公演を行わなければならなかった妓生とは違い、特別な技術は必要ないカフェの女給は、さまざまな階層の女性を吸収した都市の新しい職業であった。女給は簡単に雇われる代わりに、その分不安定で劣悪な労働条件に苦しめられており、堂々とした職業婦人と「売春婦」の曖昧な境界にあってさまざまな論争を引き起こしていた。植民地都市は追い詰められていく生存のため、あるいは経済的な独立のための職業を求める女性たちにカフェという狭間の市場を開いた。

（三）近代家庭と「食母」／「乳母」

家事労働の商品化と近代家庭の隙間——食母

「食母《シンモ》」は、前近代の身分制社会において、家庭内の家事と各種雑用を行った婢女（下婢）に起源をもつ「下女」のまた別の名である。身分制が解体した近代にかけて、「食母」は「家事使用人」と公式的に名づけられ、都市の女性の労働の一つの領域を形成するようになる。[74] 前近代的な慣行と習俗が未だに残っていた二〇世紀初めに、家事使用人は労働者と擬似家族の間の曖昧な位置で、家事・育児・授乳など、家族関係において求められる親密性の領域を、経済活動によって取引する機能を果たすよう要求された。当時朝鮮の「家事使用人」は「住み込みのお手伝い」「（朝鮮の）母《オオム》」「通い奉公」「食母」「家政婦」などと呼ばれ、家事全般を手伝う「食母《シンモ》」という呼び名の他に、針仕事をする「針母《チムモ》」、食事作りを主に行う「饌母《チャンモ》」、授乳を担う「乳母」「子守のねえや」などに細分化された。[75] 家族単位で主人の家の行廊棟《ヘンナンチェ》（使用人の部屋）に住みこんで家事を手伝う「行廊母《オオム》」もそこには含まれた。[76] 京城の清渓川の洗濯場周辺の中下層民の生を描写する、朴泰遠の小説「川辺の風景」（『朝光』一九三六年八—十月）では、東大門の中で「通い奉公」をするカフェの女給ハナコの母、夫の虐待から逃れてソウルにやって来て漢方薬局で「住み込みのお手伝い」をするクィドルの母《オオム》、薬局の母屋の行廊棟に二人の息子を連れて夫とやって来たマンドゥルの母《オオム》、妓生の家で通い奉公をしているピルウォンらは、特別な技術も学力もない都市の基層民女性にとって、家事使用人が非常にありふれた仕事であったことをあらわしている。[77]

このような植民地期の中上流層の朝鮮家庭における家事使用人の雇用は、近代初期に核家族の概念が導入されるも、現実には持続的に維持されていた大家族制度と伝統的な家屋構造および家庭経営の習俗などにまずは起因するものであろう。これまでそれほど注目されてこなかった「家事使用人」の存在は、植民地期の啓蒙言説のなかで追求されていた近代的（新式）家庭とは対照的な、現実のなかの家庭の実状をあらわにするだけではなく、近代初期において田舎から都市への女性の人口の流入とともに形成された都市の下層女性労働の一つの形として注目される。(78) ここで、行廊棟に「母《オオム》」と「父《アボム》」がいて身のまわりの手伝いをし、さらに子どもの世話をする下女（女従婢）もいるソウルの中産層家庭に「住み込み」で働く二九歳前後の女性の記録を見よう。この記録では、彼女は田舎の衙前〔地方官衙の吏属〕の家の娘として普通学校も卒業した中流以上の女性でありながらも、一七歳で結婚した後には夫から冷遇され、その後ソウルに上京し「住み込み」になったという経緯を述べている。

針仕事をするでしょう、飯炊きを手伝うでしょう、小さい子どもの世話をするでしょう、買い物のお使いをするでしょう、奥様の代書をするでしょう、来年にはヨンナム〔主人の家の息子〕を連れて幼稚園に通わなければならないでしょう……ある時は私の体が十あっても足りない時があります。

夜に合間を縫って夜学にでも通いたいですが、まったくそんな時間はありません。雑誌や新聞を読む暇すらないときもあります。

それでも、一か月に貰うのはたった一八円です。ですが、服をこしらえて着るほかには使い途もないので、それも貯まります。二年間で貯めたお金は、二五〇円ほどにもなるので、このまま二年だけでも過ぎれば四、五百円にはなるでしょう。うまくいけば、出ていく時に主人が百円ぐらい包んでくれるでしょう。どうにかこうにかすれば、五、六百円にはなるでしょうから、うまくいけば三年間ぐらいは勉強もできることでしょう。そのことが、今の私には大きな大きな希望であり、楽しみなのです。(79)

この女性は、「住み込み」として家事全般から、育児や家のお使いや雑用まで一手に引き受けていると記しているが、体が十あっても足りない時があるという表現は彼女たちが行った労働がひどく手に余るものであり、仕事の性格もさまざまであったことを示唆している。また、賃金の水準は一か月に約一八円を受け取ると明らかにしているが、一九三〇年代の女工の一か月の平均賃金が九―一七円、百貨店の店員が一五―三〇円、電話交換手や看護婦など職業婦人は二五―三〇円ほどを受け取っていたことと比べると、家事使用人の収入は最も低賃金の女工よりは高く、都市のサービス職に従事する女性よりは低かったと考えられる。しかし、家事使用人の場合、個々の家庭で雇用する職業群であるため、激しい賃金の偏差があり、工場や会社などの公的な組織から受け取る最小限の労働の権利や福祉はまったく補償されない、弱い立場に置かれていたといえる。

当時、家事使用人の多くは、主人の家に住みながら親密な関係を形成する擬似家族の形態を帯びていたが、実際には彼女たちは賃金を媒介に家族のなかに入り込んできた外部の労働者であった。前近代の身分制の足かせを掛けられ、両班《ヤンバン》の家に奴婢として働いていた女中とは違い、近代の「住み込み」や「食母」の位置はより複雑であった。主人の家との階層的な位階の違いによって前近代の女中のような待遇を受けながらも、彼女たちは労働に相応する対価を得る近代的な賃金労働者の面貌を帯びもしていた。金東仁は「資本主義がそれほど発展していない朝鮮だが、食母だけはまるで資本主義下の労働者のように、自分の責務をすべて悪意と反感として受け取って返してゆくとは、なるほど哀れな仕事である。仕事をさせる者がいくら親密さを感じようとしても、仕事を引き受ける者がこのような態度で応じるなら、そこには必ず不愉快な主従関係が生み出されるだろう(80)」とし、当時田舎から上京した食母の態度と品性について不満を吐露している。一方で、彼女たちは身分的な秩序の中で服従し奉仕していた前近代の奴婢とは違い、近代の家庭内部の私的秩序を脅かす部外者でもあった。

李泰俊の短篇小説「若妻《セクシ》」は、当時の都市の家庭に入った食母の感情の動きを追っている。この作品は、食母として入ったある若い寡婦を描写しているが、この女性はなぜか結婚して再び家庭を持つことを人生の唯一の目標としている。主人から月給をいくらか受け取ると、「和信商会」へと出かけていき、白粉やクリームのような化粧品を買ってきて、皿やティーカップ、電気アイロンなど、未来の嫁入り道具を買い集める。またある日、女主人からパラソルを借りて、子守に子どもを背負わせたまま、門から玄関までの道を行き来し、まるで自分が女主人であるかのようにふるまうなど、中産層の家庭婦人への羨望があらわれている。また、向かいの下宿に専門学校の男子学生が入るや、彼らに大きな関心を示し、その男子学生を訪ねて来る女学生たちを強くライバル視し、嫉妬を感じもする。(81)「帽子を傾けてかぶることができ、ベースをかかえてハーモニカも吹くことができるそんな新郎(82)」にふたたびめぐりあうことを夢見ながら、食母は結局自分の欲望を実現できないまま帰郷する。

『東亜日報』(一九二八年三月一五日)には「朝鮮母《オオム》(三)」という題名の「食母」についての記事が掲載されている。

表面的には生活苦がその原因であるようだが、年老いた寡婦の約一、二割を除けば、みな家長がいて舅と姑がいて、家庭を持つようになった若い女性が大多数を占めるほどに、その裏面には人生と社会の複雑な悲劇が潜在していたという。その種類を区別してみると、まず離縁された女性が三、四割を超える。彼女たちは、旧式家庭で育ち旧式家庭へ嫁ぎ、その家の長から嫌われたならば、自分の思いとしては再婚もしたくても、婚家と実家の体面の問題もあることから、結局むしろ見知らぬ土地に逃れることを決心してきた者である。彼女たちは食べていくことと同様、自分の行方をほかの人が知るのではないかということが最も気にかかることであり、どんな家庭でも一度紹介されれば比較的長い期間いるという。純粋に都会に憧れ、都会人の豪華な生活の様子を見ては一歩、二歩と虚栄心に踊らされ、結局のところ身をただ落とすことになる者も多いという(83)。

右の記事において、一九二〇年代後半に都市の家庭の食母として働いた女性のうち三、四割が離婚をした女性であったという言及は興味深い。さきの李泰俊の小説「若妻」における食母のイメージは、当時の結婚制度の周辺部にいた寡婦・離婚した女性などが、自身の過去を隠し、都市のような新しい空間でそれまでとは異なる新たな生を模索しようとするという、家事使用人のある類型を形象化しているといえるだろう。

一方で、都市空間のまた別の若い女性たちと同じように、食母もやはり物質文化にさらされるなかで恋愛を渇望し、結婚を夢見る欲望の主体であった。一九二〇年代後半、大衆雑誌には「下女」「食母」が「内地人」家庭を含む雇用人の家でさまざまな社会的問題を起こす内容の記事が、ときどき見られるようになる。たとえば、まず雇用主の家で金銭や金品を隠した窃盗罪で下女が罰せられたり自殺したりする内容が頻繁に登場するが(84)、これは当時の都市の富裕層の家庭に入った食母が、窮乏した農村とは違う都市中産層の文化と資本にさらされながら、物質的な欲望に目を開かれる一面を提示している(85)。また、特別な理由がなく下女が無断で逃げ出したという記事(86)、食母としての身の上を悲観したり、あるいは原因不明で自殺したという内容を扱った記事[87]、雇用主または雇われている家の男性と食母の間の恋愛および情死記事[88]、男性主人によって貞操を蹂躙されたり痴情がらみで殺害された食母の記事[89]も少なくなかった。雇用主男性と食母の間の貞操蹂躙と痴情がらみの犯罪事件は、家族という私的な空間で雇用主と雇用人の間の経済的な権力構図の境目で引き起こされるセクシャリティの問題を直接的に提起する。とくに、前近代的な習慣が未だに残存していた植民地期の多くの中上流層の家庭における若い食母は、身体の自律権を持てなかった前近代の女中の存在のありようと重なり合う。蔡萬植の短篇小説「山童」(『新小説』一九三〇年五月)において、家の主人で好色な地主キム・サンジュンから強姦される「女の下人」オクソミや[90]、短篇小説「生命」(『白光』一九三七年三月)で主人の奥方の小間使いとしてやってきたオウォルが、その家の主人の子を妊娠する姿は、前近代の身分制の産物としての「下婢」の姿をそのまま垣間見せている[91]。

しかし、近代のさまざまな家庭に雇用された食母や行廊母《オオム》ら家事使用人は、雇用人としての主人の家の横暴や搾取の一方的な犠牲物のイメージだけではつかみきれない。金裕貞の短編小説「貞操」(『朝光』一九三六年十月)では、下働きを頼もうと行廊に二人の男女を雇うが、主人の家の平和な日常が壊れる場面がみられる。この作品では、酒を飲んで帰ってきた主人を意図的に誘惑する行廊母《オオム》の行動は問題含みである[92]。

前日からのようにわけもなくニコニコと笑い、目くばせしてしっぽを振るようなことはもうしなくなったが、部屋でそのみすぼらしい面をすり寄せて、「私、ご主人様と一緒に住みたいんです。なんだか私、ご主人様にだけお会いできたら、それだけでただもう嬉しいです」
「そうか、生きている甲斐もあるというものだ」
「私は何も多くは望みません。ただ家の一棟だけ買っていただければいくらでも家事をします」

　そして、精一杯かわいらしく、腕を彼の首に巻きつけながら、
「そうじゃないですか？　書房様《ソバンニム》！　私がどうして妓生妻でしょうか、若妻でしょうか、これ以上何を望むでしょう？」(93)

道楽者の主人は、結局彼を誘惑しようとする行廊母《オオム》の計略にひっかかる。彼女が妊娠したという脅迫から、主人の家は二〇〇円という大金を与え、彼らを追い出した。行廊父と行廊母《オオム》の計画的な企みになすすべもなくやられたある家族の様子を描く右の作品において、近代初期、貨幣を媒介として親密性の領域の中に入ってくる家事使用人は、家庭の中の亀裂を引き起こす侵入者とし造形されていた。
『毎日新報』（夕刊）一九三八年三月十一日から十八日まで八回にわたって連載された秦雨村の短篇小説「食母」は、ある女性が若い夫婦が住む家の食母として入ることで引き起こされることになる家庭内の危機をより劇的に描き出している。この作品において、工場の女工を経て食母としてやってきた女主人公は、はじめから女主人と「口喧嘩」をするほど仲が悪かっただけではなく、主人に恋心を抱き、自分を女主人のライバルとして位置づける。

　この家の主人はよくいる不良な男でもなく、狼藉者でもありませんので、ご主人様は物静かな佇まいで、家の中で仕事を命じる若者で、何の考えもなく公然と不真面目な行動をするわけもなく、なにも私は自慢して言っているのではないのですが、町内の人々から
「どうしてお前みたいな者が他人の家に住むのか」
なんて言葉を聞きもしますが、実際、いくら見てもなにひとついい所のない奥さまである彼女より、私

の顔と私の身なりのほうがご主人様の目にもずっとよく見えるでしょうから、女であれば心が動くような若い男が一つの家にいて、若く賢い女に心を惹かれないわけはありません。過ぎた夏に「ちょっと待て」と言ったその言葉や、昨夜、私の手首を力強くつかんだことなど、すべてが内実のないひどい冗談とは、とうてい考えられません。(94)

右の文章で、女主人公の食母は一夫一妻制が根を下ろしはじめた近代初期の朝鮮における核家族である若い夫婦の間に飛び込んだ、脅威的な存在として形象化される。(95) 食母は、この家の主人が結婚する前に働けたらよかったと考えており、さらに自分が主人に気持ちを寄せるようになってからは主人もまんざらでもないととらえている。そして、女主人が間にいることで思いどおりにできないと、女主人（「あの女」）に対し言葉にできないほどの憎らしさを感じるようになる。食母は結局、ある雨の降る夜に、主人を迎えに行き、その時に一緒に手をつないで仲睦まじく帰ってくるところを女主人に知られ、大きな騒動を引き起こし、それをきっかけに家から追い出されることになる。

これらの作品に登場する家事使用人（食母・行廊母《オオム》）は、合理的・法的な契約にもとづいた都市の賃金労働者としての体系が整えられていない、近代初期の家事労働者の不安定で制約された条件の下で、親密性の経済的な交換が引き起こすさまざまな効果を体現している。このような環境に置かれた彼女たちは、「家事使用人」という不安定な労働者として不当に搾取されたり、不合理な待遇の犠牲になりもしたが、同時に自身の生存と欲望の実現のために苦闘する都市空間のまた別の行為者であった。その一方で、家事使用人は賃金労働を名目に私的空間に入り込み、家族のなかの親密な関係性を揺るがす、近代家族のなかの他者の形象でもあった。

資本と母性の境界――乳母

『女性』（一九四〇年一月）に掲載された「食母について討論する座談会」では、当時の女性知識人たちは、「食母」という存在の使い途と、日常生活における食母との関係をめぐる体験など、さまざまな議論を展開する。(96) ここで、女性教育家宋今璇《ソングムソン》は、夫婦が共に職業を持っている場合には家事はすべて食母に任せざるをえないのかという問いに対して、このように答えている。

私は食母の手に子どもを預けて育てたことはありません。食母にはただ洗濯とか掃除とかをさせましたが、たとえ私が学校に行けなくなっても、食母に子どもたちは任せられません。私は子どもが多くても、乳母も一人も雇わずに育てました。（中略）子どもはできるだけ母親の手で育てなければならないでしょう。誰が他人の子を真心をこめて育てるでしょうか。自分の子どもでも憎たらしい時があるし、煩わしい時があるじゃないですか。(97)

右の発言は、近代の核家族へと変わりゆく家族構造の変動のなかで、授乳と育児をすべて母親が担う母性イデオロギーの定着によって、乳母の役割は前の時代に比べて縮小し、次第に消えゆく伝統として範疇化されている地点を示す。とはいえ、乳母による授乳は朝鮮時代の両班《ヤンバン》の家庭において一般化した風俗であり、植民地期中盤に至るまで中上流層の家庭では乳母を雇う慣習は続いていたようである。(98) 植民地期朝鮮における「乳母」は、前近代的な家族と近代的な核家族の存在の様式が重なり合いながら、互いに分離していく過渡期の地点にあった。

厳興燮の短篇小説「黎明」（『文章』一九三九年七月）では、乳の出がよくなく、授乳の難しいことが多い女主人公ヒョネが登場する。にもかかわらず、彼女がけっして乳母を雇わない理由について、次のように述べられている。

最初は乳母を探しもしたが、適当な乳母が見つからなかっただけではなく、たいてい他人の家に乳母の仕事をしにきた人というものは、乳飲み子を実家に残してきた場合が多いため、乳をやる時に自分の子のことを火のように思い出し、むしろ心を焦がすため乳の質がよくないだけではなく、たとえ一か月に何十円という報酬を与えたとしても、乳母を雇うということは人の子の肉を削いで自分の子の肉にくっつけることのような、人道上とてもできない残忍なことであるので、夫が乳母を雇おうとした時に反対した。

むしろ乳母を雇う金で、乳の出がよくなる薬を飲んだり、日々滋養のある食事を食べたりするほうが現実的であるし、気も楽なようで、ヒョネはやはり乳母を雇いたくなかった。(99)

右の作品では「たいてい他人の家に乳母の仕事をしにきた人というものは、乳飲み子を実家に残してきた場合が多いため」自分の子どもを思い出して心を焦がすことから乳の質がよくなく、雇用主の立場からも何十円という報酬を与えても「乳母を雇うということは人の子の肉を削いで自分の子の肉にくっつけることのような、人道上とてもできない残忍なこと」とされる。このような記述からは、子どもに与える乳を他の子どもに与えなければならない乳母の現実と、そのなかで引き起こされる母性の葛藤や反発などを読み取ることができる。この作品は、伝統的な乳母の役割を否定する都市の新家庭の主婦の声をつうじて、近代初期の核家族の概念が広まるとともに、近代的な母性が新たに構成される過程を提示している。

ところで、蔡萬植の作品「貧　第一章第二課」(『新東亜』一九三六年九月『蔡萬植短篇集』再録、学芸社、一九三九年)は、近代初期の伝統的な乳母と異なる性格の、また近代的な母性や賃金労働者の姿とも重なるところのない、見慣れない乳母の形象を描き出している。この作品において、ある券番の妓生の乳母として雇用された女主人公は、夫に能力がないため、貧しい一家の家計を支える家長の役割をする人物である。この作品の乳母は、厳興燮の「黎明」における乳母、すなわちお金を稼ぐためにどうしようもなく他人の家の子どもに授乳しながら、自分の子どものことを思い、つらくなる乳母とは違う類の女性だ。とくに、この作品で乳母は仕事として授乳をするが、皮肉にも母性の概念自体が不在であり、母性の役割に反しているという点で特徴的である。

　三か月、乳母としてやってきて暮らすようになって、よく風呂に通いながら、表ではきれいに着飾って、すらりと見える女性やら妓生やらの痩せこけた体や、貧相な顔をたくさん見たりしたので、彼女は自分の美しい体を次第に誇りに思うようになり、

「わたしも、これぐらいなら……」

誰でもできないことはないと、ほのかな楽しい期待を抱くようになった。(100)

一般的に家父長制における女性の身体は、家族制度の中で再生産と養育の役割をする母親の身体として、そして家族制度の周辺部で性と享楽を供給する女性の身体として配置される。しかし、この作品における乳母

は、このような二分法的な境界線をぼかす境界上の人物である。外形的には、彼女は家族制度の中で再生産を行い、職業的に授乳を担う乳母であるが、実際に自身を性的な主体として認識し、肉体の快楽に目覚める女性でもある。

姿見の前には、先日買った、選んだところが一〇銭だったブリキの洗面器が置いてある。その中には、目の見えない猫が、食べるところもないイシモチの頭を後生大事にするように大切にしているクリーム・白粉・紅、このようなものがごてごてと入っている。

化粧をするのには時間がかかる。

毛の量が多いので、量が多い方をもう一度かき上げて合金のかんざしを挿し、クリームを顔にのばす。その上に、粉白粉を素早くはたき、まぶたと頰に紅を、ルージュのかけらで唇を赤く……。

このような化粧法と化粧品は、女主人の手法とともに使い古しを譲り受けたものである。化粧品の中には女主人がまったく使わなかったものを、そのままそっと頂戴したものもある。

化粧をした顔はちょっとよくできた小麦粉の餅のようだったが、乳母自身は、

「どこに出しても……」

と満たされた気持ちでもう一度くるりと回ってじっくり見たのちに、服を好きなように着る。

――服もこの肌のようにやわらかな絹の服であれば――

彼女は女主人が家や外でまとっている絹の服が羨ましくなり、溜息を漏らす。(101)

右の作品で乳母は外的な装いにすっかり心を奪われ、資本主義的な物質が与える快楽に完全に包摂された欲

図7　流行のパラソルをさしてお出かけするのが女性の憧れだった
（『毎日申報』1913年12月16日）

望の主体として描かれる。彼女は乳母として育てている他人の子どもに愛情を持たないだけではなく[102]、生まれて三か月で母親を奪われたまま栄養不足で死にかけている自分の子どもに対しても哀れみや母性を感じることもない[103]。とうとうその乳母は、自分の子どもが病気になり、死の境をさまよっている際にも、夢にまで見た雑貨店のショーウィンドウのパラソルを給料日に買って、そのパラソルをさして鍾路の百貨店を見てまわる。都市の貧民層の女性としての自身の立場を忘れて、分別もなしに消費を行い、壊れた母性をあらわにする妻の無責任な行動に、夫の反応は無気力なものでしかない。

崔書房《ソバン》は、自分から妻を、また死にゆく子どもからは豊かな乳房を奪っていったこの小さな暴君に対して、何の敵愾心も持つことができず、ただ金二〇銭だけを手ににぎったまま、ふらふらと大門の方へ出ていく[104]。

妻を消費の化身へと転落させ、子どもの命すら脅かす金の威力に屈服したまま、何の対応もできない夫の姿をとおして、作家は植民地朝鮮を席巻した資本主義の矛盾を辛辣に批判しているといえるだろう。

しかし、ここでより注目すべき点は、乳母という人物をつうじて伝統的な、または近代的な母性の規範と価値を突き崩す女性を登場させているという点である。この作品で描き出される母親の形象または母性は、慣習的な脈絡においてはまったく正常ではない。貧民層出身の乳母に子どもの育児全般を任せる妓生は、そもそもが近代的な母性の周辺に位置する女性であり、また物質への耽溺によって自分の子どもまで放棄する乳母は、犠牲と献身による育児を行うことで確保される伝統的な母性の価値に反する問題含みの人物である。二人の女性は、共に家父長制の統制のなかで新たに構築される近代的な家族秩序に亀裂を引き起こす存在である。

このように、逸脱した母性に注目した蔡萬植の叙事戦略の裏面には、生物学的・社会的な母性を取り巻く親密性の価値を屈折させ、破壊させる近代資本主義の圧倒的な力に対する辛辣な風刺が存在している。しかし、より注目すべき点は、伝統的または近代的家族言説のなかで神聖視されてきた母性が資本に捕獲される見慣れない風景をつうじて、女性に付与された育児の義務を賃金労働の一つの形式へと転移させる近代のメカニズムを省察させる地点である。

植民地経済の開発の不均衡による矛盾と欠乏のなかにおいても、一九二〇—三〇年代の京城では資本主義的な生の様式が根を下ろしはじめ、恋愛と結婚、家族と母性、セクシャリティなどの親密性の領域が西欧的なパラダイムの導入の中で新しく構成されていく。前近代的な思考方式と生活習俗がその根幹にあり、生の様式を近代的に変革させうる物質的な土台が不在であった植民地朝鮮において、親密性の領域は伝統的な価値と衝突し、変容していく過渡期的形態をとった。感情・性・恋愛・結婚などを新たに構成してきた近代初期の親密性の領域は、すべてのものを経済的な合理性と交換の価値として還元する資本主義システムと重なり合い、衝突しながら、それぞれ矛盾を量産するようになる。

一九二〇―三〇年代の都市を中心に経済的交換の機制が社会の全領域に浸透する過程で、女性の身体を媒介にして親密性を取引する市場が本格的に形成される。つまり、経済的行為とは無関係な私的な領域のものとしてみなされていた感情・愛・愛情・世話の行為が、市場経済の拡大のなかで産業の領域に編入され、流通するようになっていったのである。一九二〇年代の植民地朝鮮において、社会啓蒙の言語として広まっていた恋愛結婚は、物質的・慣習的な条件と衝突しながら挫折を経験したのち、一九三〇年代になって恋愛が取り除かれた一夫一妻制の功利的な規範の中に再び吸収される。このとき、想像されてはいたが現実には具現化されなかった恋愛結婚をつうじた親密性の疎通は、料理店やカフェのような遊興空間で貨幣を媒介に実現される。一方で、伝統的な大家族制度と新たに構成された近代家族の境界に登場した「家事使用人（食母）」や「乳母」は、世話や家庭内の家事労働、授乳と育児などを経済的な行為として遂行した女性である。彼女たちは、家族制度の内部において親密性の取引という新しい労働の形式が量産される過程で、伝統的または近代的家族・母性概念を変形させ屈折させる者として姿を現わす。一九二〇―三〇年代の小説における、近代の恋愛結婚と家族制度の内外で親密性を商品化してきた女性をめぐる描写は、都市労働者というあり方をとおして資本主義的近代が呼び出す家族内外の新しい関係の形式を提示するだけではなく、近代初期の朝鮮において再構成されてきた親密性の領域をあらわにする歴史的な指標として、あらためて注目する必要がある。

3 女工の目で見た都市の風景

都市に働き口を求めて人びとが農村から出ていく現象は、十九―二十世紀の産業化過程にともなう世界的な現象であった。しかし、一九二〇―三〇年代の植民地朝鮮において多くの農村の少女が都市の工場に移動した現象は、資本主義の発達それ自体に起因するというよりは、脆弱な植民地経済の構図の中で、慢性的な負債と貧困に苦しめられていた農村からの脱出に近かったといえる。[105] 生計のために家族のなかの誰かが都市に出て賃金労働者にならなければならず、低賃金労働を必要とする都市の資本主義的生産関係に、農村の男性に比べて未婚の女性はより吸収されやすい労働力であった。[106]

一九三〇年代、朝鮮の農家の半分が春窮農家〔春季の食糧端境期に食糧に窮した状態〕であり、女性を含む多くの農村の人口が国内の都市や日本・満洲・シベリアなど国外へと働き口を求めて出ていった。とくに、この時期、都市へ移住する女性が男性より多かったことは、注目すべきである。都市では男性の数が女性より多かったが、それは農村を含んだ全国の人口において男性の数が多いことに起因しており、移住人口のみを見るならば女性のほうがより多かった。[107]「農村に残るのは男やもめと未婚の男　妙齢女離郷群　工場へ花巷へ」(『東亜日報』(夕刊)一九三六年二月二十三日)という当時のある新聞記事は、一九三〇年代中盤の女性の離農現象が深刻であったことを示唆している。当時、都市に流入した田舎のまだあどけない未婚の女性は、工場や家事使用人、接客業種などの職に就くことができた。前近代の農業共同体において結婚適齢期であった少女たちは、家計の負担を軽くし、また生計を補うために、結婚を先延ばしにしたまま都市に移動して、経済的な主体へと転移することになる。[108]

一九三〇年代の農村を背景にした蔡萬植の短篇小説「麦挽き車」(『朝鮮日報』一九三六年七月四―十七日)、「童話」(『女性』一九三八年三月)、「病が癒えた」(『朝光』一九四一年七月)などは、自らの意思で、未来への大きな夢を抱いて都市の工場へと旅立った田舎の少女たちを描いている。彼女たちは、田舎の普通学校に通っており、両親の愛を受けた平凡な若い娘であった。しかし、ひどい麦の凶作で窮乏した現実の中で結婚すらできず、村をまわって少女をそそのかす工場の募集策の誘惑に負けることになる。一九三〇年代の農村の経済難は、「伝統」のパラダイムに属していた田舎の少女を都市の工場、「近代」の世界へと導く通路でもあった。彼女たちは、大都市の工場で二五―三〇円ほどの低賃金を手に、家を助け、嫁入りの資金を貯めて、家に帰る夢に胸を膨らませた。当時、田舎の少女の工場への移動は、農村の経済的な問題が第一の大きな動機であったが、それだけが唯一の動機ではなかった。そこには、田舎の少女の都市の生に対する憧れと幻想(109)、教育をつうじた階層的な上昇というような、近代的な体験に対する欲望が存在していた(110)。都市の街路を闊歩するモダンガールの派手なチマとチョゴリの布になる絹を作る女工は、一生自分が作った絹の服を着る機会もなかった。しかし、蔡萬植の「童話」で描写されるように、「絹を着ることができない村の女として、たとえ着られないとしても絹を自分の手で作るということ、その一つのことだけでもオプスニにとってはまず楽しい夢にちがいなかった(111)」。女工の募集員から先払いで受け取った二〇円で買った「人工の亢羅〔春夏の薄絹〕の一衣のチョゴリ」をこざっぱりと着て、故郷の家を出たイプスニの姿には、当時田舎で都市の白日夢を追って、家族と生活の基盤を離れる十代の少女のあるイメージが映し出されている。

田舎の家を離れたすべての少女が、無事に都市の工場に入れたわけではなかった。家族の保護から抜けだした瞬間から、彼女たちの身体は危険にさらされることになり、予測不可能な危機的状況に置かれもした。蔡萬植の「売られていった体」(『新家庭』一九三三年八月)には、嫁入り資金を準備するために田舎に恋人を残して都市の工場へと旅立った「職女」が、募集員の悪だくみによって遊郭に売られていく挿話がある。実際に、植民地期には、女工募集という口車に騙されて、大都市の遊郭に売られていく農村の若い女についての記事が頻繁に登場する。[112] また、日本の工場の女工募集にかこつけて、朝鮮の女性をおびき寄せて、日本の遊郭に受け渡す事例[113]とあわせて、満洲の料理店（遊郭）に売られていった朝鮮の女性に関する話においても、「女工募集」という餌が登場する。[114] 当時、田舎の若い女性が都市の工場に行くことは、多くの憂慮を生み出した。工場のむごい労働条件や、紡績工場における待遇の問題だけではなく、「女たちの身を滅ぼす場」「肺病にかかる場」「工場に行けば使いものにならなくなる」「工場地獄」など、一般人にとって工場に対する否定的な認識が広まっていたという。[115] しかし、農村で家事・機織り・農作業に付随する労働に動員されていた少女や、田舎の普通学校の女学生にとって、「女工」になるということは、経済的な保障と自立、都市での新しい生の形式を付与する魅力的な企てであった。資本の流れを追いかけて、安全で馴染み深い家を出ていった植民地朝鮮の農村の少女たちは、近代の都市の中へと冒険を敢行した無謀な旅人であった。

誰が女工を「語る」のか

一九二〇年代初めの新聞と大衆雑誌において、製糸工場・煙草工場・ゴム工場などで働く女工は、近代産業社会が女性に開いた新しい職業のうちの一つとして分類されている。『東亜日報』（一九二三年四月二十九日）の「朝鮮一の製糸工場　京城製糸株式会社の近況　三百名職工の敏活な活動」という記事は、「東大門外朝鮮製糸会社」を以下のように紹介する。

女性職工のなかには自分の家から通う者もいるが、多くは会社の寄宿舎で寝起きし食事もする。食事は別に作ってみなで食堂で食べるようにさせ、夏には毎日、ほかの時期には一日おきに風呂に入らせるが、風呂の湯も電気を用いて沸かしているため、わずか八分で冷たい水が入浴できるぐらいに沸くそうだ。職工の人格を向上させるために、夕飯を食べた後に二時間ずつ普通学校の課程を教え、時には教会の女性音楽隊や活動写真を呼んで慰安の時間をとり、また時には会社の裏山に小さな公園を作って散歩をさせる。すべての設備が新鮮で秩序立っており、女性職工の収入は一か月に最高で三〇円であり、幼い女工は最も低くて七円だという(116)。

このように、製糸工場で働く女性は、清潔な労働環境で衣食住に困ることなく、勉強と余暇を楽しんで、お金を稼ぐことができる羨望の対象として述べられている。環境のいい製糸工場の場合、働く者は最小限文盲は免れる程度でなければならず、競争が激しい所では普通学校を卒業することを資格として掲げたという。『東亜日報』(夕刊) 一九三六年二月二十日) の「女性と職業」という記事においても、工場内の福利厚生施設と定期映画会を楽しみ、最新式の寄宿舎で暮らす女工を「近代工業文明のなかで生まれた代表的な女性の職業」として紹介している。女工を多く雇っていた綿紡績工場の場合、京城・釜山・仁川・光州などの大都市に密接していることを特徴とするが、一九二〇年代初めより新聞と大衆雑誌において紹介された当時の京城と仁川、京義地域に位置した大規模な工場は、一見すると非常に近代化された形態の組織と設備を兼ね備えたもののように見える(117)。

しかし、一九三〇年代に入ると、新聞・雑誌や小説で女工は工場の非人間的な労働条件の中で苦痛を受ける都市のプロレタリアの典型として描写される(118)。『東亜日報』(一九三四年一月二日) に掲載された「女工生活記」を見ると、男女の職工を二千人ほど収容する大規模な工場の寄宿舎での暮らしは、まるで監獄に収監されたように生活の自由がなく、食事もまた「粗雑な飯一皿」に「味噌汁一杯」がすべてであると描写される。このように、この文章では、一日中つらい労働に苦しめられる女性労働者という、当時の女工のイメージを典型化している。一九三〇年代の新聞や雑誌、小説に表象される女工は、劣悪な労働条件のなかで病気になる不幸な女性労働者として位置づけられている。以下は、禹順玉という女工が書いた「ある製糸会社の女工日記」(『別乾坤』一九三〇年三月)である。

八月七日木曜日　晴れ

今日はとても暑い。噂では工場内は四一度だという。朝にはまだ元気だったが、徐々に立っていられなくなり、いくら気を引き締めようとしても、昨日の夜蒸し暑くて眠れなかったせいか、耐えられないほど瞼が重くなる。監督はすでに気づいて、私の前を何度も行き来し、声を上げげた。居眠りする者には熱湯をかけると——聞くだけでむごく、ぞっとした。順伊は今日も罰点が出た。死ぬほど働いて、かえって罰金を払うことになった。監督は騒ぎ立てる。(中略)監督は声を上げ、鞭を打ちつけ、立てと言う。一日に一三時間死ぬほど働いて、それで受け取る報酬はこの残酷な鞭と刑罰がすべて。[119]

右の文章において、四〇度を超える工場の中の熱気と監督の殺伐とした監視の下で一三時間続く労働は、「残酷な鞭と刑罰」と描写される。兪鎮午の短篇小説「女職工」(『朝鮮日報』一九三一年一月二—二十二日)では、夏の日の明け方から釜の中のように沸き立つ製糸工場は、三百人の若い女性の汗の匂いと繭の匂いが入り混じった「生き地獄」のようだと描写される。[120] 李箕永の長篇小説「故郷」(『朝鮮日報』一九三三年十一月十

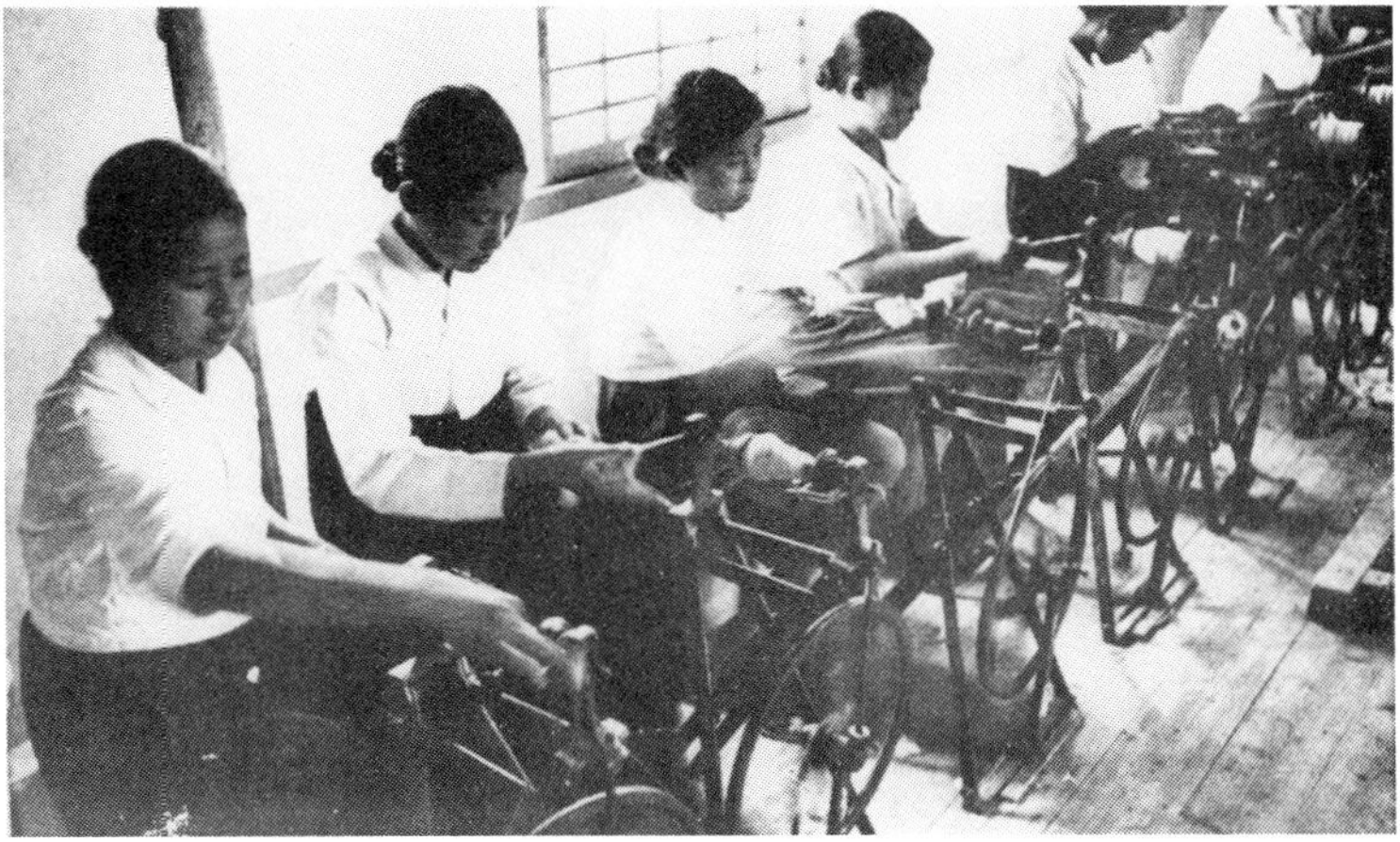

図８　綿糸工場で働く女工たち（李圭憲『写真でみる独立運動』下、瑞文堂、1987年）

図９　木浦の製綿工場（同）

五日―一九三四年九月二十一日）においても「このように一日中苦しめられ、両手が赤大根のように腫れ、目はかすみ、耳には電信柱のうなりのような音が鳴り、喉はカラカラに乾き、腰は折れるように痛い。手足は薪のようにこわばって、まったく自由がきかない。手の甲は枯れあがった畑が割れるようにひび割れた。これは実に労働地獄ではないか！　農村にはこのような労働はないが、代わりに飢餓がある。労働と飢餓！そのどちらがましだろうか」とし、「飢餓」を免れるために入った工場が「労働地獄」として描かれる。[121]

しかし、一九二〇―三〇年代の工場と女工の表象については、「誰が女工を「語る」のか」という問いを提起するべきである。なぜなら、女工を「代表」して語る表現主体の視線にともなって女工を表象する焦点が変わり、知識人が理念的に「女工」と呼ぶときの女工の声と、歴史の中のさまざまな女工たちの声の間には、溝が存在しているためである。[122]たとえば、蔡萬植の場合、プロレタリア文学者による作品に比べて理念的な思考が弱い反面、風俗についての観察的な距離のなかで女工の日常と内的な欲望を多角的にとらえている。一方で、李箕永や姜敬愛ら一九三〇年代のプロレタリア作家の女工の表現のなかにも、理念的な枠組みに包摂されない女工のまた別のリアリティの破片が発見される。李箕永の「故郷」における、久しぶりに休暇をもらい家に帰ってきた女工・仁順《インスニ》の描写を見てみると、田舎の崩れそうな実家の草葺小屋に対して、新建の工場は瓦屋根の近代的な建物とされ、女工たちは何不自由なく暮らしているというわけでもなかったが、酒粕粥〔酒粕を米に混ぜて炊いた粥〕は食べずにすみ、米を食べることができたと述べられている。[123]彼女たちにとって一九三〇年代の貧寒な農村より、都市の工場の環境は相対的にましであったのだ。当時、田舎をまわって女工を募集していた募集員は、一か月に四〇円程度の月給をもらえると田舎の両親と少女を誘惑したが、実際の彼女たちの賃金は一〇―二〇円台であった。[124]しかし、同じく女工が登場する、蔡萬植「麦挽き車」（『朝鮮日報』一九三六年七月四―十七日）では、彼女たちが稼ぐことになる給料は、それでも家計に少なくない助けとなったと述べられている。[125] 李箕永の「故郷」における主人公の父は、娘の仁順が普通学校を卒業した後に、製糸工場に入ったことについてまるで彼女が進士及第〔科挙の試験に受かること〕でもしたかのように村の人びとからの羨望を集めた。

低賃金、長時間労働の劣悪な条件下に置かれていた女工の現実にもかかわらず、工場の就業競争率は非常に高かったことが、当時の実情であった。一九三〇年代初め、定州・群山・平壌・永興のような地方都市の工場における女工の就業競争率を見ると、二五人の応募に八百人（定州）、一〇人の応募に二七〇人（平壌）、六〇人の応募に二百人余り（永興）が押し寄せ、それぞれ三二倍、二七倍、三倍の競争率を見せている。[127] また、大規模の建物の中に寄宿舎、食堂など近代的な設備を兼ね備えたソウル京義圏一帯の大きな工場は、農村の幼い少女たちに新しい生の場を開いてみせる。姜敬愛の長篇小説「人間問題」（『東亜日報』一九三四年八月一日―十二月二十二日）には、ソンビ・カンナニ・インスギら田舎の少女たちが、工場の中の巨大な機械と百以上もの部屋がある寄宿舎などが生み出す近代的スペクタクルに圧倒される場面が登場する。[128]

一方で、一九三〇年代には、女工と工場の否定的なイメージを描写する批判的な記事とは異なり、各種の近代的なシステムを備えた工場を一種の近代的な学校に喩え、女工を灰色の制服を着た才気煥発な女学生と描写する記事も確認できる。一七、八歳の「制服制帽の若い女性たち七百名」が働く「煙草工場」を取材した「街路の女学校を訪ねて（其二）」（『三千里』一九三五年十二月）では、煙草工場で働く女工を「春の小山にあでやかに咲く花のつぼみのようなお嬢さんたち」と描写し、女工と工場についての肯定的なイメージを示している。[129]

どんな学校の教室よりも、ずっと立派できれいに設備された場所に、きっちりと並べて置かれた椅子に腰かけて仕事をする彼女たちが、他の工場の職工のように疲れた様子を見せず、勇ましく働いていることが、この日の私に特異な感懐をもたらしたのである。まるで病院の看護婦のように、白い帽子に、灰色の作業服を着こみ、一糸乱れず座って働く姿は、人としてのなにか義務と責任を果たすかのようだった。一か月に何十円ずつすぐに使う、ハイカラな学校に通う女学生よりも、この煙草女学校の学生たちに敬意を表したかった。(130)

右の文章によると、一九三五年当時、京義道義州通にあった煙草工場には、七百余名の女工が働いていた。その煙草工場の女工は、朝八時から夜八時までの一日一二時間労働をし、給料は成果によって八円七銭から四二円九銭まで支給されていたと述べられている。工場内部の福利厚生としては浴場・洗濯場・屋上のベビーゴルフ場などがあり、公園のように整備された屋上では、千人を超える男女の職工が毎朝ラジオ体操を行っていたと伝えている。また、「文化的な食堂と講堂」「新聞雑誌でいっぱいの図書室」があり、職工の福利厚生のための講話会や慰安会が開催され、そこでは映画の上映や名士による講演が行われた。煙草工場で働くほとんどの職工が普通学校を卒業していたが、卒業できなかった者に対しては普通学校と同等の勉強ができる教室が準備されていた。また、職工の福祉の各種プログラムとして、医務室の設備以外には、労災手当・傷病手当・出産手当・疾病手当・死亡手当・災害手当・退職金・勤続手当などが提示されていた。

また、「街路の女学校を訪ねて」の一連の記事として、永登浦の紡績会社の探訪記事が『三千里』(一九三六年二月)に掲載された。その記事においても、工場は効率性と合理性にもとづいた近代的な労働システムを備えたものとされ、そこで働く労働者にさまざまな便宜を提供する理想的な労働空間として描写されており、工場を「労働地獄」と表現するような工場に関する批判的な記事との差異が見られる。(131)

右の京義道義州通の煙草工場の探訪記事（『三千里』一九三五年十二月）には、そこで働く李貞順という女工のインタビューが掲載されている。彼女は働くことがつらくはないかという問いに対して、「別につらいこともなく、どうにかこうにか過ぎていく」と答えている。また、どんな時が一番楽しいかという質問には「仕事をして少し疲れたときに屋上に上がって、ベビーゴルフ場でゴルフをするときが楽しいです。夜にべりますが、そのときが一番嬉しいです。（中略）春なら、仁川にピクニックに行くその一日が本当に楽しいです。そして、秋風が吹く頃に京城グラウンドで工場全体の大運動会をやるその日もまた楽しいです」[132]と答えている。だが、これらの探訪記事は、『三千里』という商業的な大衆誌という性格の雑誌[133]に掲載されたということと、工場経営陣の立場をそのまま記述しているという点から、これらの工場についての肯定的なイメージは批判的に検討する必要がある。

しかし、低賃金・長時間労働・非人間的な労働条件・労働統制などのような、植民地期の工場の典型的なイメージとは異なる女工と工場の表象は、一九三〇年代の大都市の工場が労働者を資本主義の労働システムに引き込むために、さまざまな魅惑的な装置をいかに精巧に配置していたか、という問題を提起する。都市の工場で休み時間に屋上に上がってベビーゴルフをし、活動写真とピクニックを楽しむ女工と、長時間労働によって「生き地獄」の苦しみを味わった女工の、相互に異質なイメージは、搾取の枠組みだけでは説明されきれない近代の工場の多層的なメカニズムとともに、女工の欲望について再び省察することが求められる[134]。

都市の工場の内と外——彼女たちだけの近代

工場の中の、暗く奥まった場所は、つねに女工のセクシャリティが危険にさらされる死角であり、工場の職工・監督は女工が最も警戒すべき対象であった。当時の新聞記事や小説には、職工や監督による女工の蹂躙をめぐる内容が頻繁に登場する。(135) このような状況において、工場内での職工や監督の権力や金を媒介にした誘惑に屈服したり、それを生きるための道具としてとらえる女工たちも現れるようになった。(136) また、都市の裏通りや工場の周辺にひそむ危険も油断ならなかった。(137) しかし、工場の内外は、女工にとって自由恋愛、都市の文化の享有、消費行為などのような新しい体験をする場所でもあった。女工たちの恋愛は、工場内でよく見られる風景であったようだ。

人が住む場所に、恋愛はつきものである。

女工たちの恋愛生活こそ、情熱的であるだろう。異性に目を開かれた女工！　工場で一緒に働く男性職工と作業する瞬間に、視線がぶつかり合い、無言のうちに愛の糸を結んでしまう。そして、会社で恋愛問題が発覚してしまうと、問答無用で放逐される。ストライキをすれば——無条件で放逐されるし、女工を長く使うためにあらゆる虐待・屈曲・貧困・疾病など、または放逐という大きな権力の行使を工場主が思うがままに振りかざすので、職場から追い出された幼い女の震える心こそ、お金もなく地位もない者たちの共通した悲しさであるが、それでも女工より強い悲哀は、一般人は味わうことができないだろう。(138)

工場内の男性職工との恋愛を「ストライキ」という言葉で表現する右の記事では、女工は工場の外へ「放逐」される危険を顧みず、情熱的な恋愛をしていたと述べられている。また、春における女工たちの工場離脱が、このような思春期の少女の恋愛衝動によるものだとする新聞記事も確認できる。[139] また、韓雪野の「交叉線」（『朝鮮日報』一九三三年四月二十七日―五月二日）において、工場内の男女職工は、「春を迎えた水も滴る青年男女」[140] と描写される。工場内の作業現場で一緒に仕事をするときだけではなく、休み時間に「ハンドテニス」を一緒に楽しみ、工場の前の海辺の砂浜で相撲もし、親睦会活動と読書会のような集まりや工場内の定期運動会などをとおして一緒に交流するこの「青年男女」にとって、恋愛はあまりにも自然な現象であったといえるだろう。

一方で、当時の大都市の工場は、近代的な各種娯楽施設を持つと同時に、一九二〇年代初めより工場内の職工の慰安プログラムを持続的に行ってきたようである。当時の新聞記事には、休日になると工場の業務外活動として、女工たちの「遠距離遠足」[141] が行われ、ソウル市内（南山公園・市街地）や仁川・月尾島・水原に移動したという記事を確認できる。姜敬愛の「人間問題」には、紡績工場の女工たちがお揃いの黒いチマに白いチョゴリ、黒い靴まで合わせて履き、南山の朝鮮神宮に行列していく時に、街路の人びとが数百余名の女工を女学生の行列と間違えるという場面が出てくる。[142] また、当時の新聞記事には、春秋節のような名節の慰安会行事や、女工のための演奏会・歌劇会などの文化行事に参加することで、近代的な文化感覚に目を開かれるようになった女工が登場する。[143] 平壌の工場地帯の靴下工場における、男女の職工の文芸同好会を描いている金南天の「文芸倶楽部」（『朝鮮中央日報』一九三四年一月二十五日―二月二日）では、当時の工場の中で形作られた職工たちの下位文化とあわせて、文学的・芸術的な感受性を持つ女工を登場させる。夜に作業を行いながら、蓄音機の音盤の流行歌を楽しく聞き、「薔花紅蓮伝」（朝鮮時代の勧善懲悪の小説）や「淑英娘子伝」（朝鮮中期の古典小説）とは世界が異なる新小説「秋月色」（封建制や新教育について扱っている崔瓚植の作品」を読み、流行している劇団の演劇の鑑賞を趣味とするなど、都市の最先端の文化を追う女工たちが描かれており、また雑誌『新女性』を好んで読む「連戦ハイカラ」という愛称を持つ女工も登場する(144)。また、長時間のつらい労働と工場の規律、監視体系、低賃金などの限界にもかかわらず、女工たちもやはり工場の外に出て、都市の空間において近代的な文化の消費に目を開かれた女性群に合流する。

八月八日　金曜日　晴れ

今日は休日だ。一か月に二日の休み！　今月最初のお休み、私の名節だ。あの問題の多い外出権を使って、久しぶりに外出をした。降り注ぐ日の光が眩しくて、歩くことができなかった。

ぐるぐると羽のように装った女たちが、私たちを別世界の者のように眺めて通り過ぎる。もとをたどればみな同じく窮する彼女たちであり、私たちだろうに、高慢に着飾って健気に通り過ぎていく。あの女性たちも、われわれ女工もみな、あわれな朝鮮の女性だ(145)。

女工・禹順玉は日記の中で、一か月に二回の休日を利用して工場の外に出た際に、久しぶりに降り注ぐ日の光に目が眩しく、歩くことができないほどだと告白する。また、彼女が都市の街路で出会う女性たちは、女学生や派手に装ったモダンガール、有閑婦人であったが「ぐるぐると羽のように装った女たちが、私たちを別世界の者のように眺めて通り過ぎる」と、階級の違いによる異質感をあらわしもしている。しかし、女工もやはり都市の街路のまた別の散歩者であった。また、「女工生活記」（『東亜日報』一九三四年一月二日）における別の女工の告白によると、自分たちの唯一の楽しみは日曜日に仲間と手をつないで、女工独特な化粧をして、お揃いの服を着て、自由に街を歩きまわることであるとしていた。一か月に一、二度程度の外出であったが、女工は最先端の都市の文化を共有する群衆の一部として街路に出たのであり[146]、また一部の女工は工場の内部や周辺のカフェ、都市の街路の遊興文化にのめりこみもした[147]。

一〇—二〇円余りの低賃金労働者であった女工は、節約して貯めたお金を両親に送り、残ったお金を自分のために消費することを楽しんでいたが、当時女工の分不相応な贅沢が社会で問題視されもした。『東亜日報』（一九三六年六月三日）の「女工たちの奢侈　各家庭に一言申す」という文章は、現在の仁川・東一紡織の前身であった東洋紡績をはじめとした、多くの工場の数千人の女工のうち、流行の服や靴を持っていない者はなく、故郷を出てきたときに持参していた椿油の瓶を都市に着くや投げ捨て、「ポマード」や「クリーム」のような近代的な化粧品を買い求めるようになるとし、都市の文化にすぐさま吸収される女工のありようを批判している[148]。植民地期当時、（大）都市の工場は未婚の女性にとって過酷な労働の現場であったが、一方で以前とは違う形態の生を体験する空間でもあった。規律と監視の隙を縫って、個人的な恋愛や都市の消費文化に開眼し、彼女たちだけの下位文化を構築していた工場は、前近代の農村共同体出身の少女が近代の都市空間の女工へと変身する地点において、新しい風景を開いた。

差異の記号、「サバルタン」としての女工

女工が工場の生活をとおして到達するようになるまた別の体験は、階級とジェンダー意識を獲得し、政治的な運動家に変身することであった。第一に、女工のセクシャリティを脅かす労働環境によって、多くの女工が性的被害を経験するが、一部の女工は自分たちが置かれた現実の矛盾について自覚しはじめる。当時のプロレタリア作家の小説における、都市プロレタリアートとして階級的・ジェンダー的矛盾を自覚する女工

のイメージがその一つの典型をなす。兪鎮午の「女職工」(『朝鮮日報』一九三一年一月二一―二十二日)に登場する製紙工場の女工オクスニは、貧しい家庭の事情に乗じて工場の監督が提示した一〇円の誘惑に負け、それ以降ずっと監督から性的被害を受けつづける。しかし、偶然に同僚の女工クンジュの家での読書会に参加し、徐々に社会の現実に目を開かれるようになる。労働者としての自意識を持つようになったオクスニは、労働者を搾取することで利益を生み出す資本主義体制について矛盾を感じるようになる。[149] このようなオクスニの自覚は、蔡萬植の小説「童話」で絹を作ることだけでも喜びを感じる、都市の工場に飛び込んだ純真無垢なオプスニとは意識の次元が異なっている。オクスニはそのような状況にあっても、監督に懐柔されて仲間たちの秘密を漏らすこととなり、結局は工場から追い出される。自分の行為について大きな矛盾を直視したオクスニは、女性としての脆弱さを絶え間なく利用する工場内の権力構図に抵抗し、プロレタリア労働者として資本家と戦わなければならない自身の運命を積極的に体得する段階に達した。

女工の意識の覚醒は、当時の工場における夜学教育や、各種親睦会活動、[150] 社会運動家知識人層との出会いと意識化教育の過程をとおして、より精巧になされる。宋影の短篇小説「呉水香」(『朝鮮日報』一九三一年一月一―二十六日)では、妓生出身の呉水香が婦人運動家たちと出会うことで社会意識に目を開かれ、元山の工場に女工として潜入し、製糸工場の普通学校出身の女工ヨンジャと、社会主義知識人の集まりを作り、『資本主義の技巧』『女工哀史』[151]『婦人論』『いかに闘うか?』などの社会主義の本を耽読しながら、階級意識を獲得していく過程が描写される。[152] 水香とヨンジャの意識の覚醒は、工場内の寄宿舎や化粧室などでひそかに連絡をとり合い、組織を作り、ストライキを主導する役割へとつながっていくが、このような自覚した女工のイメージは小説だけではなく、大衆雑誌の報道記事においても確認できる。一九二三年以後、新聞には工場内の女工労働組合の結成とあわせて、女工のストライキの関連記事が頻繁に登場する。[153]

しかし、女工の政治的な活動は、プロレタリア作家の描写の中で構築された階級制を超えもする。一九二八年七月三十一日付の『青年朝鮮』〔一九二六年一月に創刊された東京朝鮮無産青年同盟の機関紙〕に掲載された「槿友会全国大会を見て」という記事は、京城紡績会社で働いていたある女工が京城の街路をぶらついていたところ、偶然に天道教の記念堂で開かれていた「槿友会全国大会」に参加した内容についての記録を盛り込んでいる。この文章において、女工は、新女性が主導する「槿友会全国大会」に「支配階級への闘争」と「一千万女性のために戦う戦術戦略」が不在であることを発見するだけではなく、議長選挙に甲論乙駁して四時間を浪費することに大きく失望する。また、男性たちの「ヤジ」「嘲弄」によって大会が遊戯場へと変貌したことについて「われわれ一千万女性の絶大なる羞恥であり支配階級に対する無力をあらわしたことに他ならない」と評価する。槿友会が戦闘的な労働婦人を参加させなければ、一つの倶楽部にすぎないと宣言するこの女工は、槿友会の女性運動家に向けて「その燦爛とした服を脱いで、香油の瓶を壊し、金時計を外し、労働婦人に合流せよ」と叫び、共に「女性解放運動」と「民族解放運動」の先頭に立とうと叫んだ。(154)

右の記事は、一九二七年当時、社会主義陣営と民族主義陣営の合同戦線の流れのなかで、さまざまな分派の女性運動家が結集していたものの、その内部に階級的・理念的な葛藤が散在していた槿友会の風景がひとりの女工の目をとおして記述されている点で興味深い。(155) ここには「白粉の匂い香水の匂いをさせた」「燦爛とした服を着て顔に粉を塗りたくった女性」と「労働服を着て汗の匂いをさせた」「戦闘的な労働婦人」が対比的に配置されていて、ジェンダー内部の階級的な溝をあらわしもしている。しかし、「槿友会全国大会」に参加した右の女工は、「労働婦人」としての自身の階級的なアイデンティティを、「女性解放」と「民族解放」運動の先頭に立つ者と規定し、新女性の集団の限界を叱責し、真のリーダーの立場から女性内部の階級的な溝を超えることを宣言する。右の文章で女工が獲得しているジェンダー的・階級的・民族的アイデンテイティは、前近代の農村共同体の家族構成員の周辺的存在であった田舎の少女が都市で獲得するようになる、近代的な自己構成を劇的にあらわしている。[156]

しかし、透明な理念として自らを再構成する女工のアイデンティティは、植民地サバルタンとしての多岐にわたる女工の表象のなかで出会うことになる複数の主体がもたらす効果の一つであるといえる。[157]なぜなら、観念的な主体としての女工ではない、複数の歴史的主体の中で階級的・ジェンダー的な意識に達していない無数の女工や、近代プロレタリア労働者階級に完全に編入されきれない女工が、「不安定な周辺部（Slippery margins）」[158]を形成していたためである。女工・崔玉順は「一二時間労働をして――病床で呻吟する肺病患者女工の訴え」（『時代公論』一九三二年九月）という手記において、自分が働いていた工場の女工は「六百人のうち二百人が病気になっている」と述べている。[159]また、当時ほとんどの女工は一二時間労働のなかで、慢性的な過労と、睡眠不足・消化器疾患・耳鼻咽喉病・眼病・栄養失調・発育不十分・不妊などで苦しめられていた。[160]そのなかでも最も致命的な疾病は肺結核であった。工場主が募集員をつうじて大金をはたいて工場に連れてきた女工を、契約（主に三年間）とは関係なしに家に帰した唯一の場合が、まさに女工が肺病にかかった時であった。[161]一九三〇年代の雑誌には、肺病にかかった女工に関する記事が頻繁に見られる。たとえば、蔡萬植の小説「車中にて」（『通信文化』一九六二年三月、遺稿として発表）に登場する、永登浦の製糸工場で働いていたところが結核になり家に戻った幼い女工、同じく蔡萬植の小説「病気が治った――「童話」の続篇として」（『朝光』一九四一年七月）では、工場生活をしていたオプスニが肺病のために一年半ぶりに家に戻されたことも、そのような例である。

腺病質の体質で、都市の工場の環境に適応できないまま病気になったオプスニは、「四〇〇円の貯蓄の三か年計画」[162]をむなしくも放棄したまま、これまで働いた金額として工場から七三円八〇銭を受け取る。彼女は、ご飯代を差し引いて残ったお金を持って突然売店に駆け込み、母親と父親、そして自分の一〇円分の服の布地を買い、また母親への六円二〇銭のビロードのマフラーと、父親への五円四〇銭のシャツを買った後、逃げるように売店を出てしまう。しかし、オプスニの頭の中は「あんなにも買いたかった」売店のさまざまな品物でいっぱいだった[163]。ウールのシャツ・クリーム・石鹸・長靴下・くし・指輪・ヘアピン・鞄などが陳列されている工場の売店は、女工にとって、消費欲望をあおりたてる都会の百貨店と変わるところのないきらびやかな商品で光り輝くファンタスマゴリア（phantasmagoria 幻燈）の場であった[164]。

オプスニは、合皮の鞄がしきりに思い出され、どうしても足が前に進まず、結局もう一度売店に駆け込み、「そのすばらしい鞄」を九円二〇銭の大金を払って購入する[165]。その間、押さえつけられていた消費欲が爆発したオプスニは、すでに限度額を超えているがコントロールできない自身の消費行為のなかで、罪の意識と刹那的な快楽を同時に感じる。売店に入った瞬間「商品から疎外された労働者」（マルクスの概念）としてのオプスニの階級的なアイデンティティは、「物神性に捕われた消費者」（ベンヤミンの概念）に転移する混成性をあらわす。合計三〇円以上を買い物に費やしたオプスニは、「その煩わしい四〇円未満の金と、目くらましのトランク一つと、メリヤスシャツの上着一着と、木綿のビロードのマフラー一本と、人絹などの布を何着か分」とともに「未練と失望で慟哭でもしたくなるほどに哀れで、暗い気持ち[166]」を抱いて、病気の体で帰郷する。自身の身体と引き換えの対価として受け取ったお金をこっそりと品物に変えたまま帰郷したオプスニは、都市のプロレタリアートの虚弱な階級的な土台とあわせて、資本主義的な生の形式に蚕食された第三世界サバルタンの内部の亀裂を象徴的にあらわしている。また、このような「過剰な」あるいは「達成されない」階級制を横切っていく植民地朝鮮の女工という存在は、その声の再現の試みのなかでとらえきれずに横滑りしたり遠ざかったりするサバルタンの一定ならざる主体性という問題を提起する。

李箕永の小説「故郷」において、知識人青年金喜俊は、大都市（東京）で社会主義にもとづいたユートピア的な展望を抱き帰国する。彼にとっての「故郷」（農村）は、啓蒙と改造の場として表象される。[167] しかし、蔡萬植の小説「車中にて」「病気が治った」におけるような、都市の工場で近代を体で経験した病気の女工たちが帰還する「故郷」は、当時の社会主義知識人たちが夢見ていた理念的な私空間とは異なるものであった。資本主義の矛盾や、近代への自覚をつうじて再発見される「故郷」（田舎）は、階級的・ジェンダー的に相異なる存在性が交差する不均質な性格を帯びる。一九三〇年代の小説に描かれる植民地朝鮮の「田舎」は、農民階層の自覚をつうじて社会主義革命を夢見ていた知識人の渇望と、資本主義の物質性にすでに破壊された身体で故郷に戻ってきた女工の挫折した欲望が「重なり合いながらずれる」矛盾の空間である。

まだ帰郷することができない、または帰郷を拒んだまま都市に残る女工たちは、工場の中で社会主義的な展望の下に革命の戦士として生まれ変わりもし、都市の市民の一員として新しい生の可能性を夢見たりもした。しかし、モダンガールを羨み、模倣し、工場を抜け出した多くの女工たちは、都市に住むためには自分の身体を商品として売らなければならないという、都市の生存の法則に直面することになる。あるいは、病気になった体で都市の労働者としての資格を剝奪された女工は、農村と都市、そのどこにも居住する空間を見つけることができない、空っぽな帰還の悲劇の主人公になりもした。農村と都市を横断する女工の非均質的な存在の様式は、自分たちの消された声、階級に還元されることのない痕跡を抱えている植民地の「サバルタン」内部の異質性を示している。単一の階級的な主体や、単一のジェンダーの範疇の中に包摂されない一九三〇年代の女工の他者性は、二十世紀初めの植民地朝鮮のサバルタンの歴史的な存在の様式を示すと同時に、理念的な枠組みによっては完全に復元されない、「差異の記号」としての「サバルタニティ（subalternity）」を思考させる指標であるといえる。[168]

（1）裵成龍「女子の職業とその意義」『新女性』一九二五年四月、二二—二三頁。

（2）「［学費がなく中学校の上の学校には進学できず、職も得ることができずに家に戻った場合］ここで女性の売買契約が成立する——そうして、彼女は両親の強権によって、仕方なく他の男性から食べさせてもらうために、自分をそこへ売らざるをえない。ある厳正な意味において、職業婦人になるということも、やはり金がある者に公然と売られるということだ。しかし、ここで彼女はある別の意識を持つようになる。言い換えれば、個人にとって一生を捧げて奴隷のように売られることよりは、自分の技術をある期間売ることがましであるということだ。また、そこで職業について社会上のすべてのものを知るようになる。したがって、微弱で皮相的ではありながらも、競争によって男性と対立するようになる。こうなれば、ここで個性の抹殺と蹂躙がなくなるだろう。このような意味で、われわれは消極的でありながらも、個々人になることができるところまで、職業婦人にならなければならないのである」（一記者「婦人職業問題」『新女性』一九二六年二月、二二頁）。

（3）一記者「婦人職業問題」『新女性』一九二六年二月／金玉順「職業婦女と誘惑」『三千里』一九三一年十一月／宋今璇「現代女性と職業女性」『新女性』一九三三年四月。

（4）「女子職業案内　お金がなく外国留学もできずに就職するところはどれぐらいあるか」『別乾坤』一九二七年三月／青在浩「モダン男女と生活改善——全財産三円八〇銭也」『別乾坤』一九二八年十二月／「街頭の職業人と一問一答——女給生活の運命論」『朝光』一九三五年十一月、一二六—一二七頁／李晟煥「婦人問題講話（二）婦人と職業戦線」『新女性』一九三二年三月／「街頭の女学校を訪れて——恋愛禁制の和信女学校　制服の若い女一四〇名」『三千里』一九三五年十一月。姜怡守は、当時の「職業婦人」について「広義には「女工」や「労働婦人」など働く女性のすべてを包括する概念だが、日常的にはこれらの職業を排除し、看護婦や教員などの専門職やその他事務・サービス職などの新しい職業の女性たちを指す概念」としている（姜怡守「近代女性の仕事と職業観——日帝下の新聞記事を中心に」『社会と歴史』第六五号、韓国社会史学会、二〇〇四年五月、一八〇頁）。

（5）金南天「女性の職業問題」『女性』一九四〇年十二月、二六—二七頁。

（6）同前、二七頁。

（7）『新女性』一九三三年四月号に掲載された「職業婦人座談会」に参加した当時の職業婦人（看護婦・百貨店員・婦人記者・美容師・女教員）のうち、婦人記者・崔貞熙以外の参加者は「妓生」と「カフェ女給」を「職業婦人」として認めておらず、女教員の林孝貞は自身を「私はカフェ〔女給〕と妓生撲滅論者」と主張している（五一頁）。

（8）朴泰遠「聖誕祭」『女性』一九三七年十二月、六五頁。

（9）この表は、「女子職業案内　お金がなく外国留学もできずに就職するところはどれぐらいあるか」（『別乾坤』一九二七年三月）、李晟煥「婦人問題講話（二）婦人と職業戦線」（『新女性』一九三二年三月）、「ソウル職業婦人の報酬」（『三千里』一九三一年十二月）、「モダン女子・モダン職業——新女子の新職業」（『別乾坤』一九二八年十二月）、「女高出身のインテリ妓生・女優・女給座談会」（『三千里』一九三六年四月）などを参照して、再構成した。

（10）宋今璇、前掲文、四六—四七頁。

（11）「女性の天職を放り捨てたり、ないがしろにしたりしてまで女性が職業戦線に出ることはないということ」（宋今璇、前掲文、四七頁）。「現在朝鮮の家族制度・家庭制度はあまりにも不完全であるため、一人の女性に主婦の役割と職業人の役割を同時にさせておくことはできない。（中略）子どもがいるのに職業を持つことは、子どもたちに対する罪悪だといえよう」（金慈恵「職業女性と家庭」『新女性』一九三三年四月、三五頁）。

（12）『朝鮮総督府統計年報』にもとづいた姜怡守の研究によると、植民地期における朝鮮人女性の労働参与率はおよそ三〇—四〇パーセントであった。一九三〇年代は、農業九一・二パーセント、工業一パーセント、商業・交通業三・九パーセント、公務自由業が〇・八パーセントで、農業部門が圧倒的であった。一方で、都市を中心に形成された工業（工場の女工集団）および商業・交通業（接客業従事者を含む）、そして公務自由業（教師・言論・芸術・宗教・医療従事者）などの比率が次第に増していった。都市の場合、工業・商業・家事使用人・接客業に従事した女性の比率が非常に高かったが、一九三〇年代の京城府の場合、農業は〇・六パーセントにとどまった反面、女性有業者の一〇・三パーセントが繊維工業、九・二パーセントが商業、二一・九パーセントが接客業、三八・六パーセントが家事使用人であり、約八〇パーセントを占めていた（姜怡守『韓国近現代女性労働――変化とアイデンティティ』文化科学社、二〇一一年、一二九―一三二頁）。

(13) 金秀珍は、朝鮮のモダンガールは日本のモダンガールとは違い、新中間層女性の登場と特別な関連がなかったとみなしている。日本のモダンガールの場合、一九二〇年代の日本の経済成長とともに急増したホワイトカラーと下級サービス職を含む新中間層女性、つまり職業婦人を背景にしていたのであり、これは彼女たちの行動と態度を裏づける経済的な独立性の土台でもあったとしている（金秀珍『一九二〇―三〇年代新女性談論と象徴の構成』ソウル大学校博士論文、二〇〇五年、二六九頁）。

(14) 申瑩澈「現下に当面した朝鮮女性の三大難　修学就職結婚すべてが難関!!」『新女性』一九三一年十一月／「職業戦線　デパートガールの悲哀」『朝鮮日報』一九三一年十月十一日／李晟煥、前掲文、一六―一七頁／金蓮花「第一線上の新女性　エレベーターガールの自叙伝」『新女性』一九三三年十二月、五六―五七頁。

(15) 当時の職業女性の劣悪な労働条件と、短期的で一時的であった不安定な職業の活動の状況については、金炅一『女性の近代、近代の女性』（プルンヨクサ、二〇〇四年、三五五―三五九頁）を参照。

(16) 「街頭の女学校を訪れて（其三）――ゴー・ストップするバス女学校　街路に活躍する一〇四名の女人軍」『三千里』一九三六年一月、一六八頁。

(17) 無名草「第一線上の新女性　**ドナタモノリカエ**　明朗なヒバリ　バスガール」『新女性』一九三三年十二月、六〇―六一頁。

(18) 李晟煥、前掲文、一八頁。

(19) 同前、一八頁。

(20) 白薔薇「第一線上の新女性　神経を失った機械　声の接待・ハローガール」『新女性』一九三三年十二月、五八頁。

(21) 同前、五八頁。
(22) 同前、五八―五九頁。
(23) 朴昊辰「女職工訪問記」『槿友』第一号、一九二九年五月、七一頁。
(24) 同前、七二頁。
(25) 同前。
(26) 女事務員孫貞愛「インテリ女性の悲哀　卑怯なSのプロフィール」『三千里』一九三二年八月、八七―八八頁。
(27) 金玉葉「家庭制度と性問題の動向」『新女性』一九三一年十二月、一二頁。
(28) 同前、一二頁。
(29) 金城馬「貞操と職業女性――西都水郷のいろいろ」『三千里』一九三四年九月、一五九頁。
(30) 金玉順「職業婦女と誘惑」『三千里』一九三一年十一月、一〇二頁。
(31) 金起林「職業女性の性問題」『新女性』一九三三年四月、三一―三二頁。
(32) 同前、三二―三三頁。
(33) 呉昌奎「妻を職業婦人として送り出した夫の所感　妻を女店員として　収入は多いが不安」『三千里』一九二九年十一月、三二頁。
(34) 藤目ゆき『性の歴史学――公娼制度・堕胎罪体制から売春防止法・優生保護法体制へ』不二出版、一九九七年、二八五頁。
(35) 藤井紀久子「女子職業の尖鋭――女給を論ず」『社会事業研究』一九二九年九月号、四一頁。
(36) 宋影「「綿打ち通り」から来た便り」『三千里』一九三六年四月。
(37) ここでは、一九三〇年当時の女性就業者の比率を『朝鮮総督府統計年報』をとおして調査した金炅一の研究（金炅一、前掲書、二八三頁）と、一九三〇年における都市地域の女性有職者（商業・交通業・公務自由業・家事使用人）の分布を『朝鮮国税調査報告』にもとづいて検討した研究（姜貞姫「日帝下の近代女性サービス職の類型と実態」『フェミニズム研究』二〇〇五年十月、九三―九六頁）を参照し、一九三〇年代の都市における女性労働人口を算定した。

（38）アン・ローラ・ストーラー（Ann Laura Stoler）は『アメリカンヘリテージ辞典』を参照しながら、「親密なるもの（the intimate）」の定義について、「密接な関係（the familiar）」、「本質的なもの（the essential）」、そして「性的関係」を記述する標示として要約している（アン・ローラ・ストーラー著、永渕康之・水谷智・吉田信訳『肉体の知識と帝国の権力――人種と植民地支配における親密なるもの』以文社、二〇一〇年、一三頁）。また、産業社会における親密なるものの経済的な取引に注目したヴィヴィアナ・ゼライザー（Viviana A. Zelizer）は、『オックスフォード辞典』にもとづいて、「親密性」について以下のように分類する。①a個人的に親密な状態、親密な友情または知っている間柄、親しい交際、親しい関係、b性的な交際の婉曲的な語句、c観察、知識またはそれと同じものに対する親しい関係。②親密なまたは近い関係または連帯（Viviana A. Zelizer, *The Purchase of Intimacy*, Princeton University Press, 2009, pp. 14–15.）。「親密性」についてのこれらの定義は、「親密性」という語彙の幅広い意味の層をあらわしている。本書では「親密性」を、友情・性・結婚・育児・家事労働など一般的に私的領域（空間・脈絡）でなされる関係・連帯・労働行為を指す用語として用いる。

（39）ヴィヴィアナ・ゼライザーは、親密さと経済活動の取引についてのこれまでの議論について、以下の三つにまとめている。第一に、親密さと経済活動を分離して、これら二つの相互関係を敵対的なものとする伝統的な観点、第二に、経済的合理性にもとづいて親密性と経済活動の交差を「大したものではない」ものとする経済的実用主義、第三に、親密な関係とそれにともなう経済的な関係が何であるかにかかわらず、強い信念とイデオロギーの物語に関わる表現としてそれを解釈する文化的な還元主義者の観点である。ゼライザーはこれらの観点を超えて、「連関した生」についての分析をとおして、ゼライザーは以下のように主張する。親密な関係の幅広い領域にわたって、たとえば、私的な世話（personal care）においても、家庭生活の複雑さにおいても、人びとは社会的に結びつくと同時に境界も作り出すのであり、商業的な媒介物と、生産・消費・分配といった取引と、それらを適切に組み合わせていく過程においても、広範囲な区別が作り出される。そうして区別し、執行し、再交渉することによって、人びとは経済的活動と親密さを混ぜ合わせているのだと。（Viviana A. Zelizer, *The Purchase of Intimacy*, Princeton University Press, 2009, pp. 32-41）

（40）もともと妓業は、官婢として国家の禄俸〔官吏に俸給として与えられた米・麦・布・銭など〕を受けて行うべき労役の一種であった。妓生は女楽という名で、宮中と地方の官衙の公式的な宴会で演奏や歌舞を行う専門的な芸能者の集団であったが、彼女たちは賤しい身分の女性として、技芸公演、饗応および性的な奉仕、官衙の雑役にわたるまで、さまざまな形の技能を遂行するよう求められた。

(41) 「料理店取締規則」(京城領事館令第三号、一九〇四年十月十日)。孫禎睦『日帝強占期都市社会相研究』一志社、一九九六年、四四七―四四八頁。

(42) 李慶載『清渓川は生きている』(カラム企画、二〇〇二年、一〇五頁)。朝鮮に料理店が最初に移入したのは一八九〇年代以降だが、これは早い時期に開港した釜山や、元山を含む鎮南浦・木浦・馬山・群山・城津などに新たに形成された日本人居留地における売春業と関連する。公娼制の施行が公式的に発布される以前であったため、帝国日本は遊郭の日本人営業者を対象にした売春取締として理事庁令「料理屋取締規則」「飲食店規則」「酌婦取締規則」などを一九〇六年から一九一〇年にかけて公布し、遊郭の機能をしていた「貸座敷」を料理店と命名した。遊郭を、食事を提供する「一般料理店」と区別し「特別料理店」とし、「甲種」に対し「乙種」、「一種」に対し「二種」料理店として分類するなどした(孫禎睦、前掲書、四四七―四四八頁)。

(43) 白寛洙『京城便覧』弘文社、一九二九年、二九五頁。

(44) 金千興『心韶金千興舞樂七十年』民俗院、一九九五年、一二三頁。

(45) 同前、一二四頁。

(46) 梶山季之「李朝残影」『別冊文藝春秋』一九六三年三月、一八二―一八五頁。

(47) 権度希「妓生組織の解体以後の女性音楽家の活動」『東洋音楽』第二五号、ソウル大学校東洋音楽研究所、二〇〇三年/張攸汀「日帝時期韓国大衆歌謡研究」ソウル大学校博士論文、二〇〇四年。

(48) 赤萩與三郎「遊廓街(くるわのそのむかし)二十五年史」『朝鮮公論』一九三五年十月、四七頁/孫禎睦、前掲書、四五七頁。

(49) 権明娥「風俗統制と日常における国家管理」『民族文学史研究』三三、民族文学史学会、二〇〇七年、三八三頁/重田忠保『風俗警察の理論と実際』南郊社、一九三四年、一―一八頁。

(50) 田蘭紅「妓生も労働者だろうか?」『長恨』第二号、一九二七年二月、二三二頁。

(51) 同前。
(52) 日本の場合、一九三〇年代の芸妓と娼妓の自治的な労働組合の結成および労働組合運動があったことが確認されるが、このような運動の背景には「無産婦人同盟」のような社会主義団体の支持と後援があった（藤目ゆき、二九五—三〇七頁）。
(53) 韓青山「妓生撤廃論」『東光』一九三一年十二月。
(54) 白寛洙、前掲書、二九六頁。
(55) 吉川萍水『妓生物語』半島自由評論社、一九三二年、一五一—一五三頁。
(56) 咸大勳「店員ロマンス」『新東亜』一九三三年四月、一〇九頁。
(57) 木貝生「カフェーの縦横と学生群の出没」『東方評論』一九三二年五月、四七頁。
(58) 熊超「京城前後路地の風景」『彗星』一九三一年十一月、一二七頁。
(59) 朴露兒「ソウルの味・ソウルの情調　カフェの情調」『別乾坤』一九二九年九月、四三頁。
(60) S・S生「歓楽の大殿堂カフェ‼——その社会的存在性」『新東亜』一九三二年六月、六二頁。
(61) 同前、六一—六二頁。
(62) 植民地朝鮮のカフェ文化は、大正末期と昭和初期の「エロ・グロ・ナンセンス」時代の産物であった日本のカフェ文化が植民地に移動したものとすることができる。これは感覚的な悦楽にのみ性の価値を置くニヒリズム的な思潮のなかで、時代的な不安を完全に忘却しようと、刺激的な刹那を求める欲望に起因するものである。当時日本では公娼をパンとするなら、擬似恋愛的な技巧を伴う私娼は「バターをぬったパン」と比喩された（大宅壮一「エロ・グロ・ナンセンス時代」『文藝春秋』一九五四年七月、六七頁／村嶋歸之『歓楽の王宮　カフエー』文化生活研究会、一九二九年、一七—一五頁）。
(63) ヴィヴィアナ・ゼライザーは、商業的な親密性の枠組みの中で男女間の求愛と性労働が交差する地点をアメリカの事例をとおして分析した。具体的には、結婚・求愛・性労働など表面的には異質な行為の裏面における親密さと経済的な取引の構造的な類似性、性労働内部のさまざまな区別と差異、金銭と性を交換するさまざまな形態のなかで、「許容可能な行為」と「可能ではない行為」の間の境界を設定するところにおける法的介入（裁判所・弁護士・陪審員）と意味の交渉過程などを明らかにした。とくに、求愛は結婚と売春という相異なる二つの軸が交わる地点に位置するとしており、これまでの親密性と経済行為をとらえる伝統的な観点はこのような構造的な交わりに注目するよりは、売春を貨幣によって（性的）親密性が毀損される典型として意味化するところに集中してきたと批判した。（Viviana A. Zelizer, pp. 146-157）

(64) S・S生、前掲文、六二頁。

(65)『警務彙報』一九三四年十月。

(66) 徐智瑛「植民地期のカフェ女給研究──女給雑誌『女声』を中心に」『韓国女性学』第一九巻第三号、二〇〇三年、二一頁。このような女給の労働条件は、自由契約でチップを収入としていた日本のカフェと女給の雇用関係にほとんど従ったものであった（高橋康雄、一九九九年、一三五頁）。

(67)「街頭の職業人と一問一答記──女給生活の運命論」『朝光』一九三五年十一月、一二六頁。

(68)「歓楽境のカフェーとカフェーに出入りする学生の問題」『実生活』一九三二年七月、二頁。

(69) 一九三四年に警務局が制定した「カフェー営業取締内規標準に関する件」第四条第一項附則では、カフェの女給は客席に付き添って継続的に接待を行う婦女と定義されている（『警務彙報』一九三四年十月）。植民地期当時、妓生とカフェの女給は法制的に売春を仕事とする娼妓（公娼）とは区分される花柳界の職業女性であったが、実際には妓生も娼妓と同様に衛生検査や性病・伝染病の防止という名目で、国家の管理および取締りの対象である私娼として扱われていた（「脂粉に包まれた本町署女給酌婦検査」『東亜日報』一九二七年十二月十五日）。

(70) 姜貞姫「女給も職業婦人だろうか」『新女性』一九三二年十月、一二頁。

(71) 妓生の集団の対社会的な声を盛り込んだ妓生雑誌『長恨』が一九二七年に創刊されたが、女給もまたカフェが一層繁栄していた時期である一九三〇年代に雑誌を発行し、自分たちの社会的な位置を構築しようとした。当時、多くの女給の文章を掲載した雑誌『女声』からは、女給たちの集団的な活動を通じて、自分たちの対社会的な声を結集し、権利と利益を求めようとしていた痕跡を発見できる。女給雑誌『女声』についての詳細な分析は、徐智瑛、前掲論文を参照。

(72) 白薔薇生「朝鮮の女性たちよ！　躊躇せず職業戦線へ!!」『女声』一九三四年四月、一一頁。

(73)「芸妓、娼妓、女給等の知識程度を内査」『毎日申報』一九三六年一月二十八日。

(74)　朝鮮総督府の『国勢調査』における職業分類（全一〇種）の中には、「家事使用人」が独立した項目として提示されている。一〇の職業は、農業・水産業・鉱業・工業・産業（産業的職業・金融保険業従事者・接客業従事者の三種）・交通業・公務自由業（官吏・公吏・雇用人・陸海軍現役軍人・法務従事者・教育従事者・宗教家・医療従事者・書記・記者・著述家・芸術家・遊芸家その他自由業の九種）・家事使用人・その他有業者・無業である。一九三〇年末当時、京城府内の住みこみの家事使用人は一万二〇九四人であり、全体の就業者の八・六パーセントを占めており、単一職業としては最も多い数であった。そのうち日本人は一一四四人にすぎなかったが、朝鮮人の家事使用人は八八七二人で、全体の八二パーセントであった（全遇容「日帝下京城住民の職業歳計」（『韓国近代社会と文化Ⅲ――一九二〇・一九三〇年代「植民地近代」と韓国人の対応』ソウル大学校出版部、二〇〇七年、一〇八、一三八頁）。『朝鮮国勢調査報告』（一九三〇年）によると、工場女性労働者の数は三、四万人に満たなかったのに対し、家事使用人の数は約九万人に達したという（姜怡守、前掲書、二〇八頁）。

(75)　「新家庭の裏面を見てみるとしよう。（中略）いくら大変でもご飯を作って食べさせるオモムを雇わなければならない。余裕があれば針母を置かなければならず、小さい子どもが生まれたら乳母と子どもを背負う子も一人いなければないが、最低限でもご飯を作って食べさせるオモムはいなければならない」（朴〇熙「新旧家庭生活の長所と短所　無知の苦痛とソルロンタンの身の上」『別乾坤』一九二九年十二月、二九頁）。

(76)　植民地期の朝鮮の都市の「家事使用人」は、大家族制の下で家事労働が行われていた前近代から近代核家族制度へと変わっていく過渡期的な状況と、家屋の非効率的な構造の中で家事を手伝う者を未だに必要とした中上流の家庭の状況をあらわしている。金東仁は、植民地期当時の都会の食母難について「過去には主婦が直面して乗り出していた仕事を、今は食母なしにはやり遂げられなくなった奇妙な世態」と捉えていた（金東仁「一日一文　食母難」『毎日申報』一九三五年八月二日）。

(77)　「いわゆる「労働市場」における女性の進出は、年々相当な活況を呈していくようである。男性の失業苦に比べて、女性は普通学校を卒業していれば、そこにもそれなりの競争があるが、少し高級なものでは百貨店、一段劣るならバスガール、女工など、男性よりは比較的たやすく就職できるようである。仮にがくんと劣るならカフェ！　喫茶店、飲食店などを転々としたとしても、身体を売るということが関係するが、ここにはさらに競争がないといえるだろう。

しかし、この女性職業戦線において、一つ奇異なのは、食母・住み込みという類の存在である。どんな職業でも、諺の「犬売りも罠があってこそ食っていける〔何をするにしても準備や道具が必要であるという意味〕」というように、技術あるいは技巧、元手などがなければならないというのは言うまでもない。また、いわゆるエロを目標とする職業には、美貌と美衣が大きな元手になる。しかし、住み込みまたは食母においては、美貌美衣が無用であることはもちろんのこと、同じ筋肉労働ではあるが、何等の技術、技巧ないし、元手なしに、まったく徒手空拳で飛びかかるのみである。そうでありながら、本人たちの無競争であることはおろか、需要者つまり雇い主側で白熱的な競争をすることが、近頃の住み込み、すなわち母市《オマニ》場の特異な好景気であるといえる。それでは、これは単純に需給関係の不調――供給の不足に起因したものといえるだろうか」（廉想渉「一日一文　食母」『毎日申報』一九三五年七月十三日）。

(78)「このようなものを利用なさいませ　主婦忘備録　仕事を探す者、人を探す者とを中間で斡旋　昨年には三百人余りを紹介　住み込みが一番多かった（四）人事相談職業紹介京城商業紹介所」『毎日新報』（夕刊一九三八年一月五日／「南村には食母「インフレ」本町署管内だけで二四〇〇名　北村には食母難の頭痛」『東亜日報』一九三七年十一月二十八日。

(79)鞠〇任「若い住み込みの手記」『別乾坤』一九三〇年一月、九七頁。

(80)金東仁「一日一文　食母難」『毎日申報』一九三五年八月二日。

(81)「彼らは、朝には歯を磨き、夕方には煙草をふかし、たまにこちらの家の中庭を眺め見た。彼らは向かい合っているからなにげなく眺めるわけなのだが、うちの若妻《セクシ》ははじめから彼らを過剰に意識していた。朝から夕方まで、顔を洗って白粉を塗り、隙あれば色物の服を引っ張りだして着て、彼らが学校から帰ってくる時間ごろになると、決まって髪を整えなおし、そうしては彼らが目に止まればどんな仕事でもやりっぱなしで放り出した。（中略）ある日の日曜日、昼食の時間を少し過ぎた頃に、なんと小奇麗な二人の女学生が向かいの家の中庭にあらわれた。その二人の専門学校の男子学生と一人ずつ対になって、楽しそうに遊んでいた。（中略）その日、うちの若妻《セクシ》は、心ここにあらずだった。台所に入れば、台所でガチャンと何かが割れ、醤壺場に行けばパリンと何かにヒビが入った音がした。ハハハと向かいの家の中庭からその女学生たちの笑い声が聞こえてくるたびに、若妻《セクシ》は自分がよく笑っていたことを忘れたように」（李泰俊「若妻《セクシ》」『朝光』一九三五年十一月、八三―八四頁）。

(82) 同前、八四頁。

(83) 「朝鮮母《オオム》（三）壊れた都会の憧憬夢　離婚女子も多数　裏面には種種悲劇」『東亜日報』一九二八年三月十五日。

(84) 「罪悪が露見した食母の自殺騒動　主人の金のかんざしを盗んで」『毎日申報』一九三五年九月二十日／「下女脱線」『毎日申報』一九三六年十二月十三日／「性的異変の下女　主家物品窃盗」『毎日新報』（夕刊）一九三七年三月十八日／「月経による一時的な発作――動機は同情だが法はそうではない。主人の金を盗んだ下女」『毎日新報』一九三七年三月二十七日／「嫌疑を受けた食母　死によって対抗」『東亜日報』一九三八年七月九日／「手荒症の下女」（日本人の家の朝鮮下女が金三〇円と靴下二足を盗んで逃亡）『毎日新報』一九三八年六月十四日／「脱線した下女」（二五円を盗んで逃走）『毎日新報』一九三八年十二月二日／「主人の白金指輪を盗んだ美人下女の懺悔　盗んで良心の呵責を感じて　女子二十虚栄時代」『毎日申報』一九三五年十月八日／「下女が窃盗　主人の金を」『毎日申報』一九三六年一月二十九日／「修装の美貌女　実相は大賊　富豪家庭の下女として入って　西門署で取調」『毎日申報』一九三五年七月六日／「窃盗常習の美貌の「食母」　警官の家に入って盗みを行う　畢竟には警察署につながれた身」『毎日申報』（夕刊）一九三六年七月二十三日。

(85) 「虚栄に目覚めた郷村の女子　贅沢な暮らしをしようと窃盗　繁華な都市と通い奉公の犯罪　虚栄に目覚めた郷村の女がソウルで男と一緒に贅沢に暮らしたく盗みをはたらく」『東亜日報』一九二六年十月五日。

(86) 「消えた下女」『東亜日報』一九三七年七月二十四日／「美貌の下女出奔」『東亜日報』一九三九年十二月十五日／「お使いに出かけたまま消えた下女」『毎日申報』（夕刊）一九三五年十一月一日／「下女が失踪　誘拐の憂慮」『毎日申報』（夕刊）一九三六年二月五日。

(87) 「雇傭女鉄道自殺　自由のない世の中を悲観して」『朝鮮中央日報』一九三五年五月三十日／「妙齢女飲毒（市内宮井洞の鄭箕洪氏の家の下女）」『東亜日報』一九三三年六月五日／「下女飲毒（元町茂家氏の家）」『東亜日報』（夕刊）一九三四年三月二十一日／「妙齢「オモニ」疑問の飲毒　夕食を食べてそんなにたたず

に　なぜ死んだのか」『毎日申報』（夕刊）一九三六年九月六日。

(88) 「上海に逃避行　上陸するや捉えられ（和昌洋行員北村協と西村要三氏家の下女の駆け落ち）」『東亜日報』一九三五年四月三十日／「失恋した下女　飲毒し清算（鎮南浦）」『東亜日報』一九三五年十二月二十八日／「奨忠壇で男女情死　富豪の子弟と食母の恋慕」『東亜日報』一九三八年九月十五日／「解雇された旅館雇人下女を連れて逃走」『毎日新報』（夕刊）一九三七年九月三十日。

(89) 「食母を撲殺　密葬で発覚」『東亜日報』一九二八年十二月二十九日／「富豪主人に陵辱された美女下女が飲毒　事実の詳細は緘口不言」『朝鮮中央日報』一九三六年二月二十六日／「「食母」の貞操を奪い花柳病まで与える　哀れな女性の訴え」『毎日申報』（夕刊）一九三六年十二月二十五日／「下女と関係、妊娠するや絞殺し井戸に投げる　一年以上過ぎて発覚し送局」『毎日新報』一九三八年八月六日。

(90) 蔡萬植「山童」『新小説』一九三〇年五月。

(91) 蔡萬植「生命」『白光』一九三七年三月。

(92) 「田舎者だからこき使うのは楽だろうと雇ったのが、たった十日も経たないうちに黒い顔に粉をはたき、髪に油を塗り、チマを斜めにずらして履いて飛びまわっているのを見ると、ソウルでだいぶすれっからしになった女だった。それにしても、仕事をさせてみれば、便所まで行くのも死にそうなふりをしていたのが、いったん礼節を放り捨ててしまえば、自分が当然にするべき雑巾がけすら従順にやろうとはしない。そして、肉一つ買いに行かせても、わざと主人の気を引こうとなかなか戻ってこないこの女ではなかったか」（金裕貞「貞操」『朝光』一九三六年十月、三〇七頁）。

(93) 同前、三〇五頁。

(94) 秦雨村「食母」『毎日新報』（夕刊）一九三八年三月十一日。

(95) 「ご主人様が酔っ払って帰ってきて、板の間《マル》に座ってでたらめな冗談を並び立て、台所の出入り口に立っていた私〔食母〕を見ると――「どうにかして妻をもらわなければ、子を生む妻を持たなければならない。なあ、お前。うん、俺の言うことを聞け。あの食母のように。奥ゆかしく、控えめに振る舞わなきゃ。あの食母こそ粋だろう。あの食母のような妻ならいいだろう、うん、いいだろう」（中略）見るのも決まり悪いほどに女主人が毒気のこもった目でご主人様を睨みつけていました」（秦雨村「食母」『毎日新報』（夕刊）

一九三八年三月十四日）。

(96) ここで朝鮮家庭において食母を雇わざるをえない主な理由のうちの一つとして、生活の合理化・科学化がされていない朝鮮家屋の非効率的な構造が挙げられている。「朝鮮の住宅というものは、本来食母を雇わなければ暮らせないものです。台所に下りようとすると、板の間《マル》を通って中庭をまた通って、このようにぐるぐると回らなければなりません」（「食母について討論する座談会」『女性』一九四〇年一月、三七頁）。戦時体制期には、このような食母の過多な雇用を引き起こすことが非効率だとして、植民地政策者から批判されることもあった（「考えなおすべき住み込み問題」『女性』一九四〇年十二月、五八—五九頁）。

(97) 「食母について討論する座談会」『女性』一九四〇年一月、四一頁。

(98) 金恩希のオーラル・ヒストリー研究によると、一九〇五年生まれで裕福な両班の家に嫁ぎ、一九二〇年代と一九三〇年代に出産し子どもたちを育てたイ・ギュスク氏は、自身の口述自叙伝（イ・ギュスク『この「桂洞マニム（奥様）」が経た八〇年——両班の家の嫁イ・ギュスクの一生』プリキップンナム、一九八四年）の中で、とても裕福な家では母親の母乳が不足していなくても乳母を雇ったと述べている。このように、乳母の雇用は母乳の量だけではなく、その質の問題とも関連していた。しかし、粉ミルクが出回るようになると、次第に乳母の母乳に代わり、人びとは赤ん坊に粉ミルクを与えるようになったのである（金恩希「大家族の中の子どもたち——日帝時代の中上流層の児童期」『家族と文化』第一九巻第三号、二〇〇七年、一五頁）。

(99) 厳興燮「黎明」『文章』一九三九年七月、一〇八—一〇九頁。

(100) 蔡萬植「貧　第一章第二課」『蔡萬植短篇集』学芸社、一九三九年、三〇頁。

(101) 同前、三三—三四頁。

(102) 「「物乞いめ！　どうしてもう起きたっていうの？」とぶっきらぼうに子どもを捕まえ乳をぎゅっと押しつける。

（中略）乳母は尻でも一度摑んでひっぱたき、ずっといじめた。

子どもは泣きつづけていたが泣き止み、たまに息を弾ませながら、まだ涙ぐんだ目でぼんやりと「乳母」を見上げるだけだ」（同前、四一頁）。

(103)「乳母はホコリがついて汚れないかと、まずチマと〔チマの下に履く〕下着を脱ぐと、たたんで隅に置き、幼い子を抱きかかえた。
「どうしてこんな有様になったの！」

トゲに蠟燭をそっと着せたとでもいうか、へこんでいる胸は脈打ってさえなければ、死んだのではないかというように、元気がなく見える幼い子の口に、たっぷりとした乳の乳首を含ませてやりながら、悔しそうに夫を恨むのである。かといって、母親らしい愛情がすぐに湧き上がるからそうしたわけではない」（同前、五五頁）。

(104) 同前、四九頁。

(105) 当時、土地調査事業が行われた結果、広範な農民層の全世帯、あるいは家族の一人が生計のために農村を出ていた。殖産銀行調査部の推計（『殖銀調査月報』一九四七年三月）によると、一九二五—三〇年にかけては毎年約四万人が、一九三〇—三五年の間に六万人、一九三五—四〇年の間に二二万人が移動していた。また、一九二五年の朝鮮総督府の調査（『朝鮮総督府統計年報』一九二九年）によると、離農民のうち七三・四パーセントが国内の都市地域へ、残りが日本・満洲・シベリアへ移住したものと推算される（鄭鎭星「植民地資本主義化過程における女性労働の面貌」『韓国女性学』第四集、一九八六年、五五頁）。

(106) 劉淑蘭「日帝時代農村の貧困と農村女性の出稼」『アジア女性研究』第四三巻第一号、淑明女子大学アジア女性研究所、二〇〇四年五月、六五—七〇頁。

(107) 劉淑蘭は、総督府の『朝鮮国勢調査報告』と『調査月報』にもとづきながら、一九三〇年代の朝鮮の農家の半分である一二五万三二八五戸が春窮農家であり、とくに南部地方である全羅道と慶尚道において最も多く春窮農家が存在していたとする。また、一九三〇年代の都市への転出を地域別に見ると、慶南・全南など南部地域の転出が全国的に高く、慶南地域の場合は女性の転出人口が女性の転入人口を超えていた。一九三〇年から一九三五年の間の女性の社会的移動は、京城を含んだ京畿道が九万五九〇人で最も増加したが、その次に平南道・咸南道・平北道・咸北道・忠南道・黄海道の順に増加したという。男女の人口が共に増加した京畿道と咸北道を除くと、すべて女性の増加が男性の増加を凌駕していた点が注目すべきである（劉淑蘭、前掲論文、八一—九〇頁）。

(108) 植民地期において大工場で働いた労働者の学歴は、全体的に無学であったり、書堂（漢文などを教える私塾）に通っていた比率が高かったが、普通学校が普及するとともに徐々に学歴が高まっていった様相が見られる。一方で、女工の場合、一般的に全体の労動者のうち最も低い学歴の所持者であった。一九三三年のある統計によると、紡績女工の無学の比率は六〇・六パーセントで、普通学校を基準にしたそれ以下の学歴所持者が九六・一パーセントであった（姜怡守、前掲書、一〇〇頁）。

(109) 韓仁澤「少ない女工」『批判』一九三二年四月。

(110) 咸大勳「湖畔」『朝光』一九三七年一月。

(111) 蔡萬植「童話」『女性』一九三八年三月、九七頁。

(112) 「処女と女工を誘引　人肉鉄窓に売却　前科者らと女が共謀で　大邱署に誘人魔」『東亜日報』一九二七年十二月十二日。

(113) 「日本の婦女密売団　朝鮮女工誘引　朝鮮女工を誘い出して売り払ったことが発覚」『東亜日報』一九二七年八月三十日。

(114) 李貞子「満洲に売られていく女」『新満蒙』創刊号、一九三二年八月。

(115) 姜怡守、前掲書、三三頁。

(116) 「朝鮮一の製糸工場　京城製糸株式会社の近況　三百名職工の敏活な活動」『東亜日報』一九二三年四月二十九日。

(117) 一九三〇年代、朝鮮は、日本の紡績資本のための原料供給地であると同時に、植民地の超過利潤を保証されている資本の輸出対象としての役割を担わされるようになる。そして、一九三五年を起点に朝鮮には日本の独占大資本が進出するようになる。一九四一年当時、紡績工業全体で労働者が千名以上になる会社は合計九か所であった。そのうち六か所が綿紡績会社であり、具体的には朝鮮紡績の釜山工場、京城紡績株式会社、東洋紡績の仁川工場・京城工場、鐘淵紡績の全南工場・京城工場であった（姜怡守『一九三〇年代綿紡大企業女性労働者の状態に関する研究——労働過程と労働統制を中心に』梨花女子大学校博士論文、一九九二年、七—四四頁）。

(118) とくに一九三〇年代の綿紡大企業は、大量の女性と児童労働を集中的に雇用した趨勢であったが、女工は

「職業婦人」として、成年職工の場合午前六時半から午後七時まで一日一二―一三時間の労働を行い、平均月収は九―一七円程度という、劣悪な労働条件に置かれていた。植民地期において、民族的・ジェンダー的に二重に抑圧される搾取の対象であった朝鮮人女工の立場については、姜怡守、前掲論文、三頁を参照。

(119) 禹順玉「ある製糸会社の女工日記」『別乾坤』一九三〇年三月、七二頁。

(120) 兪鎮午「女職工」『朝鮮日報』一九三一年一月二日。

(121) 李箕永「故郷」『朝鮮日報』(夕刊)一九三三年十二月二十九日。

(122) ガヤトリ・C・スピヴァクは『サバルタンは語ることができるか』において、再現の二重の意味、すなわち知識人がサバルタンを「再現(re-present)」する過程で彼/彼女らを「代表(speak for)」しながら、自分たちを「透明な(transparent)」存在としてあらわす過程を問題とし、小農階級に対するマルクスの観点を再解釈しながら、理念的な言説の中に存在する歴史的な主体と本質的な「階級」(主体)の間の乖離を提起している(ガヤトリ・C・スピヴァク著、上村忠男訳『サバルタンは語ることができるか』みすず書房、一九九八年、一三―一五頁)。

(123) 李箕永「故郷」『朝鮮日報』(夕刊)一九三三年十一月二十八日。

(124) 蔡萬植「麦挽き車」『朝鮮日報』一九三六年七月四日。

(125) 「末っ子の家の娘ポクトンイがソウルからときどき送ってくれる一〇円や五円のお金は、村の全員が羨ましがっているところであった」(蔡萬植「麦挽き車」『朝鮮日報』一九三六年七月十七日)。

(127) 「女工廿五名募集に八百余名が応募　定州郡是製糸工場の頭痛　農村窮困の一面相」『東亜日報』一九三一年三月二十八日/「三十女工募集に応募無慮四百余　作業もいつするのかわからない仕事場　女職業戦線に異状(群山)」『東亜日報』一九三二年五月五日/「十名募集に志願二百余　平壌で起きた就職戦　女工求職の戦線も混乱」『東亜日報』(夕刊)一九三三年七月三十日/「六十名募集に応募二百余名、片倉会社養蚕女工募集に(永興)」『東亜日報』一九三四年六月五日。

(128) 姜敬愛「人間問題」『東亜日報』(夕刊)一九三四年十一月二十二日。

(129) 「街路の女学校を訪ねて(其二)ダムバグィ打令〔煙草を素材にした雑歌・民謡〕を歌う煙草女学校――二十前後の若い娘七百名が集まって」『三千里』一九三五年十二月、一六〇頁。

(130) 同前。
(131) 「街路の女学校を訪ねて　たおやかな玉のような手で糸を紡ぐ紡績女学校――制服の若い娘一四〇名」『三千里』一九三六年二月。姜敬愛の「人間問題」では、このような工場が提供する各種近代的プログラムは、工場主らが共謀した搾取の機制として説明される（姜敬愛「人間問題」『東亜日報』（夕刊）一九三四年十一月二十五日）。
(132) 「街路の女学校を訪ねて（其二）ダムバグィ打令を歌う煙草女学校――二十前後の若い娘七百名が集まって」『三千里』一九三五年十二月、一六三頁。
(133) 社会主義に基盤を置く雑誌『新階段』は、『三千里』について『別乾坤』の後につづく「低級趣味傾向」の雑誌であり、「事大思想」「誇大妄想」を特徴とする雑誌として批判する（素虹生「雑誌総評」『新階段』一九三二年十月、三三―三四頁）。
(134) 日本における女工をめぐる表象は、一八九〇年の製糸業の発展の中で、資本主義に一方的に搾取され、抑圧された不幸な女工イメージだといえるが、このような女工の否定的な表象は、改造社が発行した細井和喜蔵の『女工哀史』（一九二五年七月）によって形成されたものであった。シャール・サンドラの研究は、このような『女工哀史』の表象の枠組みを超えて、近代初期の日本の女工のまた別のイメージを追ったものだといえる。シャール・サンドラは、製糸工場で働いたことがある女工七人を対象にしたインタビューおよび証言記録資料をとおして、明治後期から昭和初期にかけての製糸工場における女工の体験を再構成することを試みている。それらの方法をとおして、女工が工場労働をつうじて経済的な自立をなしとげた点（「百円工女」）、消費生活を実践した点（当時流行した金歯、指輪・時計・服などの購入）、工場の食事（白米）をいくらでも食べることができた点、毎晩入浴することができた点、休日に楽しく外出した点が明らかになり、これまでの「搾取された労働者」という女工のイメージに限定されない、女工の体験が復元された。また、サンドラは『女工哀史』の悲惨な状況は明治初期に限定されるもので、大正・昭和初期にかけて徐々にその状況は改善されていったと論じている（シャール・サンドラ「「女工哀史」言説を超えて――戦前日本における女性製糸業労働者の生活世界」『ソシオロジ』第四八巻第二号、社会学研究会、二〇〇三年十月）。オーラル・ヒストリーによって女工に接近したこの研究は、記憶が持つ資料的な限界や、日本の社会的・歴史的文脈が朝鮮とは異なることを考えると、朝鮮の女工の問題と直接関連づけることは難しい。しかし、女工をめぐる支配的な「表象」を超えて、語られない声を追い求めたという点で、注目すべきである。

(135)「監督の地位利用　女工の貞操を蹂躙　釜山西村靴下工場の監督が　五十余群衆が発見し騒動」『東亜日報』一九三六年七月二十四日／宋桂月「職業女性主題短篇集　女職工篇　工場消息」『新女性』一九三一年十二月／雪友学人「職業婦人オンパレード（其二）——ゴム工女の生活の裏面」『実生活』一九三一年九月／姜敬愛「人間問題」『東亜日報』（夕刊）一九三四年十一月二十五日。

(136)「蹂躙された精米女職工の赤裸々な自白と訴え」『別乾坤』一九三一年四月。

(137)「大通りで燃料製造工場の女工を翻弄した者　朴斗爕は拘留　悪い風習の流行」『東亜日報』一九二一年十月二十一日／「本報記者によって　浮浪青年消滅　しかし栗山工女憤慨」『東亜日報』一九二六年六月四日。

(138)「女工生活記」（『東亜日報』一九三四年一月二日）。また、このような工場内の恋愛風景は、姜敬愛の小説「人間問題」においても確認される（姜敬愛「人間問題」『東亜日報』（夕刊）一九三四年十二月十一日）。

(139)「乱舞の春！　春の苦悩！　女工が塀を乗り越えて　夜間に脱走　寄宿舎に紛れ込んだ春風」『東亜日報』（夕刊）一九三五年四月五日。

(140)　韓雪野「交叉線」『朝鮮日報』一九三三年五月二日。

(141)「機業場の女工の気晴らし」『東亜日報』一九二〇年四月二十三日／「製糸社員女工来仁」『東亜日報』一九二一年四月二十六日。

(142)　姜敬愛「人間問題」『東亜日報』（夕刊）一九三四年十一月二十八日。

(143)「製糸女工慰安会」（『東亜日報』（夕刊）一九三三年九月三十日）／「一万女工を慰安しようと　本社永登浦支局にてオーケストラ招請　本報愛読者も優待」（『東亜日報』一九四〇年七月十四日）。一九二〇年代初めから一九三〇年代以後にかけて、職工を慰労するという名目で行われた温情主義的な行事は、一九二〇年代中盤以後には階級意識に目覚めた労働者によって結成された労働組合の中における、主体的な文化活動へと変わっていった。労働組合の定期大会や創立記念式などは、組合員の慰安会・音楽会などを兼ねており、さまざまな演目が行われ、組合員の結束と親睦・団結力を確かめるためのものでもあった。また、慰安会を兼ねた遠足・ピクニック・運動会などが定期的に行われていた（金炅一『日帝下労働運動史』創作と批評社、一九九二年、四四一―四四八頁)。

(144) 金南天「文芸倶楽部」『朝鮮中央日報』一九三四年一月二十七日。

(145) 禹順玉、前掲文、七二頁。

(146) 植民地期における「京城紡織株式会社」を研究したカーター・エッカートによると、女工にとって休日は会社の統制から抜け出した貴重な自由の機会であったという。田舎の草葺小屋で育った女工にとってこのような自由は、都市の風変わりな青年とデートをしたり、魅力的な大都市を探検する機会を提供することになる。女工は王宮や公園、舗装された道路に走る自動車、巨大な石造りのビルディング、喫茶店や活動写真小屋、朴興植が設立した有名な和信百貨店をはじめとする百貨店、朝鮮ホテルや他の大きなホテルに出入りする最新の東京式のファッションに身を固めた人びとの姿の見物を楽しむことができた。エッカートは会社にとってはそのような女工の好奇心と自由行動は、潜在的に生産能率を下げる要素として、警戒されていたと論じている(カーター・J・エッカート著、小谷まさ代訳『日本帝国の申し子――高敞の金一族と韓国資本主義の植民地起源　一八七六―一九四五』草思社、二〇〇四年、二五六―二五七頁)。

(147) 一九三〇年代に「京城トロイカ」という共産主義の秘密結社を組織した李載裕は「資本家及地主層の行詰つた、経済的行動の反映に依る悲観的な厭世思想や或は瞬間的な享楽生活が全朝鮮の都会を支配して居る、芸術的諸流行は皆自滅的、堕落的なものであり、工場近処のカフエー等で流行するものは現在の世中を呪詛する音楽であり、他があるとせば「死ぬ迄戦つて見よ！」位の戦闘的な音楽である」と「工場近処のカフエー」の音楽の享楽性を批判している(李載裕「朝鮮に於ける共産主義運動の特殊性と其の発展の能否」『思想彙報』第一一号、一九三七年六月、一一六―一一七頁)。

(148) 仁川一記者「地方論壇　女工たちの奢侈　各家庭に一言申す」『東亜日報』一九三六年六月三日。

(149) 「すべてが正しい話だった。実際、絹糸を作るのは自分たちだ。また、その絹糸を紡ぐ繭を作るのも、田舎の女たちだ。彼女たちは野良仕事の暇を見て、春から精魂込めて繭を作った。それでも、自分たちはその絹糸の値段の何十分の一しか手にすることができず、残りは「会社」が根こそぎ食いつくす」(兪鎭午「女職工」『朝鮮日報』一九三一年一月十一日。

(150) 工場の中の親睦契《ケー》〔頼母子講〕が、職工たちの交流を生み出すと同時に、ストライキのような政治的な活動を媒介する過程を描いている作品として、金南天「工友会」(『朝鮮之光』一九三二年二月)がある。
(151) 細井和喜蔵『女工哀史』(改造社、一九二五年七月)は、総督府が一斉に行う風俗統制のための出版検閲政策において「治安妨害」と「風俗壊乱」の二つの項目の両方に当てはまり、朝鮮における販売が禁止になった(権明娥「風俗統制と日常に対する国家管理——風俗統制と検閲を中心に」二〇〇七年、三九一頁)。しかし、一九三一年に発表された宋影の「呉水香」に『女工哀史』が登場していることから考えると、一九三〇年前後に日本から『女工哀史』が持ち込まれて、朝鮮の社会主義知識人と工場の労働者の間で公然と流通していたと推測できる。
(152) 宋影「呉水香」『朝鮮日報』一九三一年一月一—二十六日。
(153) 「安州工女会禁止」『東亜日報』一九二六年十一月九日/「安州工女組合創立」『東亜日報』一九二六年十一月十九日/「安州工女組合　発会式大盛況」『東亜日報』一九二六年十二月一日/「女性講演主催　安州工女組にて」『中外日報』一九二七年五月二十六日。一九二三年から一九三四年にかけて、『東亜日報』には全国の女工のストライキ関連の記事が約二八件登場する。尹貞蘭によると、一九二〇年代の製糸工業の労働者の闘争件数と参加人数は、一九二二年四件(三〇二人)、一九二三年一件(一七〇〇人)、一九二四年一件(二五〇人)、一九二六年八件(四三七人)、一九二七年六件(一〇九〇人)、一九二八年四件(二四一人)、一九二九年一一件(九三〇人)であり、一九二〇年代の後半には三倍近く増加していた(朝鮮総督府『朝鮮の治安状況』一九三三年)。さらに、一九三〇年代の製糸女工のストライキ件数は、一九二〇年代に比べて二倍以上増加しており、闘争性がより強まったと指摘する。ストライキの原因は、日本人監督と教師の態度の改善および解雇、作業時間の短縮、待遇の改善、賃金未払いへの反対、強制貯蓄廃止、端午と陰暦節を休業にすることなど、無理な労働条件を改善させることであった。ストライキの結果から考察すると、労働条件の改善と関連したストライキがより高い成功率をなしていた(尹貞蘭「植民地時代の製糸工場の女工たちの近代的な自意識の成長と労働争議の変化の過程——一九二〇—一九三〇年代前半期を中心に」『談論二〇一』第九巻第二号、韓国社会歴史学会、二〇〇六年、五七—六〇頁)。
(154) 「槿友会全国大会を見て」『青年朝鮮』一九二八年七月。
(155) 南和淑「一九二〇年代の女性運動における合同戦線論と槿友会」『韓国史論』二五号、ソウル大学人文大

学国史学科、一九九一年、二四七頁／Kenneth Wells, "The Price of Legitimacy: Women and the Kŭnuhoe Movement, 1927-1931," *Colonial Modernity in Korea*, Harvard University Asia Center, 2001, pp. 191-220.

(156) 妓生出身の社会主義女性運動家として槿友会の指導部で活動しながら、労働者階級を基盤とした運動を推進していた丁七星の「未来を見つめる婦人労働者」（『東光』一九三二年一月）は、このような女工の階級的・ジェンダー的な自覚を裏づけている。丁七星はこの文章において、社会主義的な展望の下で、煙草・製糸・紡績工場の女工たちを真の「新女性」、真の「革命婦人」とすることで、女工をジェンダー・民族の理念を具現する真の代理者として位置づけたといえる。

(157) スピヴァクは、既存の反植民民族解放・フェミニズム・マルクス主義など、人びとを動員してきた政治的な主義の見地において、理想を実際に代表する「真の労働者」「真の女性」「真のプロレタリア」の「真」の例は存在しないとする。労働者・女性などといった概活用語（master word）は文字どおりいかなる指示対象も持たないと暗示している点で、脱構築は一つの政治的安全装置であるとした（ステファン・モートン著、本橋哲也訳『ガヤトリ・チャクラヴォルティ・スピヴァク』青土社、二〇〇五年、七九―八〇頁）。

(158) Denise Riley, *Am I That Name?: Feminism and the Category of 'Women' in History*, University of Minnesota Press. Minneapolis, 1988, p. 2.

(159) 崔玉順「一二時間労働をして――病床で呻吟する肺病患者女工の訴え」『時代公論』一九三一年九月、六一頁。

(160) 「日本女工の不妊症　朝鮮女職工ははたしてどうか」『東亜日報』一九二四年三月十九日。

(161) 宋桂月「職業女性主題短篇集　女職工篇　工場消息」『新女性』一九三一年十二月／崔玉順「十二時間労働をして――病床で呻吟する肺病患者女工の訴え」『時代公論』一九三一年九月／宋影「「綿打ち通り」から来た便り」『三千里』一九三六年四月。

(162) 蔡萬植「病気が治った――「童話」の続篇として」『朝光』一九四一年七月、三七四頁。

(163) 同前、三七九頁。

(164) 「編集者序文」ヴァルター・ベンヤミン著、チョ・ヒョンジュン訳『アーケードプロジェクトI』セムルチョル、二〇〇五年、六六頁。

(165) 蔡萬植、前掲作品、三八〇頁。
(166) 同前。
(168) 金哲「プロレタリア小説とノスタルジアの時空」『「故郷」の創造と再発見』東国大学校文化学術院韓国文学研究所編、亦楽、二〇〇七年、一七七―一七九頁。
(170) 金澤賢「再び、サバルタンは誰/何か?」『歴史学報』第二〇〇号、二〇〇八年十二月、六四八頁。

第五章　国境を超える女たち——労働者、あるいは商品としての植民地女性

近代初期、女性が家族、閨房〔家〕のような私的領域を抜け出て都市に移動する過程は、教育をつうじて中上層エリート女性の集団を生み出した一方で、中下層出身の女性を都市の労働者として変身させる結果をもたらした。このような中下層出身の女性たちは、農村から都市に移動しただけではなく、国境を超えて海外のメトロポリスに働き口を求めることもあった。前近代の朝鮮の農村経済における労働は、身分制にもとづいた良民階層〔両班《ヤンバン》と賤民の間の中間階級〕が国家の禄を食んで遂行した職役の概念として説明される。自身の労働力を資本家／企業に売って、その対価として賃金を得る近代的な労働者の形成は、大韓帝国末期の身分制の解体とともに開港以後に外部から移入した資本主義的生産体制を基盤としたものであり、これは帝国日本による植民地の開発政策によって加速化した。

帝国日本が一九一〇年より施行した土地調査事業は、近代的な土地所有権にもとづく封建的な地主の排他的な土地所有権を認めたことで、小作料が高率化するなかで、多くの零細小作農が土地を失うことになった。一九二〇年の産米増殖計画の実施以後、農民の全般的な没落を引き起こし、多くの農民が農村を離れ、都市の貧民・労働者・流民になったり、海外への移住を決行したりした。一九二五年当時、農村を離れた朝鮮全

土の農民の約四六・四パーセント（六万九六六四人）が、都市の労働者や雇用人になっていた。これは、離農した農民の最も多くの割合を占めていた。その次に多かったのは、日本に出稼ぎに行った農民であり、その数は二万五三〇八人であった。これは、朝鮮全土の離農した農民の約一六・九パーセントに該当する数であった。(1)

朝鮮人の日本への移動は、明治十六年（一八八三年）から始まったとされている。森田芳夫は、「日本帝国統計年鑑」「内務省統計」「国勢調査」にもとづきながら、近代初期の在日朝鮮人の人口の推移について以下のように明らかにしている。森田によると、日本における朝鮮人の数は、一八八三（明治十六）年末に一六人、一八九七（明治三十）年末に一五五人、一九〇九（明治四十二）年末に七九〇人にすぎなかったが、一九一一（明治四十四）年末に二五二七人になり、大正の中期を過ぎて急増し、一九二〇（大正九）年十月に約四万人、一九三〇（昭和五）年十月に約四二万人、一九三八（昭和十三）年末に約八〇万人、日本の敗戦直前には約二百万人に達したという。(2) 当時日本に移住した朝鮮人は、一般労働者、朝鮮人戦時労働動員によって移動した労働者、学生の三種類に分けることができるが、移住者の主流をなしたのは一般労働者であった。このように、多くの朝鮮人が日本に移住したのは、植民地期をつうじて増加した朝鮮人人口が朝鮮内の産業に吸収されなかったためであったが、とくに農村の没落した零細小作農が多くの比重を占めていた。(3)

日本に移住した朝鮮人労働者は、日本の資本主義の近代化の過程で動員され、産業化の根幹になった。彼／彼女たちは不良住宅地区に居住し、民族差別を受けながら最低賃金で働く、都市の下層労働者であった。一九二〇年代当時に渡日した朝鮮人労働者のうち、土木・建築・建築工事現場・港湾・鉄道の人夫が最も大きな比重を占めていたが、その次が工場労働者であった。朝鮮人労働者は、主に紡績工場・ガラス工場・ゴム工場・製鉄所・造船所など、労働集約型の中小企業において雇用された。とくに大阪と京都は、工場労働

1930年当時の在日朝鮮人の有業者分布

地域	朝鮮人有業者数	全職業の１％以上を占める職業の朝鮮人有業者の総計と男女比		
		総計	男	女
大阪市	48,098人	29,905人	28,462人	1,443人
京都市	9,486人	6,758人	6,306人	452人
神戸市	7,514人	5,559人	5,301人	258人
東京市	8,774人	5,853人	5,822人	31人
横浜市	3,627人	2,928人	2,859人	69人
名古屋市	9,020人	5,939人	5,712人	227人

『昭和五年国勢調査報告』にもとづきながら在日朝鮮人の有業者分布を明らかにした高野明雄による研究（高野明雄『近代都市の形成と在日朝鮮人』人文書院、2009年、93-97頁）を参照し、再構成した。

者として働く朝鮮人労働者が、それぞれ五六・九パーセントと四二・六パーセントを占めていた。

また、朝鮮人労働者の男女別の割合を見てみると、男性が圧倒的に多かった。一九二四年に日本における朝鮮人男性労働者は五万五五八三人で、これは朝鮮人労働者の全体の八六・八パーセントを占めていた。一方で、朝鮮人女性労働者は八四五五人で一三・二パーセントであった。しかし、工場労働者が多く集まる大阪と京都では、東京やその他の地域に比べて女性労働者の比率が高い傾向にあった。そして、彼女たちの大半は、紡績工場で働く女工であった。一九二八年当時、東京に住む朝鮮人移住労働者（一万三三八一人）のうち、朝鮮人女性労働者は一・三パーセント（一七三人）に過ぎなかった。一方で、同年の大阪の朝鮮人労働者は男女合わせて二万七八五四人。そのうち男性労働者が二万三三三四人で八三・八パーセントを占めており、女性は四五二〇人で一六・二パーセントであった。京都の場合、男女合わせて一万四八二人の朝鮮人労働者が居住していたが、男性労働者が九〇六〇人で九〇・二パーセントを占めており、女性労働者は九八八人で九・八パーセントを占めていた。(4)

前頁の表によると、一九三〇年の日本における朝鮮人有業者のうち、大阪市が四万八〇九八人で圧倒的に多かった。また、女性有業者数（全体の一パーセント以上を占める職業）も一四四三人であり、他の地域と比べるまでもないほど多くの数を占めていたことを読み取ることができる。

一九三〇年当時、女性労働者が最も多く居住していた大阪市や京都市の場合、彼女たちの多くは裁断工・裁縫工やゴム工・機織工として働いていた。しかし、神戸市と横浜市の場合、工場ではなく都市の旅館や料理店で働く朝鮮人女性の数も確認される。神戸市の場合、「旅館・料理店等の女中・給仕人」が男女合わせて一〇四人いたが、そのうち女性が六四人を占めていた。一方で、横浜市では「旅館・料理店等の女中・給仕人」の項目の総数は六七人であり、そのうち朝鮮人女性が五五人であった。彼女たちは、「料理店等の女中」として働いていたものと考えられる(5)。

一九二三年四月二十七日付の『大阪毎日新聞』に掲載された「潮のやうに流れ込む鮮人の群（四）　十字架を負ふ婦人の告白　娯楽機関としては何物も持たぬ」という見出しの記事は、大阪市内のある紡績工場の女工として働く朝鮮人女性が、日本に来ることになった経緯と、工場での経験をストレートに伝えている。「内地」の文化に憧れて大阪に来て、その結果女工になったというこの女性は、工場で工場主から民族的差別された待遇を受け、「内地女工」からも屈辱的な仕打ちを受ける。しかし、彼女は「妾の成績が悪かつたらアトから来る姉妹たちが就職に困るだらう」と、どんなに賤視されても無理《ママ》されても黙って働いた。また、記事は、当時大阪における朝鮮人の性別の割合が男性一〇〇人あたり女性一人程度であったと伝えているが、彼女は朝鮮人男性の場合も、余暇の時間に娯楽機関にほとんど出入りできないという問題を抱えていると吐露する。朝鮮人男性はお金と時間がないだけではなく、内地人が経営する運動場や酒場・料理屋・「遊女屋」などは朝鮮人男性にほとんど開放されず、娯楽機関を持てなかったという。朝鮮人男性が本能的

潮のやうに流れ込む鮮人の群【四】

十字架を負ふ婦人の告白

娛樂機關とては何物も持たぬ
持ちたくも時と金とが許してくれぬ
無理に押し殺される本能の行方

大阪市内の或紡績工場に雇はれてゐた某朝鮮婦人の告白を左に……『妾は內地の文化に憬れて大阪に來ました職を探すうちにわづかの旅費は空しくなりました、天王寺あたりを泣きさうになつて徘徊してゐたら巡査さんが警察署に連れて行きましたア、有難いさすがは內地だ、何とか救濟して下さるのだナと心に合掌してゐましたが

警察は人を

助ける處ではありませんでした、妾はウロ／＼するなと叱られて突き出されました、それから十日餘り依然ウロ／＼してから紡績に工女となりました、工場ではどんなに賤視されても無理されても默つて働いてゐました、妾の成績が惡かつたらアトから來る姉妹たちが就職に困るだらうと思つたからです。工場主は妾のその心持ちが判つたものだから餘計に酷くコキ使ひました、それはそれとして內地の女工さん達が妾共に對して甚だ冷かだつたことは同性なるが故に同族なるが故に餘計無念と思ひます、或時會社に運動會がありましたお午に辨當が運ばれて來ると大勢の日本女工さん達は恰で

犬のやうに

群つて吾れ先きにと奪ひ合つて爭ひました、妾は一番アトで一つ殘つたのを頂かうと待つてゐましたが最後には一個も殘りませんでした恥しかつたけれど工場主にお願ひしたら工場主はお前がボカンとしてゐるから無くなるのだ人數だけの辨當は出したのだからもう知らないと叱られました、それから調て見たら或る女が二つ取つてゐました、妾はその場で大地に坐つて神樣に祈りました。――神樣！人類を顧みたまへ、――この姉妹達にパンを十分に、憐れむ可き工場主に黃金を十分に與へ給へ妾を今日の試みに逢して下さつたことを感謝します、妾は朝鮮婦人のために十字架を負ふべく決心しました、神樣！どうかこの祈りを聞きこの心をお導き下さいませ」――と、大阪に於ける朝鮮人男女數の比較は男百に對する女二の割合である

精神的にも

物質的にも多數の朝鮮人は娛樂機關を持たぬ持たうとしても彼等は餘裕と時間とが無いのではあるけれども亦た內地人の經營する運動場は、酒場は、料理屋は、さうして遊女屋は朝鮮人と知つては決して快よく開放しない、彼等とても等しく文明國の人間だ、それ等の機關の皆無には堪へ得られまいと思はれるが無いものは仕方がない彼等は餘儀なく本能を押し殺す無理に殺された本能はどうなつてどうするかそれは知らない

（寫眞はわづかに一軒出來た神戸の鮮人料亭の鮮人酌婦）

図１　大阪市内の紡績工場で働く朝鮮人女工の記事と神戸の朝鮮料理店の酌婦の写真（『大阪毎日新聞』1923年４月27日）

な快楽を楽しむことができる道がほとんど閉ざされていたというこの記述は、当時の日本において朝鮮人男性を対象とする朝鮮料理店や朝鮮遊郭が形成される条件を示唆している。実際に、この新聞記事には、神戸にできた朝鮮料理店の宴席で接待する朝鮮人「酌婦」四人の写真が一緒に掲載されている。

このような朝鮮料理店は、最初は主に日本に居住する朝鮮人を相手に営業をしていた。しかし、次第に日本人の客へと範囲を広げていったものと考えられる。当時、単身で日本に渡ってきた朝鮮人男性労働者を対象にした料理店の営業や売春業が盛んに行われていた。このような状況において日本に働き口を求めて移動していた朝鮮人女性の人身売買や、強制的な売春などが発生することもあった。

また、宋連玉によると、一九二七年に神戸市が実施した「朝鮮人女性職業分布調査」では、九二パーセントが無業者、残り八パーセントの有業者のうち「其他」が最も多かったという。この「其他」の項目は、調査によっては「仲居」「芸娼妓」と明記されている場合もあったというが、多くの場合「其他」や「客商売」という曖昧な名称が用いられていた。そのため、実際に当時、日本に渡った朝鮮人女性の実態を正確にとらえることは困難である(6)。

しかし、『大阪毎日新聞』を含む一連の資料は、朝鮮から「内地」の都市の工場に移動した朝鮮人女性の経路とあわせて、日本で女工の他に朝鮮人女性を必要としていた朝鮮料理店や朝鮮遊郭などの享楽産業の輪郭を浮き彫りにする。当時日本に移動した朝鮮人女性のうち、工場の職工に比べて少数とされてはいるが、都市の宿泊業や接客業に従事していた女性の痕跡が、公式資料からある程度確認することができる。

1　日本「内地」の朝鮮料理店と朝鮮人妓生

近代において、妓生《キーセン》は制度的に総督府の管理下にあって、官製の行事に動員される存在であり、「内地人」を朝鮮に引きつけるさまざまな植民地政策の道具として活用された。とくに、植民地の観光産業は、朝鮮の妓生が持っている伝統や民族性の指標と性的指標が、植民地の資本主義のシステムの中でどのように活用されるかについて、よくあらわしている(7)。帝国日本の空間において、妓生は植民地女性の身体として搾取され、一種の商品として流通することになる。

『新版大京城案内』(京城都市文化案内所、一九三六年)は、「朝鮮料理屋」について、「京城を見物するなら、一夕は朝鮮料理に箸をつけて、妓生の長鼓(チヤング)につれて流れ出る哀調「愁心歌」を聞きたいものである(8)」と紹介している。日本人が京城の朝鮮料理店で朝鮮料理と妓生の歌舞による接待を楽しむことは、植民地期における「内地人」の主な観光コースのうちの一つであった。このような朝鮮を代表する料理店と妓生が、日本「内地」にも移動するようになるのだが、現在これはさまざまな文献資料(新聞・雑誌・文学作品)をとおしてある程度推測することができる。「内地」の朝鮮料理店で働いていた妓生の存在は、植民地女性の身体と民族(人種)の指標、そして朝鮮の伝統を担った妓生というアウラ(本物の芸術がまとう独得の価値)が、どのように帝国の土地で「ローカル(帝国の辺境としての植民地)」の商品として再構成されるかについて示している。

外村大によると、日本では一九〇五年前後より、東京・上野の「韓山楼」(一九〇五年)などの数軒の朝鮮料理店が営業をしていたことが確認できる(9)。以降、日本における朝鮮人労働者が増加する一九二〇―三〇年代にかけて、朝鮮料理店は朝鮮人下層労働者を含む朝鮮人および朝鮮人留学生を相手に、日本各地で営業していた。具体的には、日本内地で朝鮮料理店の開業が本格化したのは一九二三年ごろであり、在日朝鮮人を相手にした朝鮮料理店は以後徐々に増加したという。[10] また、一九三〇年代中盤の大阪には、朝鮮料理店で働く女給がおよそ二七〇〇人いたという。[11]

ところで、はたしてこのような朝鮮料理店とはどのような場所であったのか。それが問題になる。朝鮮料理店の増加につれて、日本の行政当局は営業禁止の措置をとる。『神戸又新日報』(一九三一年十二月二十四日)の「哀号! 「朝鮮遊郭」に突如営業禁止」という見出しの記事のように、当時の朝鮮料理店は「遊郭」と呼ばれもしていた。

北大阪で「朝鮮遊郭」として知られ異国情緒にエロ、グロを盛つてゐた北区浪花町の朝鮮人飲食店密集地帯全戸三十七軒に対しこの程曾根崎署では無届営業の故をもつて突如営業禁止命令を発した。京阪天六駅と阪神北大阪線天六終点に挟まれた盛場の裏、五百坪ばかりの空地を三面からかこんで飲食店、露店が軒を並べいづれも無届営業で猟奇の客の袖をひく朝鮮少女は八十数名にのぼり百五十円、三百円の前借で売り飛ばされた無智のものばかり、悪酒と紅燈が醸し出す一角の雰囲気には常に喧嘩、賭博など風紀を紊すことおびたゞしいので曾根崎署では従来も時々手を入れたことがあるが徹底せず今日に及んでゐたものである。[12]

北大阪において「異国情緒にエロ、グロを盛つてゐた」「朝鮮人飲食店」は、「朝鮮遊郭」のまた別の名であった。北海道でも一九二〇年代にすでに朝鮮人男性労働者を相手にした朝鮮料理店が登場したが、一九三〇年代には朝鮮的な郷土色を売りにした日本人相手の朝鮮料理店が百軒以上あったことが確認されている。(13) 次の新聞記事に見られるように、一九二〇—三〇年代の北海道の朝鮮料理店で働いた朝鮮人女性たちも、前借金で売られてやってきた性労働者の姿と二重写しになる。

朝鮮女性たちは当時、朝鮮での生活が苦しくて、腹いっぱい食べて金を儲けられるという日本人の言葉を信じて、ある人びとは東海〔日本海〕を渡って北海道の函館か小樽港に到着し、またある人びとは玄海灘を渡って大阪の紡績工場の職工になった。しかし、彼女らは地獄のような大阪紡績工場を抜け出そうとして、再度だまされ売春窟に落ちいるようになった。

浅利〔政俊〕が提供した当時発行の『函館新聞』『函館日日』などによると、一九二〇年に大阪紡績工場で働いてきた朝鮮女性が函館へ来た記録がある。一九二一年には女性六名、男性一〇〇名が函館にいて朝鮮料理店が一ヵ所あった。

朝鮮女性らは「周旋屋」(労働仲介人)にだまされて、ここまで来るようになったが、周旋屋は女性たちを自分の家に置き、働く場を探させないよう外部と遮断させておいて、いっぱい食べさせて市内を見物させた後、金をしこたまもらって遊郭に売ってしまったという。このころ大阪や北海道に行った女性たちは大部分一五歳から二〇歳くらいだった。

売春を強要された多くの女性たちは、この罠からどうしても抜けでる道がないと判断するや、死ぬことを選んだ。

彼女たちが死の道に選んだのが「自殺の名所」になってしまった「立待岬」という絶壁だ。(中略) この村の人びとには、この絶壁に打ち砕かれる波濤の音が「オモニー、オモニー」と泣き叫ぶ声に聞こえたと池田〔ハルオ〕氏が教えてくれた。[14]

一九〇〇年代、朝鮮における多くの料理店は、一種の遊郭として機能した二種料理店であった。日本で営業していた朝鮮料理店の初期の形態は、この朝鮮における二種料理店と類似したものであった。日本での「二種」朝鮮料理店は、大阪や北海道の例におけるように、最初は朝鮮人を相手にしていたが、徐々に日本人の客を誘致していったようである。朝鮮料理店で働く女性は、お金を稼ぐために、あてもなく日本に移動した結果、性労働者として働くことになった朝鮮の女性たちであった。とくに、職業欄に「芸娼妓」「客商売」（酌婦と考えられる）を含む一九二七年の警保局による「内地在留朝鮮人職業調」[15]によると、北海道・福岡・長崎などの朝鮮人鉱夫が多い地域において、これらの二項目の合計が多い傾向にあることが明らかになる。このように、一八八〇年代から炭鉱労働者が朝鮮から動員されていたこれらの地域では、朝鮮料理店が繁盛し、多くの朝鮮人酌婦が働いていたと考えられる。[16]また、土木建設業においても、日露戦争以降に鉄道敷設・河川工事・ダム建設などが活発になるにつれて、朝鮮から単身で移動した男性労働者が大量に流入し、彼らの生活を支える朝鮮人経営の飯場の周辺には朝鮮料理店が営まれ、そこに酌婦が雇われることになったといえる。[17]

このような日本内の朝鮮料理店を取り巻く状況は、一九三〇年代後半から一九四二年一月にかけて、東京で暮らしながら多くの作品を日本の雑誌に発表していた作家・金史良（一九一四―五〇?）の小説「光の中に」（『文芸首都』一九三九年十月）において反映されている。この作品には、朝鮮人の母親を持つ「山田春雄」という少年が登場する。この山田春雄の母親は、かつて「洲崎の朝鮮料理屋」で働いていた人物として描かれる。「光の中に」には、山田春雄の父親（春雄と同様に母親が朝鮮人だった）「半兵衛」に目をかけられた彼

図２　東京・平塚町にあった朝鮮食堂。1920年代

女が、無理やり料理店から連れ出されたことが明かされる場面がある。

ぢかに洲崎の朝鮮料理屋に親方とかけ合ひに行つてさ、この女をおらあの手に渡せ、でねえとこつちが承知しねえぞ、障子に火を付けてやらあとおどかしたんだ。すると野郎たち蒼くなつてくれやがつた訳さ。[18]

一九二〇年代以降、朝鮮料理店は下層労働者を含む朝鮮人移住者と朝鮮人留学生を客として、各地で営業しつづけたようである。一方で、一九二〇年代後半の東京には、遊郭と食堂の曖昧な境界に位置していた日本の二種朝鮮料理店とは異なり、朝鮮の妓生が本格的に進出して経営する朝鮮式の一種朝鮮料理店が登場するようになる。『朝鮮日報』一九二九年三月二十三日付の記事に紹介された朝鮮料理店「明月館」がその例である。「明月館」は、当時本店が神田区猿楽町にあり、新宿に支店があった、東京に進出した朝鮮料理店である。この記事には、

「明月館」を背景に、そこで働いている朝鮮妓生たちの写真が掲載されている。

三人の妓生の写真とともに掲載された、金乙漢による記事「万里異域に朝鮮料理店　久しぶりに食べたキムチの味」（『朝鮮日報』一九二九年三月二十三日）からは、東京「明月館」の来歴の詳細を読み取ることができる。

> 我々一行が東京に来てから一番意外に思ったのは、大東京のど真ん中に明月館という純然たる朝鮮料理を作って売る料理店があって、ここに来てからずっと甘ったるい食べ物に胸がむかむかするほどになっていた我々に、辛くて塩辛くおいしい「カクトゥギ」（大根キムチ）と「キムチ」を心ゆくまで食べさせてくれたことである。
>
> 混み合っている日比谷座に出入りする我々一行のうちの何人かは、体の疲れを顧みず、異域万里（遠い異国）の東京のど真ん中に朝鮮料理店があるという好奇心とともに、久しぶりに「キムチ」と「カクトゥギ」を心ゆくまで食べることができるという嬉しさに、重い足を引きずって、夜十一時ごろに明月館を訪れた。
>
> 明月館は東京市神田区猿楽町というところにある。電車やバスとタクシーが激しく行き交う大通りの右側に通じた、比較的静かな狭い路地に足を運ぶと、小さな灰色の二階屋の前にかかっている「朝鮮料理明月館」という電気角灯がすぐに目につき、「朝鮮料理」という文字がいっそう懐かしくてたまらない。
>
> 大門の中に足を踏み入れると、「いらっしゃいませ《オソオシプシオ》！」という黄色い声とともに、藍色の袖口のチョゴリに藍色のチマを来た朝鮮美人三人が、嬉しそうに我々を出迎えてくれる。四方二間（間＝約一・八

メートル）しかない小さな部屋には、三つのテーブルと十数脚の椅子が置かれているが、一方のテーブルには、はした金でも持っている東京留学生らしいモダンボーイ二人が陶器の器でトックッ（朝鮮風雑煮）を食べており、もう一方のテーブルには商店の店員らしい三人の日本人が何か騒がしく喋りながら黒い薬飯《ヤッパブ》（朝鮮の甘いおこわ）を食べていた。

静かな部屋を求めて、二階にあるタタミの部屋に案内された我々は、まず「キムチ」と「カクトゥギ」を注文し、食べ始めた。横に座っていた一人のウェイトレスに、明月館の由来について聞くと、明月館はもともと早くから平壌で妓生をしていた盧某（盧瓊月）という女性が始めたもので、今から約三年前に開店したのだが、日々商運が向上し、今ではここの他にも新宿というところに支店まで置き、京城にある明月館と同じように、東京の市内と市外にも明月館の本店と支店が置かれているという[19]。

ここで紹介されている「明月館」本店は、当時東京市神田区猿楽町に位置しており、平壌出身の盧某（盧瓊月）という元妓生が約三年前（一九二六年）に開店したものだが、この記事が書かれた一九二九年にはすでに新宿に支店があったと述べられている。明月館は一九三一年一月九日付の『朝鮮日報』に新年の「名刺広告」を掲載し、再び紙面に登場することになる。そこにはチマチョゴリを来た女性が筆を手に持ってなにかを書いている姿が写った写真と一緒に、明月館の広告が掲載されていた。「異域に輝く我らの暮らしの唯一の自慢！」という文言から始まるこの広告は、明月館が日本人ら外人には「朝鮮料理が東洋料理の中の王であるという価値」を伝え、日本に住む同胞には「異郷孤独の愁い」を慰める場所であるとしながら、明月館が東京の名所になっていると宣伝していた[21]。

また、明月館についての記事は、雑誌『三千里』（一九三二年二月）においても発見される。

最近、東京から来た人の話を聞いたのだが、東京に明月館という朝鮮料理店ができたそうだ。それは建物も純朝鮮式の朱塗りの欄干に画壁で、料理も神仙炉《シンソルロ》〔中央に炭火を入れる筒のある鍋〕にキムチ、カクトゥギ、音楽も「エイ!」と節のある三絃六角で、歌も愁心歌や六字《ユクチャ》ペギ〔雑歌〕であり、サービスする者もみな花容月態のチマチョゴリを着た妓生十余名だという。客の大半は日本人で、最近では多い日には一日の売上高が五千円を超え、そうでない日でも二千円、三千円が普通だというが、どうしてこんなに明月館が有名になるほどに発達したかというと、朝鮮の妓生の妖艶な姿態と、朝鮮の独特な料理が人びとの好奇心を引くためであるという。(22)

右の記事では、純朝鮮式の建物とインテリアを備え、朝鮮料理を提供し、三絃六角・愁心歌・六字ペギなどの妓生のレパートリーが公演される東京「明月館」が、朝鮮人移住者を対象としたものではなく、客の大半が日本人であり、一日の売上が五千円を超えるという盛況ぶりを伝えている。宮塚利雄の『日本焼肉物語』(光文社、二〇〇五年)では、明月館が発行していた『朝鮮読本』というパンフレットが紹介されている。『朝鮮読本』は、当時明月館で繰り広げられた「余興」について、「普通一般に行はれてゐるものは僧舞、剣舞、春鶯舞、道化踊り、寸劇等を始めと致しまして伽耶琴、洋琴、杖鼓、玄琴、短簫、稽琴等の楽器、それから歌では、クラシツクな優長《ママ》なものは元より流行歌諷刺的又はヱログロのものもあります」と記録している。(23)明月館の場合、全般的に朝鮮の一級料理店で上演された伝統的な音楽・歌舞のレパートリーを基本としながら、主な顧客である日本人の大衆的な趣向に合わせて、現代的な要素が加えられたようである。『朝鮮日報』や『三千里』などで紹介され、一九三二年頃には麹町区永田町二丁目二十八番地（現在の永田町二丁目十三番地）に進出した東京「明月館」は、日本の政界人や高官が出入りする高級朝鮮料理店として、朝鮮料理だけではなく妓生による呈才舞の公演と、器楽演奏を特色としていた。(25)

前述した『朝鮮日報』『神戸又新日報』の記事などから、一九二〇年代以降、明月館のような一級料理店を含む朝鮮料理店は、東京だけではなく神戸（湊川）・大阪・北海道など日本各地で営業されていたといえる。(26)また、一九三八年には東京市内だけで朝鮮料理店が三七軒あったことが確認される。(27)

明月館で働く妓生は、帝国の男性だけではなく、日本に居住したり留学に来たりした植民地の知識人男性を顧客として、奉仕していた。朴泰遠の小説「郷愁」（『女性』一九三六年十一月）は、まさに東京・神田にあった朝鮮料理店「明月館」本店を舞台としている。東京に留学していた主人公の恋人であったヒャンウォリは、東京の「明月館」で働いていた妓生として登場する。

千里異域で青春は孤独に陥りやすく、そしてその孤独は一人では手に負えないものだった。

（中略）

明月館という名前は以前から聞いたことがあったが、早いうちに一度でも訪れたことがなかったのだが、酒を求めて偶然に足を踏み入れた路地の中に、思いがけずその店を発見すると、

（どれ、久しぶりにトンチミ〔水キムチ〕でも味見してみるか……）

いつも**ワセダ**に通うある友人が、キムチを食べに行かないかと、この店の話をしていたことをふと思い出して、

（そうだ、そういえばここは朝鮮の子がサービスをするそうじゃないか……）

そう、多少好奇心がなくもなく、ちょっと立ち寄ったのが、いわばヒャンウォリと知り合ったきっか

けであった。

ヒャンウォリがこの店では誰よりも美人だったのは間違いない事実だが、私がそんなにもたやすく彼女に心惹かれたのは、さもすると彼女の容貌よりは、むしろ実に久しぶりに見たお団子頭であり、赤紫の袖口の短い黄色いチョゴリであり、薄ピンクのハブタエのチマ、また灰色のコムシン、そのようなすべてのものであったようだ。

（中略）

私たちは我々二人の密会の場所を、いつも彼女の職場である「明月館」にしなければならないことから、我々は人びとからの視線を受けるその場所で、それほど幸せを感じることができなかった。(28)


右の作品で描写されるように、当時東京の朝鮮料理店はカクトゥギ・キムチ・トックッ・薬飯などのような朝鮮料理とともに、お団子頭・黄色いチョゴリ・薄ピンクのチマ・灰色のコムシンなど、朝鮮の服を着た妓生の存在をつうじて、疎外と差別に疲れきった植民地知識人男性の郷愁を慰める役割をした。また、異国の地における朝鮮人留学生と朝鮮の妓生の恋愛は、互いの他者性を分かち合う、切実でありながら刺激的なものであった。

日本の朝鮮料理店において、植民者男性の異国趣味、または被植民者である朝鮮人男性客の郷愁や性的幻想を充足させるために動員されていた妓生の身体は、朝鮮では近代的な芸能者に変身し、社会的に認められるための認識の闘争を敢行していた一級妓生のダイナミックな位置とは異なる地点にあった。資本に従って国境を越えた妓生は、植民地主義・人種・階級・ジェンダーの葛藤を量産する強力な機制と直面することになる。このような帝国において植民地の女性として働かなければならなかった彼女たちを取り巻く条件は、朴泰遠の小説「郷愁」に登場する東京「明月館」の妓生ヒャンウォリや、金史良の小説「光の中に」に登場する二種朝鮮料理店で働いていたところを、山田春雄の父親（日本人と朝鮮人の混血）によって拉致に近い形で連れ出された山田春雄の母親を沈黙させる。また、明月館のような日本の中の一級朝鮮料理店と二種朝鮮料理店では、女性が相手にする客の階級的・人種的な差異があらわになる。とはいえ、そのどちらの空間も、帝国の地において、植民地の基層の女性の身体が民族的・人種的指標とどのように結合し、商品的資産によっていかに専有されるのかを示すジェンダー的な空間であった。

2　日本「内地」のカフェと朝鮮人女給

一九三〇年代の京城における女給のアイデンティティは、日本の女給を母胎として模倣された植民地の産物であった。とくに、在朝日本人を客としていた南村の日本式のカフェに雇われた朝鮮人の女給は、日本式のヘアースタイル（ひさし髪）に、着物を着てエプロンをした姿で日本語で接待するため、見た目では日本人の女給とまったく見分けがつかなかった。『朝鮮日報』（一九二七年一月二日）の記事では、ある南村のカフェを訪れた朝鮮人男性が、最初は日本語しか使わない女給のなかに朝鮮人の女給がいるということがまったくわからず、その後ある女給と会話をするうちに、彼女が朝鮮人であることがわかったという内容を含んでいる。

明治町にある「××カフェ」を訪れた。足を店の中に踏み入れるや「イラッシャイ」という細い声に出迎えられ、一隅のテーブルの前に座り、日が暮れてからまだそんなに経ってないというのに、すでにこちらの角、あちらの角に、酔って羽目をはずす客たちが群れをなし、それぞれ花のようなウェイトレスを一人ずつ脇に抱えていた。◯◯子というウェイトレスが朝鮮の女性であると聞いたので彼女を探していると、歳は一七、八歳に見えるひとりの日本人女性が横に来た。服装や、髪型や言葉遣いなど、どう見ても朝鮮人のようではなかった。彼女の耳に口を近づけて、
　あなたは朝鮮人ではないですか、と静かに尋ねると、怪訝な表情で暫くの間ぽかんとこちらを見つめていたが、なにかを思い出したかのように、突然顔に悲しそうな表情を浮かべ、ただ静かに首を縦に振った。(29)

「服装や、髪型や言葉遣いなど、どう見ても朝鮮人のようではなかった」という記述から読み取ることができるように、京城の在朝日本人を主な顧客としたカフェの朝鮮人の女給は、自身の人種的・民族的指標を消したまま、植民地の市場で享楽を媒介していた。

　一方で、京城の南村の本町三丁目の交差点にあるカフェ「ウィスタリア」に現れたあるカフェガールは、国籍不明のモダンガール（モガ）の典型をあらわす。東京からやって来た「森光子」という日本人女給は、外見だけではなく知的教養も兼ね備えた優れた「モガ」と紹介される。彼女は日本の社会主義団体である日本◯◯党の五・三事件に関与した重要幹部を恋人に持ち、一時身を隠すために京城にやってきたという事情があるのだが、そこには帝国と植民地の境界を超えて社会主義的近代を志向する知識人と交流していた日本の「モダンガール」の面貌が垣間見える。これは、朝鮮人のカフェにも「赤色女給」と呼ばれる社会主義女

給が存在していたことと脈を同じくする。

その女はスカートが短い黒いチマに、ふんわりとした白い上着を着て、その上に赤いネクタイを見栄えよく締めて、足にはかかとの高い靴、頭は文字どおりの七三分け——どこから見ても、その身なりは小学校の先生か、そうでなければ師範学校の学生のタイプであって、いくら見ても路柳墻花〔誰でも手折れる柳や花。遊女を意味する〕の身の上のようなカフェのウェイトレスのようではない。

さらに、その女の狭すぎも広すぎもしない見栄えのいい額と、利発な目と、均整のとれた鼻と愛嬌のある唇を持った丸く平べったい顔は、美人というよりは、むしろどこかの家の長男の嫁という言葉がもっと適当であるほど、上品で可愛げがあり、また婦徳があるように見えた(30)。

右の文章で、日本人のカフェ女給「森光子」の外見は、洋装をしていたが小学校や師範学校の教師のタイプを連想させ、顔は美人だが良家の長男の嫁のような上品さと可愛らしさを兼ね備え、婦徳がある女性であると述べられている。日本人の地域である南村のカフェにも進出していた朝鮮人男性客にとって、日本のモダンガールも性的な好奇心の対象となるのには変わりなかった。遊興空間において植民地男性たちが盗み見る「帝国」のモダンガールは、観淫症の対象へと転移する。「狭すぎも広すぎもしない見栄えのいい額と、利発な目と、均整のとれた鼻と愛嬌のある唇を持った丸く平べったい顔」に収斂される視線は、国籍と階層、知識の有無に関係なく、カフェで共有される女給の身体を示唆する。

日本「内地」のカフェ文化に起源する植民地朝鮮のカフェの女給は、カフェの中の業務研修のために、一時的に日本「内地」のカフェを訪れたり、一定期間日本のカフェで活動することもあった。緑眼鏡「カフェ女給オンパレード」(『別乾坤』一九三二年十一月)で紹介された一級女給たちのうち、「楽園会館」の一級女給千津子の場合、一三年間の女給生活の中で大阪にまで進出しており、数年間日本のカフェで実地見学をして戻って来たと記録されている。(31) これは、植民地朝鮮のカフェが、そのはじまりにさかのぼれば、宗主国日本のカフェをモデルとしていたことを推定できる根拠である。また緑眼鏡は、一時は映画女優であったカフェ「楽園」の女給**マリコ**(本名金明淳)も、神戸・大阪などを「大きな貿易商のように行ったり来たり」して活動していたと説明している。(32) この文章から、当時の朝鮮人女給は、日本で朝鮮人労働者または朝鮮人留学生を相手にするカフェや、朝鮮人女給を好む日本人を接待するカフェで働くために、朝鮮から日本各地に移動することもあったと考えられる。また、女給やダンサーとして、日本だけではなく中国(大連・天津・奉天・上海)にも進出した女性たちもいたようである。(33) このような女給の国際的な空間の移動は、妓生と同様に、植民地期における労働階級の女性が、生きるために資本の流れに従って選択した、また別の生の経路であった。

朴泰遠の小説「半年間」(『東亜日報』一九三三年六月十五日―八月二十日)は、東京の朝鮮人留学生チョルスが、東京のあるカフェで働く**ミサコ**(本名シン・ウンスク)という名前の朝鮮人女給に会い、恋に落ちる話を盛り込んでいる。京城から知り合いの紹介で東京のカフェに働き口を求めてやってきたという**ミサコ**の例をとおして、当時の朝鮮人女給の日本への移動の経路を確認することができる。また、この作品では主人公と女給の会話をとおして、当時のある「カフェ哲学」が示される。具体的には、「一度行ったカフェは二度は行かぬこと、二回でやめること」「長居してはならないこと」「チップは必ず支払うこと。労働に対する報酬であるから」「女給の年齢を聞いてはならないこと」「女給に恋してはならないこと」など、当時の日本のカフェの風俗の一面が垣間見える。(34) また、その会話の中で、『婦人公論』のある小説に登場する「**サヨコ**」

という名前の女給の話が話題になるが、これは当時『婦人公論』に連載されていた広津和郎の小説「女給」の女主人公の小夜子のことであると、作家によって説明される。朴泰遠のこの作品は、一九三〇年代前後、日本のカフェの中の風俗とあわせて、日本のカフェで働いていた朝鮮人女給の行跡が小説の形で記録されている。このような女給の日本「内地」への移動は、次のルポルタージュの記事において、具体的に確認される。


「R君、最近東京のカフェに「朝鮮美人」が現れたっていうけど、そこに行ってみたかい」

「それは本当か？　朝鮮美人が本当に？　どこにいるんだ？」

（中略）

東京にはすでに朝鮮妓生や娼妓が進出しており、エロの大安売りをするという噂を聞いて久しい。

だが、カフェへの進出とは初めて聞いた。

私は好奇心とともに、一方で物悲しさも感じた。

封建的家族制度の外に出られなかった朝鮮女性が、あまりにも安値で門戸開放をしたのではないだろうか。

押し寄せる経済恐慌に呻吟する朝鮮——彼女たちもまた父と母の大切な娘さんであったはずだ。

これも職業だと——ふん、職業としてか。我々は二つの店に寄って、酒にほどよく酔った。

サロン・春——「朝鮮美人」がサロン・春にいるらしい。

（中略）

「いらっしゃいませ《オソオシプシオ》」〔**ウメコは**〕顔を赤くしながら、朝鮮語で言う。清楚に装った朝鮮の服に、頭を綺麗にお団子にした姿が、非常に麗しく見える。

（中略）

サロン・春に**ウメコ**（梅子、女給の仮名）が出ると、この店はとても混み合うらしい。そして、東京のカフェのファンの間で人気が少しずつ上昇しているという。(35)

一九三一年当時、東京に特派員としてやって来た某新聞社の記者李逸光が、東京のカフェ「サロン・春」で出会った朝鮮人女給のイメージは、さまざまな問題を提起する。「過去にソウルで一時期妓生として名を馳せて、長安《ソウル》の遊冶郎の話題によく上がった女(36)」であった彼女は、東京で「**ウメコ**（梅子）」という日本名のカフェの女給に変身していた。ところが、朝鮮においては近代的な文化および遊戯感覚の伝達者であった「モダンガール」としての女給のイメージとは違い、東京のカフェでの**ウメコ**は「〔挨拶を〕朝鮮語で言う。清楚に装った朝鮮の服に、頭を綺麗にお団子にした」姿をしていた。このような女給**ウメコ**は、一九三〇年代の北村のカフェに溢れた、尖端の洋装の女給の姿ではなく、朝鮮的な伝統とアウラを商品化していた妓生の姿にむしろ近い。日本「内地」で朝鮮の女性のエスニックな指標が産業的に活用される過程で、妓生とカフェの女給の境界は崩れ、また相互に交換される様相が見られる。朝鮮内で妓生とカフェの女給を区分していた伝統／近代の指標はなくなり、カフェの女給の性愛化された身体は、植民地の地方色を必要としていた「帝国」のカフェにおいて、「朝鮮的なもの」の商品化にもっぱら従事するようになる。

日本でカフェが盛んだったのは、大正十二（一九二三）年の関東大震災以降であった。一九二九年八月、当時、東京のカフェは六一八七軒に達し、女給は一万三八四九人であったという。(37)当時、東京の銀座の街路を中心に繁盛したカフェの店名を整理してみると、タイガー（東京・銀座）、サロン・春（東京・銀座）、赤玉

（東京・銀座）、クロネコ（東京・銀座）、ユニオン（東京・人形町）、ゴンドラ（東京・銀座）、バッカス（東京・銀座）、ニューヨークバア（東京・銀座）、銀座パレス（東京・銀座）、マル（東京・銀座）、グランド銀座（東京・銀座）、イナイイナイバア（東京・銀座）、バー・ブロードウェー（東京・銀座）、サロン・パリジャン（東京・牛込）、バー・アリゾナ（大阪・曾根崎）、キリン（東京・銀座）、コーザン（東京・日本橋室町）、また銀座パレスの二階にはサロン桃山とサロン満洲があり[38]、日本・アメリカ・フランス・満洲など多国的で人種的な指標を表象している。これらのカフェは、その店名が示唆するように、それぞれの国家／地域／人種の固有な資質を商品化していたが、カフェの女給はまさにそのような人種の展示場を彷彿とさせるカフェを構成する重要な要素であった。ミリアム・シルヴァーバーグが「文化的合成主義（cultural syncretism）」と説明するように、当時、東京のカフェにおける朝鮮人女給は、植民者の欲望によって植民地のエスニシティが専有される、帝国の転倒した模倣（mimicry）の痕跡をあらわしている[39]。すなわち、カフェにおける多様な記号の需要と創出は、西洋と東洋、帝国と植民地の境界を超えた人種的／国家的なさまざまな指標の積極的な活用・模倣をつうじてなされていた。これは、サロン満洲で女給に中国風の服装をさせ、中国趣味のインテリアなどをつうじて満洲の雰囲気を追求したり、上述した銀座のカフェに朝鮮式の服装をさせた女給を置いたりした形態にあらわれる。東京銀座のカフェは、帝国と植民地の位階の構図である以上に、植民地の固有の色と女性の身体を商品として活用する、まるで帝国の市場であった。それでは、このような銀座のカフェで消費されていた朝鮮人女給の位置とはどのようなものだったのだろうか。

虚栄——金——淪落。この中で遊びまわる女性のなかに、昼のような夜の東京銀座に、いわゆる第二世の「朝鮮美人」が出現しないと誰が保証するのだろうか。眩しく回るイルミネーションの中でカクテル

グラスを持って、酒に酔った荒々しい人びとの間で笑みをたたえて歌う**ウメコ**よ、達者でな。(40)

虚栄と金そして淪落という三つのキーワードは、遊興空間に働き口を求めて東京にやって来た女性たちを見つめる朝鮮社会の典型的な視線であった。しかし、東京銀座のカフェで「朝鮮」を代表して現れた女給**ウメコ**は、朝鮮におけるカフェの女給のような堕落したモダンガールである以前に、植民地朝鮮から来た「原住民女性」であった。帝国の市場で雇用された朝鮮人女性は、妓生と女給の間の偏差や、伝統と近代の因子が無化された人種的（女性）商品にすぎなかった。

日本の植民化政策の過程で家族の枠を抜け出した基層階級の女性は、「帝国」によってたやすく専有される構造の中に置かれていた。とくに、国内外の遊興空間に置かれていた女性たち——妓生・女給・娼妓は、一九四〇年代に日本軍慰安婦の行列にとりこまれ、日本「内地」と満洲、中国北部へと移動した痕跡も見られる。(41) 一九三〇年代の朝鮮のカフェの女給は、単なる社会的な犠牲物でもなく、かといって完全に独立した生存能力を確保していたわけでもなく、その位置は複合的なものであった。都市において彼女たちは、当時のモダンガールへの幻想と欲望を体現する代理物として機能すると同時に、断片的ながらも自己認識の主体として行為することもあった。しかし、民族の境界を超えて「帝国」の領域に移入されることで、彼女たちの身体は資本と軍国主義のファシズムの道具へと転移する脆弱さをあらわにする。彼女たちを規定する絶対的な条件は、他者性の集合体としての「植民地女性（colonized woman）」であった。

3　日本の工場に行った朝鮮人女工たち

一九二〇―三〇年代、貧しい農村を離れて、未来への希望に満ちた夢を胸に都市の空間へと出発した朝鮮の田舎の少女たちの移動は、国境を越えるに至った。すでに、日清戦争前後である一八九三年から九四年にかけて、三重紡績によって朝鮮人女性が日本に連れてこられた痕跡が見られる。(42)一九一〇年の日韓併合後には、大阪を中心にした西日本各地の紡績会社では、朝鮮人女工を募集する競争が繰り広げられた。また、長野県や愛知県の製糸工場でも一九一〇年代の後半より朝鮮人女工を誘致しはじめたという。(43)一九二〇年代より、朝鮮の新聞では日本の紡績工場に行った田舎の若い未婚の女性の記事が頻繁に見られるようになる。(44)一九一九年の三・一独立運動以降、同年四月に設けられた「朝鮮人ノ旅行取締ニ関スル件」（朝鮮総督府警務総監部令第三号）によって朝鮮人の渡航は届出許可制となるが、それが廃止となった一九二二年十二月の朝鮮人の渡航の「自由化」以降、より多くの朝鮮人女性が日本の工場に渡るようになる。これは、日本の工場にとっては、安い労働力である朝鮮の貧しい農村の女性たちを連れてくれば賃金の節約になり、言葉の問題かちストライキの可能性も心配する必要がないため使いやすいという、現実的な利得があった。(45)また、当時の新聞には、一部の紡績会社の募集員たちが総督府の許可を得ずに、非公式的に不法なやり方で朝鮮の若い女性を誘い出し、彼女たちが日本へと移動した痕跡が見られる。(46)

ところで、大阪・神戸など日本の関西地方の工場に移動した女性のうち、数多くの済州島出身の女性がいたことは注目を要する。済州島の場合、帝国日本の植民地支配の中で、自給自足の自然経済が崩壊したことで、生計を維持するために多くの女性が日本の工業都市に移動することになった。

済州島の人びとの日本の工業界への出稼ぎは、一九一一年より始まった。一九二二年に済州島と大阪を直接結ぶ定期航路が尼崎汽船によって開かれ、「君が代丸」が就航してから、済州島の人びとの日本への移動は加速化する。一九三四年には、日本に出稼ぎに行った朝鮮人のうち済州島出身者は五万人を上回ったが、これは当時の済州島の人口の四分の一に該当する数であった。(47) 大阪に定着した済州島出身者について見てみると、六六パーセント強が工場労働者であった。また大阪の済州島出身の労働者の全体の約半分を占めた女性が最も多く従事した職業が、紡績工であった。(48) 植民地期において、朝鮮の済州島以外の地域から日本の工場に行った女性は、そのほとんどが個別的・散発的な移動であったため、彼女たちの経路をたどることは困難である。しかし、済州島の場合、日本への渡航において済州市・組合・親類縁者など、さまざまな層位における組織的な支援があり、日本に到着してからも地域の共同体に吸収される特殊な条件の中にあったことから、当時の朝鮮人女性の日本の工場への移動と定着過程を比較的容易に把握することができる。

済州島の女性たちの渡航と女工への変身

植民地期における済州島の人びとの日本への移住が本格的に行われるようになったのは、第一次世界大戦が勃発し、日本の工業界の発達とこれによる労働者の需要を解決するために、日本の資本家が済州島を安い労働市場としてみなすようになって以降であったといえる。このような様相は、近代初期の済州島が直面していた社会経済的な危機とも重なりあう。農業の場合、済州島では一九一三年から一九一六年にかけて植民地政府による土地調査事業が施行され、耕作も遊牧も可能であった共有地が多かった済州島では、共有地が所有者なき土地として国有地に編入された結果、朝鮮全土の国有地の比重が二・八パーセントであったのに対し、済州島では国有地の比重が一八・四パーセントに達し、絶対的な貧困が進んだ(49)。日本で不足している米を朝鮮で確保しようとした産米増殖計画（一九二〇年）のもとで米穀中心の農政が施行されるなか、済州島は土地が痩せて生産性に乏しく、朝鮮半島本土のように余剰を搾取する大地主が存立すらできなかった。土地との慣習的な結びつきを断たれた農民の多くは、労働者になって島の外に出ざるをえなかったため、済州島民の離農化が加速化した(50)。一方で、伝統的に済州島の経済的な基盤を支えてきた漁業や家内手工業すら存亡の危機に陥るや(51)、済州島民は他の地に生きる道を求めて済州島を去らなければならない、深刻な事態に置かれた(52)。

済州島の女性渡航者の増加の背景には、日本の紡績会社の積極的な労働力誘致政策があった。一九一一年には大阪摂津紡績会社の木津川工場、一九一四年には東洋紡績会社の三軒屋工場の事務員が職工募集のために済州島を訪れた(53)。また、朝鮮総督府の「阪神・京浜地方の朝鮮人労働者」（一九二四年七月）によると、一九一八年三月には初めて大阪の岸和田紡績会社が朝鮮人女工の募集を試みたという（「岸和田紡績にては朝鮮女の採用に着眼し、大正七年三月事務員を朝鮮に出張せしめ、五十人の朝鮮女を募集して帰り、女工として就業せしめた(54)」）。また、この「阪神・京浜地方の朝鮮人労働者」からは、一八九二年に創設され、中規模な紡績会社のなかで上位を占め、朝鮮女工を積極的に雇用しようとしていた大阪岸和田紡績の一九一八年当時の事情も読み取ることができる。

この朝鮮人女工は内地人女工に比して能率は遥かに低きも、食事、住宅等に美味佳良を望まず、生活程度至つて低く、内地人女工に比して賃銀も亦低廉で、比較的成績良好であつたので、同年七月更に第二回として百名の朝鮮女を募集し、之を本分社四工場に分布して就業せしむることとした(55)。

大阪市社会部調査課による「本市に於ける朝鮮人の生活概況」（一九二九年）の「有業者内訳」には、女子工場労働者数三九四九人のうち、七六パーセントにあたる二九八五人が紡績女工であったと記されている。(56)杉原達によると、岸和田紡績の八二五人のうちほぼ九割が女工であったため、当時大阪府で働く朝鮮人紡績女工の約二五パーセントが、岸和田紡績に吸収されていたものと推定されるという。(57)朝鮮人女工は、会社が直接現地を訪れて募集する「募集女工」と、先に働いていた知人・友人の紹介で雇用される「志願女工」の二種類の募集によって雇われた。実際に植民地期に日本の工場に募集女工としてやってきた、慶尚南道の小作農出身の李点順《イジョムスン》の回想によると、日本からの女工の募集人が置いていった「募集のしおり」には、「三年働くと三百円ぐらいの貯金ができる」「寮での生活は楽しい」などの宣伝文句が書かれていたという。さらに、当時彼女と一緒に「募集女工」として日本に渡った女工は百人ぐらいいたと回想している。当時朝鮮人女性が募集人の宣伝文句をすべて信じてやってきたとはいえないが、命がけで働けば家に送金することができるという希望を持ちながら、懸命に働いていたと考えられる。(58)

渡航した済州島の女性たちは、当初は「募集女工」が主流だったが、次第に「志願女工」が増えていく傾向が見られる。(59)当時、済州島の多くの女性が友人・姉妹が働いている日本の工場へ直接行って志願女工になったが、梁石日の小説『雷鳴』（徳間書店、一九九八年）からは、植民地当時の済州島の条件と、幼い娘たちが工場をめざして渡日するに至る当時の状況を読み取ることができる。主人公である李春玉《リチュノギ》の友人英珠《ヨンヂュ》は、自分が日本へと渡る動機を以下のように述べている。

村で暮らしていけないからよ。畑を耕してもほとんど税金で取られてしまうし、海に出て漁をしても同じことよ。呉書房《ソバン》の家族も食べるものがなくて、来年の種まで食べてしまって畑を耕せなくなったの。それで二か月前、日本へ行ったわ。済州市ではわたしと同じ年頃の女の子が日本に出稼ぎに行ってる。手間賃は安いけど、村で働くよりずっとましだって。一年働いて家を建てた人もいるらしいの。わたしのアボジはもうこれ以上やっていけないって毎日愚痴をこぼして酒ばかり飲んでる。オモニと喧嘩が絶えないのよ。弟と妹はまだ幼いし、今年の冬を越すのが大変だと思う。(60)

当時、済州島の農家の生存の危機に直面し、英珠を含む十代の若い未婚の女性たちは日本に出稼ぎに行くことを決心したといえよう。お金を貯めて、二、三年後には必ず春玉へのお土産を買って帰ってくると約束をして、英珠は日本へ出発する。その後、つらい嫁入り暮らしと幼い夫の暴力で苦しめられていた春玉もまた、嫁入り先を飛び出して、結局「君が代丸」に乗ることになる。嫁入り先を飛び出した女として、これ以上狭い島に留まることはできず、朝鮮半島本土か日本へ発つことを決めた春玉は、最終的に朝鮮よりもお金を稼ぐことができる日本に行くことを決意する。(61)

何かが追い駆けてくるようだった。後ろを振り返ってはいけない、と春玉は自分に言い聞かせながら月の光に導かれて暗い夜道を遮二無二歩いた。二月に就航した「君が代丸」は済州島を周回しながら各港で大阪へ行く人々を乗船させていた。尹家からもっとも近い港はR港である。そのR港に今日の午前十時に「君が代丸」が入港する予定だった。R港までの距離はかなりある。できれば午前七時頃までに着きたいと思った。なぜなら春玉は大阪へ行ってどうするか決めていなかったからだ。行けばなんとかなるだろうとは思うが、やはり不安だった。「君が代丸」には必ず日本の会社の人間がいて、人を募集し

ているのと聞いている。その会社の人間に会って雇ってもらおうと考えていた。(62)

とまどいと焦りのなかで、人びとの視線を避けて「君が代丸」に乗り込んだ春玉は、大阪に到着してもどうなるかわからない、先行きの見えない状態であったが、とりあえず「君が代丸」に乗れば女工を募集する「日本の会社の人間」がいるという話を聞いて、やみくもに船に乗り込む。春玉は船の中で偶然英珠の妹・瑛信《ヨンシニ》に出会い、一六歳の幼い瑛信が姉の英珠が働いている大阪岸和田紡績に行くために、大胆にも一人で「君が代丸」に乗ったことに驚く。この作品において、春玉や瑛信にとっては、岸和田紡績で英珠が働いていることだけでも大きな励みになる。春玉は「見知らぬ土地で一人で働くより、親しい三人で働く方が、なにかと力強い(63)」と、自らを奮い立たせる。先の見えない未来の前で、英珠が先に行っている大阪岸和田紡績は、彼女たちに差した希望の光であっただろう。梁石日の『雷鳴』では、英珠と春玉、瑛信をとおして、一二、三歳の幼い少女を含む済州島の女性たちが、家を出て志願女工になる典型的な経路が再現されている。(64)

当時、済州島の女性の出稼ぎは、経済的な困難という一時的な理由の他に、また別の動機が含まれていた。梁石日『雷鳴』の主人公春玉の場合のように、日本に行くことは、不幸な結婚生活から脱出した女性が、新しい人生の意味を求めるための代案的な道でもあった。一方で、当時大阪に渡った梁禮女という済州島の女性は、渡航の動機を次のように述べている。

なんで行ってみようか、いう気になったか言うたらな。今とちごてね、あそこ〔済州島〕は、〔こどもたちを〕ほったらかしたったから、人並みにあたれへん、はきものでも、服でも。それに日本に行ってた人は、きれいになって帰ってくるし。姉さんも、近所の人も。ここ〔大阪〕へ来たら、ちょっとでもき

れいな服着れるし。私もそんなしたい思てな。(65)

このような証言から見られるように、日本に行ってきた姉さんや近所の人が、きれいで清潔な姿で目の前に現れたり、「白い線の入った帽子をかぶって帰ってきた学生さん」(66)の姿を見たりして、済州島の人びとは文明的な暮らしへの憧れが大きくなったといえる。また、梁禮女は、大阪と済州島を何度も行き来するなかで、大阪での一番の楽しみであったことについて「何が楽しみや言うて、なんせ一生着る服作らなあかん思うて、木綿何反か買うてきて、行李の上下いっぱい詰めて帰る。自分の分、家の人の分。それが一番の楽しみやったね」と回想している。(67)

済州島の人びとにとって、日本はたんに食べ物を提供するだけではなく、パラソル・ハンドバッグ・ゴム靴（コムシン）など新しいスタイルと趣向、最先端の感覚を呼びだす震源地でもあった。

島の娘がパラソルを持ち出した。また、小脇に抱へた籠が、段々とハンドバックに変つて行く。どこの面にも豆腐屋が出来た。朝鮮草履が護謨《ゴム》靴に変つた。何といふ変化だらうと島の古老はいふ。実際素晴らしい変り方である。(68)

済州島に流入した近代的な文物の流通に積極的に貢献したのは、日本の紡績工場で働きながら、経済的な主体として、消費の主体として生まれ変わった女性たちであった。金容煥が『アカハタ』（一九五九年五月十二日）に発表した短篇小説「君が代丸」は、「君が代丸」という輸送の機制を通じて、植民地期に日本と済州島の間に形成されたモダニティの軌跡を示唆する。

家族のうちだれかは必らずといっていいほど大阪に送りだしている島民の大多数の間で、君が代丸は珍重された。船会社がボロいかせぎをしたのはいうまでもない。君が代丸は済州島・大阪間の大動脈となった。日本からは文明と役人と商人とおまわり、それに安雑貨・メリヤス製品を山と積んできたし、済州島からは安くてその割にがん強な労力――金グサリのチョッキが着たい零細商人、嫁入りまえに紡績女工でかせいでこようという島娘たちを、かんだんなくはこびだしていった。(69)

済州島と日本の間の商品と労働力の交易の回路は、済州島が置かれた特殊な条件によって形成された。これは、帝国日本と植民地朝鮮の間の社会政治的な緊張とは異なる層位のものであった。この経路において、紡績女工たちは、近代を生み出し消費する一つの重要な軸をなしていた。

一九二〇―三〇年代の大阪岸和田紡績工場の朝鮮人女工たち

それでは、済州島の女性たちが辿り着いた大阪・岸和田紡績工場の労働条件と、日本での彼女たちの暮らしとはどのようなものだったのだろうか。現在残っている日本の紡績工場についての記録と調査に見られる朝鮮人女工の生の条件は、非常に劣悪で否定的なものであったという記述で満ちている。当時岸和田紡績の人事係として働いていた和久義三の証言によると、糸と機械の運転に蒸気を利用していたため、工場の中は高温多湿な状態が維持されており、しかもつねに棉花の塵が舞っていたという。このように原棉を処理する所での女工たちは、まるで雪だるまのように棉花の塵をかぶりながら仕事をするようなありさまであり、こ

図３　岸和田紡績工場で働く朝鮮人女工たち。1920年代

図４　同、朝鮮人女工たちの食事風景。大正末期

れは彼女たちが肺を傷める原因になったのではと証言している。[70]また、非衛生的な環境に、監督の暴力と監視、栄養不足の食事が日常的であった。さらに、独身の女工が暮らす寄宿舎の部屋には一枚の布団が敷きっぱなしで、そこで昼勤と夜勤の女工が交代で休んでいた。彼女たちは慢性的な疲労と睡眠不足の状態で働いていたのである。[71]

また、賃金については、一九三〇年の日本の紡績女工の全国平均の日給は一円五銭であったが、岸和田紡績工場は一円二銭であり、堺分工場の場合七九銭に満たないという低賃金であった。[72]しかし、当時女工として働いていた朝鮮人女性の賃金をめぐる証言はバラバラで、平均賃金を大きく下回る給料をもらっていたという証言もある。[73]また、大阪のさまざまな紡績工場で男性職工として働いてきた金泰燁は、大阪最大の紡績工場である岸和田紡績をはじめとし、当時の紡績工場における朝鮮人女工は日給三五銭程度という低賃金で働いていたと証言している。[74]いずれにせよ、紡績工場の場合、仕事の内容と実績によって賃金内容が変わってくるが、どんな熟練工であっても一円台以上の賃金はもらえなかったというのが当時の現実であったようだ。

植民地期、岡谷地方の製糸工場が朝鮮人女工を募集した際に作成した契約書によると、一日一四時間労働、一時間の休憩時間、一か月に二回の休暇が基本であり、賄い代・入浴料・寝具・その他日常生活にかかる費用、そして朝鮮からの渡航費、業務上の傷害・疾病の治療費なども、すべて女工の側で負担しなければならなかった。とくに、朝鮮から日本まで渡航するのにかかった費用は女工募集人が支払ったが、それは一種の前借金であったため、女給の身柄を拘束する装置として機能することになる。[75]また、「日本人女工には調整のいい機械、朝鮮人女工には悪い機械ということで、能率が違ってきますから、出来高払いだとそれで賃金差ができます」[76]という、当時女工として働いていた康玉児の証言に見られるように、さまざまな形で民族差別が作用しており、朝鮮人女工の手取りは非常に低いままであった。[77] 一九三〇年の春には、賃下げと操業短縮が続き、紡績工たちの実収入を四〇パーセントも減少させるに至り、朝鮮人女工を含む岸和田堺分工場の女工たちはストライキを起こしもした。[78]

しかし、劣悪な操業環境と、低い賃金という条件にあっても、朝鮮人女工は必死にお金を貯めていたようである。一九二四年に各庁府県による報告から算出された「朝鮮人労働者ノ労働賃銀調」から、大阪のものを見てみると、大阪の朝鮮人労働者の一か月の生活費は、日雇い労働者（土工）は住居および衣食費一八円と、その他三円の合計二一円。紡績の男性職工が一七円、硝子工の男性が一四円、女性が九円五〇銭であった。[79] 一九二〇年代の後半から賃金が徐々に下がってゆき、物価の引き上げや失業などの当時の状況から考えると、労働者が貯金をしたり故郷に送金することはたやすいことではなかったといえる。ここで、一九二三年八月の大阪市社会部による調査にもとづいた、大阪に居住する単身朝鮮人労働者の家計の内容から、ある「職工」のものを見てみよう。この単身労働者の場合、下宿代を節約するために他の労働者と一緒にバラックに住んでおり、また衣服代・食費・雑費の支出は公式的に記録されていない。さらに、送金・貯金の欄は、この労働者は全体の収入のうちほとんど半分に近い金額（一二円）が、送金（一〇円）と貯金（二円）であったことが確認される。[80] ここから、当時の朝鮮人労働者が基本的な生計費の支出も抑えて、貯金と送金をしていたことをうかがい知ることができる。[81]

また、『大阪朝日新聞』（夕刊、一九二八年九月二十一日）には「真面目に働く二人の朝鮮人少女の善行」についで紹介する記事が掲載されている。

大阪府下第一の機業地である泉南地方の紡績会社や織物工場に女工として働いてゐる朝鮮婦人はざつ

と二千五百人もゐるが、柔順なのと真面目なのとで歓迎されてゐる、そのうへ「朝鮮人はよく怠ける」といふ悪口を裏切つて実際はなかなかどうして骨身惜しまず働いて貯金してゐるものも少くない

中にも日根野村西上織物工場につとめてゐる朴泰仁《ぼくたいじん》（十七）朴仁善《ぼくにんぜん》（十六）の二人は貧しい中に育つて来たので女ながら健気にも家運を盛りかへすべく僅か十三、四の少女の身空で済州島旧右面高山里の我家を後に遥々内地へやつて来た〔。〕それから三年ずつとこの工場で朝早くから夜おそくまでせつせと働きつゞけた、今では食費一切を引いて手どりが月に二十円づゝはあるが、そのうち三円を小遣に残してあとはすつかり国へ送金してゐるので貯蓄高も相当な額に上つてゐる

二人は従姉妹同士だが肉親の兄弟も及ばぬ仲よしで、他の女工と争ふこともなく、真面目におとなしく働いてゐる、今秋御大典記念事業として府では模範となる朝鮮人をとくに表彰することになつてゐるがこの二女もその選に入るものと見られてゐる(82)

自費で日本に渡り、女工として働いた梁命珍（慶尚南道出身）の証言によると、当時日本に出稼ぎに行っていた紡績女工たちも、一か月に一〇―二〇円を送金しており、また工場で二、三年働いて田や畑の二、三反を買う資金を貯金することを目標としていたという。その目標を達成するために、朝鮮人女工たちは外国での生活の不安や、環境の激変への不安に耐え、喜んで女工募集に応じようとしていたものと考えられる。(83)

日本の中の済州島女性たちの声または視線

植民地期に大阪岸和田紡績工場で働いていた鄭伊順《チョンイスン》（慶尚南道出身）は、朝鮮人女工たちが朝鮮語で「女

工小唄」を歌っていたと語る。この歌は、当時の女工たちの「過酷な工場生活」「日常の生活の苦しさ、悲しさ」(84)を思い起こさせる。

さあ、わたしたち女工たちよ
一日の生活《くらし》をつづろうよ
夜中も夜中の真夜中の深い眠りについたとき
起床のうるさい音に驚き目ざめ
頭の毛梳《と》かしつ顔を洗い
食堂にいけば
食べられない御飯に味噌汁かけ
流しこむようにして工場にいけば
ほこりが白い山のように立ちのぼり
電灯を陽として
山のようなハタを抱えて
時間がきて宿舎に帰れば
親のいない空部屋に入ることの悲しさよ(85)

仕事の合間に監督から殴られるなど民族的に蔑視され、疲労困憊の状態で機械の前に座ってうとうとしながら仕事をするという労働条件、自由に外出もできずに閉じこめられた生活など、多くの朝鮮人女工が人権の蹂躙に耐えられずに逃げ出したという。そうやって一つの工場から逃げ出したとしても、朝鮮の女性が女工として働くことができる場所はいくらでもあり、また、多くの紡績会社が低賃金と過酷な労働条件により、慢性的に労働力が不足した状況であったため、女工として働けさえすれば雇用されたという。実際に、当時の朝鮮人労働者の勤続期間が、日本の労働者に比べて短かったという公式的な報告書も残っている(86)。また、当時朝鮮人女工のなかには、栄養不良と過労や病気が重なり、工場内で死亡した若い女性たちも少なくなかったという。女工の病気のなかで一番恐れられていたのは結核であり、統計によれば、他の職種の女工に比べて紡績女工は結核になることが多かった。工場職工の死亡者一千人について病名別に整理した、石原修『衛生学上ヨリ見タル女工ノ現況』(国家医学会、一九一三年)によると、結核ないしその疑いで死亡した数が紡績工場は四七一人、製糸工場は三〇七人、綿織物工場は二〇一人、製麻工場は三一三人となっており、紡績工場の死亡者が最も多かった(87)。一方で、朝鮮人女工は、日本では捨てられていた牛や豚や鶏のモツを食べて栄養失調を免れることもあったため、日本人の女工より死亡率が低かったという、皮肉な結果を招きもした(88)。また、朝鮮人女工の葬儀に参加したことがある成俊永の証言によると、結核や赤痢などで倒れたり、居眠りによる怪我などで女工が死亡した場合、遺体は日本式に火葬されたが、朝鮮人女工のなかでもとくに済州島出身の女工が死亡した場合、遺体の火葬に強く抵抗することが多かったという(89)。

このように、未来への希望に満ちた夢を胸に朝鮮を出発した済州島の女性たちは、日本の紡績工場で過酷な労働だけではなく、南京虫が湧く閉ざされた建物、よどんだ空気、共同で使う汚れた寝具、過密状態の寄宿舎、臭い飯、腐った魚など、期待を裏切る日常の現実と直面しなければならなかった。しかし、金賛汀によると、当時大阪で女工として働いていた女性たちに、紡績女工がとてもきつい仕事で低賃金なのを知っていたかという質問を投げかけたところ、女性たちはまったく知らなかったが、前もって知っていたとしても働きに行っただろうと答えていたという。その理由は、毎日決まった食事もろくにできなかった朝鮮の農家の暮らしがあまりにも絶望的な状況であったためだとさらに答えている(90)。なにかを食べることができる、ただそれだけでも、朝鮮の農村を出て、都市と帝国の工場に行く理由になるということ。それは、当時の済州島、ひいては植民地朝鮮の基層民の立場からうかびあがる植民地近代の歴史であるとも言えよう。

ところで、近代初期に、より体系的で集団的な形態でなされた済州島地域の女性の日本への移動は、単純に植民地支配や資本主義の犠牲として位置づけることはできない、また別の一面を持っていることは注目に値する。済州島の多くの女性は、国境を越えて、都市に出てお金を稼ぐなかで、新しい生き方とモダニティを経験する契機を手にした。しかし、これは植民地期における一般の朝鮮人女性にとっては、見るも稀な現実であった。植民地朝鮮における政治的・文化的・経済的な辺境性（marginality）と地域性（locality）が極大化した済州島という空間は、なんとも皮肉なことに地域経済と資本がダイレクトに結びつくことで、かえって女性たちを近代の前方へと押し出していった。その意味において、済州島は開拓者的な位置づけを持つ空間にもなっていたのだ。

また、植民地期の朝鮮人移住労働者と女工を取り扱う文献資料とは異なり、日本の工場で働いた経験がある済州島の女性たちのイメージと声を収めた写真と口述資料からは、当時の女性たちの工場体験の中に刻み込まれている欲望のさまざまな破片をより細かく読み取ることができる。

一九四〇年代に大阪の衣類工場で働いていた済州島の女性ヒョン・ビョンセンは、当時まだ一五歳の幼い少女ながらも、不遇な環境を恨むことなく、生活戦線で勇気を持って挑戦し、都市の職業婦人に変身した女工のイメージを伝えている。彼女が所有している写真（図5）からは、大阪の衣類工場で働くなかで、一か月に一、二度の休日を過ごす女工たちの無邪気な表情が見られるが、これは工場での過酷な労働と非衛生的で劣悪な環境の犠牲となっていった朝鮮人女工のイメージとは多少差異が見られる。この写真の中の女工たちは、結婚資金を得るために一九四〇年代の初めに大阪に渡ってきて、衣類工場で働いていた一五歳前後の済州島の女性である。彼女たちは、当時ミシンが二百台もある大きな工場であった木下衣類工場に就職し、一か月に一〇円ほどの月給をもらっていたと紹介されている。(91)

また、図6は、一九三三年の大阪・寺田紡績会社の春季運動会の時に、砂川に遊びに行った朝鮮人女工たちの集合写真である。(92)一見すると学校の制服のようなユニフォームを着て、学生のように見える女工たちの姿には、資本主義の工場制の運用メカニズムが透けて見える。そこでは、職工たちを工場システムの一員として完全に包摂し、効率性を向上させるための福祉と余暇プログラム（遠足・夜学・映画上映・音楽会・運動会などの文化体験）を同時に提供していたのである。規律の対象でありながら、文化の体験の恩恵に浴する者であった女工は、近代の制度のもうひとつの産物であった。

また、済州島の女性たちの生涯史を記録した口述資料のうち、キム・ジェホ（二〇〇四年当時七八歳、南済州郡大静邑下摹里在住）の場合、家が傾いたため上級学校への進学を諦めて一七歳のときに日本に渡り、大阪の箸工場で働いて家族の生計を支えていた。彼女は大阪**イカイノ**（猪飼野）に住みながら、二年間毎月実家に送金し、兄弟たちを大学まで行かせるのに実質的に援助したという証言を残している。(93)

一九二一年生まれのキム・オクファは、一四歳の時に「君が代丸」に乗って大阪の紡績工場に行き、一八歳で結婚して一九歳で済州島に戻る時までそこで四年間働いていたが、自身が工場で働いていた時代を次のように回想する。

難しいことはよくわからないけど。お金を稼いで、自分の好きなように休みの日には見物もしてね。

図５　木下衣類工場で働く済州島出身女工たちの休日。1940年代初頭
『済州女性史資料叢書Ⅰ　写真資料集　済州女性、どうやって生きてきたのか』
（済州島女性特別委員会、2001年）

面白いものも多いから、友達と会って遊べば楽しいし。〔でも、〕ここ〔済州島〕に戻ったらまるで監獄暮らしみたいだ。稼いだお金は、母と一緒に暮らしていたんだけど、私が稼いだお金は母が使わなくてね。コツコツと貯金してくれて、私が結婚することになった時には、母がそのお金を全部くれてね。

（中略）

それでも独身時代はよかったね。心配事がない。一つだけ、ただ工場に朝遅れないように行って、それで終わる時間にはただ帰ればいいしね。(94)

キム・オクファは、工場で懸命にお金を稼ぎながら、休みの日には友達と遊んだり見物をしに行ったりしていた独身時代は、大きな心配事もなかった時代であり、自分が工場で稼いだお金を母親が貯めておいてくれて、結婚資金としてみな出してくれたなど、女工の経験を比較的肯定的に述べている。

特定の女工の事例を、植民地期に日本の工場に行った済州島出身の女工の一般的な経験として範疇化することはできない。証言者の不安定な記憶と、断片的な経験のなかから全き意味を抽出する作業には危険がともなう。とはいえ、当時の朝鮮人（済州）女工は、植民地資本主義の位階化されたシステムの隙間で他者の戦略を構想し、自分たちの欲望を発現しようとしていた、また別の行為者（agent）の痕跡を指し示すのである。

金賛汀『朝鮮人女工のうた――一九三〇年・岸和田紡績争議』（岩波新書、一九八二年）は、近代初期の日本の資本主義の発展過程で搾取され、犠牲になった日本の女工の実状を掘り起こした細井和喜蔵の『女工哀史』（改造社、一九二五年）が、それほど関心を置かなかった「朝鮮人女工」に光を当てている点で、意味が

図6　寺田紡績会社の春季運動会記念写真。1933年

ある。これは、資本主義近代内部の階級的・ジェンダー的な他者としての「女工」のさらに向こう側に、人種（民族）的な差別を経験した他者の中の他者、「サバルタン」（下位主体――「従属集団」「下層民」）としての朝鮮人女工の存在を可視化する歴史的な視線であるといえる。

日本に渡った朝鮮人女工は、近代初期に「東洋のマンチェスター」と呼ばれ、日本の資本主義の根幹を成していた国際都市・大阪の底辺で、下層の労働力を提供していた[95]。また、彼女たちは日本人の監督や日本人の女工から「紡績の朝鮮ブタ」[96]「紡績女工が人間ならば蝶々やトンボも鳥のうち」と蔑まれ、人間として虐待を受けた存在であった。さらに、募集員の奸計に陥り、工場に到着する前に遊郭に売りとばされていった朝鮮人女性たちに目を向けるとき、彼女たちの他者性はより深まる。

当時、女工募集を職業としている「委託募集」の募集人[97]のなかには、女性の売り買いをする「女衒」のような悪質な募集人も多かったという。工場に行くために故郷を出発して、遊郭に売られていった女性たちは、女工たちの間でいわゆる「不幸な人たち」[98]と呼ばれてきた存在であった。「募集人がこうして関係をつけた女を方々の工場へ転々させて果ては女郎に売り飛ばしたり酩酒屋〔明治時代に酒屋を偽装して売春を行っていた店〕へ私娼に追いやつたりした例を私だけでも十数件知つて居る」[99]と『女工哀史』の中で述べられていたような、明治・大正時代の日本の女性たちに加えられた暴力が、朝鮮の女性たちにも加えられたと金賛汀は主張する。このような「不幸な」女性たちは、明らかに存在していたが、歴史の中に可視化されなかった者たちであった。元女工・沈敬愛《シムギョンエ》の「人の不幸を聞くようなことは人の心情としてもできることではありませんから、おぼろげに聞いていることだけで、くわしくは知りません」[100]という証言に見られるように、「不幸な」女性たちは推定されうる存在であると同時に、噂や沈黙をつうじてしか認知されない存在であった。

朝鮮人の「売春婦」についての日本の記録は不明瞭である。日本が近代国家になって実施した初めての国勢調査（一九三〇年）では、「旅館、料理店、飲食店等の女中、給仕人」一六七八人のうち、「旅館・料理店・飲食店・貸席〔会合や食事のために時間制で部屋を貸す家〕の番頭・客引き（女性）」に従事する女性は四二二人。そのなかには「娼婦」「娼妓」が含まれていたのではないかと考えられる。[101]遊郭で「売春婦」をしていた朝鮮人女性のなかには、紡績女工・製糸女工として応募したが、悪質な女工募集人によって騙され、娼窟に投げ出された例が多く存在していたと推定できる。[102]

都市の女工になる夢に希望を膨らませて日本に渡る冒険を敢行したが、途中で遊郭に売春婦として売られていった朝鮮人女性と、故郷を出発し大阪の比較的安定した親族共同体の中に組み込まれた済州島の女工の事例は、近代初期に国境を越えた朝鮮人女工の内部における差異を可視化する。二十世紀初めに日本のメトロポリスに移動した朝鮮人女工は、近代の都市に働き口を求めて出発した田舎の女性たちが直面していた危険と可能性の二つの顔を示す。都市の下層労働者階級として、または性労働者として配置されていた朝鮮の女性たちは、日本でより深まる植民地女性としての周辺性を顕著にあらわしている。

とはいえ、「帝国」の都市で新しい生の様式を模索していた済州島出身の女工たちの、人種や階級やジェンダーの限界を横断してゆくような試みは、「サバルタン」の女性たちの存在のあり方そのものが変じていく過程を示しており、注目される。

おわりに　攪乱と交渉、逸脱と転覆——都市で女性が生きるかたち

一九二〇—三〇年代の京城のモダンガールは、近代的な都市の文化が生み出した女性の形象であった。新女性が西欧的な近代教育の門をつうじて登場したとするなら、モダンガールは都市の街路を占領したスペクタクルとともに誕生した。新女性が近代文明に向かって理想の光の中で自身の存在の役割を確保したとするなら、モダンガールは都市の夜、モダニティの内なる密かな欲望とより緊密に関わっている。モダンガールは新女性と連続線上にありながらも、新女性の社会的な任務は遂行せず、慣習的な道徳の境界を超えもする、新女性とは異なる形態の女性のアイコンであった。『別乾坤』（一九三一年一月）に掲載された李瑞求の「一九三一年の流行予想！　新女性と花柳界」という文章は「未開の都市」京城に流行が伝播した風景を捉えている。

悲しい。流行を追って流行が豊かであることも、文明都市の誇りの一つであるとするならば、われわ

れの京城はそれだけでも未開の都市であるといえるだろう。
というのは、あまりにも流行がないということではない。それでも明色美人もいるし、おしゃれをした方もいて、モボだとかモガだとかいう分子が動きまわる場所なので、貧弱ではあるが流行はある。(103)

「モボ」「モガ」のおかげで貧弱ながらも都市の流行が存在するようになったが、この文章では以下、「モガ」は女学生（新女性系）と妓生（花柳界系）という、大きく二つの派に分類される。女優と職業婦人が女学生の流行を追うとするなら、家庭婦人と旧式婦人は「妓生」の流行を追うと述べられている。このような二分法的な分類は、興味深い。女学生／妓生という層位の分類項、女優／職業婦人、家庭婦人／旧式婦人という下位の分類項は、それぞれ伝統と近代、家族制度の中の女性と外の女性、新式と旧式、中産層と労働階層の女性など、さまざまな対立軸を内包している。ところが、このようなさまざまな層位の女性たちが究極的に「流行」という層位のコードに向けて収斂されている。すなわち、互いに異質に見える彼女たちはみな、都市が量産する新しい欲望を緊密に共有していることを確認することができる。彼女たちは、当時朝鮮社会が疑惑と警戒の目で眺めていた「モガ」（モダンガール）の役割を互いに分かち合っていたのだ。植民地朝鮮のモダンガールは、女性たちの内部の階層と教育、理念と価値観の差異を横断し、外見・格好・立ち居振舞・趣味・スタイル、そしてセクシャリティの領域で、女性を再範疇化する新たな準拠枠であったのであり、新しい感覚、新しい情熱の記号でもあった。

一九二〇—三〇年代の朝鮮の大衆雑誌の言説の中で、モダンガールはまるで幻影であるかのような非実体的なイメージとして登場する。そして、男性知識人の冷笑的な視線の中で、女性の過剰な消費と性的な奔放さに対する非難と嫌悪のみが言語化されるだけであった。であるならば、一九二〇—三〇年代の朝鮮にはたして「モダンガール」が存在したのか、という根本的な問いが提起される。しかし、「女学生」「新種職業婦人」「妓生」「カフェの女給」など、当時「モダンガール」と命名された女性たちは、京城の街路に自身の実存の経路を残した歴史的な存在であった。都市の基層労働者階級として配置された女工もまた、モダンガールの磁場の中にいた女性たちであった。

社会階層的な範疇の中で、互いに出会うことが難しかった「女学生」と「妓生」が、外見と趣向を共有し、都市の街路を闊歩する「モダンガール」になる地点は、植民地朝鮮の「モダンガール」が持つ特殊性をあらわす。実際、「モダンガール」の記号の中で、伝統と近代の指標は目まぐるしく入り乱れている。また、「女学生」が「ショップガール」になり、「ショップガール」がカフェの女給になり、あるいは女優・妓生がカフェの女給になったり、女給・食母らが遊興空間に吸収されることは、当時の京城の都市空間で限られた選択肢しかなかった周辺部の女性の生存の形式であった。「モダンガール」という不明瞭で多層的な範疇の中に包括される彼女たちは、植民地の不安定な経済構図と、都市における危うい生の条件の中で、相互に重なり合い交換される女性の身体の実状をあらわしている。

一九二〇―三〇年代、モダンガールは二十世紀初めの世界史の普遍的な現象の一つでありながら、植民地京城のモダンガールは朝鮮内部の階級的・民族的・ジェンダー的な緊張をはらんだ社会的な産物であった。植民地京城のモダンガールは、近代的に再構成された女性の生の様式がどのようにジェンダー規範と衝突し、「悪」という道徳的な指標の中で、女性たちの内部の差異がいかに無化されるかをあらわしている。「モダンガール」の異種混淆性は、当時の社会的な談論の場を占領した階級とジェンダー・民族・植民地主義の競合の産物であると同時に、談論的なヘゲモニーによっては完全に縫合されえない植民地近代の隙間、他者性の痕跡でもある。談論と現実の間の不透明な幕を貫通し、呼び起こす植民地朝鮮の「モダンガール」は、依然として多層的で混成的である。そして、彼女たちをとおして可視化される女性の主体性（subjectivity）もやはり両義的で、不安定なものである。しかし、否定され、曲解され、破片化した形態で「モダンガール」のうちに発現していた彼女たちの声と視線は、植民地当時の社会と激しく葛藤する過程で胚胎した女性の欲望と遊戯、そして都市において女性たちが模索していた存在の方式について考えさせる。

レイ・チョウは、中国・日本などの東アジアは、西欧を参照枠とした「差異記号」になることによって、アイデンティティの保証となる自己証明の起源を形作ると述べたことがある。(104) 伝統と近代、階級的・民族的・植民地主義的な指標がぶつかり合う異種混淆性のなかで、当時の社会と対決しなければならなかった都市の女性である「モダンガール」は、人種的・階級的・ジェンダー的な差異の記号をとおして自己を証明する、他者の存在の方式を示す。しかし、植民地の土着の女性であると同時に、西欧近代の記号によって自身の身体を装飾していたモダンガールは、自らの内面の亀裂とあわせて植民地都市の虚構を正面から凝視していた。

一九三〇年代の中盤、あるインテリ女給・鈴蘭が書いた手記「カクテルに映る私の顔——古い日記を読んで」（『三千里』一九三四年五月）には、五年間演劇の舞台に立ち、芸術に情熱を捧げていた女優が、カフェの女給になった自身の姿を省察する内容が記されている。夜中の二時に仕事を終えて家に帰る途中、都市の街路で出会うことになった多くの乞食の群れと「生を叫ぶ群れの切ない声」は、カフェの女給がとらえる植民地都市の裏面である。わびしく窮乏した都市の裏通りを凝視し、彼女は「不規則な私の暮らし」と「商品化されていく私の身体」を顧みる。そこには、すべての生活を放棄したいという誘惑にかられる、都市の女性散策者の現実に対する憂鬱な展望が垣間見える。一方で彼女は「粘り強い生」に向けた「やるせない形勢」を手放すことはない。カフェの中の「エロティックなレコードの音響と酒に酔った鼻歌とが響き合う酒池肉林のその情景」と非情な都市の街路で、自分の生の実存的な条件を冷徹に透視するこの女給の姿から、都市の欲望と闘いながら、自身の生存と欲望のためにその都市と交渉してきた、一九二〇—三〇年代の植民地朝鮮の「モダンガール」の一つの顔と出会うことができるのではないか。(105)

(1) 『朝鮮の小作慣習』朝鮮総督府、一九二九年、四〇—四一頁／徐賢珠「一九二〇年代渡日朝鮮人労働者階級の形成」『韓国学報』第六三号、第一七巻第二号、一九九一年、一六六—一六七頁。

(2) 森田芳夫「数字からみた在日朝鮮人」『外務省調査月報』第一巻第九号、一九六〇年十二月、五五頁（森田芳夫『数字が語る在日韓国・朝鮮人の歴史』再録、明石書店、一九九六年）。また、外村大は、森田の統計では空白になっている部分をさらに資料で補いながら、一九一〇年から一九四五年の日本における朝鮮人の人口の推移を詳しく提示している（外村大『在日朝鮮人社会の歴史学的研究——形成・構造・変容』緑蔭書房、二〇〇四年、四四—四九頁）。ここでは明治から一九四五年にかけての日本における朝鮮人の人口推移を見るうえで、森田の研究を参照した。

(3) 森田芳夫、前掲論文、五五—五六頁。

(4) 東京府社会課「在京朝鮮人労働者の現状」一九二九年、大阪市社会部調査課社会部報告第八五号「本市に於ける朝鮮人の生活概況」一九二九年（共に朴慶植編『在日朝鮮人関係資料集成　第二巻』三一書房、一九七五年）、京都府「朝鮮人調査表」一九二八年などから、一九二八年の朝鮮人労働者の男女比を分析した、徐賢珠の前掲論文（一八〇—一八二頁）を参照。

(5) 高野明雄『近代都市の形成と在日朝鮮人』人文書院、二〇〇九年、九四—九七頁。

(6) 宋連玉「植民地主義が創出した「在日」朝鮮人女性」歴史学研究会編『「韓国併合」一〇〇年と日本の歴史——「植民地責任」論の視座から』青木書店、二〇一一年、三六二—三六三頁。

（7）妓生が植民地権力によって専有されていったことについての議論は、李卿珉『妓生はどのように作られたのか――近代の妓生の誕生と表象空間』（写真アーカイブ研究所、二〇〇五年）を参照。

（8）矢野千城・森川清人編『大京城案内』京城都市文化研究所、一九三六年、一六九頁。

（9）外村大「戦前期日本における朝鮮料理業の展開」財団法人味の素食文化センター研究助成論文、二〇〇三年七月、一五―一九頁。

（10）「鮮人の料理屋営業は不許可　内務省へ陳情はすると力む」（『大阪毎日新聞』夕刊、一九二二年十二月十六日）に見られるように、当初警察当局は朝鮮料理店の開業に反対していたようである。しかし、「潮のやうに流れ込む鮮人の群（四）　十字架を負ふ婦人の告白　娯楽機関としては何物も持たぬ」（『大阪毎日新聞』一九二三年四月二十七日）の記事とともに掲載された写真（本書、三一三頁）は「わづかに一軒出来た神戸の鮮人料亭の鮮人酌婦」と説明されていることから、一九二三年には日本において朝鮮料理店の営業が始まっていたと考えられる（外村大、前掲論文、三九頁）。

（11）外村大、前掲論文、三九頁。「京阪神朝鮮人問題座談会②　重工業には就業除外　賃金差別も雲泥差　大正元年にはわずか二百余人が在留　二世同胞自然増加も三万」『朝鮮日報』一九三六年五月一日。

（12）「哀号！「朝鮮遊郭」に突如営業禁止」『神戸又新日報』一九三二年十二月二十四日。

（13）「集団自殺の絶壁は「自殺の名所」に――梨花女大尹貞玉教授、「挺身隊」の怨恨で立ち込める足跡の取材記　①北海道」『ハンギョレ』一九九〇年一月四日。また日本語訳は、従軍慰安婦問題を考える在日同胞女性の会（仮称）訳編『私たちは忘れない　朝鮮人従軍慰安婦――在日同胞女性からみた従軍慰安婦問題』従軍慰安婦問題を考える在日同胞女性の会（仮称）、一九九一年、八頁。

（14）同前、六―七頁。

（15）東京府学務部社会課『在京朝鮮人労働者の現状』一九二九年、一九―二一頁。

（16）宋連玉、前掲論文、三六一―三六二頁。

（17）宋連玉、前掲論文、三六〇頁。

（18）金史良「光の中に」『文芸首都』一九三九年十月、一九頁。

（19）商工観察団随行記者金乙漢「万里異域に朝鮮料理店　久しぶりに食べたキムチの味」『朝鮮日報』一九二

九年三月二十三日。
(20) 当時の明月館の経営者が盧璣月という人物であったことについては、宮塚利雄『日本焼肉物語』光文社、二〇〇五年、六六—六八頁。
(21) 『朝鮮日報』一九三一年一月九日。
(22) 「三千里壁新聞　東京明月館の繁昌」『三千里』一九三二年二月、二四頁。
(23) 宮塚利雄、前掲書、六四頁。
(24) 同前、六七頁。
(25) 宮塚利雄、前掲書、六七頁／外村大、前掲論文、四二—四四頁／「日帝時代「明月館」の実態が明らかに——朝鮮総督府要人送別・歓迎式が開かれて」『朝鮮日報』二〇〇一年三月二十七日。
(26) 「集団自殺の絶壁は「自殺の名所」に——梨花女大尹貞玉教授、「挺身隊」の怨魂で立ち込めた足跡の取記　①北海道」『ハンギョレ』一九九〇年一月四日。
(27) 「朝鮮料理界覇者　朝鮮料理春香房」『東亜日報』一九三八年八月二十七日／外村大、前掲論文、七—二九頁／「鮮人の料理屋営業は不許可　内務省へ陳情はすると力む」『大阪毎日新聞』（夕刊）一九二三年十二月十六日／「潮のやうに流れ込む鮮人の群（四）　十字架を負ふ婦人の告白　娯楽機関としては何物も持たぬ」『大阪毎日新聞』一九二三年四月二十七日／「哀号！「朝鮮遊郭」に突如営業禁止」『神戸又新日報』一九三二年十二月二十四日。
(28) 朴泰遠「郷愁」『女性』一九三六年十一月、三八—三九頁。
(29) 「風変わりな職業のロマンス（二）　紅脣に流れる緑酒　嬌笑にひそむ長恨」『朝鮮日報』一九二七年一月二日。
(30) 金乙漢「世界各国夜話集　京城夜話」『別乾坤』一九三〇年七月、八七頁。
(31) 緑眼鏡「カフェ女給オンパレイド」『別乾坤』一九三二年十一月、三三頁。
(32) 同前、三五—三六頁。
(33) 「女高出身のインテリ妓生・女優・女給座談会」『三千里』一九三六年四月。
(34) 朴泰遠「半年間」『東亜日報』一九三三年七月二十日。

（35）在東京李逸光「東京銀座に進出した朝鮮閣氏〔妻の意味〕 職業婦人になり元気に活動します」『三千里』一九三一年十二月、九四―九五頁。
（36）同前、九五頁。
（37）藤森照信・初田亨・藤岡洋保著『失われた帝都東京――大正・昭和の街と住い』柏書房、一九九一年、七七頁。
（38）これらのカフェやバーの名称と所在地については、同前、七六―九五頁、を参照。
（39）Miriam Silverberg, "The Cafe Waitress Serving Modern Japan", *Mirror of Modernity: Invented Traditions of Modern Japan*, Stephen Vlastos ed., University of California Press, 1998, p. 215.
（40）李逸光、前掲文、七五頁。
（41）ミリアム・シルヴァーバーグは、一九二〇年代以後にアジア大陸へと進出したモダンな日本スタイルのバーや食堂に動員された中国人女性と朝鮮人女性は、歴史的に日本の軍隊によって性奴隷として強制された慰安婦の前身であるとし、カフェガールと慰安婦の相関性を言及している。そして、これは日本の政治的な植民地の併合過程における、植民地女性を専有することのたやすさに起因するものであると論じた（Miriam Silverberg, "Remembering Pearl Harbor, Forgetting Charlie Chaplin, and the Case of the Disappearing Western Women: A Picture Story", *Positions*, Spring, 1993, p. 32）
（42）東洋紡績株式会社『東洋紡績七〇年史』東洋紡績、一九五三年、二二九頁。
（43）「製糸場に朝鮮女＝信州の諏訪へ」『京城日報』一九一八年六月十三日／宋連玉、前掲論文、三五九頁。
（44）「工女募集と普校生動揺　学業を中止し女工として海外へ」『東亜日報』一九二四年五月十九日。
（45）当時、総督府も朝鮮人女性の日本への移動を奨励していたが、自由競争体制によって女工募集を職業としている者に女工の募集を委託するや（「委託募集」）、多くの不正と問題が生じるようになった。このような状況において、一九一八年に朝鮮総督府令第六号「労働者募集取締規則」が出され、総督府は各会社の労働者募集に対して一定の統制を加えた。この法令や当時の状況については、金賛汀・方鮮姫『風の慟哭――在日朝鮮人女工の生活と歴史』（田畑書店、一九七七年、五一―五五頁）を参照。
（46）「女工募集といって　良家の女子九名を　日本へつれて行ったところで捕まる　安心できないいわゆる女

工募集」『東亜日報』一九二五年九月二十日／「女工として雇ってやると　十余処女誘引　甘言利説（口車）で処女をおびき寄せて　犯人二名は警察に捕らえられ」『東亜日報』一九二七年五月八日／「十四歳未満朝鮮女工募去　日本へ行こうとしたところを抑留　釜山で畢竟抑留」『東亜日報』一九二九年十一月二十六日。

（47）桝田一二「済州島人の内地出稼」『大塚地理学会論文集』第五号、一九三五年、二頁。

（48）同前、九―一〇頁。大阪府社会部調査課（社会部報告第八五号）「本市に於ける朝鮮人の生活概況」（一九二九年）の「大阪府在住朝鮮人分布状況」（一九二八年六月末）によると、当時東成区には大阪市内に居住する朝鮮人の二八・五パーセントが住んでいた（朴慶植編『在日朝鮮人関係資料集成　第二巻』三一書房、一九七五年、一〇三一頁）。東成区に朝鮮人移住者が多く集住していた背景には、この地域の工業化があった。一九二〇年代後半、東成区は都市化・工業化に向けての基盤整備が進展し、化学・金属・機械器具工業、そしてゴム工業を中心とする中小零細工場が次々と建設されていた。とくに東成区はゴム工業が一九三〇年代初頭に大きく発展するが、その発展を支えたのが多くの朝鮮人労働者であった（杉原達『越境する民――近代大阪の朝鮮人史研究』新幹社、一九九八年、五九頁）。このように、朝鮮人移住者が多く居住していた大阪市東部の生野区・東成区は「猪飼野」と呼ばれた。一九二〇年代後半以降、「猪飼野」には日本の中の「小さな済州島」と言うべき、済州島出身者たちの緊密なネットワークが形成されていった（九六―九八頁）。

（49）杉原達、前掲書、八九頁。

（50）文京洙『済州島四・三事件――「島のくに」の死と再生の物語』平凡社、二〇〇八年、三五―三六頁。

（51）漁業の場合、済州島では島民の間で漁獲量を調整して乱獲を防止してきたが、日本の潜水器漁法が登場して以降は漁場が荒らされていった。この事態は海女の出稼ぎの直接のきっかけになった。また、機械織による安価な綿製品が日本から流入することで、島の地場産業であった手紡ぎの織物業や、馬の尾毛で編む伝統的な帽子作りなどの家内手工業が存亡の危機にさらされることになる（杉原達、前掲書、八八頁）。

（52）済州島民の渡航状況は、一九二二年から一九三三年までの統計を見てみると、一九二二年には三五〇二人であったのが急激に増加し、一九三三年には約八倍の二万九二〇八人になった（杉原達、前掲書、八一頁）。大阪の場合、済州島民を含む朝鮮人移住者が一九一五年にはわずか四百人であったのが、一九二二年に一万人を、一九三五年に二〇万人を、一九四〇年に三〇万人を、そして一九四一年に四〇万人を超えた。男女比を見てみると、渡航者のうち女性の比率が二〇パーセントを超えたのが一九二六年（全国レベルでは一九二七年）、三〇パーセントを超えたのが一九三〇年（全国レベルでは一九三二年）、そして四〇パーセントを超えたのは一九三五年（全国レベルでは超えず）であり、全国の中で相対的に朝鮮人女性の日本への定着が進んでいた（同書、五三頁）。

(53) 杉原達、前掲書、八〇頁。

(54) 朝鮮総督府「阪神・京浜地方の朝鮮人労働者」一九二四年七月（朴慶植編『在日朝鮮人関係資料集成　第一巻』三一書房、一九七五年、四一二頁）。

(55) 同前。

(56) 大阪市社会部調査課（社会部報告第八五号）「本市に於ける朝鮮人の生活概況」一九二九年（朴慶植編『在日朝鮮人関係資料集成　第二巻』三一書房、一九七五年、一〇三四頁）。

(57) 杉原達、前掲書、六五頁。

(58) 金賛汀『朝鮮人女工のうた――一九三〇年・岸和田紡績争議』岩波新書、一九八二年、二三―二四頁。

(59) 杉原達、前掲書、六五頁。「内地」への出稼ぎの発端は、大阪や北九州の工業地帯から職工募集員がやってきたことに起因するが、桝田一二によると、実際にはいくつかの直接の原因があったという。第一に、契《ケー》〔頼母子講〕および親族の援助からの刺激によるところが大きかった。出稼ぎから戻って来た親族および契のメンバーから受けた刺激と、出稼ぎ希望者への渡航旅費の融通、就職・宿泊所の紹介などの斡旋をしたことは、出稼ぎを著しく助長する結果を生み出した。また、無一文の者であっても、出稼ぎ希望者には隣保相互扶助の契の精神によって融通がなされた。一人の出稼ぎ帰還者は、次の渡航の際には必ず隣人や知人を誘ったり、何人かで出稼ぎ渡航を行ったりしたという。第二に、済州島共済組合および海女組合の活動による影響があった。営農の関係上、いくら剰余労働力があるとはいえ、とくに言葉が違う地域に出稼ぎに行くのは、単純に友人・知人の援助だけではたやすく行われなかった。済州島の出稼ぎ者は、必ず済州島の共済組合員でなければならなかったことから、組合の力が大きかったといえる。当時、済州島共済組合は本部を済州島城内〔中心部〕に置き、その支部を大阪東成区中道に置いており、内地への出稼ぎ者への就業紹介、宿泊所や住居便宜の斡旋、勤倹貯蓄の奨励、衛生思想の普及、風教道徳の向上などの訓練を実施していた。このような取り組みは労働者の能率や素質を高めることになり、雇用者が増えた要因になったという（桝田一二、前掲論文、二八—三〇頁）。また、当時共済員の組合員になるには、島を出るときに一円の会費を納めればよかったが、組合員以外の渡航は許さないことになっていた。島から出稼ぎする者は、民籍謄本・出稼許可証・済州島共済組合員証・見せ金の四つが条件として必要とされていた（桝田一二「済州道の地域性素描」『地理学』古今書店、第二巻第一二号、一九三四年十二月、一八一頁）。

(60) 梁石日『雷鳴』徳間書店、一九九八年、八四頁。

(61) 自費で日本に渡り、女工として働いた梁命珍《リャンミョンジン》の回想によると、日本に行くためには関釜連絡船（釜山—下関）の運賃、日本での汽車賃と宿代など二〇円ほどのお金が必要であったという。しかし、一日中食べ物を口にすることができなかった農民たちにとって、二〇円は大金であった。また、彼女によると、なかには、田畑を高利貸しに担保して捻出したお金を旅費として工面した者もいたとのことだが、そのような者は多くはなかったと考えられる。貧しい故郷から外へ出ることも、出ようとしても出られなかった済州島の朝鮮人女性にとって、紡績会社の女工募集は暗闇の中に光が差したもののようだったともいえるだろう（金賛汀、前掲書、二二一—二二三頁）。また、梁石日『雷鳴』でも、主人公・春玉《チュノギ》が君が代丸の運賃一二円五〇銭を、結婚するときに母から手渡されていた五〇円で支払おうと計画する場面がある（二四三—二四四頁）。

(62) 梁石日、前掲書、二四四頁。

(63) 同前、二四七頁。

(64) 杉原達によると、一九二五年当時、済州島出身の女性は在日朝鮮人女性のうち二九パーセントに達していたという。女性の渡航者数は、一九二二年には男女合わせた渡航者数の九パーセントにすぎなかったが、一九二〇年代後半には二〇パーセント台に達し、一九三〇年には三三パーセント、一九三二年には四五パーセントと急上昇し、以降男女比はほぼ一対一にまで変化をとげた。女子在留者も、一九二〇年代後半は全在留者数の二〇パーセント台だったが、一九三一年から上昇を示し、一九三二年に三一パーセント、三三年には四〇パーセントに達したという。一九三四年当時、日本に在留する済州島出身女性二万六八八人の年齢構成を整理すると、一五歳以下が三五八六人（一七・三％）、一六—二〇歳が三四八一人（一六・八％）、二一—二五歳が三五一五人（一七％）、二六—三〇歳が三八二二人（一八・五％）、三一—三五歳が二六七〇人（一三％）、三六―四〇歳が一八二八人（八・八％）、四一―五〇歳が一一三九人（五・五％）、五一歳以上が六四七人（三・一％）と、紡績工を中心に若い女性労働者が朝鮮人女性移住者の一定の比重を占めていたことをあわせて、子どもを連れてくる既婚女性の在留比率も少なくなかったということを示している。ここから、家族ぐるみの定着化の傾向を垣間見ることができる（杉原達、前掲書、八三―八五頁）。

(65) 杉原達、前掲書、九〇―九一頁。

(66) 同前、九一頁。

(67) 同前。

(68) 桝田一二「済州道の地域性素描」『地理学』古今書店、第二巻第一三号、一九三四年、一一七七頁。

(69) 金容煥「君が代丸」『アカハタ』一九五九年五月十二日。

(70) 金賛汀、前掲書、一一六頁。

(71) 杉原達、前掲書、六六頁。

(72) 松下松次「近代紡績業と朝鮮人――岸和田紡績会社を中心として」大阪歴史学会近代史部会『近代史研究』第一九号、一九七七年、一三頁。松下は戦前大阪府が毎年作成していた工場・労働者数・賃金などの統計書である『大阪府統計書』の「岸和田紡績会社各工場別・男女別一日平均賃金調査」と、朝鮮総督府の調査資料「阪神・京浜地方の朝鮮人労働者」の「岸紡朝鮮人職工賃金表」などから、一九二四年の男女別の朝鮮人職工と日本人職工の賃金の差異を明らかにした。具体的には、男性職工の場合、朝鮮人は一日最高一円二〇銭、最低六〇銭、平均九〇銭であり、日本人は平均一円三六銭だった。女性職工の場合、朝鮮人は一日最高一円三〇銭、最低六〇銭、平均九五銭であり、日本人は平均一円だったという。

(73) 金賛汀、前掲書、八一―八三頁。

(74) 金泰燁著、石坂浩一訳『抗日朝鮮人の証言　回想の金突破』不二出版、一九八四年、五四―五五頁。

(75) 金賛汀、前掲書、五五―五六頁。

(76) 同前、八五頁。

(77) 朝鮮総督府庶務部調査課「阪神・京浜地方の朝鮮人労働者」（一九二四年）は、大阪府における朝鮮人移住者の日本語の理解程度を①日本語に熟せる者、②やや解せる者、③全く解せざる者と分類している。女性の場合、四六二七人中二八〇九人の約六〇パーセントの女性が日本語を「全く解せず」、また「やや解せず」の一四四七人を合わせると九二パーセントが、日本語疎通能力が欠如していた。このように、日本語疎通能力を持ち合わせないまま大阪の労働市場に投入された朝鮮人女性は、理解しないまま契約書を書いてしまうなど、さまざまな労働条件において不利益を被ることになったと考えられる。また、朝鮮人女性の場合は文盲率も高く、一九二三年の調査対象の大阪在住の朝鮮人女性二六九六人のうち無学文盲者は八八パーセントであり、一九三〇年になっても文盲率は八四・六パーセントであった。大阪市社会部調査課「朝鮮人労働者問題」一九二四年（朴慶植編『在日朝鮮人関係資料集成　第一巻』三一書房、一九七五年、三八三―三八四頁）、大阪市社会部労働課（社会部報告一七七号）「追補Ⅰ　朝鮮人労働者の近況」一九三三年（朴慶植編『在日朝鮮人関係資料集成　第五巻』三一書房、一九七六年、七九七頁）を参照。

(78)　当時、岸和田紡績堺分工場の朝鮮人女工を中心に行われたストライキの要求書には、賃下げ撤回、十段階に細かく区分けされた等級制度の改善などの他に、「昼食、夕食時に運転を止めて三〇分休憩させられたし」「寝具は夏冬の二通りとされたし」「冬期には火鉢を設けられたし」「外出、書信、面会を絶対自由とされたし」などのような、人間としての最低の処遇を求める項目が並んでいた（杉原達、前掲書、六七頁）。また、要求書の全文は、松下松次編『資料　岸和田紡績の争議（１９１９～１９３７）』（ユニウス、一九八〇年）の「岸和田紡績株式会社堺分工場労働争議」（九〇―九六頁）を参照。

(79)　社会局第一部「朝鮮人労働者に関する状況」一九二四年七月（朴慶植編『在日朝鮮人関係資料集成　第一巻』三一書房、一九七五年、四六七頁）。

(80)　大阪市社会部労働課（社会部報告一七七号）「追補Ⅰ　朝鮮人労働者の近況」（朴慶植編『在日朝鮮人関係資料集成　第五巻』三一書房、一九七六年、七九九頁）。

(81)　大阪市社会部調査課「朝鮮人労働者問題」一九二四年（朴慶植編『在日朝鮮人関係資料集成　第一巻』一九七五年、三七八頁）。「只、単に金を得ることのみを考へ、生活の改善、地位名誉に対する欲求など問題としてゐないらしく思はれる」とある。

(82)　「真面目に働く鮮人少女二人表彰されやう」『大阪朝日新聞』一九二八年九月二十一日（夕刊）。

(83)　金賛汀、前掲書、二二一―二二三頁。

(84) 同前、七八頁。
(85) 同前、七七―七八頁。
(86) 同前、一〇五―一〇九頁。また、朝鮮人労働者の勤続性が短いという記述については、東京府学務部社会課『在京朝鮮人労働者の現状』(一九二九年、七七―七八頁)を参照。
(87) 石原修『衛生学上ヨリ見タル女工ノ現況』国家医学会、一九一三年、七七頁。
(88) 金賛汀、前掲書、一二二頁。
(89) 同前、一二三―一二四頁。
(90) 同前、一二―一六頁。
(91) 『済州女性史資料叢書Ⅰ　写真資料集　済州女性、どうやって生きてきたのか』(済州島女性特別委員会、二〇〇一年、一二一頁)。「済州女性史資料叢書」の一連の資料には、自身の過去を回想する済州島女性の証言も収められている。その記憶と発話の内容は、実際の次元を超えて自らを美化する可能性もあるだろう。そのため、歴史的な状況を再構成する実証的な資料としては、注意深く扱う必要がある。しかし、筆者は当時の済州島の女性の記憶のさまざまな破片の中から、自身をどのように認識し、自身の生をどのように語るのかについて探るため、公式的な文献資料からは捉えきれない女性たちの声に注目した。
(92) 同前、一二二頁。
(93) 『済州女性史資料叢書Ⅴ　済州女性近・現代史口述資料①　口述で出会う済州女性の生そして歴史』済州島女性特別委員会、二〇〇四年、一三五―一三六頁。
(94) 『済州女性史資料叢書Ⅶ　済州女性近・現代史口述資料②　済州女性の生涯　生きようとしてきたんだ《サラムシナンサラッチュ》』済州島女性特別委員会、二〇〇六年、三四六頁。
(95) 杉原達、前掲書、二二五頁。
(96) 金賛汀、前掲書、一一頁。
(97) 「委託募集」が会社の社員以外に女工募集を職業としている者に委託するものであったのに対し、紡績会社が社員を派遣して直接募集するものは「直接募集」と言われた(金賛汀、前掲書、二九頁)。
(98) 同前、三四頁。

(99) 細井和喜蔵『女工哀史』改造社、一九二五年、五五頁。
(100) 金賛汀、前掲書、三六頁。
(101) 金賛汀、前掲書、三八頁。
(102) また、当時日本に渡ってきた朝鮮人女性は、日本語がうまくできない場合が多く、誘拐されたり人身売買されたりする可能性が高かったといえる。さらに、その実態は行政の側でもほとんど把握できなかったため、刑事事件として明らかになった場合のみ新聞記事をつうじて断片的に伝えられた（宋連玉、前掲論文、三六三頁）。
(103) 李瑞求「一九三一年の流行予想！　新女性と花柳界」『別乾坤』一九三二年一月、一三二—一三三頁。
(104) レイ・チョウ著、本橋哲也訳『ディアスポラの知識人』青土社、一九九八年、二〇頁。
(105) 鈴蘭「インテリ女給手記　カクテルに映る私の顔——古い日記を読んで」『三千里』一九三四年五月、一七五頁。

日本の読者のみなさまへ——歴史の中で忘れられた声を求めて

『京城のモダンガール』は一九〇〇年代はじめから一九四五年にかけての、日本による植民地支配と近代の経験が重なり合った韓国の歴史的な時期を、女性の視角をとおして探ったものである。本書が設定したキーワードは、近代の演出《ミザンセーヌ》といえる「都市空間」と、そこで働き口を得るために故郷と家族の囲いを抜け出した「女性たち」である。生涯、家庭の中の閨房から外には出ることのなかった前近代の女性とは違って、近代が呼び起こした啓蒙の風は、女性たちを公的な領域へと導き出し、西欧的な教育の恩恵に浴した「新女性」を生み出した。しかし、新しい形式の生を夢見て、家の外に出て、教育を受けて新エリートの階層に編入された新女性は、ごく少数にすぎなかった。私が本書において注目した女性は、結婚資金をこしらえるために、または窮乏する家族の生計を支えるために、あるいは結婚の失敗を経て新たな可能性を求めるために、やみくもに都市へと出発した数多くの中下層の女性たちである。近代初期には女性が個人としてなじみのない都市に存在するということ自体が、危険で不道徳なこととみなされてきた。因習の不便な視線をものともせず都市に進出した女性は、階層とは関係なく、いわゆる「あやまてる《モッタン》ガール〔モダンガールと掛けあわせた言葉〕」「悪い女たち」と命名された朝鮮の「モダンガール」であった。

　植民地朝鮮のモダンガールをとおして提起される、本書の問題意識は、大きく二つある。ひとつは、特別な能力や社会的・経済的な基盤なしに都市にやって来て、近代のメカニズムの周辺部に定着していた名もない女性たちが、どのように歴史の行為者（agent）として位置することができるのかという問題である。これは、家父長的な男性の支配を受けただけではなく、階層的に中下層に属していた女性たちの「サバルタン」（下位主体）としての立場をあらわし、女性たちを歴史の中の一つの主体として位置づける試みである。

もうひとつは、植民地主義と切り離すことができない朝鮮のモダニティが、基層階級の植民地の女性の身体をつうじて発現される地点である。朝鮮のモダンガールが都市で直面していた現実は、女性の身体を多角的に活用していた産業構造だけではなく、物的土台が虚弱であった植民地の女性たちをより容易に活用していた植民地主義のシステムであった。都市へと出発した基層階層の女性たちは、よりましな未来を夢見て、果敢な選択をしたが、外に出るやあらゆる所に散らばっている生存を脅かす罠、彼女たちの欲望を蚕食する巨大な現実の壁に突き当たらざるをえなかった。ここで女性の行為性（agency）の問題は、人種（エスニシティ）・階級・ジェンダー・植民地主義が複雑にからまりあい結合する装置（politics）の場の一部となる。

朝鮮のモダンガールは、歴史の中で「とるに足らない」存在として、当時だけではなく現在の韓国の学会においても大きく注目されることはなかった。彼女たちは、公式的な資料の統計の一部において、小説や新聞・雑誌のような大衆媒体の中の断片的な記事、あるいはゴシップ（gossip）や噂（rumor）の形で、その存在があらわれている。その不完全で破片的なイメージのほとんどは、男性の言葉によって、あるいは慣習的な視線によって形づくられてきた。そのため、朝鮮のモダンガールのありようについて、歴史的に再構成する際には、その「事実（fact）」と「虚構（fiction）」の間で巧妙に組みあわされた彼女たちについてのイメージを透視しなければならないという、手に余る読解の過程が必要とされる。人種・階級・ジェンダー上の分離した条件のなかで、他者として生き残らなければならなかった植民地朝鮮のモダンガールは、植民者と被植民者、支配と抑圧という二項対立的な構図のなかでは完全に説明されない、多層的な現実に置かれていた。

また、過去と現在の境目がなくなっていた歴史的な転換期に、物的な欠乏とアイデンティティの空白のなかで、モダニティの美的形式を獲得することが難しかった植民地朝鮮の条件ゆえに、朝鮮の「モダンガール」の欲望は知識人男性の諷刺と難詰の対象としてつくり上げられた。しかし、まさにこのようなモダンガールが置かれた苦境と曖昧さのなかに、当時を生きていたまた別の歴史的な主体の特殊性が、その輪郭をあらわすのである。

歴史の中で自身の語りを量産できなかったサバルタンの声を探り出すということは、ガヤトリ・スピヴァクが『サバルタンは語ることができるか *Can Subaltern Speak?*』で提起していたように、サバルタンの「代わりに」語る知識人の声へと転移されやすい。これは、私がモダンガールの資料を扱う際に、つねに反省し、悩んできた問題である。「誰が再現するのか」ということが重要な問題である理由は、再現主体が「事実（fact）」の名で、または民族主義・階級・ジェンダー・正義・民主主義などそれぞれの社会的な理念や名目を掲げて、その再現対象を専有することになりやすいためである。そうならば、特定の社会的カテゴリーや理念の枠組みに専有されたり抽象化・本質化されたりしないサバルタンの声は、はたしてどのように聞くことができるだろうか。このような問いと、社会政治的な条件を看過することはできない。フランスの哲学者ジャック・ランシエールが「誰が人権の主体なのか」(1)という文章において政治（politics）は政治的生（political life）とそれが排除された生（bare life）を区画づける「境界」（border）の問題としていたように、植民者の領土に移動していた基層階級出身の朝鮮の女性たちの位置は、政治的な権利が不在の空っぽの領域（empty part）におかれていたサバルタンの重層的な他者性をより深化させたのであるのだから。

私は数年前に、済州島で開かれたある小さなワークショップに参加した。そこで済州島文化財庁の金順伊氏が、近代の済州島女性の歴史を扱った写真資料集を見せてくれた。その資料集に収録された、一九二〇―三〇年代に日本の都市に仕事を求めて済州島を後にした女工たちの写真を偶然見かけ、新鮮な衝撃を受けた。その写真には、工場が休みの日に写真館で、新式の服装をして派手なパラソルを持ち、無邪気に笑う女性たちの姿が写し出されていた。当時私は、一九二〇―三〇年代の朝鮮の大衆媒体では風刺と嘲弄に満ちていたモダンガールに関する迷路のような言説のなかで、そしてそのような表象の枠組みに封じ込められたままなかなか語られない女性たちの行跡を追い求めながら、道を見失っていた。そのような私にとって、この写真は一筋の光を投げかけてくれた。その後、日本や済州島ですでに行われていた先行研究を見てみると、朝鮮の多くのモダンガールが匿名で破片的なものとして存在していたのとは違い、済州島出身の女工たちの集団的であった移動の経路をとらえることができ、彼女たちが日本の都市において家族・共同体の一員として定着したことから、ある程度、その後の生まで追うことが可能であることがわかった。

しかし、口述資料をとおして残された済州島女性たちの声とともに、派手なパラソルを持った女工の写真は、私の脳裏から離れなかった。都市のモダンガールになりたかった当時の女工たちの渇望が含まれたようなその写真の中のイメージを求めて、そして彼女たちの話を直接聞こうという思いから、私はまるで蜃気楼を追いかけるように日本に行くことにしたのである。二〇一〇年六月十八日、当時日本語もあまりできず、オーラル・ヒストリーのフィールドワークの経験もまったくなかった私は、調査するために必要な組織的な準備や学問的なネットワークもないまま、済州島の金順伊氏と青山学院大学の宋連玉氏から教えていただい

（1）Jacques Rancière, "Who Is the Subject of the Rights of Man?", *The South Atlantic Quarterly*, Vol. 103, Number 2/3, Spring/Summer 2004.

たいくつかの連絡先のメモを持って、やみくもに大阪に行った。それはまるで、工場の女工になろうという熱望から、無謀にも都市に向けて出発した、一九二〇―三〇年代の朝鮮の田舎の少女たちとあまり変わりがなかった。

六月二十一日から二十二日にかけて、大阪の在日コリアンの介護施設「生野サンボラム」で、私はかつて女工として働いていたことがある七人の済州島出身の朝鮮人女性と出会うことができた。彼女たちのほとんどが、八十代中後半に達したご高齢であった。かつて九―一〇歳や一二―一三歳の時に日本に渡り、工場に入って一日約一〇―一二時間のつらい労働をしながら、家計の足しになろうとしたという経験について、彼女たちは共通する話を聞かせてくれた。しかし、彼女たちが働いていた工場の条件と、女工としての境遇はさまざまで、過去の経験についての態度も人によって少しずつ違っていた。当時、規模の大きな紡績工場の場合、相対的に給料が高かったが、零細工場では一日に五〇銭ほどの低い賃金しかもらえずに働いていた場合もあった。一か月に二度の休日に、服を買いにも出かけ、「サムライ映画」も見たということを思い出す女性もいれば、朝鮮人だという理由から工場で雑用を命じられ、仕事をしている時に指を怪我するなど、工場内の差別と葛藤によって工場から逃げ出したというエピソードについても語られもした。また、勉強もできずに工場で働かなければならなかった恨《ハン》を吐露する女性もいた。しかし、「当時工場は大変だったが、もっといい条件があればいつでも別の工場に行くことができる選択権があった」「日本人から馬鹿にされて苦労もしたが、大したことではなかった」と、当時の経験を肯定的にとらえる声もところどころ漏れ出ていた。

九〇歳に近い、長く辛酸な人生の道程を耐え抜き、その終わりに差しかかっていた女性たちが自分たちの十代の頃の経験を復元することは、たやすいことではなかった。老いた身体、薄れた記憶を、やっとのことで甦らせ、語られる彼女たちの過去は、真実の破片を含みながらも、しかし不安定な記憶の語りでもあった。

本書の中には収められなかったまま、一つの断想になった大阪・生野での私の最初のフィールドワークは、書き手によってオーラル・ヒストリーのなかに提起される、過去に起きたことに対し選ばれた記憶行為、現在の観点から再構成された過去が持つテクスチュア（texture）と穴について考えさせた。あわせて、また別の気づきとして、研究者としての私自身に対する発見があった。それは、済州島出身の女工たちとの出会いをとおして、私の頭の中にすでに形成されていた、抑圧された被支配者階級の女性のサバルタンとしてのイメージ、あるいは済州島の写真資料集の中で見た無邪気に笑うモダンガールのイメージを「確認しようとしていた」私の欲望を発見した。生野で出会った女性たちは、そのようなイメージをかすめながら遠ざかっていく、自分たちだけの実存的な私空間に存在するようであり、鮮明にとらえきれない女性たちの発話は、たった七名の女性からサバルタンについての語りを抽出しようとしていた私の性急な願いを完全には満たしてくれなかった。

サバルタンの声の内部の異質的な矛盾をうかつにも意味づけようとする作業は、透明で単一なサバルタンの声の復元に対する欲望のように、危険なものであるかもしれない。これは、すべてのサバルタンの声に自分の論理を投射させる知識人の欲望と緊密に照応するためである。そうならば、重要なのは、彼女たちの声が屈折し、不完全な形を帯びていても、長い疎外とトラウマの言語が持つ毀損を可視化し、その歴史性を透視する作業を十分に行うことだろう。数多くの文献資料、回顧録、写真資料とあわせて、生存者の衰えていく記憶の隙間をとおして引き出される、生き生きとした声が集まって、その亀裂を踏んでやっとのことで発声を始める地点で、歴史の中のサバルタンはようやく熾烈な認定闘争の主体としての自身の位置を得ることになるのかもしれない。

近代初期の都市に向けて出発した朝鮮の女性たちの足跡は、国境を越えて「帝国のメトロポリス」にまで至った。彼女たちの足跡を追った本書が日本で出版され、日本の読者と出会うことができることは、じつに意味のあることだと思われる。私は本書の最後の章で、近代初期の朝鮮人女性たちが日本にやって来た経緯を紹介することにとどまった。それぞれに異なる支流から出発した流れが出会って大きな一つの川となるように、本書の出版が日本においてすでに深められてきた諸研究と出会う一つの接点となることを期待する。

私は現在カナダで、歴史の中に破片のように存在してきた少数者《マイノリティ》たちの痕跡を追う研究を続けている。北米のアカデミズムの世界で研究するということは、研究対象に対する、そして研究者自身の、新たなポジショニングをともなう。帝国主義と植民地の民族主義が衝突し、複雑にもつれていった二十世紀初めの東アジア近代の歴史的地形を東アジアの「外部」で考える過程において、私は朝鮮のモダンガールを「アジアの外」から透視し、その位置づけを再検討する作業を進めている。また、他者として存在してきた女性の歴史をいま少しさかのぼり、前近代と近代が出会う連続と不連続の地点を探索することにより、その内部の屈折と変形をより立体的に眺望する作業を模索している。

そのうちのひとつが、モダンガールの異質的な一形態を示していた妓生《キーセン》の歴史的な存在様式を追跡する研究だ。これは儒教と身分制の枠の中で他者として存在していた前近代の女性芸能者が、「楽」を媒介として当時の社会と関係を結んだ方式を探り、これをとおして儒教の礼楽を根幹としてきた朝鮮後期の社会の感性の構造と美学的地形の変貌を探索するものだ。このような拡張と深化の試みは、不完全なサバルタンの発話をとおして、歴史の中で形を結ぶことのなかった「もうひとつの物語」を訪ねていく企みの一環となろう。

本書の日本での出版を提案し、その実質的な進行を引き受けてくださった一橋大学のイ・ヨンスク先生に、深く感謝申し上げる。イ・ヨンスク先生の励ましと斡旋がなければ、本書が国境を越えて日本に移動することは夢にも思わなかったことだ。また、本書の出版はカナダ・ブリティッシュコロンビア大学で行われる韓国学世界化ラボ・プロジェクトの支援を受けた。日本語への翻訳の財政的な支援と、神奈川大学非文字資料研究センターへの訪問プロジェクト（二〇一一年十二月）の斡旋等、物心両面で助けてくださったブリティッシュコロンビア大学の許南麟先生にも、御礼申し上げる。私の研究についていつも力強く励ましてくださり、助けてくださった青山学院大学の宋連玉先生、ジェンダー研究の経験を共有し、モダンガールの資料を探す際に大きく助けてくださった京都大学の落合恵美子先生、大阪教育大学の小林和美先生、愛知教育大学の山根真理先生にも、この場をお借りして御礼申し上げたい。

そして、歴史の中で忘れられてきた他者に対する共感とともに、本書の意味を積極的に見出してくださり、勇気づけてくださり、快く日本語版の翻訳を引き受けてくださった姜信子さんとの出会いは、私にとって大きな幸運に他ならなかったとお伝えしたい。また、本書の日本での出版を引き受けてくださったみすず書房と編集部の川崎万里さんに、心から感謝申し上げる。

最後に、本書の日本語版の出版は、東京外国語大学の高橋梓さんの苦労がなければ、実現することはなかっただろう。一九二〇―三〇年代の史料の生硬でややこしい朝鮮語の翻訳だけではなく、本書に登場した一次資料・二次資料を一つ一つ探し出し、引用の間違いをチェックし、不足している部分については助言を惜しまなかった高橋梓さんの細やかで粘り強い作業のおかげで、無事に日本語版が誕生したことをここに表したい。

方向もわからないまま学問の道に入った私が、このような多くの方々に支えられて、共同体の力のなかでやっときちんとした成果を収めることができた。本書の出版は、研究の真の意味に気づくことになる重要な機会にもなった。この数えきれない感謝の心をお返しする日が一日も早く来ることを願ってやまない。

二〇一六年二月　カナダ・バンクーバーにて

著者　ソ・ジヨン

訳者解説――「モダンガール」の重なりあう経験

「モダンガール」とは誰なのか

本書は徐智瑛『경성의 모던걸：소비・노동・젠더로 본 식민지 근대（京城のモダンガール――消費、労働、ジェンダーから見た植民地近代）』（ヨイヨン（女理研《ヨイヨン》――女性文化理論研究所）、二〇一三年）の全訳である。

原著は著者がこれまで発表してきた論文を、一般の読者に向けて再構成して出版されたものである。一般的には近代教育の恩恵に浴した「新女性」の誕生とされることが多い、植民地期（本書では主に一九二〇―三〇年代に焦点を絞っている）の朝鮮の女性の近代経験を、さまざまな階層を含む「モダンガール」の経験としてとらえ直している。本国では、韓国出版文化産業振興院の「二〇一四年度世宗図書学術部門優秀学術図書」にも選定された。

「モダンガール」と聞くと、二〇〇〇年代初めに多く登場した、「モダンボーイ」「モダンガール」をめぐる研究が思い起こされる。それらの研究は、植民地の「文化」に光を当てることで、植民地朝鮮において、人びとが近代をどのように受容したかについて考察している。具体的には、金振松『ソウルにダンスホールを許可せよ』現実文化研究、二〇〇二年（邦訳、川村湊監訳、安岡明子・川村亜子訳『ソウルにダンスホールを――一九三〇年代朝鮮の文化』法政大学出版局、二〇〇五年）、申明直『モダンボーイ、京城を闊歩す――漫文漫画で見る近代の顔』現実文化研究、二〇〇三年（邦訳、岸井紀子・古田富建訳『幻想と絶望――漫文漫画で読み解く日本統治時代の京城』東洋経済新報社、二〇〇五年）などである。こうした研究は、「民族主義に裏打ちされた「支配―抵抗」の二分法的解釈を批判し、民族主義、近代性、ナショナリズムの相互作用により「文化ヘゲモニー」が日常生活の中に浸透していく過程に注目する」（朝鮮史研究会編『朝鮮史研究入門』名古屋大学出版会、二〇一一年、二六六頁）という問題意識を持つものであり、本書もこのような一連の研究として位置づけることができるだろう。

しかし、右に挙げたような研究が、主に植民地朝鮮において男性によって表象された「モダンガール」というイメージ（西洋的なファッション、奔放な性）に注目したとすれば、本書は「モダンガール」として表象されたものの内実に近づこうとしている。主に「男性」（散策者）によって形成された「モダンガール」のイメージに対し、文学作品や映画をはじめとするさまざまな同時代の資料をとおして、新たに「行為者」としての「女性」（散策者）の存在を召喚する。そのような本書の方法論は、植民地期の朝鮮人女性の近代経験を、「新女性」の経験としてではなく、女学生・職業婦人・妓生・女給・食母・乳母・女工を含む「モダンガール」の重なりあう経験――「閨房」から都市に出て新しい生き方を経験すると同時に、都市の男性や帝国に欲望される「商品」となる――としてとらえなおすことになった。「モダンガール」の重なりあう経験とは、具体的にどのようなものか。以下では、章ごとの議論に沿いながら見ていきたい。

第一章では、植民地朝鮮の近代経験をめぐる叙述の枠組みが問い直される。ここでは、植民地朝鮮の都市をめぐる男性散策者による叙述に対し、都市に出た女性散策者の経験が扱われ、男性の近代経験との差異が提示された。パリを経由した羅蕙錫の生き方や李善熙の小説と映画『迷夢』『漁火』の女主人公たちに共通して見られるように、「閨房」から都市に出た朝鮮人女性にとっての近代経験とは、消費などをとおして普遍的な主体性を獲得する機会を得ると同時に、都市の男性の欲望にさらされており、つねに身体の危険と隣合わせであった。

第二章では、「モダンガール」という本書の問題枠組みについて論じられている。大正時代に現れた帝国日本の「モダンガール」は、ある程度経済的な基盤を持つ、中下層出身の新種職業婦人とされ、女工などの下層労働者とは区別されていた。それに対し、植民地朝鮮の「モダンガール」は、女学生から女給までのさまざまな階層を含む、「正体不明の女」「道徳的に悪い女」「あやまてる《モッタン》ガール」と表現されたりした。著者はこれらの表象に閉じ込められている「モダンガール」のイメージを取り払い、その「異種混淆性」「混成性」を見ようとしている。

このような問題設定から、第三章と第四章では、植民地朝鮮の「モダンガール」を、女学生・新種職業婦人・妓生・女給・食母・乳母・女工というように類型化しながら、その重なりあう経験——新しい生き方（商品の消費・自由恋愛）を経験すると同時に都市の男性から欲望される「商品」となること——が明らかにされる。しかし同時に、「モダンガール」たちは「商品」として完全に男性の欲望に取り込まれるのではなかった。

妓生雑誌『長恨』、女給雑誌『女声』

ここで本書の第四章第二節に登場する、妓生雑誌『長恨』と、女給雑誌『女声』について、著者の既発表論文を参考にしながら、説明を加えたい。

『長恨』は一九二七年一月に長恨社によって創刊された「京城四券番の妓生の機関誌」（『毎日申報』一九二七年一月一五日）であった。創刊号と第二号（一九二七年二月）のみが現存している（延世大学校中央図書館所

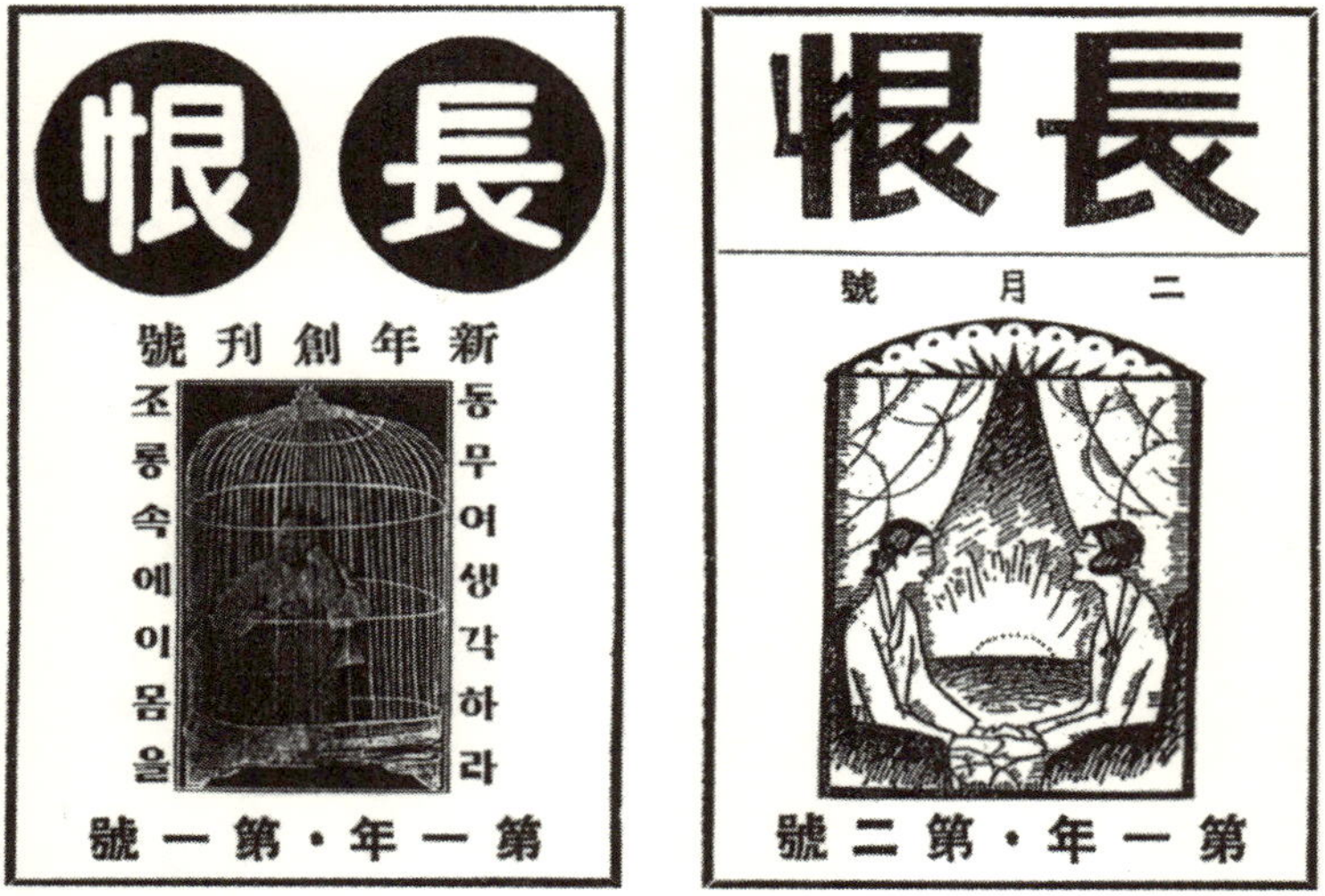

『長恨』創刊号（1927年１月）と第二号（同年２月）の表紙

蔵）。誌面には、多くの朝鮮料理店の広告が掲載されたことから、朝鮮料理店からの支援を受けて刊行されたものであると考えられる。発行人も金寶貝という、妓生出身と推定される人物であった。また、編集人の崔曙海（一九〇一―一九三二）は、一九二五年のカップ（ＫＡＰＦ、朝鮮プロレタリア芸術同盟）に成立とともに加盟した、当時主流であった「新傾向派」（プロレタリア文学の前段階）の代表的な作家であった。

『長恨』は、すべてではないが、全体の半分以上の文章が妓生自身によって書かれていた。第一号では四八篇のうち二六篇が、第二号では四〇篇のうち二六篇が妓生によるものである。それらの文章は、妓生の自分自身への省察（労働者としての自覚）や社会に対する批判、恋愛について書かれたものが多かった。

『長恨』の価格は、当時女性を読者とした雑誌の中では少し高い方（『新女性』が九〇頁で三〇銭に対し、『長恨』は一一一頁で四〇銭。また『女声』は五八頁で一五銭）であったため、少なくとも券番に所属するある程度の経済力を持った妓生を読者としていたと考えられる。また、第二号には、第一号を読んだ妓生たちの感想が掲載されており、そこには妓生たちが第一号で発表した文章への共感が示されていた。このように、執筆者・読者が妓生であった『長恨』は、まさに「妓生の機関誌」であったといえる。

一方で、『女声』はカフェが繁昌している三〇年代（一九三四年四月）に創刊された。現在確認されるのは、創刊号のみである（ソウル市永登浦区・韓国雑誌情報館所蔵）。『女声』の発行所は女声社で、発行人兼編集人は呉影哲であった。創刊号には、カフェの祝賀広告やさまざまなカフェの女給の名前の名簿が掲載されていたことから、『女声』はカフェの後援を受けて出版された雑誌であると考えられる。

創刊号に掲載された一四篇の文章のうち九篇が女給によるものであり、やはり『女声』も大半の文章が女給によって書かれていた。それらの文章は、本書の中で引用されていたように、女給を職業として認めるべきであるというものや、自由恋愛について書かれたものが目立った。発行人・編集人である呉影哲が、『女声』を「人間の一分子」である女給の「相互扶助」のための雑誌と位置づけ、また女給への投稿を促す記事が確認されることから、『女声』も女給自身が関わっていた雑誌であるといえる。

創刊された時期は異なるが、『長恨』と『女声』は、妓生・女給自身が文章を寄せ、読者としてその文章に触れていたという点で共通している。これらの雑誌は、妓生・女給が執筆者・読者として関わることで、植民地朝鮮の「モダンガール」の新しい生き方が女性たち自身によってどのようにとらえられていたかを直接に伝える資料であるといえるだろう。そしてなにより、『長恨』『女声』からは、妓生と女給が自らの立場を省察していた姿が垣間見えるのである。

第三章と第四章では、節ごとに朝鮮の「モダンガール」の職業・階層が整理され、それぞれの近代経験について論じられている。しかし、実際には「モダンガール」に含まれるさまざまな職業・階層の経験を総括して論じることは難しい。ある職業の「モダンガール」が受けた暴力は、別の職業の「モダンガール」が受ける暴力と重なり合ったり（私娼と隣合わせの妓生・カフェの女給、雇い主からの暴力にさらされるショップガールと食母・乳母・女工）、またある職業の「モダンガール」が別の職業の「モダンガール」に合流したりする（とくにカフェの女給は、妓生・ショップガール・女学生・女優などのさまざまな層からなる）。このことは、「モダンガール」という響きから、朝鮮人女性が自由にある職業を選んだかのように聞こえてしまうことに対し、植民地において女性たちの選択肢が限られていたという、「植民地の不安定な経済構図と、都市における危うい生の条件」をあらわしている。

そのような朝鮮の「モダンガール」が置かれていた危うい立場は、彼女たちが日本の都市に移動することで、さらにくっきりと浮かび上がる。第五章では、日本に移動した妓生・女給・女工を扱いながら、これら「モダンガール」たちが、帝国の欲望にさらされる問題が提示されている。そこでは、消費の享有の主体で、流行とスタイルの最先端として表象された京城の妓生とカフェの女給の姿は、日本に移動することで変化したさまが描かれる。朝鮮では、モダンなものが求められる遊興空間で、ジャズを歌う妓生が登場したり、カフェの女給になる妓生が現れた反面で、東京の朝鮮料理店である「明月館」では、妓生による伝統的な歌舞が好まれていた。また、京城ではモダンな格好をしていたカフェの女給は、東京のカフェでは「朝鮮の服」を着た朝鮮人の女給として人気を集めることになる。「商品」として妓生・女給に求められる役割が、植民地朝鮮と帝国日本では異なったため、このように彼女たちの姿が変わることになったのである。さらに帝国の欲望は、これらの国内外の遊興空間の朝鮮人女性たちを、「日本軍慰安婦の行列」へと包摂しもする。だが、植民地朝鮮の「モダンガール」は、このような「危うい生の条件」に置かれながらも、都市の男性や帝国の欲望に包摂されきらないさまざまな出会いを、同時に経験したといえるだろう。本書では、妓生やカフェの女給は、客である知識人との交流をとおして、新女性とはまた別の知識層を形成したと説明される。先に整理した妓生雑誌『長恨』と女給雑誌『女声』も、このような知識人と遊興空間との密接な関わりあいのなかで、創刊されたものだと考えられる。では、遊興空間の女性たちは、知識人との交流で得た知識を、そのまま雑誌の中で繰り返していたのだろうか。むしろ彼女たちは、当時の知識人が予想しなかったような議論――妓生と女給を職業として認めるべきだ――を、雑誌をとおして発出させていくことになったのではないか。遊興空間の女性たちのこうした社会的な活動については、公には議論されることにはならなかったけれども。

また、このような妓生と女給の自己省察の経験は、本書に登場する他の「モダンガール」の経験とも重なりあう。例えば、新女性が主導する「槿友会全国大会」に参加した女工が、その会場の新女性たちに呼びかける文章を書いたこと（『青年朝鮮』一九二八年七月三十一日）、工場で働くなかでさまざまな本と出会い、社会の現実に目を開かれて、自身を労働者として自覚する女工（金南天「文芸倶楽部」『朝鮮中央日報』一九三四年／兪鎮午「女職工」『朝鮮日報』一九三一年）の経験などである。過酷な労働条件下にあった女工たちにとっても、工場での経験は自由恋愛や読書、文化的な経験を同時にもたらし、視野の拡がりをもたらすことになったであろう。

彼女たちの声から植民地朝鮮／帝国日本をとらえ直す

本書を翻訳するなかで、私は「モダンガール」という言葉で植民地朝鮮の女性たちの近代経験を語ることができるのか、ということを繰り返し考えていた。また、教育を受けた職業婦人や、遊興空間の妓生・カフェの女給、そして「工場地獄」で働く女工などを「モダンガール」という言葉で説明してしまうと、個別の経験の差異を見えにくくしてしまうのではないか、ということを考えもした。

しかし、そのような問いそのものが、日本における大正時代の「モダンガール」の定義（中下層出身の職業婦人）と植民地朝鮮の「モダンガール」とを混同し、また職業・階層の枠組みに囚われすぎているといえる。そうではなく、本書の植民地朝鮮の「モダンガール」という問題枠組みそのものが、都市の街路に出たさまざまな階層の朝鮮の女性たちの重なりあう経験を可視化することになった、ということを、私を含め日本の読者は本書を読む際に注意する必要があるだろう。

ここで、初めて本書を読んだ際に、最も印象に残った言葉が、思い起こされる。

> 社会階層的な範疇の中で、互いに出会うことが難しかった「女学生」と「妓生」が、外見と趣向を共有し、都市の街路を闊歩する「モダンガール」になる地点は、植民地朝鮮の「モダンガール」が持つ特殊性をあらわす。実際、「モダンガール」の記号の中で、伝統と近代の指標は目まぐるしく入り乱れている。また、「女学生」が「ショップガール」になり、「ショップガール」がカフェの女給になり、あるいは女優・妓生がカフェの女給になったり、女給・食母らが遊興空間に吸収されることは、当時の京城の都市空間で限られた選択肢しかなかった周辺部の女性の生存の形式であった。「モダンガール」という不明瞭で多層的な範疇の中に包括される彼女たちは、植民地の不安定な経済構図と、都市における危

うい生の条件の中で、相互に重なり合い交換される女性の身体の実状をあらわしている。

（第五章、三五五頁）

公の言論の場ではもっぱらイメージとして存在した「モダンガール」たちは、「植民地の不安定な経済構図と、都市における危うい生の条件」の下に置かれていた。しかし同時に彼女たちの新しい生き方は、階層を超えた「モダンガール」同士の出会いを可能にし、それらの交流をとおした自己省察の経験もまた、重なり合うものであったと考えられる。このような朝鮮の「モダンガール」の声を集め、彼女たちの共通する経験を考えていくことは、植民地朝鮮／帝国日本の歴史を新たにとらえ直すことになるだろう。

最後に謝辞を述べさせていただきたい。本書の日本語版の刊行が決まってから、多くの方から助言を得て、無事に日本語版を出版することができた。そのすべての方のお名前をここに挙げることは難しい。よって、ここでは主に資料面においてお世話になった方のお名前を挙げるにとどめる。和田圭弘さん（延世大学校大学院）、相川拓也さん（成均館大学校東アジア学術院）、牧瀬暁子さん、柳川陽介さん、伊地知紀子先生（大阪市立大学）、外村大先生（東京大学）、高榮蘭先生（日本大学）、咸苔英さん（韓国近代文学館）、裵相美さん（高麗大学校大学院）、中知瑛さん（一橋大学大学院）、田附和久さん（在日本韓国ＹＭＣＡ）。とくに、韓国でしか手に入らない多くの一次資料・二次資料については、韓国に留学中の和田さん・相川さんの協力で、入手することができた。お二人の迅速な対応がなければ、この日本語版が無事に刊行されることはなかっただろう。格別の感謝を申し上げる。

また、第五章第三節に登場する金容煥「君が代丸」（『アカハタ』一九五九年五月十二日）が掲載された時期の『アカハタ』の所蔵状況については、高榮蘭先生から御教示いただき、早稲田大学中央図書館で原資料にあたることができた。ちなみに、杉原達『越境する民——近代大阪の朝鮮人史研究』（新幹社、一九九八年）において既に言及されているように、この作品は第一回「アカハタ短編小説」の選外佳作二編（当選作品なし）のうちの一編として、『アカハタ』に掲載された。そこに掲載された「著者略歴」によると、金容煥は「昭和十四年日本に渡航、昭和十九年大阪外国語学校卒業。東京朝鮮人中学教師、遊技業事業などを経て現在肖像画外交。文芸首都の会会員、杉並朝鮮人帰国希望者集団団員」と紹介されている。

そして、本書の翻訳は、著者である徐智瑛さんとの協同作業でもあった。本書の校正作業中には、何日間にもわたり、当時の資料の表現についての質問から、本書の内容に関わる点に至るまで、毎日のようにやり取りを繰り返してきた。多くの質問に対し、つねに快く質問に答えてくださった著者にも、御礼申し上げる。

最後に、研究者・翻訳者として未熟である私に、本書に共訳者として関わる機会をくださった共訳者の姜信子さんと、そんな未熟な翻訳者をあたたかく見守ってくださったみすず書房の川崎万里さんに、感謝申し上げたい。私たちは、下訳の段階から一緒に植民地朝鮮の「モダンガール」に思いを馳せ、語り合ってきた。そのようにして生まれた本書をとおして、植民地朝鮮の「モダンガール」たちの声が日本の読者にどのように届くことになるのか、訳者の一人として楽しみでならない。

高橋　梓

訳者あとがき――日本で、今、植民地のモダンガールを語るということ

ちょうど一年ほど前にもなるだろうか。春。ひんやりと雨の降る午後。バンクーバー。本書の著者徐智瑛さんが籍を置いているブリティッシュコロンビア大学のキャンパス内のカフェで、彼女と、翻訳が決まったばかりの『京城のモダンガール』について語り合っていた。

そのころ彼女は植民地期の朝鮮を背景にした別の論文にとりかかっていて、そんなこんな話も交えて雑談するうちに、ふっと、こんなつぶやきをもらしたのだった。

――植民地朝鮮の記憶を書いている日本人の作家の文章と言えば、いろいろ探してみても書き手は男性ばかり。誰か女性の書き手によるものはないのでしょうか……。

そのとき、瞬間的に浮かんだ名前が一つ。

森崎和江。

植民地の都市・大邱で、朝鮮の「オンマ（乳母）」に育まれ、朝鮮の空気を深々と吸って生きた記憶を繰り返し語ってきた人。知らず知らず、朝鮮の乳を、朝鮮の心を、朝鮮の風土を、貪って育ったのだと、植民地の記憶をみずからの血肉を形作る原罪として抱きしめ、戦後日本を生きるみずからの出発点とした、植民宗主国日本の娘。

私は森崎和江のことを思わず熱を込めて徐智瑛さんに語った。植民地の森崎家で働いていた「オンマ」こ

そが、実は、あなたが『京城のモダンガール』に書いた「食母」であり、「乳母」のひとりでもあるかもしれないのですね、と。窮乏する植民地経済のなかで、農村から生きる術を求めて都市に出た女たち、あるいは、教育を受けたものの働く場がないままに都市の核家族の私的な空間を仕事の場とした女たち、そのひとりが、植民地の日本人少女だった森崎和江の目を通して語られているのかもしれないのですね、と。

しかし、植民地とはいったいなんだったのだろうか、といまさらながら思う。それは、「なんだったのか」と過去形で語られるようなものではなく、現在形として語るべきものであるようにも思われる。

たとえば、朝鮮の女たちが、儒教倫理の上に形作られた強力な家父長制の閨房から、さまざまな理由で都市の街路に出たとき、彼女たちはひとくくりに、妖婦やら娼婦やら魔性やら、道をはずれた存在として眼差されるようになる。踏まれても嬲られても弄ばれても仕方のない近代朝鮮の「他者」、近代世界の「他者」としての「女」がそこにいる。

そして、大日本帝国の男性諸氏は、『大京城案内』を手に、「京城のイツト」へと、つまりは朝鮮のエロティックな女たちへとその眼差しを注いでゆく。それは欲望をそそるエロティックな朝鮮への眼差しでもあり、「女」として表象される朝鮮を蹂躙する眼差しでもある。

やがて、その眼差しは、植民地朝鮮から植民宗主国日本へと、朝鮮の女たちを送り出すだろう。玄海灘を渡った女たちの実態がどうあれ、帝国のうちに植民地のエロティックな女たちのいる情景を呼び出すだろう。たとえば、本文にこうあるように。「東京にはすでに朝鮮妓生や娼妓が進出しており、エロの大安売りをするという噂を聞いて久しい」(『三千里』)。

イメージを結ぶ目の運動。イメージの背後に潜む欲望の運動、そして、観る者と観られる者、イメージを形作る者とイメージ化される者との間の圧倒的に非対称な関係。

欲望を秘めた眼差しによって描き出される「絵」のような存在と、絵の背後に確かに存在する「生身」との距離は絶望的に遠い。その距離を押し殺された声たちが埋める。

押し殺された声、あるいはその沈黙が捨て置かれるところ。

彼らの沈黙を力ずくで盗み取って、そこから都合の良い声ばかりを聞き取る者たちのいるところ。

そのような空間としての「植民地」を、『京城のモダンガール』の翻訳作業に携わりつつ、私は思い描いた。いまなお私の生きるこの世界に遍在する「植民地」をひしひしと感じた。

そして、ふたたび、森崎和江のこと。

「京城のモダンガール」たちのことを思う私は、たとえば、朝鮮の「オンマ」への一方的な欲望ではなく、その存在に命の匂いを感じ取っていた森崎和江のような感受性が、戦後日本で、どれほど生き難い生を、生き抜いてきたのかということを考える。

森崎和江は問う。明治以降、植民地支配へと戦争へと邁進していった帝国を、内から支えた臣民たちの共同性（それを眼差しの共同性と呼んでもよいだろう、みずからの眼差しを、力ある者の眼差しに添わせる者たちの共同性）、それは敗戦の後にどれほど変わったのか？　帝国臣民の生きる場所が、現実の領土としての植民地を失って縮んだくらいのことではなかったのか？

植民地朝鮮を、そして朝鮮の女たちを、あるイメージに囲い込んでいた帝国の眼差しは、戦後の日本においてどれほど変わったのだろうか？

あるいは、男性ではあるが、森崎和江と同じ匂いのする数少ない人々のひとりとして、戦後日本でハンセン病療養所の詩人たちの詩作を全力で支えた詩人村松武司を私は思い浮かべる。やはり植民地朝鮮からの引揚者であった村松は、植民地朝鮮には貧しき日本人労働者はいなかったのだと、戦後日本に引き揚げて、初めて日本人の労働者階級の存在に触れたのだという。同時に、その貧しき日本の労働者階級のうちに、初めて、日本人のハンセン病者を見いだしたのだと語る（しかも、日本社会でも、ハンセン病者は、あってはならぬ存在として人目につかぬ社会の周縁へと追いやられていた）。そう、それまで彼は、労働者階級といえば、そしてハンセン病者といえば、植民地の朝鮮人しか知らなかった。

村松は問いかける。近代日本とは、実は、日本人がその実相を直視することを避け、周縁部へと追いやった「ライ」と「朝鮮」によってこそ成り立ったものなのではないか。言い替えるならば、それは、ある一定のイメージに囲い込まれ、周縁に追いやられた者たちの沈黙の上に、近代以降の日本の繁栄はあったのではないかという問いである。われしらずその繁栄を享受してきた者として、植民者の子として、村松もまた、森崎和江の原罪の感覚にも似た羞恥の念を胸深く刻み込んでいる。

しかし、森崎和江にしろ、村松武司にしろ、その眼差しは、戦後日本を形作ってきた中心的な眼差しとけっして重なり合うものではない。むしろ、それは、戦後日本が振り返る帝国の記憶、植民地支配にまつわるその共同的な記憶が切り捨てた周縁から立ち上がってくるもの。周縁から、大日本帝国と戦後日本の連続性を厳しく問うものであった。そして、そのように問いつづけること自体が、戦後日本においては一つの闘い、それも相当に厳しい闘いであったのではないか。

『京城のモダンガール』。そこに登場する、「表象」のうちにからめとられたり、「表象」を越えてゆこうと身悶えたり、さまざまな女たちの生身の声を、ここ日本に生きる私たちが確かに聞き取ろうとするならば、彼女たちが渡ってきたこの国の戦前・戦後、大日本帝国と日本国を変わらず貫いている「眼差し」を、その「眼差し」に惰性のように条件反射のように相も変わらず寄り添う者たちの共同体を、私たちもまたしかと見つめ返し、問い返さねばならないだろう。さらには、朝鮮社会のうちにも複雑に入り組んで存在していた「中心」と「周縁」の問題にも思いを馳せることも忘れてはなるまい。

たとえば、その一つ、第五章にも深く関わる、植民地朝鮮の「陸地/中心」と「(済州)島/周縁」の問題。それは、陸地とは異なる島共同体における女性の位置づけにも、植民地朝鮮の近代を突き抜けるかのようにして済州島をあとにした女性たちの移動においても、見落とすことのできぬ背景であり、植民地支配からの解放直後に済州島を襲った国家による島民大量虐殺である「4・3事件」にもつらなっていくことでもある。国家による記憶の虐殺の側面も持つ4・3事件を経験した島の人々の重い沈黙は、おそらく、植民地期の移動の記憶を語る声にも深く暗い影を落としている。みずからの声で記憶を語るということ、そしてその声を聴くということは、恐怖にも不信にも染まっていない確かな人間関係があってこそそのものなのだから。

そして、最後に、このことだけは言っておこうと思う。

「京城のモダンガール」とは、「帝国の朝鮮人モダンガール」でもあるということ。その性愛化され商品化された(あるいはモノと化した)身体を、帝国は求めていたのだということ。

バンクーバーで、私とソ・ジヨンさんと、二人で語り合っていたとき、私たちは「京城のモダンガール」たちが漂いだしていった植民地と帝国の都市の街路の先に、「帝国の慰安婦」の後姿を観ていた。そこからわれらの『京城のモダンガール』プロジェクトは動き出したのである。

姜　信子

著者略歴

（서지영）

韓国出身．西江大学校英文学科卒業，国語国文学科修士課程修了，同博士課程修了．韓国学中央研究院学術研究教授，高麗大学校民族文化研究員 HK 研究教授，梨花女子大学校韓国女性研究員研究教授を歴任．現在，カナダ・ブリティッシュコロンビア大学アジア研究学科博士課程在学中（Ph.D Candidate，文化史専攻）．研究分野は女性史，文化史．単著に『歴史に愛を問う——韓国文化の愛と系譜学』（イスプ，2011 年）．共著に金賢珠・朴茂瑛・イ・ヨンスク・許南麟編『朝鮮の女性（1392-1945）——身体，言語，心性』（クオン，2016 年），韓国女性研究所編『女性の身体——視覚，争点，歴史』（創作と批評社，2005 年）など．論文に "Women on the Borders of the Ladies' Quarters and the Ginyeo House: The Mixed Self-Consciousness of Ginyeo in Late Joseon," *Korea Journal*, Vol 48, no. 1, 2008, Spring.; "The 'New Woman' and the Topography of Modernity in Colonial Korea," *Korean Studies* 37, University of Hawai'i Press, 2013.

訳者略歴

姜 信子〈きょう・のぶこ〉作家．1961 年横浜市生まれ．著書に『日韓音楽ノート』『ノレ・ノスタルギーヤ』『ナミイ！ 八重山のおばあの歌物語』『イリオモテ』（いずれも岩波書店），『棄郷ノート』（作品社），『安住しない私たちの文化 東アジア流浪』（晶文社），『今日，私は出発する ハンセン病と結び合う旅・異郷の生』（解放出版社），『生きとし生ける空白の物語』（港の人），『声 千年先に届くほどに』（ぷねうま舎）『はじまりはじまりはじまり』（羽鳥書店）など多数．訳書に『あなたたちの天国』（李清俊著，みすず書房），編書に『死ぬふりだけでやめとけや 谺雄二詩文集』（みすず書房）．

高橋 梓〈たかはし・あずさ〉1983年生まれ．東京都出身．東京外国語大学大学院総合国際学研究科博士後期課程在学中．上智大学言語教育研究センター非常勤講師．研究分野は朝鮮近代文学，植民地期の朝鮮人作家の日本語創作．論文に「金史良の日本語文学が生成された批評空間——植民地出身作家の交流の場としての『文芸首都』」（『JunCture』第 7 号，名古屋大学「アジアの中の日本文化」研究センター，2016 年），「金史良の二言語作品における表現の差異をめぐる考察」（『言語・地域文化研究』第 20 号，東京外国語大学大学院，2014 年），「「反復」と「差異」—— 1940 年代前半期における植民地の「国民文学」 尹大石『植民地国民文学論』を読む」（『Quadrante』第 15 号，東京外国語大学海外事情研究所，2013 年）．翻訳に韓基亨「「法域」と「分域」——帝国内部における表現力の差異と植民地テクスト」（紅野謙介他編『検閲の帝国 文化の統制と再生産』新曜社，2014 年）．

徐智瑛（ソ・ジヨン）
京城のモダンガール
消費・労働・女性から見た植民地近代
姜 信子・高橋 梓 訳

2016年 4月15日　印刷
2016年 4月25日　発行

発行所 株式会社 みすず書房
〒113-0033 東京都文京区本郷5丁目32-21
電話 03-3814-0131（営業） 03-3815-9181（編集）
http://www.msz.co.jp

本文組版 キャップス
本文印刷・製本所 中央精版印刷
扉・表紙・カバー印刷所 リヒトプランニング
地図製作 ジェイ・マップ

ISBN 978-4-622-07980-4
［けいじょうのモダンガール］